李超 著

南宋宁宗朝前期政治研究

南宋及南宋都城临安研究系列丛书

杭州市社会科学院 编

博士文库

国家社科基金青年项目阶段性成果（19CZS021）

浙江文化研究工程项目（23WH18-8Z）

浙江省哲学社会科学重点研究基地项目

浙江文化研究工程成果文库总序

有人将文化比作一条来自老祖宗而又流向未来的河,这是说文化的传统,通过纵向传承和横向传递,生生不息地影响和引领着人们的生存与发展;有人说文化是人类的思想、智慧、信仰、情感和生活的载体、方式和方法,这是将文化作为人们代代相传的生活方式的整体。我们说,文化为群体生活提供规范、方式与环境,文化通过传承为社会进步发挥基础作用,文化会促进或制约经济乃至整个社会的发展。文化的力量,已经深深熔铸在民族的生命力、创造力和凝聚力之中。

在人类文化演化的进程中,各种文化都在其内部生成众多的元素、层次与类型,由此决定了文化的多样性与复杂性。

中国文化的博大精深,来源于其内部生成的多姿多彩;中国文化的历久弥新,取决于其变迁过程中各种元素、层次、类型在内容和结构上通过碰撞、解构、融合而产生的革故鼎新的强大动力。

中国土地广袤、疆域辽阔,不同区域间因自然环境、经济环境、社会环境等诸多方面的差异,建构了不同的区域文化。区域文化如同百川归海,共同汇聚成中国文化的大传统,这种大传统如同春风化雨,渗透于各种区域文化之中。在这个过程中,区域文化如同清溪山泉潺潺不息,在中国文化的共同价值取向下,以自己的独特个性支撑着、引领着本地经济社会的发展。

从区域文化入手,对一地文化的历史与现状展开全面、系统、扎实、有序的研究,一方面可以藉此梳理和弘扬当地的历史传统和文化资源,繁荣和丰富当代的先进文化建设活动,规划和指导未来的文化发展蓝图,增强文化软实力,为全面建设小康社会、加快推进社会主义现代化提供思想保证、精神动力、智力支持和舆论力量;另一方面,这也是深入了解中国文化、研究中国文化、发展中国文化、创新中国文化的重要途径之一。如今,区域文化研究日益受到各地重视,成为我国文化研究走向深入的一个重要标志。我们今天实施浙江文化研究工程,其目的和意义也在于此。

千百年来,浙江人民积淀和传承了一个底蕴深厚的文化传统。这种文化传统的独特性,正在于它令人惊叹的富于创造力的智慧和力量。

浙江文化中富于创造力的基因,早早地出现在其历史的源头。在浙江新石器时代最为著名的跨湖桥、河姆渡、马家浜和良渚的考古文化中,浙江先民们都以不同凡响的作为,在中华民族的文明之源留下了创造和进步的印记。

浙江人民在与时俱进的历史轨迹上一路走来,秉承富于创造力的文化传统,这深深地融汇在一代代浙江人民的血液中,体现在浙江人民的行为上,也在浙江历史上众多杰出人物身上得到充分展示。从大禹的因势利导、敬业治水,到勾践的卧薪尝胆、励精图治;从钱氏的保境安民、纳土归宋,到胡则的为官一任、造福一方;从岳飞、于谦的精忠报国、清白一生,到方孝孺、张苍水的刚正不阿、以身殉国;从沈括的博学多识、精研深究,到竺可桢的科学救国、求是一生;无论是陈亮、叶适的经世致用,还是黄宗羲的工商皆本;无论是王充、王阳明的批判、自觉,还是龚自珍、蔡元培的开明、开放,等等,都展示了浙江深厚的文化底蕴,凝聚了浙江人民求真务实的创造精神。

代代相传的文化创造的作为和精神,从观念、态度、行为方式和价值取向上,孕育、形成和发展了渊源有自的浙江地域文化传统和与时俱进的浙江文化精神,她滋育着浙江的生命力、催生着浙江的凝聚力、激发着浙江的创造力、培植着浙江的竞争力,激励着浙江人民永不自满、永不停息,在各个不同的历史时期不断地超越自我、创业奋进。

悠久深厚、意韵丰富的浙江文化传统,是历史赐予我们的宝贵财富,也是我们开拓未来的丰富资源和不竭动力。党的十六大以来推进浙江新发展的实践,使我们越来越深刻地认识到,与国家实施改革开放大政方针相伴随的浙江经济社会持续快速健康发展的深层原因,就在于浙江深厚的文化底蕴和文化传统与当今时代精神的有机结合,就在于发展先进生产力与发展先进文化的有机结合。今后一个时期浙江能否在全面建设小康社会、加快社会主义现代化建设进程中继续走在前列,很大程度上取决于我们对文化力量的深刻认识、对发展先进文化的高度自觉和对加快建设文化大省的工作力度。我们应该看到,文化的力量最终可以转化为物质的力量,文化的软实力最终可以转化为经济的硬实力。文化要素是综合竞争力的核心要素,文化资源是经济社会发展的重要资源,文化素质是领导者和劳动者的首要素质。因此,研究浙江文化的历史与现状,增强文化软实力,为浙江的现代化建设服务,是浙江人民的共同事业,也是浙江各级党委、政府的重要使命和责任。

2005 年 7 月召开的中共浙江省委十一届八次全会,作出《关于加快建设文化大省的决定》,提出要从增强先进文化凝聚力、解放和发展生产力、增强社会公共服务能力入手,大力实施文明素质工程、文化精品工程、文化研究工程、文化保护工程、文化产业促进工程、文化阵地工程、文化传播工程、文化人才工程等"八项工程",实施科教兴国和人才强国战略,加快建设教育、科技、卫生、体育等"四个强省"。作为文化建设"八项工程"之一的文化研究工程,其任务就是系统研究浙江文化的历史成就和当代发展,深入挖掘浙江文化底蕴、研究浙江现象、总结浙江经验、指导浙江未来的发展。

浙江文化研究工程将重点研究"今、古、人、文"四个方面,即围绕浙江当代发展问题研究、浙江历史文化专题研究、浙江名人研究、浙江历史文献整理四大板块,开展系统研究,出版系列丛书。在研究内容上,深入挖掘浙江文化底蕴,系统梳理和分析浙江历史文化的内部结构、变化规律和地域特色,坚持和发展浙江精神;研究浙江文化与其他地域文化的异同,厘清浙江文化在中国文化中的地位和相互影响的关系;围绕浙江生动的当代实践,深入解读浙江现象,总结浙江经验,指导浙江发展。在研究力量上,通过课题组织、出版资助、重点研究基地建设、加强省内外大院名校合作、整合各地各部门力量等途径,形成上下联动、学界互动的整体合力。在成果运用上,注重研究成果的学术价值和应用价值,充分发挥其认识世界、传承文明、创新理论、咨政育人、服务社会的重要作用。

我们希望通过实施浙江文化研究工程,努力用浙江历史教育浙江人民、用浙江文化熏陶浙江人民、用浙江精神鼓舞浙江人民、用浙江经验引领浙江人民,进一步激发浙江人民的无穷智慧和伟大创造能力,推动浙江实现又快又好发展。

今天,我们踏着来自历史的河流,受着一方百姓的期许,理应负起使命,至诚奉献,让我们的文化绵延不绝,让我们的创造生生不息。

2006 年 5 月 30 日于杭州

序　言

徐规

靖康之变,北宋灭亡。建炎元年(1127)五月初一日,宋徽宗第九子、钦宗之弟赵构在应天府(河南商丘)即帝位,重建宋政权。不久,宋高宗在金兵的追击下一路南逃,最终在杭州站稳了脚跟,并将此地称为行在所,成为实际上的南宋都城。

南宋自立国起,到最终为元朝灭亡(1279),国祚长达一百五十三年之久。对于南宋社会,历来评价甚低,以为它国力至弱,君臣腐败,偏安一隅,一无作为。但是近代以来,一些具有远见卓识的史学家却有不同看法,如著名史学大师陈寅恪先生在二十世纪四十年代初指出:

华夏民族之文化,历数千载之演进,造极于赵宋之世。①

著名宋史专家邓广铭先生更认为:

宋代是我国封建社会发展的最高阶段,两宋期内的物质文明和精神文明所达到的高度,在中国整个封建社会历史时期之内,可以说是空

---

① 陈寅恪:《金明馆丛稿二编》,生活·读书·新知三联书店 2001 年出版。

前绝后的。①

很显然,对宋代的这种高度评价,无论是陈寅恪还是邓广铭先生,都没有将南宋社会排斥在外。我以为,一些人所以对南宋贬抑至深,在很大程度上是出于对患有"恐金病"的宋高宗和权相秦桧一伙倒行逆施的义愤,同时从南宋对金人和蒙元步步妥协,国土日朘月削,直至灭亡的历史中,似乎也看到了它的懦弱和不振。当然,缺乏对南宋史的深入研究,恐怕也是其中的一个原因。

众所周知,南宋历史悠久,国土虽只及北宋的五分之三,但人口少说也有五千万人左右,经济之繁荣,文化之辉煌,人才之众多,政权之稳定,是历史上任何一个偏安政权所不能比拟的。因此,对南宋社会的认识,不仅要看到它的统治集团,更要看到它的广大人民群众;不仅要看到它的军事力量,更要看到它的经济、文化和科学技术等各个方面,看到它的人心之所向。特别是由于南宋的建立,才使汉唐以来的中华文明在这里得到较好的传承和发展,不至于产生大的倒退。对于这一点,人们更加不应该忽视。

北宋灭亡以后,由于在淮河、秦岭以南存在着南宋政权,才出现了北方人口的大量南移,再一次给中国南方带来了充足的劳动力、先进的技术和丰富的生产经验,从而推动了南宋农业、手工业、商业和海外贸易的显著的进步。

与此同时,南宋又是中国古代文化最为光辉灿烂的时期。它具体表现为:

一是理学的形成和儒学各派的互争雄长。

南宋时候,程朱理学最终形成,出现了以朱熹为代表的主流派道学,以胡安国、胡宏、张栻为代表的湖湘学,以谯定、李焘、李石为代表的蜀学,以陆九渊为代表的心学。此外,浙东事功学派也在尖锐复杂的民族矛盾和阶级矛盾的形势下崛起,他们中有以陈傅良、叶适为代表的永嘉学派,以陈亮、唐

---

① 邓广铭:《关于宋史研究的几个问题》,载《社会科学战线》1986 年第 2 期。

仲友为代表的永康学派,以吕祖谦为代表的金华学派。理宗朝以前,各学派之间互争雄长,呈现出一派欣欣向荣的景象。

二是学校教育的大发展,推动了文化的普及。

南宋学校教育分中央官学、地方官学、书院和私塾村校,它们在南宋都获得了较大发展。如南宋嘉泰二年(1202),仅参加中央太学补试的士人就达三万七千余人,约为北宋熙宁初的二百五十倍。①州县学在北宋虽多次获得倡导,但只有到南宋才真正得以普及。两宋共有书院三百九十七所,其中南宋占三百十所,②比北宋的三倍还多,著名的白鹿洞、象山、丽泽等书院,都是各派学者讲学的重要场所。为了适应科举的需要,私塾村校更是遍及城乡。学校教育的大发展,有力地推动了南宋文化的普及,不仅应举的读书人较北宋为多,就是一般识字的人,其比例之大也达到了有史以来的高峰。

三是史学的空前繁荣。

通观整个南宋,除了权相秦桧执政时期,总的说来,文禁不密,士大夫熟识政治和本朝故事,对国家和民族有很强的责任感,不少人希望借助于史学研究,总结历史上的经验和教训,以供统治集团作为参考。另一方面,南宋重视文治,读书应举的人比以前任何时候都多,对史书的需要量极大,许多人通过著书立说来宣扬自己的政治主张,许多人将刻书卖书作为谋生的手段。这样就推动了南宋史学的空前繁荣,流传下来的史学著作,尤其是本朝史,大大超过了北宋一代,南宋史家辈出,他们治史态度之严肃,考辨之详赡,一直为后人所称道。四川、两浙东路、江南西路和福建路都是重要的史学中心。四川以李焘、李心传、王称等人为代表。浙东以陈傅良、王应麟、黄震、胡三省等人为代表。江南西路以徐梦莘、洪皓、洪迈、吴曾等人为代表,福建路以郑樵、陈均、熊克、袁枢等人为代表。他们既为后世留下了宝贵的史料,也创立了新的史学体例,史书中反映的爱国思想也对后世史家产生了

---

① 徐松辑:《宋会要辑稿》崇儒一之三九,中华书局1987年影印本。
② 参见曹松叶《宋元明清书院概况》,载《中山大学语言历史研究所周刊》第十集,第111-115期,1929年12月至1930年出版。

重大影响。

四是公私藏书十分丰富。

南宋官方十分重视书籍的搜访整理,重建具有国家图书馆性质的秘书省,规模之宏大,藏书之丰富,远远超过以前各个朝代。私家藏书更是随着雕板印刷业的进步和重文精神的倡导而获得了空前发展。两宋时期,藏书数千卷且事迹可考的藏书家达到五百余人,生活于南宋的藏书家有近三百人,①又以浙江为最盛,其中最大的藏书家有郑樵、陆宰、叶梦得、晁公武、陈振孙、尤袤、周密等人,他们藏书的数量多达数万卷至十数万卷,有的甚至可与秘府、三馆等相匹敌。

五是文学、艺术的繁荣。

南宋是中国古代文学、艺术繁荣昌盛的时代。词是两宋最具代表性的文学形式,据唐圭璋先生所辑《全宋词》统计,在所收作家籍贯和时代可考的八百七十三人中,北宋二百二十七人,占百分之二十六;南宋六百四十六人,占百分之七十四,李清照、辛弃疾、陆游、姜夔、刘克庄等都是南宋杰出词家。宋诗的地位虽不及唐代,但南宋诗就其数量和作者来说,却大大超过了北宋。由北方南移的诗人曾几、陈与义;有"中兴四大诗人"之称的陆游、杨万里、范成大、尤袤;有同为永嘉(浙江温州)人的徐照、徐玑、翁卷、赵师秀;有作为江湖派代表的戴复古、刘克庄;有南宋灭亡后作"遗民诗"的代表文天祥、谢翱、方凤、林景熙、汪元量、谢枋得等人。此外,南宋的绘画、书法、雕塑、音乐舞蹈以及戏曲等,都在中国文化史上占有一定的地位。

在日常生活中,南宋的民俗风情,宗教思想,乃至衣、食、住、行等方面,对今天的中国也有着深刻影响。

南宋亦是我国古代科学技术发展史上最为辉煌的时期,正如英国学者李约瑟所说:"对于科技史家来说,唐代不如宋代那样有意义,这两个朝代的气氛是不同的。唐代是人文主义的,而宋代较着重科学技术方面……每当

---

① 参见《中国藏书通史》第五编第三章《宋代士大夫的私家藏书》,宁波出版社 2001 年出版。

人们在中国的文献中查找一种具体的科技史料时,往往会发现它的焦点在宋代,不管在应用科学方面或纯粹科学方面都是如此。"①此话当然一点不假,不过如果将南宋与北宋相比较,李约瑟上面所说的话,恐怕用在南宋会更加恰当一些。

首先,中国四大发明中的三大发明,即指南针、火药和印刷术而言,在南宋都获得了比北宋更大的进步和更广泛的应用。别的暂且不说,仅就将指南针应用于航海上,并制成为罗盘针使用这一点来看,它就为中国由陆上国家向海洋国家的转变创造了技术上的条件,意义十分巨大。再如,对人类文明有重大贡献的活字印刷术虽然发明于北宋,但这项技术的成熟与正式运用却是在南宋。其次,在农业、数学、医药、纺织、制瓷、造船、冶金、造纸、酿酒、地学、水利、天文历法、军器制造等方面的技术水平都比过去有很大进步。可以这样说:在西方自然科学东传之前,南宋的科学技术在很大程度上代表了中国封建社会科学技术的最高水平。

南宋军事力量虽然弱小,但军民的斗争意志却异常强大。公元 1234年,金朝为宋蒙联军灭亡以后,宋蒙战争随即展开。蒙古铁骑是当时世界上最为强大的军队,它通过短短的二十余年时间,就灭亡了西夏和金,在此前后又发动三次大规模的西征,横扫了中亚、西亚和俄罗斯等大片土地,前锋一直打到中欧的多瑙河流域。但面对如此劲敌,南宋竟顽强地抵抗了四十五年之久,这不能不说是世界战争史上的一个奇迹。从中涌现出了大量可歌可泣的英雄人物,反映了南宋军民不畏强暴的大无畏战斗精神,他们与前期的岳飞精神一样,成为中华民族宝贵的精神财富。

古人有言:"以古为镜,可以知兴替。"近人有言:"古为今用,推陈出新。"前者是说,认真研究历史,可为后人提供历史上的经验和教训,以少犯错误;后者是说,应该吸取历史上一切有益的东西,通过去粗取精、改造、发展,以造福人民,总之,认真研究历史,有利于加强精神文明的建设,也有利于将我国建设成为一个和谐的、幸福的社会。我觉得南宋可供我们借鉴反

---

① 《中国科学技术史·导论》中译本,科学出版社、上海古籍出版社1990年出版。

思和保护利用的东西实为不少。

以前,南宋史研究与北宋史研究相比,显得比较薄弱,但随着杭州市社会科学院主持的 50 卷《南宋史研究丛书》编撰出版工作的基本完成,这一情况发生了一些令人欣喜的改变。但历史研究没有穷尽,关于南宋和南宋都城临安的研究,尚有许多问题值得进一步探讨,也还有一些空白需要填补。近日,欣闻杭州市社会科学院南宋史研究中心拟进一步深化和扩大南宋史研究,同时出版"博士文库",加强对南宋史研究后备人才的培养,对杭州凤凰山皇城遗址综保工程,也正从学术上予以充分配合和参与,此外还正在点校和整理部分南宋史的重要典籍。组织编撰《南宋及南宋都城临安研究系列丛书》,对于开展以上一系列的研究,我认为很有意义。我相信,在汲取编撰《南宋史研究丛书》成功经验的基础上,新的系列丛书一定会进一步推动我国南宋史研究的深入开展,对杭州乃至全国的精神文明建设都有莫大的贡献,故乐为之序。

2010 年 11 月于杭州市道古桥寓所

序

曹家齐

　　断代史作为中国史研究中一个相对独立的研究方向及研究路径,已近百年。其间一代又一代的学者致力于此,将中国历史按朝代或其他时间标准分割成一个个断代,进行集中而细致化的研究,取得了堪称辉煌的成果。这种以异于传统史学的新史学观念和方法,对中国历史进行集约式的研究,是前所未有的。然而,经此近百年之历程,中国断代史研究,乃至整个历史学研究,亦迎来诸多学者们不得不面对、不得不反思的现实。一是各断代史领域,集聚了越来越多的职业研究者,及庞大的即将准备以此为职业理想的研究生队伍;二是在科技空前发达的前提下,史料数字化与研究手段更新,带来的信息量极度增益,给研究者造成的紧张无措感;三是研究者长期囿于断代史研究的师法与家法,欲突破断代所限而一时难得门径的彷徨;四是在进步论与功利观念驱使下,学者们对于所谓史学创新及史学研究意义认识的迷茫;五是几近怪诞的量化学术考评机制给学者们造成的焦虑与压力。在此形势下,学者们为求生存而骛求创新,方法各异。或汲汲于理论、方法之追求,或寄望于新史料之发现,或局促于一偏狭议题而煞有介事。更有对旧题重作翻新,另加包装者。呈现于世的研究成果虽不乏佳作,然亦有不少论著及专题研讨,看似新异而别有意趣,然细究却是捉襟见肘,仍属老套路径,甚至只是徒具形式。然此并非学者碌碌,亦非学者于学不诚,实是时势使然。置此背景下,学者不唯对于所从事研究颇多纠结,对研究生指导与培养亦不无困惑,断代史领域尤其如此。

尽管形势如斯,断代史从业者仍只能勉励而为。抛开非学术因素,研究者所能作为者,无外乎议题、史料与方法。然就各断代史研究而言,学者所面临情况又有不同。唐代以前各段,史料数量早呈窘乏之态,研究者唯能致力于史料之深解细读,困难之中,却亦屡有超拔卓异之成果;明清以后,史料浩瀚,研究者仍可逞史料未竟之欢,研究议题仍可称丰富。至如宋元,尤其是宋代,曾被视为史料数量适中,最适宜研究者施展才华之断代,目下却局面大改。随着从业人员的增多和资料检索技术手段之发达,史料数量已渐成困境。不仅熟练研究者从史料着手拓展研究领域,光景不如以前,新入行的研究生进行论文选题,亦渐难依靠新的史料选得前人涉足较少之议题。然相较唐以前断代,宋代史研究可伸展空间仍是无比巨大,此便是对史料的精耕细作、深入解读。这一做法亦是最具价值持续性的历史研究路径。因为无论史学研究观念如何变更,无论宏观与微观旨趣如何分异,深入解读史料、究清具体史实,都永远是史学研究的基础,都永远是一切历史解读与阐释的前提。然而,对史料深入解读,无疑是较其他方法为难的研究,对于一个初入史门的研究生来说,更是如此。这不仅需要扎实的基础、坚强的毅力,而且亦需要一定的运气。本书的作者李超博士应属于这样一位。

李超性格沉静,读书踏实。其初学宋史,于四川大学历史文化学院师从韦兵、王化雨两位先生;获硕士学位后,考入中山大学历史学系攻读博士学位。当时,台湾著名宋史专家黄宽重先生提出"嘉定现象"议题,并以此倡导对南宋史的深入研究。李超应是受此影响,初以史弥远当政时期的理宗朝政治为研究方向,并渐有深入,略有心得。但随着对问题的探源追踪,觉得须先究明此前历史阶段的若干问题,从而又对韩侂胄擅权时期的宁宗朝前期政治产生浓厚兴趣,故改以《南宋宁宗朝前期政治研究》为选题,撰成博士学位论文。该文讨论时段仅有十四年,不唯研究时段之短在宋史方向学位论文中少见,而且所设内容及相关史料,亦早有前辈学人阐发高见,似无剩义。然而李超却能不囿前人所论,打破《道命录》与《庆元党禁》史料成见,并发掘梳理前人未能充分解读之史料,集中考察了南宋宁宗朝前期的十四年间,韩侂胄从以外戚身份专权到以平章军国事身份专权的转变过程及意义,并在这一脉络下对绍熙内禅、庆元党禁、开禧北伐等一系列在南宋历史上具有重要意义的政治事件重新加以审视,提出了不同于学界往常所见的观点,在若干方面刷新了对于这一时期南宋政治史的认识。

对宁宗朝若干史实认识的改变,自然亦影响到相关历史问题的解释。例如署名南宋人郭沔所作的琴曲《潇湘水云》,以往论者多将其创作置于韩侂胄北伐失利的背景下进行解释,从而认为这首琴曲表现出作者爱国忧民的激愤之情。这一解释主要是依据既往研究,尤其是教科书中对于韩侂胄北伐及宁宗朝政治的认识进行的。如果发现韩侂胄北伐及相关历史并非以往认识的那样,则此解释便不攻自破。家齐新近着力于《潇湘水云》的解题及意境之研究,便借用了李超博士的研究结论,否定旧说,作出新释。

学生取得一定成绩,导师自然感到欣慰,然导师作序,无疑有内台喝彩之嫌。家齐本有犹豫,可转念虑之,仅作推介,亦未尝不可,况且此书质量如何、观点能否成立,读者自能判断,对导师过誉之辞亦当能谅解。故絮叨闲语数句,权且为序。此书是李超第一部专著,望能借此为新的起点,戒骄戒躁,继续潜心于宋史研究,更上层楼。

2019 年 10 月

目　录

绪　　论

一、选题缘起

韩侂胄自绍熙五年(1194)上台,至开禧三年(1207)被杀,前后执掌朝政十四年,这十四年堪称宁宗朝政治的前期阶段。在此期间,韩侂胄经历了一个由以外戚身份专权到以平章军国事即宰相身份专权的转变。本书的主旨即在于探讨这一转变的过程及其意义,并在这一脉络下对绍熙内禅、庆元党禁、开禧北伐等一系列在南宋历史上具有重要意义的政治事件重新加以审视,进而深化对权臣政治的认识。笔者选择这一主题主要基于两个层面的原因。

第一、权臣政治之于南宋的特殊意义。

在宋史研究中,皇权与相权的问题长期备受关注。早在 20 世纪初,日本学者内藤湖南提出了具有深远影响的"唐宋变革"学说。内藤湖南认为,就政治而言,唐代所实行的贵族政治经历唐末五代的过渡,至宋代已为君主独裁政治所取代。君主成为绝对权力的主体,宰相的地位不再是辅佐天子,而演变成类似于皇帝的秘书官角色。① 这一观点在宫崎市定那里得到了进一步的发展,②在学术界产生广泛影响。围绕着宋代皇权与相权孰强孰弱

---

① (日)内藤湖南著,黄约瑟译:《概括的唐宋时代观》,刘俊文主编:《日本学者研究中国史论著选译》第一卷,北京:中华书局,1992 年,第 10—18 页。
② (日)宫崎市定著,黄约瑟译:《东洋的近世》,《日本学者研究中国史论著选译》第一卷,第 153—242 页。

的问题,国内学界也进行了长期探讨。早在 1942 年,钱穆便首先提出宋代相权削弱说。① 无论是日本学者还是国内学者,在关于君权与相权的关系问题上皆得出了大致相似的结论——即在宋代,皇权的强化确实有确凿的事实根据。

不过,这一观点 20 世纪 80 年中期开始受到质疑。王瑞来一反陈说,提出了宋代相权强化、皇权趋于象征化的观点,②引导学界重新审视宋代的皇权与相权问题。张邦炜则在钱穆、王瑞来两人的论断之外,提出了第三种观点,即宋代的皇权与相权皆强说,强调两者之间相互依存的一面。③ 但是,君权与相权这种简单的二元对立统一的观点,很难对两宋纷繁复杂的历史现实做出贯通的解释。不少学者都意识到了这一点,并开始寻求突破这种简单模式的束缚。大多数学者所选择的突破途径,是将君权与相权关系的讨论转化为对皇帝与士大夫关系的探究。他们不再将宰相看作是仅仅代表自身,而是视作整个官僚士大夫阶层的领袖。如此,相权也就不再仅仅是指制度所赋予宰相的权力,而是涵盖了整个官僚集体的权力。王瑞来在论证宋代皇权削弱的观点时,提出的一个重要论据就是士大夫阶层的崛起,认为这是导致宋代皇权降低的最根本原因。④ 张邦炜则指出:"宋代的皇权和相权之所以都有所加强,在很大程度上是由于当时的士大夫阶层个体力量既小,群体力量又大。"⑤顺着这一思路,学界关于皇帝与士大夫关系的讨论逐渐增多,提出了关于宋代政治结构的新观点,即"皇帝与士大夫共治天下"。此后,有关君权与相权的讨论也多在这一结构下进行。⑥

---

① 钱穆:《论宋代相权》,《中国文化研究汇刊》第二卷,1942 年。

② 王瑞来:《论宋代相权》,《历史研究》1985 年第 2 期;《论宋代皇权》,《历史研究》1989 年第 1 期。后来作者又在《走向象征化的皇权》(朱瑞熙等主编:《宋史研究论文集》,上海:上海人民出版社,2008 年)和《皇权再论》(《史学集刊》2010 年第 1 期)两文中进一步申述了自己的观点。

③ 张邦炜:《论宋代的皇权和相权》,《四川师范大学学报(社会科学版)》1994 年第 2 期。

④ 王瑞来:《论宋代的皇权》。

⑤ 张邦炜:《论宋代的皇权和相权》。

⑥ 张其凡:《"皇帝与士大夫共治天下"试析——北宋政治架构探微》,《暨南学报(哲学社会科学)》,2001 年第 6 期;余英时:《朱熹的历史世界——宋代士大夫政治文化的研究》,北京:生活·读书·新知三联书店,2011 年,第 230—249 页。

　　以上学者所提出的各种有关宋代皇权与相权关系问题的论断,无不立足于整个两宋历史时期,都是希望能提出一个贯通性的解释。这就不可避免地涉及到南宋时期较为普遍存在的权臣政治问题。正如余英时所说:"权相是宋代最突出的政治现象之一。"①当然,不少学者业已对此提出了一些解释。如内藤湖南坚持宋代以后君权不断强化的观点,他说宋代"恰好处在唐和明清之间,宰相尚不至像明清一样没有权力,不过即使得到权力,达于极盛,一旦失去了天子在后面的支持,亦同样会变为匹夫一名"。②刘子健尽管提出了"两宋之际变革"说,但在君权问题上也认为是一脉相承、逐渐强化。他说"南宋的君权,经过高宗立国几十年的措施,比北宋更大,君主本人无能,照样可以委任权相,但并非大权旁落,因为相权是可以收回来的"。③　张邦炜持君相之权皆强说,但并非是说两者并重,而是认为皇权始终高于相权,因为皇帝掌握着最终决定权和宰相任免权。他没有正面论述南宋的权相问题,只是在行文中举了史弥远拥立理宗的事例,认为史弥远的做法根本上不违背家天下的统治精神。④　内藤、刘子健和张邦炜三人的视角基本类似,都是从皇帝作为最后权源的角度来试图将南宋的君相关系纳入自身的理论框架,只是这样一来似乎就在无形中消解了南宋权相政治的特殊性。诸葛忆兵注意到了这种强求一致的弊端,故在论述中采取了折衷的办法。他说:"全面排比两宋史料,就能发现宋代在不同的时期或皇权和相权都得到强化;或相权过度膨胀,确实削弱了皇权,不可一概而论,但以前一种情况占主导地位。"⑤这后半句话当主要即是针对南宋权相问题来说的。

　　至于王瑞来,根据他的观点似乎能够解释权臣问题,他曾论及皇帝、宰相以及士大夫三者之间的关系,称:"群臣希望由宰相为首的执政集团

---

① 《朱熹的历史世界——宋代士大夫政治文化的研究》,第 244 页。
② 《概括的唐宋时代观》,《日本学者研究中国史论著选译》第一卷,第 13 页。
③ 刘子健:《包容政治的特点》,《两宋史研究汇编》,台北:联经出版事业公司,1987 年,第 61—62 页。
④ 张邦炜:《论宋代的皇权和相权》。
⑤ 诸葛忆兵:《宋代宰辅制度研究》,北京:中国社会科学出版社,2000 年,第 48 页。

来主持政府机器的正常运转,一切权力归政府,而一切号令又是以皇帝的名义发出。"①此论有一定根据,南宋时期不少士人,尤其是理学士人,确实有不少要求限制君权、恢复宰相权力的言论。但在权臣执政时期,他们对权臣专权的批判,也同样激烈。余英时则从两宋政治变化的内在脉络来观察南宋权臣政治的出现,将其根源回溯至熙丰变法,认为是王安石为推行变法积极寻求非常相权,导致了相权扩张,为神宗以后至于南宋时期的权相政治打开了道路。② 但是,王安石的扩张相权只是为后来的宰相提供了种种集权手段,并不必然导致权臣出现。

既有的研究成果多聚焦于权臣政治的性质问题,观察其是否与现有的关于宋代君相关系的理论模式相抵触,这无疑有助于对权臣政治认识。然而,在这些研究中,论者往往倾向于将南宋不同时期出现的权臣政治视作无差别的同质性政治,注重的是其中所表现出来的共通性,而对相互间的差异,对权臣政治在不同的历史背景下所发挥的不同作用,尚缺乏足够重视。虞云国在其《南宋行暮:宋光宗宋宁宗时代》一书的序言中指出:"权相政治关系到南宋政治结构、朝政运作乃至有关时段历史实相等诸多问题,而所谓四大权相,就其个人品性、专权手段、危害程度与历史影响而言,也人各其面而并不相同。"③这里所谓"四大权相"即指秦桧、韩侂胄、史弥远、贾似道。因此,对南宋主要权臣进行个案式的考察将具有重要意义,只有在这种个案式考察的基础上,在对不同权臣政治进行充分比较分析的基础上,才能深入认识权臣政治之于南宋的现实意义,进而方能为整体把握南宋权臣政治奠定坚实基础。

第二、韩侂胄专权的特殊地位。

近年来,有鉴于当下学界对南宋后期历史研究的不足,黄宽重提出了"嘉定现象"的研究议题,意图"透过对这一时期重大政经文化议题,作统整

---

① 王瑞来:《皇权再论》。

② 《朱熹的历史世界——宋代士大夫政治文化的研究》,第230—249 页。

③ 虞云国:《南宋行暮:宋光宗宋宁宗时代》新版自序,上海:上海人民出版社,2018 年,第15 页。

性的探讨,填补既有研究之不足,并从新的视角重新评价这一时期的学术意义,进而掌握由宋入元的政治变动,对江南士人及社会文化的发展与影响"。① 黄先生将此一议题的考察基点放在史弥远当政的嘉定年间(1208—1224),同时向前后延伸,向上可至宁宗即位,向下则至理宗亲政。② 这就意味着,该议题所包含的范围基本上就是韩侂胄与史弥远两个权臣当政的整个历史时期。这已然揭示出包括韩侂胄当权时期在内的这四十年时间对于南宋政治发展的重要性。而韩侂胄当政的十四年更是处于南宋由盛而衰的转折时期。这从当下对于南宋政治史的分期中就可看到。

张其凡认为:"贯穿南宋政治的主线,则是生死存亡之争。"他以嘉定元年(1208)为界,将南宋政治史划分为前后两期,之前为宋金战争时期,之后则为宋蒙(元)战争时期。③ 寺地遵则转而根据南宋政治发展的内在脉络,提出一种新的划分方式。他将宋高宗一朝作为南宋历史的初期,而将孝宗乾道(1165—1173)、淳熙(1174—1189)以至开禧(1205—1207)大约四十年的时间视作是南宋政治史的中期,也是南宋最盛期。④ 言下之意,此后至于宋亡则为晚期。这两种不同的分期方式,实际上代表了对南宋政治史的不同定位,前者将对外和战视作南宋政治的核心问题,而后者则显然淡化了和战对政治的影响力。不过,无论哪一种划分方式,都将嘉定元年视为一个重要的分界线。这也就意味着,韩侂胄当权的十四年恰好处于两个阶段的交接处,是南宋由前期或者中期的强盛期逐渐走向衰亡的转折阶段。在此期间发生的由韩侂胄所主导的庆元党禁、开禧北伐等突出的政治事件,对与南宋政治密切关联的道学兴起、宋金关系演变等重大问题都具有标志性的意义。这些事件的出现,既是南宋前期政治发展的结果,又深刻影

---

① 黄宽重:《"嘉定现象"的研究议题与资料》,《中国史研究》2013 年第 2 期,第 191—205 页。

② 黄宽重:《"嘉定现象"的研究议题与资料》,第 191—205 页。

③ 张其凡:《试论宋代政治史的分期》,邓广铭、王云海等主编:《宋史研究论文集》,开封:河南大学出版社,1993 年,第 354—370 页。

④ (日)寺地遵著,刘静贞、李今芸译:《南宋初期政治史研究》序章,上海:复旦大学出版社,2016 年,第 16—17 页。

响了此后的政治走向。

此外,在南宋的四位最主要的权臣中,韩侂胄的专权较之其他几位权臣又存在不小的差异。日本学者小林晃指出,韩侂胄在专权的绝大部分时间内,都是以侧近武臣的身份来垄断政治,这与秦桧、史弥远等以进士出身的宰相的专权存在着性质上的不同。前者是孝宗以来皇帝独裁政治模式下的产物,而后者则属于宰相专政。① 这种论断是否正确姑且不论,但它却揭示出韩侂胄专权本身所具有的特殊性,也赋予了韩侂胄专权向史弥远专权转变以新的意义,而这一切又与南宋政治的深层结构密切相关。因此,探究韩侂胄当权时期的政治,对于理解南宋政治史将具有关键性的意义。

但是,对于韩侂胄及其当权时期政治的研究,无论从数量上还是质量上都并不充分。由于对南宋时期相关史料的批判性研究还不十分充分,以及现有研究方法上的不足,使得这一时期的许多重要政治事件还有进一步探讨的空间。有鉴于此,笔者选择以韩侂胄当权的宁宗朝前期政治作为主要考察对象,针对与韩侂胄密切相关的绍熙内禅、庆元党禁、开禧北伐等一系列重要政治事件进行分析,既注重这些事件本身的发展过程,又注重其内在的深层联系,进而透过这些事件来探察韩侂胄专权的内在结构及其发展演变之脉络,最终希望能借此深化对于权臣政治以及南宋政治发展的理解。

二、研究回顾

权臣政治的长期存在是南宋一朝突出的政治现象,早在 20 世纪 70 年代就已有学者专门就此问题展开论述。时至今日已积累了不少研究成果。总体来看,这些研究大致可划分为两个层次:一是对权臣政治的整体探讨;二是对特定权臣及其主导下之朝政的研究。下面就从这两个方面来对相关研究进行梳理。

(一) 对权臣政治的整体探讨

宋史学界最早关注南宋权相问题的是林天蔚,他从制度层面分析了宋

---

① (日)小林晃:《南宋宁宗时期史弥远政权的成立及其意义》,邓小南等主编:《宋史研究论文集(2012)》,郑州:河南大学出版社,2014 年,第 130—140 页。

代权相出现的原因,认为主要是五种因素所致:独相者多;继世为相及再相者众;加"平章军国事"衔,位于宰相之上;宰相兼枢密使;宰相兼制国用使。另,将南宋较北宋更为衰弱不振的原因之一归咎为权相频现。①

但是,制度并不会平白无故地发生变化,还须要在制度背后寻求更深层次的原因。屈超立通过对贾似道的研究,指出"南宋权相政治的形成。首先与当时的政治局势及因之而发生的宰相制度的变化关系最为密切"。他认为,北宋时期政、军、财三权分立的体制已然不能应付新的时局,需要实行三权合一的体制,以提高政府的行政、军事效能。同时,外部的威胁导致武将势力增强,君主需要增强以宰相为首的文臣的力量,以控驭武将。② 田志光与苗书梅基本秉持了屈超立的观点,认为外部局势的威胁以及朝廷内部矛盾的尖锐,需要强有力的中央集权来应对挑战。③ 近来张邦炜亦撰文指出:"南宋相权复振、权臣叠现,其深层原因分明在于战时状态,亟需军政协同、快速应对,民政、兵政、财政三权分割无法适应战时需要。"④

虞云国在某种程度上将权相出现的原因归结为君主的失误。⑤ 近来他又撰文发挥了余英时的观点,指出宋神宗为厉行变法赋予王安石以"非常相权",使得君主政体从由皇帝与士大夫官僚共同主政的"中央控制模式"逐渐滑向了由皇帝与宰相独裁的"宫廷的集权模式"。至南宋初期,在高宗的推动下,专制君权空前膨胀,最终形成了"独裁模式"。南宋权臣的专权实际上都是这种"独裁模式"在君主官僚政体下的轮回搬演。⑥ 魏志江认为后妃干政与南宋权相政治出现之间存在密切关系,指出南宋的四

① 林天蔚:《宋代权相形成之分析》,《宋史研究集》第八辑,第141—170页,原刊于1973年《思与言》第十卷第五期。

② 屈超立:《从贾似道专权看南宋权相政治形成的原因》,四川大学古籍整理研究所、四川大学宋代文化研究资料中心编:《宋代文化研究》(第四辑),成都:四川大学出版社,1994年,第102—128页。

③ 田志光、苗书梅:《南宋相权扩张的若干路径论略》,《北方论丛》2012年第3期。

④ 张邦炜:《战时状态与南宋社会述略》,《西北师大学报(社会科学版)》2014年第1期。

⑤ 虞云国:《宋代台谏制度研究》(增订本),第167页;虞云国:《宋代台谏系统的破坏与君权相权之关系》,《学术月刊》1995年第11期。

⑥ 虞云国:《王安石的"非常相权"与其后的异变》,《商丘师范学院学报》2014年第4期。

位主要权相中,除秦桧外,韩侂胄、史弥远和贾似道的专权,都与后妃干政有着不解之缘。① 贾玉英则探讨了台谏与权臣当政的关联,权臣利用各种手段控制台谏,使之由牵制宰相巩固君主专制的卫士,变成了权臣当政的工具。②

这些研究多着眼于整个南宋权臣政治,侧重于对权臣政治出现原因的探讨,皆有其道理,如从南宋所面临的特殊局势来分析权臣频现的原因,就有助于从正面看待权臣在南宋政治中所发挥的积极作用,较之宋人的一味批判自是有了更深的认识。

(二) 对宁宗朝前期政治的研究

宁宗朝前期主要就是韩侂胄当政的时期。南宋一朝权臣众多,但最重要的即秦桧、韩侂胄、史弥远和贾似道,他们皆曾长期执政,对当时的政治发展产生了重要影响。学界对于他们的关注也相对较多。本书研究的对象主要为韩侂胄,这里将与韩侂胄相关的研究作为重点,对于其他几位权臣则仅挑选部分对本书写作有重要参考价值的论著加以介绍。

高宗朝的秦桧是南宋第一位权相,受到的关注也最多,已有不少研究论著,其中最值得一提的是寺地遵的《南宋初期政治史研究》,作者运用其所提出的“政治过程论”的研究方法,细致分析了高宗一朝政治的发展演变,对秦桧专制体制的建立与变迁直至最终完结的整个过程进行了详尽探讨。③ 笔者在撰写过程中,对该书的研究方法多有借鉴。20 世纪 80 年,美国学者戴仁柱对四明史氏家族进行了系统研究,史弥远作为四明史氏最重要的代表人物,受到了格外关注,作者力图消除史书记载中对史弥远的偏见,希望以客观的态度重新评价史弥远。④ 近年对史弥远的研究明显增多,出现了数篇以之为题的硕士论文,其中廖建凯的硕士论文将史弥远当政的整个历史时期作为考察对象,以史弥远的施政为主轴,以其决策过程与行事风格为研

---

① 魏志江:《论宋代后妃》,《扬州师范学院学报(社会科学版)》1994 年第 1 期。

② 贾玉英:《台谏与宋代权臣当政》,《河南大学学报(社会科学版)》1996 年第 3 期。

③ 寺地遵:《南宋初期政治史研究》。

④ (美)戴仁柱著,刘广丰、惠冬译:《丞相世家——南宋四明史氏家族研究》第四章《春华秋盛》,北京:中华书局,2014 年,第 95—154 页。

究中心,具体分析了其在内政外交等各个方面的作为,希图对史弥远的"久相专权"给予一个合理的解释。① 该文的长处在于作者有意跳出宋人对史弥远的认识,摆脱忠奸之辨的浅薄、片面评价,在具体的政治局势中观察史弥远的种种行为。作为南宋最后一位权相的贾似道,陈正庭在《贾似道与晚宋政局研究》一文中,通过对皇权、清流派官僚以及宰相体系之间交互关系的考察,从政局内部的权力结构对晚宋政局进行了重新解释。② 张春晓《贾似道及其文学交游研究》一书通过梳理贾似道的历史功过、政治举措之于四学及其形象之于文学接受,由点及面,由历史原型到文学嬗变,较为全面地呈现出了贾似道的历史文学面貌。③ 这些研究成果,不仅为全面理解南宋的权相政治、比较不同权相之间的异同提供了便利,同时也提供了写作方法上的参考。

对于韩侂胄及其当政时期政治的研究,在 20 世纪 90 年代以前,中国大陆学界主要都是围绕着对韩侂胄个人是非功过的论定展开。对人物的评价自然离不开对其一生所作所为的观察,故而韩侂胄当权期间所主导的两个重要政治事件——庆元党禁和开禧北伐,亦为学者所关注。1934年,陈登原发表《韩平原评》,此为大陆第一篇专论韩侂胄的文章,作者对韩侂胄的遭遇抱有同情,认为韩侂胄在党禁以及北伐中的作为有值得肯定之处。④ 1948 年,王璞发表《论"裙带"宰相韩侂胄》,该文对韩侂胄的评述基本遵循了《宋史》等传统史书的观点,对韩侂胄予以全面否定。⑤ 1949 年以后,唯物史观成为大陆史学界的主导思想。这直接影响到了当时的宋史研究,以朱熹为代表的理学被认定为是为封建统治阶级服务的唯心主义学说而遭到否定。在这种情况下,韩侂胄针对道学发动的党禁无疑就具有了某种积极意义。对韩侂胄的评价随之发生很大变化。1957年,陈庚平撰文为韩侂胄平反。他将韩侂胄视作抗战派的领袖,将赵汝

---

① 廖建凯:《权相秉国——史弥远掌政下之南宋政局》,台湾师范大学硕士学位论文,2013 年。
② 陈正庭:《贾似道与晚宋政局研究》,台湾"中兴大学"历史学研究所硕士学位论文,2009 年。
③ 张春晓:《贾似道及其文学交游研究》,武汉:崇文书局,2017 年。
④ 陈登原:《韩平原评》,《金陵学报》1934 年第四卷第二期。
⑤ 王璞:《论"裙带"宰相韩侂胄》,《人物杂志》1948 年第 7 期。

愚、朱熹视作主和派的代表,进而认为韩侂胄发动党禁乃是为清除主和派势力,以推动恢复中原的大业。韩侂胄被《宋史》列入奸臣传,是元代史官受道学偏见影响的结果。① 随后,陆成侯也对韩侂胄在党禁与北伐两事上的作为做出了全面肯定。② 不过,华山虽同意《宋史》将韩侂胄列入奸臣传是出于道学偏见的判断,但认为党禁是由韩侂胄与赵汝愚争权而引发的道学派与反道学派之间的斗争,并指出道学派并非主和派,而是属于战守派。韩侂胄的北伐不过是借此来巩固权位,当时南宋根本不具备北伐的条件。③

此后,受到一系列政治变动的影响,几乎不见对于韩侂胄的专门研究。直至 80 年代,学界又开始针对韩侂胄的评价问题展开新一轮争论,某种程度上这可以视作是 50 年代争论的延续。其争论之观点大致不出三种:全面否定、全面肯定、部分肯定部分否定。全面否定的观点以郦家驹为代表,他认为庆元年间,根本就不存在一个所谓的道学家集团,党禁只不过是韩侂胄有意地"利用封建专制主义的权威,妄图从政治上压服以朱熹为代表的一种学术流派,从而达到打击他政敌的目的,以便巩固他自己的政治地位"。但党禁并没有达到预期效果。为此,韩侂胄又轻率地发动了北伐。④ 其后,张邦炜承袭了这一观点,认为韩侂胄与赵汝愚之争本质上是权力之争,党禁不过是韩侂胄清除异己的手段,北伐则出于抬高自己以稳固权位。⑤

全面肯定的观点则以周梦江为代表。差不多与郦家驹同时,他发表《为韩侂胄辨诬》一文,将党禁的责任归咎于赵汝愚、朱熹对韩侂胄的排挤,并认为鉴于道学本身的消极作用,韩侂胄之反道学是正确的。在北伐之事上,认为此举符合南北方人民的要求,且当时金朝内乱,确为北伐的有利时机。

① 陈赓平:《纠正七百多年来史家对于韩侂胄的错误批判并揭穿当时伪道学派的罪行》,《兰州大学学报(人文科学)》1957 年第 1 期。
② 陆成侯:《论韩侂胄》,《史学月刊》1958 年第 7 期。
③ 华山:《南宋和金朝中叶的政情和开禧北伐之役》,《史学月刊》1957 年第 5 期。
④ 郦家驹:《试论关于韩侂胄评价的若干问题》,《中国史研究》1981 年第 2 期。
⑤ 张邦炜:《韩侂胄平议》,《四川师范大学学报(社会科学版)》1991 年第 1 期。

韩侂胄也为北伐做了大量的准备工作,包括开放党禁以"团结各方面力量,一致对外"。① 此后,魏光峰、王忠雄、李立功皆将韩侂胄视作主战派、将赵汝愚、朱熹视作主和派,认为党禁是主战派对主和派的胜利。②

吴雪涛则持部分肯定、部分否定之观点。他对韩侂胄所发动的党禁与北伐两事分开加以评断,认为党禁纯属韩侂胄与赵汝愚的权力之争。他否定了将道学派视作主和派的观点,认为韩侂胄发动党禁与后来谋划北伐并无关联。对于北伐,他认为这顺应了南北人民的愿望,是符合正义的。他不认为韩侂胄此举是出于巩固权位之目的,在他看来,北伐前韩侂胄的地位业已非常稳固,完全不必冒险发动北伐。③ 冯永林基本秉承了吴雪涛的观点,认为庆元党禁是韩侂胄与赵汝愚"两个政治集团之间相互倾轧的副产品"。而对于北伐,他承认韩侂胄有其私心,但同时又认为北伐是有其合理性的。④ 李传印也认为韩侂胄在北伐前地位已非常稳固,其北伐的目的与张浚一样,都是志在恢复。⑤

大陆学术界在很长时间内对于韩侂胄的研究还主要局限于人物史范畴,着重于对人物的是非功过进行评判。虽然其中也不乏对庆元党禁、开禧北伐等重大政治事件的论述,但都是围绕着人物评价的主题展开,缺乏对事件本身的细致、深入分析。而且,无论是对人物的研究、还是对事件的研究,都未能将之放置于当时政治、社会发展的整体脉络中加以观察,许多论述仅仅停留在表面而难以深入。

不过,台湾、欧美等地对韩侂胄时期政治的研究,没有拘泥于对韩侂胄个人是非功过的争论。1976 年,黄俊彦以《韩侂胄与南宋中期的政局变动》

① 周梦江:《为韩侂胄辨诬》,《江淮论坛》1981 年第 2 期。
② 魏光峰:《一代冤魂——韩侂胄》,《殷都学刊》1991 年第 1 期;王忠雄:《庆元党禁与开禧北伐》,《中学历史教学参考》1996 年第 4 期;李立功:《庆元党禁与开禧北伐》,《攀枝花大学学报》1998 年第 4 期。
③ 吴雪涛:《略论辛弃疾的一桩公案——兼及韩侂胄与开禧北伐》,《河北师范大学学报》1982 年第 1 期。
④ 冯永林:《关于韩侂胄评价的几点看法》,《内蒙古大学学报(哲学社会科学版)》1983 年第 1 期。
⑤ 李传印:《韩侂胄与开禧北伐》,《安庆师范学院学报(社会科学版)》2000 年第 4 期。

为题撰写了硕士论文,这是一篇对韩侂胄时期的政治进行全面探讨的文章。
作者认为南宋中期政局的变动起源于皇室内部的危机,在绍熙内禅中,围绕
着定策之功的争夺,赵汝愚败于以宪圣太后所领导的宫廷集团,韩侂胄因血
缘关系依附于这一宫廷集团,进而获得大权。赵汝愚积极援引道学中人入
朝以壮大自身势力,但他对韩侂胄的排挤促使韩侂胄与反道学势力联合,进
而引发了党禁。韩侂胄在巩固权位后,开始疏离反道学派,其权力结合的性
质转变为私人情感为基础,形成了附和北伐恢复的主战集团。他认为韩侂
胄力主北伐的原因,一方面是欲借此来建功立业,同时也是出于恢复中原的
历史使命感。另一方面,金朝确实出现衰败之象,给南宋以可乘之机,韩侂
胄又与杨皇后有矛盾,欲立功以自固。作者未局限于韩侂胄时期政治的本
身,而是有意识地向前追溯,从一个更长时间段的历史发展脉络来对事件加
以观察。① 刘子健曾对道学在宋代的发展进行过系统论述,庆元党禁作为道
学史上的重要事件也有涉及。他的基本观点是,道学中人专注于性命道德的
内省之学,对政治较为冷漠,统治者对道学的利用也多是名大于实,这些道学
家对于政治的影响十分有限。因此,党禁主要是韩侂胄与赵汝愚权力斗争的
结果,道学因与赵汝愚关系密切而受到牵连。所谓的党争在当时是不存在
的。② 谢康伦专门就庆元党禁进行了研究,认为党禁是赵汝愚与韩侂胄激烈
权力斗争的产物。与刘子健类似,他也倾向于认为当时并不存在一个道学党
派。不过,他同时又指出,道学遭党禁亦有其自身渊源,道学中人因经常抨击
时政,在高宗、孝宗、光宗朝皆曾受到攻击,不为当政者所喜。他还认为,韩侂
胄转向北伐,是由于韩皇后的去世使其在宫廷中的影响力遭到削弱,他希望
通过北伐来争取包括道学士人在内的士大夫的支持与合作。③ 程志华以《学

---

① 黄俊彦:《韩侂胄与南宋中期的政局变动》,台湾师范大学历史研究所硕士学位论文,
1976 年。

② 刘子健:《宋末所谓道统的成立》,《两宋史研究汇编》,1987 年,原载《文史》第六辑,1979
年;刘子健:《中国转向内在——两宋之际的文化转向》,江苏人民出版社(该书最早出版于 1988
年),第 141—144 页。

③ 谢康伦著,何冠环译:《论伪学之禁》,收入海格尔编,陶晋生等译:《宋史论文选集》,台北
编译馆,1995 年。

术与政治:南宋庆元党禁之研究》为题撰写了硕士论文,这是第一篇围绕庆元党禁的专题式研究。作者的研究未拘泥于宁宗朝政治本身,而是将党禁置于道学与政治交互发展的长期历史脉络下来加以观察。他指出,从微观角度来看,党禁是赵汝愚与韩侂胄政争下的产物,但若从宏观层面看,则是宋代道学与政治相互作用下的一个重要环节,其本质是道学与反道学之争,是源于学术上的对立,最终为政治斗争所利用,成为党同伐异的工具。①《剑桥中国宋代史》亦辟有专章对韩侂胄时期的政治进行了细致梳理。② 台湾学者黄宽重一直以来致力于南宋史研究,近年来重点关注了以孙应时为代表的相当一批作为道学追随者的普通官僚士人,观察他们在面对庆元党禁等剧烈政治变动时的种种反应与作为,力图更深入地探究南宋政治与学术的复杂关系。③

台湾、欧美学界直接针对韩侂胄时期政治的研究数量并不多,但这些研究能够跳出对韩侂胄个人以及党禁等事件的孤立考察,从学术与政治关系的角度切入,有意识地将之放入南宋内在的政治发展历程以及道学思想演变的脉络之下,较之同一时期大陆以人物评价为中心的研究更为深刻。

20 世纪 90 年代以后,随着国内外学术交流渐趋频繁,在对韩侂胄时期政治的研究上,境外学者的研究观点、视角、方法也对国内学者产生了影响。在 90 年代末、新世纪初,出现了数部关于宋代道学的论著,其中都有专门章节就庆元党禁等问题进行论述。与刘子健类似,关长龙也指出道学在两宋之际呈现出内倾化趋势,指出南宋统治者对道学基本上是用其名而不用其

---

① 程志华:《学术与政治:南宋庆元党禁之研究》,台湾清华大学历史研究所硕士学位论文,1996 年。

② Denis Twitchett and John K. Fairbank: *The Cambridge History of China: The Sung Dynasty and its precursor(907—1279)*, Cambridge University Press(2009), 第 756—811 页。

③ 黄宽重:《师承与转益:以孙应时〈烛湖集〉中的陆门学友为中心》,《"中研院"史语所集刊》第 85 本,2014 年 3 月;《世变与应变:孙应时及其学友在庆元党禁前后的遭遇及应对》,《国学研究》,2016 年第 1 期;《论学与议政:从书信看孙应时与其师长的时代关怀》,《北大史学》2016 年。这些研究成果后汇集在《孙应时的学宦生涯:道学追随者对南宋中期政局变动的因应》(台北:台大出版中心,2018 年)一书中。

实,道学并未对实际政治决策产生关键性影响。对于庆元党禁,作者认为此事源于赵汝愚等人对韩侂胄的处置不当。① 范立舟认为党禁的发生主要原因在于赵汝愚与韩侂胄的权力之争,但同时也可将之视为"理学与反理学之学术——政治冲突的合逻辑的发展结果"。② 高纪春的博士论文则将关注重点放在对党禁起源的探究上。他认为道学在孝宗乾道、淳熙年间迅速发展成为主流学派,但是道学家的政治主张与孝宗注重事功的性格格格不入,由此形成了受到孝宗支持的事功型、才吏型士大夫与不受孝宗支持的道德型、清议型士大夫之间的冲突。至淳熙末年,道学势力逐渐成为一股独立的政治势力。随着赵汝愚的执政,道学派在对反道学派的斗争中占据上风。但绍熙内禅后,赵汝愚与韩侂胄的矛盾促使反道学派与韩侂胄合流,使道学势力遭受严重挫折,酿成了党禁。党禁实质上"是一场来自士大夫内部的学术与政治因素交织的矛盾斗争。韩侂胄与赵汝愚的矛盾只是促成这一事件的偶然外在的因素"。③ 这篇文章在一定程度上否定了刘子健所提出的道学转向内在之说,不再仅仅将道学视作一个学术流派,而是充分注意到了道学群体对政治的介入。因此,党禁也就不再单纯是政治对学术的打压,而是两个权力集团之间斗争的结果。这种论点与余英时的看法已有不少共通之处。此外,何忠礼、徐吉军在《南宋史稿》中,也辟有专章对宁宗朝的政治进行了叙述,他们认为庆元党禁本质上是韩侂胄一党与赵汝愚及其道学支持者之间围绕着"定策功"而展开的一场政治斗争,与学术之争无涉。其后,为巩固统治集团内部的团结而推动北伐,韩侂胄松弛了党禁。韩侂胄发动北伐的原因,一方面是为了顺应民众的夙愿,一方面也为巩固自身权势。至于北伐的失败,则由多种因素造成,将韩侂胄视作奸臣反映了理学士人的偏见。④

余英时《朱熹的历史世界——宋代士大夫政治文化的研究》一书,在学

---

① 关长龙:《两宋道学命运的历史考察》,上海:学林出版社,2001年。
② 范立舟:《理学的产生及其历史命运》第六章,陕西人民出版社,2001年,第308页;范立舟:《读田浩著〈朱熹的思维世界〉》,《北京青年政治学院学报》2005年第2期。
③ 高纪春:《道学与南宋中期政治——庆元党禁探源》,河北大学历史学博士学位论文,2001年。
④ 何忠礼、徐吉军:《南宋史稿》,杭州:杭州大学出版社,1999年,第243—264页。

术界引起了重大反响。本书是直接针对刘子健道学转向内在说的挑战。余英时认为,南宋的道学家固然尤其重视对内圣领域的建设,但其最终关怀仍旧在天下国家,他们对于现实政治的关心与介入颇为积极。孝宗淳熙后期,朝廷上的士大夫逐渐分化形成了两大政治集团——道学型士大夫集团与官僚集团。前者意在对政治进行改革,重建秩序,后者则追逐权力,安于现状。双方的冲突贯穿于自孝宗后期至宁宗前期,构成了其时政治演变的主线。党禁的发生正是双方冲突的最高潮,是官僚集团与掌握皇权的韩侂胄相联合,将道学集团排挤出权力中心的政治行动。① 本书基本上扭转了关于道学士大夫疏离于政治的既有看法,引导学界将目光集中在道学与现实政治的关系上,关注这些道学士人在政治上的活动以及对南宋政治发展的影响。

在余英时对韩侂胄的分析中,一个突出的特点是将韩侂胄与士大夫群体进行了区分,注意到韩侂胄作为皇帝亲信的近习的身份,认为他手中所掌握的乃是皇权,正是皇权与官僚集团的结合方最终击败了道学集团。这就凸显出近习对于南宋政治的特殊影响。对于南宋近习政治的关注,日本学者较为敏锐,安倍直之、藤本猛等学者都针对孝宗朝近习政治的活动进行过专门论述,他们注意到这种近习政治并未随着孝宗朝的结束而告终,而是延续至宁宗朝,这样韩侂胄专权的出现就成为近习政治长期发展的结果。② 小林晃在这些研究的基础上,进一步将韩侂胄的专权与史弥远等其他几位权臣进行了比较分析,指出韩侂胄与史弥远尽管都被后世目为权臣,其权力形态却完全不同。与秦桧、史弥远以宰相身份主政不同,韩侂胄出身侧近武臣即近习。孝宗时期,为打击宰相专权,追求皇帝"独断"的执政模式,有意重用侧近武臣,致使出现了侧近武臣的权力压倒宰执的现象。宁宗即位后继承了这一政治模式,最终促成了韩侂胄专权的出现。史弥远等擅权属宰相专政,是宰相权力扩大的结果,而韩侂胄专权则属近习专政,是孝宗朝以来皇帝独裁政治

① 余英时:《朱熹的历史世界——宋代士大夫政治文化的研究》,该书初版于2003年。
② (日)安倍直之:《南宋孝宗朝の皇帝侧近官》,《集刊东洋学》88,2002年;(日)藤本猛:《武臣の清要——南宋孝宗朝の政治状况と阁门舍人》,《东洋史研究》第63卷第1号,2004年。

模式延续的产物。① 这些研究改变了既往将秦桧、韩侂胄、史弥远等人的专权视作同一性质的看法,凸显出了南宋权臣政治的复杂面向。

台湾学者也注意到了近习之于南宋政治的重要意义,张维玲通过对皇权、近习、道学型士大夫以及恢复议题等四个因素的相互作用的考察,架构起了南宋孝宗朝至宁宗朝前期的历史进程。她认为孝宗对近习的重用,引发了道学士人对近习的批判,近习与道学士大夫的冲突自孝宗朝一直延续至宁宗朝,韩侂胄与以赵汝愚为代表的道学集团的政争,正是这种冲突的延续。她强调研究者不应忽略道学集团在与韩侂胄冲突中的主动性。在她看来,道学集团对"具有近习身份的韩侂胄之批判,或许才是引发党祸最关键的因素"。韩侂胄的北伐也需要放在类似的南宋中期政治发展的脉络下来加以理解,即韩侂胄与孝宗朝的近习属同一群体,他们皆受到了孝宗激进"恢复"主张的深刻影响,这构成了北伐的主要驱动力。道学士大夫则一如既往地坚持较为稳健的"恢复"态度,对北伐持反对立场。② 杨宇勋考察了宋理宗与近习之间的关系,强调不应完全站在士大夫的立场上,对近习持彻底否定态度,应注意到君主利用近习的合理性一面。③

三、研究思路与方法

在撰写本书的过程中,前辈学者的不少研究思路与方法对笔者产生了重要的启发与指导作用,择其要者有三:

(一)"政治过程论"

日本学者平田茂树在《日本宋代政治制度研究述评》一文中总结提出了一条宋代政治史研究的新路径——"政治过程论"。他将"政治过程论"定

---

① 小林晃:《南宋孝宗朝における太上皇帝の影響力と皇帝側近政治》,《东洋史研究》第71卷第1号,2012年;小林晃:《南宋宁宗时期史弥远政权的成立及其意义》,邓小南等主编:《宋史研究论文集(2012)》,第130—140页。

② 张维玲:《从南宋中期反近习政争看道学型士大夫对"恢复"态度的转变(1163—1207)》,台湾大学文学院历史学系硕士学位论文,2009年,第112—122页。

③ 杨宇勋:《宋理宗与近习:兼谈公论对近习的态度》,《中山大学学报(社会科学版)》2014年第6期。

义为："站在微观的角度确定政治现象是由什么样的人(主体)、基于什么样的力量源泉、并通过何种过程而发生,针对政治活动中力量的输入和输出进行的动态研究,关于产生政治权力、精英以及领导者的政治过程的研究,特定的政策的形成、决定、实施的过程等等研究。"①人是历史活动主体,这种微观取向的对政治过程的研究,可以凸显出人的主观行为在政治活动中的作用,有助于动态把握变换莫测的政治现象,从而将静态的、宏观的政治史研究转变为动态的微观的政治史研究。在对韩侂胄专权的研究上,既往研究有将目光过度集中在对党禁、北伐这些突出事件的起源、性质等问题的倾向,忽视了这些事件本身在当时的发展过程。党禁自庆元初年至嘉泰二年(1202),前后持续了七年,北伐自嘉泰初韩侂胄起意恢复至开禧三年(1207)宋金重新议和,亦有七年。每一事件从产生到终结,中间都经历了曲折复杂的变化过程。在此过程中,各个政治人物、各种政治势力出于各自不同的考虑,相互之间产生了一连串的互动。对于这些互动关系的考察,将有助于更深入地理解党禁、北伐等事件的来龙去脉以及其对当时政治的影响。另外,既有的对于党禁与北伐两个事件的研究,存在着割裂开来分别加以研究的倾向,将前者置于道学发展的脉络下,而将后者置于宋金和战的脉络下。实际上,两者皆为韩侂胄所主导,有着密切的内在联系。对于此点,现有研究似乎注意稍显不足。

(二) 跳出政治集团式的分析模式

仇鹿鸣对魏晋南北朝史研究中被频繁使用的政治集团式的分析模式进行过反思,他一方面承认这种分析模式的有效性,认为"可以较为便利地从纷繁复杂的历史记载中整理出清晰的线索,收到化繁为简的效果"。但另一方面,他也指出了其所存在的弊端,一是缺少明晰定义的政治集团,二是简单化的二元对立模式,三是"倒放电影"式的论证倾向。② 既有对于韩侂胄

---

① (日)平田茂树:《日本宋代政治制度研究述评》,载氏著:《宋代政治结构研究》,上海:上海古籍出版社,2010年,第6页。

② 仇鹿鸣:《陈寅恪范式及其挑战——以魏晋之际的政治史研究为中心》,《中国中古史研究(第二卷)》,北京:中华书局,2011年,第209、215页。

时期政治史的研究就不同程度地存在着这些不足。无论是关于道学与反道
学的对立、道学集团与官僚集团的矛盾,还是道学集团与近习势力的冲突,
皆是例证。就余英时的研究来说,他将南宋中期的士大夫阶层划分为官僚
集团与道学集团两大势力,固然揭示出当时政治的某种面向,但这种二元对
立式的划分很容易让我们忽视为数众多的处于两者之间的那些官员,他们
可能不属于其中的任何一方,但又同时与双方皆有联系。在二元对立、非此
即彼的分析框架下,论者往往就会根据某些片面的材料想当然地将这样一
些介乎两者之间的官员士人强行划入其中的某一阵营,或者将之作为无关
大局的例外置而不论。另外,一分为二的分析模式,也会让我们很容易倾向
于将各个政治集团内部视作同质性群体,而忽略了其中的分歧与差异。

此外,政治集团式分析的第三个弊端即“倒放电影”式的论证倾向,在对
韩侂胄时期的研究中同样存在此类问题。罗志田在反思民国史的研究时指
出,史学家在历史研究中,由于对历史发展的结果已经知晓,处于一种“后见
之明”的地位。这种地位的弊端在于,使学者“有意无意中容易以后起的观
念和价值尺度去评说和判断昔人,结果常常是得出超越时代的判断”。① 王
汎森也主张将“事件发展的逻辑”与“史家的逻辑”加以区分,指出“太过耽
溺于‘后见之明’式的思考方式,则偏向于以结果推断过程,用来反推回去的
支点都是后来产生重大历史结果的事件,然后照着与事件的进程完全相反
的事件顺序倒扣回去,成为一条因果锁链。但是在历史的发展过程中,同时
存在的是许许多多互相竞逐的因子,只有其中的少数因子与后来事件发生
历史意义上的关联,而其他的因子的歧出性与复杂性,就常常被忽略以致似
乎完全不曾存在过了”。② 也就是说,这种由果追因的回溯式研究,很可能
会将复杂的历史发展过程大大简化,以致于掩盖了历史发展演变的多种可
能性。道学在南宋后期获得了官方的推崇,成为独尊之正统,无论在政治上
还是社会上都产生了重要影响。这种情况下,再回顾先前韩侂胄时期压制

---

① 罗志田:《民国史研究的“倒放电影”倾向》,《社会科学研究》1999 年第 4 期。
② 王汎森:《中国近代思想文化史研究的若干思考》,《新史学》,第十四卷第四期,2003 年。

道学的历史,就很容易将这一时期的政治演变解释成一部以韩侂胄为代表的反道学势力与道学势力的斗争史。但道学在其时是否具有如后来那般举足轻重的影响力? 或者说在韩侂胄本人看来,道学是否是其在政治上的最主要威胁,是影响其一系列政治行为的最主要因子? 是否还有其他对于韩侂胄来说更为重要但却被忽视了政治因素存在? 这些都是值得深刻反思的。

(三) 史料批判式研究

美国学者蔡涵墨在对《道命录》《宋史》等诸多宋代史籍进行研究的过程中提出过两个基本观点:第一,大多数被我们当成历史"事实"接受的内容,实际上是事后产生的对先前事件的印象和投影。对历史学家来说,真正能够证实的"事实"即便不是完全不存在,也是相当稀罕的物件;第二,由于这些事后的形象是经由语言创造并代代相传,他们是文学叙事产品,可能随着时间的推移而改变。为此他提出了所谓"文本考古学"的分析方法,认为:"材料并非是一次完成的静态的产物,而应看作伴随着政治与思想变化,文本随时代变化不断经历与变更与操作的动态过程的结果。"强调要垂直地理解材料。① 由于我们今天看到的史料是政治、文化、文献留存等诸多因素综合作用下的结果,其在保存历史信息的同时,也隐藏、乃至扭曲了很多历史真实,因此在研究过程中对史料进行批判式分析就尤为重要。② 就韩侂胄专权的研究而言,既有研究对相关史料的批判分析就略显不足。韩侂胄在位期间虽曾权倾一时,但在死后却俨然成了一个"失语者"。史弥远因推翻韩侂胄而攫取相位,他上台后对韩侂胄及其当政时期的历史进行了重新修订,这些修订的结果被实录、国史所因袭,构成了今天研究韩侂胄的史料基础。同时,南宋后期理学逐渐为朝廷所尊崇,流传至今的大量史料不少都出

---

① 蔡涵墨:《历史的严妆——解读道学阴影下的南宋史学》序,北京:中华书局,2016 年,第4—5 页。

② 对于史料的批判性研究,中古史领域的学者有较多的研究与思考。参见仇鹿鸣:《陈寅恪范式及其挑战——以魏晋之际的政治史研究为中心》,《中国中古史研究(第二卷)》,第 199—220页;孙正军:《魏晋南北朝史研究中的史料批判研究》,《文史哲》2016 年第 1 期;孙正军:《通往史料批判研究之途》,《中国史研究动态》2016 年第 4 期。

自理学中人之手,或深受理学思想侵染,而庆元党禁又让理学中人对韩侂胄大多心存恶感。① 因此,无论是官方史料还是大量的私家论著,皆对韩侂胄及其当权时期的政治抱有深刻成见。在利用这些材料对韩侂胄时期进行研究时,就需要十分小心。一些学者业已注意到了这一问题,如黄宽重就指出对于庆元党禁,“研究者应该检视现存资料中,何者是党禁时的资料,或是党禁之后胜利的道学家所记录,不能将之全视为当时的历史实况。至于如何观察胜利者建构庆元党禁的发展历程,也值得探讨。”②也就是说,现在所看到的庆元党禁很可能仅仅是南宋后期的道学家们所有意建构出来的形象。同样道理,史弥远以北伐为罪名而发动政变推翻韩侂胄,进而取得专权地位。现存南宋史料中有关北伐的记载,也很可能有相当一部分属于事后重构。但在实际研究中对史料的批判分析还不十分充分。如余英时建构官僚集团与理学集团的分析框架时,一定程度上就是受到道学叙事直接影响的结果。他在书中曾写道:

> 理学集团与官僚集团在孝、光、宁三朝交替之际互争政权的不断激化。这一激化在宁宗即位后达到最高点,李心传所保存的“伪党五十九人”及“攻伪学人”(三十六人)两张名单,(此二名单皆收入樵川樵叟《庆元党禁》中)大致代表了两大集团向两极分化的最后结果,虽然其中个别人物尚有斟酌的余地。③

余英时两大集团的建构明显就是受《道命录》《庆元党禁》等书中所收录的两份名单的启发而来。尤其是在《庆元党禁》中,开篇即开列了这两份名单,表明当时的道学家已经有意识地用道学与反道学这一二元对立模式来解释此前的道学发展史。结合该书成于淳祐五年(1245),已是理学获得独尊地

---

① 贾连港:《“韩侂胄事迹”的形成及流转》,《史学史研究》2014 年第 3 期,第 27—33 页。
② 黄宽重:《从活的制度史迈向新的政治史:综论宋代政治史研究趋向》,《中国史研究》2009年第 4 期。
③ 《朱熹的历史世界——宋代士大夫政治文化的研究》,第 566 页。

位之后,可以设想这种做法的背后无疑具有强烈的提升道学地位的企图。其可信度究竟如何,是非常值得怀疑的。尽管蔡涵墨、郑丞良等人利用史料批判的方法对南宋时期的一些重要文本进行过研究,取得了不少成果,①但总体而言,在宁宗朝前期政治的研究中,这类的批判研究还不是很多,且蔡涵墨等人的研究也是重在史料的解构,对在此基础上的史实重构尚显不足。

---

　　① 郑丞良用史料批判的方法对黄榦所撰写的《朱子行状》进行过深入分析,揭示出黄榦对朱熹形象重塑的努力与用心。见氏著《百年论定——试论黄榦〈朱子行状〉的书写与朱熹历史形象的形塑》,《汉学研究》第 30 卷第 2 期,2012 年。

第一章　从内禅到党禁

宋光宗绍熙五年(1194)六月,已为太上皇的孝宗皇帝去世,光宗却坚持不肯前往重华宫主持丧事,由此引发了一场政治危机。时任知枢密院事的赵汝愚与太皇太后吴氏联手迫使光宗将皇位传给其子嘉王赵扩,是为绍熙内禅。内禅后,赵汝愚掌握朝政,升为右丞相。他援引大量道学士人入朝,意图革新政治,却在半年时间内迅速被韩侂胄等人攻罢,进而遭到贬谪永州的严重惩罚。他所援引的以道学中人为主体的官员也相继遭到惩处,从而开启了一场持续数年的对道学的禁制,是为庆元党禁。

对于党禁出现的原因历来学者多有论述,大致存在着两种解释:一是强调韩侂胄与赵汝愚的权力斗争,是赵汝愚在内禅后未能满足韩侂胄建节的要求,引起韩的嫉恨,他利用自身与皇帝的亲密关系最终打垮了赵汝愚,并对其道学支持者加以清算;另一种则是将其放在自南宋前期尤其是孝宗朝以来道学与反道学斗争的脉络下来理解,认为党禁是这一矛盾长期发展的产物。当然,这两种解释并不是相互排斥的,论者大都是综合考量这两方面的因素,只是在孰主孰次、孰为表象孰为本质上存在着一些差异。① 余英时

————————————

① 罗家祥:《试论两宋党争》,《华中师范学院学报》1984 年第 5 期;杜文玉:《庆元党禁述论》,《渭南师专学报(社会科学版)》,1992 年第 4 期;程志华:《学术与政治:南宋庆元党禁之研究》,台湾清华大学历史研究所硕士学位论文,1996 年,第 124 页;高纪春:《道学与南宋中期政治——庆元党禁探源》,第 76 页;沈松勤:《南宋文人与党争》,北京:人民出版社,2005 年;虞云国:《宋光宗·宋宁宗》,第 123—124 页;何忠礼、徐吉军:《南宋史稿》,第 243—248 页;邴家驹:《试论关于韩侂胄评价的若干问题》,《中国史研究》1981 年第 2 期。

则提出了官僚集团和道学型集团的概念,认为是双方自孝宗淳熙后期至宁宗初期长期对峙,至庆元初官僚集团与作为近习的韩侂胄结合,一起制造了党禁。① 不过,他口中的道学型集团与官僚集团,大体上可以分别对应于道学与反道学势力。张维玲则刻意突出了近习的作用,认为自孝宗朝以来长期存在着道学势力与围绕在皇帝身边的近习势力的斗争,党禁的出现与近习政治的发展有着密切关系。②

这些解释当然都从不同角度揭示了党禁产生的原因,但也忽视了一个重要因素,就是掌握皇权的宁宗皇帝在这一重要事件中的作用。余英时注意到了皇权的重要性,但主要是关注韩侂胄对皇权的操纵。③ 或许是因为宁宗的"不慧"使人们倾向于忽视他在政治上的主动性,同时韩侂胄既是庆元党禁的最大受益者,故而在解释这段历史时非常容易将他所发挥的作用加以放大。

宁宗较之先前的宋代诸帝在心智上确实存在着明显缺陷,《癸辛杂识》载:"或谓宁宗不慧而讷于言,每北使入见,或阴以宦者代答。"④这使他缺乏处理朝政的能力。在即位前,黄裳曾担任宁宗的老师,他在给宁宗授课时提及朝廷的军事体制,称"任吾兵者,九都统也",宁宗却向他询问"何谓九都统?"⑤此时的宁宗已是弱冠之年,对于国家基本的军事建制竟然如此无知,显然与不学无术无关,更应是心智上的缺陷所致。而这一点很容易为韩侂胄、史弥远这样的权臣所利用。《四朝闻见录》载:

> 韩诛死于玉津已三日,宁皇犹未悟其误国也。史公弥远阴金书讽台谏给舍,为此当时之议,以为既曰以御批付夏震诛之矣,自当显言之。

---

① 《朱熹的历史世界——宋代士大夫政治文化的研究》,第 670—673 页。
② 张维玲:《从南宋中期反近习政争看道学型士大夫对"恢复"态度的转变(1163—1207)》,台湾大学文学院历史学系硕士论文,2009 年。
③ 《朱熹的历史世界——宋代士大夫政治文化的研究》,第 670 页。
④ 周密撰,吴企明点校:《癸辛杂识》续集下《宁宗不慧》,北京:中华书局,1988 年,第 190—191 页。
⑤ 《宋史》卷三九三《黄裳传》,北京:中华书局,1977 年,第 12000 页。

殊未知宁皇动法祖宗,每对左右以为台谏者,公论之自出,心尝畏之。

佗胄欲尽攻道学,故探上意,嗾台谏以一网去之,史盖因其术而用之。[1]

宁宗虽标榜遵守祖宗法度,但因自身智识上的缺陷,仅仅只能对祖宗之法做最教条的理解,无论是韩佗胄还是史弥远,都有意利用这一点来对其进行操纵。

若就党禁而言,仅仅看到韩佗胄对宁宗的利用是不够的。宁宗固然对朝政十分陌生,对具体的朝政事务似乎也没有太大兴趣,[2]但在涉及皇权问题上,其敏感程度较之正常的帝王丝毫不曾降低。《四朝闻见录》载:

> 刘三杰,衢人也,与韩氏有故,用为太守,朝辞宁皇。刘有疣疾,伛偻扶陛槛以下,上目之震怒,手自批出:"刘三杰无君,可议远窜。"韩为上前救解,竟免所居郡,斥三秩云。[3]

此事当发生在赵汝愚被打倒,韩佗胄已然专权之后。刘三杰为韩佗胄党羽,正是他于庆元三年上疏朝廷,指陈道学由"伪党"变为"逆党"。[4] 然而,就是这样一个人,在面见宁宗时,由于身体上的残疾而导致的行礼失仪,却引得宁宗勃然大怒,直斥其为"无君",即便有韩佗胄的救解也不能平息愤怒,最终落得贬三秩的处罚。这则轶事所反映出的正是宁宗对于自身权威的极度敏感,容不得任何侵犯皇权的行为存在。

韩佗胄虽被视作权臣,肆意干涉朝政,但在涉及皇帝威严的表面问题上却谨小慎微,对宁宗表现得颇为忠诚。韩佗胄被杀后,史弥远等人曾有意加

---

① 叶绍翁撰,沈锡麟、冯惠民点校:《四朝闻见录》戊集《考异》,北京:中华书局,1989年,第180页。

② 曹彦约在给宁宗奏疏中就曾言言道:"自庆元改元之后,当宁恭默,大臣奏事不闻有所折衷,小臣奏事不闻有所训饬,士大夫绝念,谓陛下无意于政矣。"见曹彦约撰,尹波、余星初点校:《曹彦约集》卷五《应求言诏书上封事》,成都:四川大学出版社,2015年,第135页。

③ 《四朝闻见录》甲集《刘三杰扶陛》,第26—27页。

④ 李心传辑,朱军点校:《道命录》卷七下《刘三杰论伪党变为逆党防之不可不至》,上海:上海古籍出版社,2016年,第76—77页。

韩侂胄以"谋逆"之罪。周密记载:"昔侂胄败,捕其党于大理狱,狱吏加以不道,欲以违法诸物文致之。"这遭到了时任大理寺卿奚逊明的反对,他称:"侂胄首兵权(端?),自有定罪,若欲诬之以叛逆,天不可欺也。"最终"庙堂无以夺其议"。① 是知韩侂胄虽为权臣,并因此而在当时颇遭诟病,但朝廷上似乎并无多少人认为其对宁宗有不忠之心。据叶绍翁《四朝闻见录》载:"韩败,籍其家……籍其奏章,至陛下二字,必提空唯谨。或以为韩意叵测者,非也。忠献之族,得以全者,惟侂胄无是尔。"② 即便在给宁宗奏疏的书写细节上,韩侂胄也丝毫不敢怠慢,这自然成为他获得宁宗信任的重要原因。

与韩侂胄的毕恭毕敬不同,这一时期赵汝愚及其道学支持者的所作所为却有意无意间对皇权构成了威胁与挑战。绍熙末、庆元初,实为南宋皇权最为不振的时期,重振皇权的迫切需要构成了党禁出现的重要原因。若要证成这一判断,需从孝宗淳熙后期至光宗朝政治的发展以及绍熙内禅的发生等方面进行综合考察。下面首先从绍熙内禅的必要性进行切入。

第一节 绍熙内禅的必要性质疑

绍熙内禅名为内禅,实则是在没有得到光宗同意下的强制性禅位,是一场不折不扣的政变,正如明清之际王夫之所言:"光宗虽云内禅,其实废也。"③策动内禅的赵汝愚历来颇受好评,元代史官至以周公相比拟,称赞他"独能奋不虑身,定大计于顷刻,收召明德之士,以辅宁宗之新政,天下翕然望治,其功可谓盛矣"。④ 现代学者也大都认为,他通过内禅帮助南宋顺利渡过了一场政治危机。诚然,孝宗病重及其病逝后,光宗坚持不过宫的反常举动确实

---

① 《癸辛杂识》后集《籍录权臣》,第69页。
② 《四朝闻见录》戊集《考异》,第196页。
③ 王夫之撰、舒士彦点校:《宋论》卷一三《宁宗》,北京:中华书局,1964年,第224页。
④ 《宋史》卷三九二《赵汝愚传》,第11993页。

在朝野引起了不小恐慌。如袁说友在请求光宗前往探视孝宗的奏疏中称：

> 自旬日以来，居民摇动，迁徙大半，居城内者则移居村落，居近郊者
> 则移居傍郡，富家竞藏金银，市价为之倍长。甚而两宫各分橐橐，潜归
> 私室，自谓乱衅只在目前。此皆乱世亡国气象。①

《鹤林玉露》中也记载：

> 时中外讹言汹汹，或言某将辄奔赴，或言某辈私聚哭，朝士有潜遁
> 者，近幸富人，竞匿重器，都人皇皇。②

是知当时情势确实十分紧张，任由这一危机持续下去很可能会出现难以预
料的变故。这些都为后来赵汝愚发动内禅提供了合理性。但是，要解决这
一危机，在当时是否除内禅外别无他途呢？

孝宗于绍熙五年(1194)六月九日去世，宁宗即位在七月五日。肖建新
细致梳理了内禅的全过程，他将这差不多一个月的时间大致划分为立储和
迫禅两个阶段，前者自六月九日持续至七月二日，后者则集中在七月三日至
五日。③ 可知，当光宗不过宫主丧的危机发生后，首先被提出的化解之道是
奏请光宗册立嘉王赵扩为太子。其时，中枢由左丞相留正、知枢密院事赵汝
愚、参知政事陈骙、同知枢密院事余端礼四人组成。作为唯一的宰相，留正
"始议以上疾未克主丧，宜立皇太子监国；若终丧未倦勤，当复辟。设议内
禅，太子可即位"。据说"时从臣郑湜奏与正同。"④显然，留正是希望先行立
储以解决眼前的危机，之后是复辟还是内禅，再视光宗态度而定。作为侍从

---

① 袁说友：《东塘集》卷一三《得圣语令与部中官商量同众从官入奏状》，文渊阁四库全书本，台北：商务印书馆，1983 年，第 1154 册，第 306 页。

② 罗大经撰、王瑞来点校：《鹤林玉露》甲编卷四《绍熙内禅》，北京：中华书局，1983 年，第 64 页。

③ 肖建新：《南宋绍熙内禅钩沉》，《安徽师范大学学报(人文社会科学版)》，2002 年 06 期。

④ 《宋史》卷三九一《留正传》，第 11975—11976 页。

的郑湜也表示赞同。赵汝愚则在孝宗去世后与留正一同奏请太皇太后吴氏垂帘听政,"是时正、汝愚之请垂帘也,以国本系乎嘉王,欲因帝前奏陈宗社之计,使命出帘帏之间,事行庙堂之上,则体正言顺,可无后艰。"①希望先让吴太后垂帘以接掌朝政,而后由其册立嘉王为太子,如此则名正言顺。只是吴太后并未接受这一建议。至于陈骙,"孝宗崩,光宗以疾未临丧,骙请正储位以安人心"。② 余端礼也曾与留正、赵汝愚等一同奏请光宗称"皇子仁孝凤成,宜蚤正储位"。③ 不仅宰执大臣主张立储,其他臣僚亦是如此。除前面提到的郑湜外,叶适也有此议,他向宰相留正进言:"上疾而不执丧,将何辞以谢天下?今嘉王长,若预建参决,则疑谤释矣。"④徐谊还在孝宗病危之时就提议留正:"宜祷祠郊庙,进皇子嘉王参决。"⑤可以说,在危机发生之际,奏请立储是以留正为首的外朝大臣为化解危机所选择的主流方法。

在留正等人的一再请求下,至六月二十四日,光宗批出"甚好"两字,似乎是同意立储。第二天,宰执拟定立太子指挥进呈光宗,光宗御笔批准依付学士院降诏。然而当晚光宗却又突然批出"历事岁久,念欲退闲"八字,流露出退位之意。留正对这道御笔颇为怀疑,在他看来最初只是"请立太子,今乃有退闲之语,何邪?"⑥他请求面见光宗确认此事,却未得允准。⑦ 此时他与赵汝愚的意见出现了分歧,赵汝愚已放弃立储之议,转向内禅。林大中为留正所撰行状记载:

既而,赵公汝愚欲因左司郎徐谊、尚书郎叶适遣韩侂胄通巨珰张宗尹、关礼,使以内禅,奏请于太皇太后。公谓:"建储降诏之命未下,而遽

---

① 《宋史》卷三九二《赵汝愚传》,第 11984 页。
② 《宋史》卷三九三《陈骙传》,第 12017 页。
③ 杨万里撰,辛更儒笺校:《杨万里集笺校》卷一二四《余公墓铭》,北京:中华书局,2007 年,第 9 册,第 4789 页。
④ 《宋史》卷四三四《叶适传》,第 12891 页。
⑤ 《宋史》卷三九七《徐谊传》,第 12084 页。
⑥ 周密撰,张茂鹏点校:《齐东野语》卷三《绍熙内禅》,北京:中华书局,1983 年,第 39 页。
⑦ 《宋史》卷三九一《留正传》,第 11975 页。

及此,情理未安。两宫父子之间,他时有难处者。"议论不合,入奏复不报,遂力求去。①

留正考虑到在没有立储的情况下贸然迫使光宗内禅,很可能会在事后引起很多难以解决的问题,他并不赞成赵汝愚的意见。但赵汝愚似乎心意已决,在这样的情况下,留正托疾逃出城外力请致仕。②

自光宗传出意欲退位的御笔后,赵汝愚应该就已开始秘密谋划内禅。对于这一过程,《宋史·赵汝愚传》载:

> 是夕(六月二十五日),御批付丞相云:"历事岁久,念欲退闲。"留正见之惧,因朝临佯仆于庭,密为去计。汝愚自度不得辞其责,念故事须坐甲以戒不虞,而殿帅郭杲莫有以腹心语者。
>
> 会工部尚书赵彦逾至私第,语及国事,汝愚泣,彦逾亦泣,汝愚因微及与子意,彦逾喜。汝愚知彦逾善杲,因缪曰:"郭杲慌不同,奈何?"彦逾曰:"某当任之。"约明乃复命。汝愚曰:"此大事已出诸口,岂容有所俟乎?"汝愚不敢入私室,退坐屏后,以待彦逾之至。有顷,彦逾至,议遂定。明日,正以五更肩舆出城去,人心益摇,汝愚处之恬然。自吴琚之议不谐,汝愚与徐谊、叶适谋可以白意于慈福宫者,乃遣韩侂胄以内禅之意请于宪圣。侂胄因所善内侍张宗尹以奏,不获命,明日往,又不获命。侂胄逡巡将退,重华宫提举关礼见而问之,侂胄具述汝愚意。礼令少俟,入见宪圣而泣……宪圣问侂胄安在,礼曰:"臣已留其俟命。"宪圣曰:"事顺则可,令谕好为之。"礼报侂胄,且云:"来早太皇太后于寿皇梓宫前垂帘引执政。"侂胄复命,汝愚始以其事语陈骙、余端礼,使郭杲及步师阁仲夜以兵卫南北内,礼使其姻党宣赞舍人傅昌朝密制黄袍。③

---

① 徐自明撰,王瑞来校补:《宋宰辅编年录校补》卷一九,北京:中华书局,1986年,第1275页。
② 《宋史》卷三九一《留正传》,第11976页。
③ 《宋史》卷三九二《赵汝愚传》,第11985—11986页。

这里值得注意的有两点:首先,赵汝愚是在获得宪圣吴太后对于内禅的支持后,"始以其事语陈骙、余端礼"。① 是则同为执政陈骙、余端礼二人皆未参与赵汝愚的密谋。那么赵汝愚的密谋者为谁呢? 材料中提到了赵彦逾、韩侂胄、叶适、徐谊等人,但真正的核心乃是叶、徐二人。此点余英时业已指出,毋庸赘述。②

除叶、徐二人外,参与核心谋划的还有知阁门事蔡必胜。叶适撰《蔡知阁墓志铭》载:

> 公自争过宫至孝宗崩,昼不食,夜不寐……独与知枢密院赵公汝愚往反定议。时韩侂胄同在阁门,公素善侂胄,曰:"公于太皇,甥也。吾欲以公至赵公所。"侂胄知指,许诺。公遂挟侂胄见赵公参语,因知省关礼白太皇太后。③

叶适、徐谊、蔡必胜三人皆为永嘉人,正是他们三人构成了协助赵汝愚策划内禅的核心。至于赵彦逾、韩侂胄两人,其在内禅中固然发挥了重要作用,但却与叶适等人存在着明显差别。赵汝愚要想成功推动内禅,无疑需要两个方面的配合,一是来自禁军的支持,否则便不具备发动内禅的实力。另一个则是来自太皇太后吴氏的支持,否则内禅便不具备起码的合法性。当时

---

① 杨万里所撰余端礼墓志记载:"六月戊戌,夜漏未尽,报寿皇大渐,俄报升遐。光宗遂不能至宫发丧。人情恟惧,朝廷莫知所出。公谓丞相留公正曰:'不有唐肃宗朝群臣发哀太极殿故事乎? 今日之事,宜奏太皇太后,请代行祭奠之礼,以靖国人。'于是宰相执政上奏太皇太后,从之。仍有旨云:皇帝有疾,听于大内成服,百官于重华殿成服。丁未,公与丞相留公正及枢密知院赵公汝愚、参知政事陈公骙建言:'皇子仁孝夙成,宜亟正储位。'累日申前请。甲寅,御笔示传子之意。越四日丁巳,始因贵戚得白太皇太后。越七日癸亥,得旨,仍宣谕汝愚、骙及公。"(《杨万里集笺校》卷一二四《余公墓铭》,第 4789 页。)这是从孝宗去世至宁宗继位期间的余端礼的主要活动,可知其主要还是主张立储以代替光宗行丧事,而非拥立新君。墓志中并未提及其参与赵汝愚内禅密谋事。另一位执政大臣陈骙,《宋史》本传记载其在孝宗去世后的活动为:"孝宗崩,光宗以疾未临丧,骙请正储位以安人心。"(《宋史》卷三九三《陈骙传》,第 12017 页。)与余端礼类似,未见参与内禅密谋事。
② 《朱熹的历史世界——宋代士大夫政治文化的研究》,第 617—618 页。
③ 叶适撰,刘公纯、王孝鱼、李哲夫点校:《水心文集》卷一七《蔡知阁墓志铭》,《叶适集》,北京:中华书局,1961 年,第 320 页。

的殿前司统帅为郭杲,对于争取他参与内禅的经过,《朝野杂记》载:

> 赵子直初议定策,遣中郎将范仲壬告殿帅郭杲。仲壬初以国事艰难告之,不应。又以忠义动之,又不应。仲壬不得已,屏人起立,具以西府意达之,又不应。仲壬乃还。子直知不可,遂请赵德老尚书往见杲谕指。①

赵子直即赵汝愚,赵德老则为赵彦逾。赵汝愚最先是派遣范仲壬去劝说郭杲支持内禅,却遭遇挫折,不得已的情况下才使用赵彦逾,利用赵彦逾与郭杲的私人情谊最终获得成功。这与韩侂胄参与内禅的过程如出一辙,赵汝愚最初希望用以游说吴太后者是吴太后亲侄吴琚,但吴琚"素畏慎,且以后戚不欲与闻大计",②方在蔡必胜的介绍下使用韩侂胄来承担这一使命。由此可见,在赵汝愚的内禅集团中,赵汝愚最为倚信的乃是叶适、徐谊、蔡必胜等永嘉士人,③赵彦逾、韩侂胄则相对处于外围。这当也是后来赵、韩二人对赵汝愚产生猜忌的一个重要原因。

在赵汝愚一切准备停当后,绍熙五年(1194)七月五日,适逢孝宗禫祭,吴太后垂帘,颁降圣旨:"皇帝以疾,未能执丧。曾有御笔,自欲退闲。皇子嘉王,可即皇帝位。尊皇帝为太上皇帝,皇后为太上皇后。"④嘉王赵扩即位,是为宁宗,绍熙内禅至此得以完成。

从上面对内禅过程的论述中可以看到,孝宗去世后很长一段时间内,册立皇太子以化解危机都是为外朝大臣所首选的应对之策。只是当光宗"念欲退闲"的御笔降出后,赵汝愚态度发生转变,开始积极谋划内禅。但赵汝愚推动内禅似乎并非是中枢宰执的集体意向,宰相留正在得知内禅事后仓皇弃职出城,赵汝愚也未积极寻求另外两位执政陈骙、余端礼的支持。他主

---

① 李心传撰、徐规点校:《建炎以来朝野杂记》(以下简称《朝野杂记》),乙集卷九《赵德老说郭杲定策》,北京:中华书局,2000年,第650页。
② 《宋史》卷三九二《赵汝愚传》,第11984—11985页。
③ 见拙作《周必大、赵汝愚与永嘉士人》,《温州大学学报(社会科学版)》2017年第5期。
④ 《齐东野语》卷三《绍熙内禅》,第41页。

要是在叶适、徐谊等人的协赞下，通过赵彦逾、韩侂胄获得禁军和吴太后的支持，最终实现内禅。可以说，赵汝愚是内禅最为积极的策划者和推动者。

这就涉及到了内禅的必要性问题，前面提到光宗坚持不过宫主持丧事，确实引发了不小的混乱。但这是否意味着除了迫使光宗禅位就无法解决危机呢？就在即位的当天晚上，宁宗与潜邸时的老师彭龟年有过一番别有意味的对话。在楼钥为彭龟年撰写的神道碑中记载：

> （绍熙五年）七月甲子，主上受内禅，是晚召公对于大堂，圣容蹙额云："前但闻建储之议，亦自可息浮言，岂知遽践大位！泣辞不许，至今怔忪。"公奏："此乃宗庙社稷所系，陛下亦不得而辞。"首乞奏知太上皇。……明日再见，犹云："朕一日不曾食。"因泣下。又言："昨太匆匆，参决可尔。"公奏："今只得尽人子事亲之诚心。"①

在宁宗看来，内禅过于仓促，他认为只要立储，进而参决政事，自可平息浮言，化解危机，似不必突然选择内禅。通过内禅，宁宗得以提前登基为帝，可谓是内禅的直接受益者，他的此番言论是否存在矫饰的成分呢？《宋会要辑稿》载，七月四日，"上谒告不赴朝临，汝愚移简宫僚彭龟年，问王躬无他，来日禫祭重事，王不可不出"。② 原来禫祭这天，宁宗本打算告假，是赵汝愚通过彭龟年加以劝说方才赴祭，并在当日即位。宁宗事前并不知道自己会在禫祭这天被拥立登基。他所说"岂知遽践大位"当是可信的。宁宗的话表明，由赵汝愚一手策划的内禅似有操之过急之嫌。对于这一点，明清士人看得更为清楚。

王夫之认为光宗内禅本是可以避免的，之所以后来变成势在必行，责任乃在于宰相留正的处置不当。他称：

---

① 楼钥撰，顾大朋点校：《楼钥集》卷一○二《宝谟阁待制致仕赠龙图阁学士忠肃彭公神道碑》，杭州：浙江古籍出版社，2010年，第1771页。
② 徐松辑：《宋会要辑稿》礼四九之六八，北京：中华书局，1957年，第1517页。

唐肃之逆，猜嫌之甚，南内一迁，几有主父之危，而朝廷不为惊扰，国方乱而不害其固存。当是时也，强敌无压境之危，宗室无窥觎之衅，大臣无逼篡之谋，草泽无弄兵之变，静正之朝野，自可蒙安于无事。正乃无故周章，舍大臣之职，分其责于百僚，招引新进喜言之士，下逮太学高谈之子，一鸣百和，呼天吁地，以与昏主妒后争口舌之短长。不胜，则相率而奔，如烈火之焚身，须臾不缓，此何为者哉？……于斯时也，张皇失据者，若有大祸之在旦夕，而不知其固无妨也。疑愈深，人心愈震，而后易位之策突起，以诧再造之功。揆其所繇，非正使然而孰使然乎？①

光宗固然不孝，但相较于唐肃宗之于唐玄宗的情况并不更为恶劣，而且其时南宋内外环境较为安定，不存在迫在眉睫的危机，因此，若处置得宜，是完全有可能平稳解决问题的。然而，身为宰相的留正却张皇其实，将光宗之恶张扬于外，逼成骑虎之势，从而引发了后来赵汝愚不得不收拾留正留下的烂摊子迫使光宗内禅的局面。在这里，王夫之对于留正和赵汝愚进行了区隔，批判前者而肯定后者。不过，其他的明清士人则将矛头指向了赵汝愚。

明代的崔铣称：

宋赵汝愚忠而未智，光宗之疾笃不朝重华，非罪也，宰臣明示百官，请子监国，如唐顺宪，斯定天下矣，胡为乎阶祸于凶人哉？②

崔铣的说法与前面提到的留正的观点是一致的，都认为通过册立太子，而后由太子监国以代替光宗主持丧事，已足够化解当前危机。

清代的钱大昕指出：

---

① 《宋论》卷一二《光宗》，第222—223页。
② 崔铣撰：《士翼》卷一，文渊阁四库全书本，台北：商务印书馆，1983年，第714册，第474页。

汝愚之心,固出于忠义,实则侥幸成功,不可以为后世法……光宗虽非令辟,自宁宗视之,则君也,父也。寿皇崩而托疾不过宫,为子者号泣而从之可也,岂真有亡国破家之衅,迫不及待而必出此下策也哉! 若以太皇太后之诏为辞,此掩耳盗钟之为,非真名正而言顺也。大臣当斯际者,但可为留正之遁,不当为汝愚之举。①

钱大昕虽然承认赵汝愚策动内禅是出于忠心,但他无疑也认为内禅本身操之过急。在他看来,当时虽存在危机,却并未严重到亡国破家的地步。在这种情况下贸然强迫光宗内禅,实为"下策"。同时又指出即便存在太皇太后的诏书,也不过是掩耳盗铃,不能掩盖政变的事实。反倒是留正的做法是合乎正道的。

另一位清代士人计大受也评论道:

夫立储监国主丧,于义为至正,于礼为至顺,于安社稷定国家为至计。汝愚诚忧危,而必不循(留)正之论,继正之请,潜谋于韩侂胄,结内侍以白太皇,遽禅位于未及建立之皇子乎……今虽内外汹汹,如一闻监国,人心自安,何汝愚之遽议内禅?②

计大受认为立储监国以主持丧事,既符合礼法,又足以安定国家社稷,实为处理当时危机的正确之道。赵汝愚在留正弃职出逃后,本应继续坚持留正的策略,根本不必冒险发动内禅。

可以认为,若单就光宗不主持丧事所引发的政治危机来说,通过册立皇太子以监国,起码在理论上是完全有可能予以化解的,这也是当时外朝大臣较为普遍的看法。留正去国后,立储之路并未全然断绝,赵汝愚没有在留正之后继续奏请光宗立储,而是根据一道真假难辨的退位御笔便贸

---

① 钱大昕撰,吕友仁点校:《潜研堂集》卷一三,上海:上海古籍出版社,1989 年,第 206 页。

② 计大受:《史林测义》卷三五《留正·赵汝愚》,续修四库全书本,上海:上海古籍出版社,1996 年,第 451 册,第 453 页。

然发动内禅,迫使光宗传位宁宗,无论如何都有操之过急之嫌。赵汝愚为何要执意推动内禅呢?要知此举须冒相当大的风险。庆元初赵汝愚获罪后,国子祭酒李祥在为赵汝愚辩护时就曾有"汝愚不畏灭族,决策立陛下"之语。① 对于赵汝愚的政治品质,除庆元年间韩侂胄等人诬陷其有谋逆之举外,无论在南宋还是在后世,罕有人提出质疑。这从韩侂胄被杀后,朝廷赐赵汝愚谥"忠定"已可看出,上面对赵汝愚策动内禅提出批评的崔铣、钱大昕等人亦承认其有忠义之心。与后来的史弥远辈不同,赵汝愚并非出于贪图拥立之功以谋取权柄的私人目的。那么他冒险发动内禅的原因究竟何在呢?

第二节　赵汝愚策动内禅之原因

对于赵汝愚发动绍熙内禅的原因,论者大都信从宋代史书记载,将之归咎于光宗不主持孝宗丧事,而未深究赵汝愚本人的主观意向。不过,杨宇勋曾提出过一个值得注意的看法说:

> 传统史书将光宗禅位的主因,多半归咎于他的不孝行径,但实际上,患有心理疾病的光宗无法处理政务,使得善妒的李后趁机把持朝政,引起赵汝愚等大臣和太皇太后吴氏恐惧,进而发动政变,恐怕才是背后的真正原因。②

这是一个颇有见识的论断。光宗之疾固然是多种因素所促成,③但其中最为重要的无疑是其与孝宗父子间的矛盾。正如《宋史·赵汝愚传》所说:

---

① 《水心文集》卷二四《李公基志铭》,《叶适集》,第 471 页。
② 杨宇勋:《从政治、异能与世人态度谈宋代精神异常者》,《成大宗教与文化学报》第七期,第 26 页。
③ 方燕:《南宋光宗朝过宫流言探析》,《四川师范大学学报(社会科学版)》2015 年第 6 期,第 125—127 页。

"光宗之疾生于疑畏。"①其所"疑"所"畏"者主要皆是指孝宗。② 光宗的这种猜疑心理至绍熙后期日益严重,而且随着外朝官员接连不断的过宫请求,他更是将这种猜疑心理扩展到大臣身上。绍熙四年(1193)十月,彭龟年在一道乞请过宫的奏疏中言道:

> 适自今岁以来,朝廷机务多疑不决。宰执、侍从、台谏皆陛下委以心腹耳目之寄者,言辄不行。金字牌专一报机速军事,寻常邮传文书,莫此为急,亦复委之不信。虽无昏乱之形,而有昏乱之理,有识者固已忧之。③

宰执、侍从、台谏构成了外朝官员的核心,对于他们的进言,光宗多不予采纳,而用金字牌传递来的地方紧急军政事务,光宗也是疑心重重。这无疑会导致中央和地方的政务都难以正常运转。绍熙五年五月,陈傅良在奏疏中亦说道:

> 若乃吴挺之死,半年而不置将……是于寿皇何预焉?而陛下独固守力行之……今天下本无事,而陛下以忧疑失人心至此,方且曰"吾计当如此,吾不可放下矣",而专欲盛怒,益不容解,则古所谓肘腋之变,萧墙之祸,殆不可谓今直无也。岂不甚可畏哉!④

吴挺为利州安抚使,是四川军队统帅,吴氏家族掌管蜀中军队至吴挺时已历四世,朝廷早就有意将兵权收归中央。赵汝愚在淳熙十二年(1185)出任四川制置使时,就曾对孝宗进言:"吴氏四世专蜀兵,非国家之利,请及今以渐抑之。"⑤绍

---

① 《宋史》卷三九二《赵汝愚传》,第 11984 页。
② 方燕:《南宋光宗朝过宫流言探析》,第 126 页。
③ 彭龟年:《止堂集》卷三《论小人疑间两宫乞车驾过宫面质疏》,文渊阁四库全书本,第 1155 册,第 786 页。
④ 陈傅良撰,周梦江点校:《陈傅良先生文集》卷二五《奏事札子》,杭州:浙江大学出版社,1999 年,第 344 页。
⑤ 《宋史》卷三九二《赵汝愚传》,第 11982 页。

熙四年五月,吴挺去世。这本是朝廷收回兵权的最佳时机,故同知枢密院事的余端礼立即对赵汝愚说:"吴氏世握蜀兵,今若复令承袭,将为后患。"①两人共同奏请光宗从朝廷除授新帅,避免吴氏族人世袭,却未得到同意,迫使两人不得不以去职相争。② 这才使得光宗回心转意,于同月任命张诏为兴州诸军都统制,接替吴挺。③ 这一事关朝廷权威的重要任命,竟拖延了半年之久方才勉强下达,可以看到光宗的猜疑之心确实已严重影响到了朝政运行,这不得不引起彭龟年、陈傅良等外朝官员的深重忧虑。在这种情势下,赵汝愚等人出于维护宋朝江山社稷的考虑,借孝宗去世之机而发动内禅是合乎情理的。

不过,赵汝愚等人显然明白光宗之疾起于同孝宗的矛盾,随着孝宗去世,光宗最大心病已去,假以时日,其疾未必没有好转的可能,届时朝政运转自可恢复正常。因此,单纯的疾病说尚不能完满解释赵汝愚发动内禅的原因。那么更为重要的原因何在呢?这就必须从孝宗淳熙后期至光宗绍熙年间的政治发展脉络以及赵汝愚个人的政治主张两个方面来探寻。

孝宗在位的二十八年大致可划分为前后两个阶段,前期孝宗积极致力于恢复中原的大业,但因内外各种因素的制约而屡屡受挫,至后期则转向安静无为之政。这一转变的标志即是淳熙八年(1181)主张恢复的宰相赵雄被罢,奉行安静之政的王淮出任右丞相。④ 然而,这种安静无为之政的长期奉行,却导致朝廷上下贪图安逸,不思进取,因循苟且之风大盛,引起了许多官僚士大夫的不满,他们不断对这种安静之政进行批评,希望孝宗能够重新有所振作。淳熙十一年五月,校书郎罗点上疏称:

> 陛下初载,急于事功,小人乘时以才自进。久之,皆以虚诞纷然扰

---

① 《宋史》卷三九八《余端礼传》,第12105页。
② 《宋史》卷三六《光宗本纪》,第708页。
③ 同上。
④ 《朱熹的历史世界——宋代士大夫政治文化的研究》,第353页。

败,圣意厌之,由是韬晦敛缩,日趋偷惰颓靡之域,其失等尔。臣愿陛下复振起之。①

这里已将孝宗前期与后期政治风格的转变清晰地揭示了出来,罗点认为孝宗前期在恢复之事上过于急功近利固然有问题,但在恢复受挫后,一转而为安静无为,无异于是从一个极端走向另一个极端,同样是不正确的。他希望孝宗能够放弃安静之政,重新振起朝纲。

淳熙十二年,杨万里在奏疏中称:

> 臣窃观近世之俗,骎骎乎向于名节之不立矣。公卿大夫,以靖恭为大体,有将顺而无弼违。百官有司,以柔伏为厚德,有依附而无奋发。政事之得失,卷舌而不敢议。人物之忠邪,闭目而不敢分。以守正为拙,以敢为为狂,以中立不倚为后时,以处秽由经为速化。古人进退之节,往往视为迂阔无用之具矣。此风一成,岂国之福哉?②

陈傅良在《赴桂阳军拟奏事札子》中也说道:

> 恭惟陛下……自缵丕绪,以恢复为己任……然而迁延稽故,至今二纪……今顾以恢复为讳,果何名欤?论说定则习俗成,习俗成则人心不起,人心不起则赏刑不足以惩劝,是王业往往遂已也……驯至于今,晏如平时,不念国辱,私相恩譬,但为身谋,患在得丧。自非陛下有以再造彝伦,一新士气,臣恐此义浸微浸灭,或有后忧也。③

安静之政的奉行显然是对恢复之政的反动,因此至淳熙后期,朝廷上由先前的高谈恢复一变为以恢复为讳。陈傅良认为孝宗若不思更改,长此以往将

---

① 袁燮:《絜斋集》卷一二《罗公行状》,文渊阁四库全书本,第 1157 册。
② 《杨万里集笺校》卷六九《轮对第二札子》,第 6 册,第 2928 页。
③ 《陈傅良先生文集》卷一九《赴桂阳军拟奏事札子第一》,第 266 页。

会导致士气消糜，王业衰落。

叶适也与陈傅良类似，他上疏孝宗：

> 臣窃以今日人臣之义所当为陛下建明者，一大事而已。二陵之仇未报，故疆之半未复，此一大事者，天下之公愤，臣子之深责也。①

淳熙后期，伴随着安静之政的施行所带来的因循苟且之弊，以及对恢复中原的淡忘，已引起了不少官员士人的不满，他们积极要求朝廷进行一番更改。当然，这并非是要求孝宗回到前期的那种激进的恢复中去，如陈傅良就说："臣之所谓恢复，非论边事以希戎功之谓，而结民心以祈天命之谓也。"②实际上就是通过内政的改革以富国强兵，进而寻找机会，实现恢复中原的中兴大业。

朝野上下这种改革以图强的要求在光宗继位后变得更为强烈，不少士大夫都希望新皇帝能够带来新的气象。光宗即位不久，黄裳即上奏道：

> 古人论创业、守成、中兴谓之三难，今陛下虽当守成之时，而实任中兴之责……若夫中兴规模，则与守成不同。出攻入守，当据利便之势，不可不定行都。富国强兵，当求功利之实，不可不课吏治。捍内御外，当有缓急之备，不可不立重镇。③

在黄裳看来，光宗不应安守成，而当积极致力于中兴之业。所谓中兴，自是指恢复中原而言。他认为"中兴规模"首要在定行都。他心目中的行都乃是建康，故称"天下大势，终在建康"。④ 这无疑是一个积极进取的政治主张。

---

① 《水心别集》卷一五《上殿札子》，《叶适集》，第 830 页。
② 《陈傅良先生文集》卷一九《赴桂阳军拟奏事札子第二》，第 267 页。
③ 《楼钥集》卷一○六《端明殿学士致仕赠资政殿学士黄公墓志铭》，第 1826—1827 页。
④ 《楼钥集》卷一○六《端明殿学士致仕赠资政殿学士黄公墓志铭》，第 1827 页。

光宗即位后迁任殿中侍御史的林大中上疏：

> 今日之事莫大于雠耻之未复，此事未就，则此念不可忘……恢复固未容轻议，惟此念存于心，则陵寝如见于羹墙，故都如见其禾黍。于以来天下之才，作天下之气，倡天下之义。根本既立，纲纪日张，而治功可得而成矣。[①]

光宗即位后应召赴行在奏事的楼钥称：

> 人主初政，当先立乎其大者，至大莫如恢复。欲谋西北，先保东南，诚能加之圣心，自然畏天益谨，遵祖宗法益严，事亲益孝，求贤必广，用财必俭。谗谄面谀之人自踈嗜，欲宴安之念自息。边防以修，军政以肃，故虽甲兵未动，而恢复之计成矣。[②]

朱熹在给时任监察御史的友人李信甫的信中同样说道：

> 恢复一事，以今事力固难妄动，然此意则不可忘。顷见先生亦常常说今日但当将"不共戴天"四字贴在额头上，不知有其他，是第一义。今观老兄所论，亦得此意。但当因此便陈内修政事之意，而稍指切今日宴安放倒之弊，乃为有力耳。[③]

无论是林大中、楼钥还是朱熹，他们在光宗即位之初，都在通过不同方式向光宗进言，希望光宗能够将恢复中原作为施政的首要目标。当然，与前面提到的陈傅良一样，他们所言之恢复并非是劝说光宗立即对金用兵，而是要求

---

① 《楼钥集》卷一〇四《签书枢密院事致仕赠资政殿学士正惠林公神道碑》，第 1803 页。
② 《絜斋集》卷一一《楼公行状》。
③ 朱熹撰，郭齐、尹波点校：《朱熹集》卷二八《答李诚父书》，成都：四川大学出版社，1996 年，第三册，第 1188 页。

朝廷围绕恢复这一目标积极推行内政改革,经过长期不懈的努力充实国力后,再寻机收复中原。可以看到,朝野官员士人对于光宗这位新君抱有很大期待,他们非常希望光宗能够扭转孝宗朝后期因循苟且的安静之政,转向以恢复为目标的有为之政。然而,光宗却似乎无意改变孝宗后期的政治路线,他在即位后自始至终都对安静之政奉行不辍。

余英时认为在光宗一朝,自孝宗淳熙后期出现的官僚集团与道学型集团间的争斗得以延续,这一时期的官僚集团与光宗亲信的近习姜特立相结合,形成了一股强有力的政治势力。① 官僚集团与道学型集团的政治取向截然不同,前者倾向于维持现状,是安静之政的坚定维护者,后者则希望改变现状。② 很明显,余先生认为光宗时期道学群体不能推动革新的主要障碍就是得到近习势力支持的官僚集团。但这个判断似乎不符合光宗朝的实际。

首先,作为光宗最亲信的近习姜特立和谯熙载,固然在光宗即位后显赫一时。《宋史》称姜特立"与谯熙载皆以春坊旧人用事,恃恩无所忌惮,时人谓曾、龙再出",③但光宗即位不到一年,姜特立就因干政而被宰相留正弹劾罢为提举江州太平兴国宫,随即又被刘光祖弹劾,"除职补外"。④ 至于谯熙载,"较之特立颇廉勤",⑤并没有太多干政迹象。此后,至绍熙四年五月,光宗突然下诏召回在外的姜特立。《宋史·留正传》载:

> 姜特立除浙东副总管,寻召赴行在,正引唐宪宗召吐突承璀事,乞罢相。上批:"成命已行,朕无反汗,卿宜自处。"正待罪六和塔……因缴进前后锡赉及告敕,待罪范村,乞归田里,不许。⑥

---

① 《朱熹的历史世界——宋代士大夫政治文化的研究》,第 638—645 页。
② 《朱熹的历史世界——宋代士大夫政治文化的研究》,第 372 页。
③ 《宋史》卷四七〇《姜特立传》,第 13695 页。
④ 佚名撰,汝企和点校:《续编两朝纲目备要》卷一"绍熙元年春"条,北京:中华书局,1995年,第 12 页。
⑤ 《宋史》卷四七〇《谯熙载传》,第 13695 页。
⑥ 《宋史》卷三九一《留正传》,第 11975 页。

姜特立本为留正在绍熙元年弹劾而去,两人实处于势不两立的态势,故而当光宗意图召回姜时,留正不得不坚决予以反对。但从光宗对留正的言语中可以看到他的态度十分坚决。迫不得已之下,留正只得以出城待罪的极端方式来令光宗收回成命。留正此番待罪自绍熙四年六月一直持续到十一月,①历时一百余天,可谓前所未有。尽管光宗的态度如此坚决,但他依旧未能如愿将姜特立召回朝中。留正出城待罪后,

> 秘书省著作郎沈有开,著作佐郎李唐卿,秘书郎范黼、彭龟年,校书郎王柟,正字蔡幼学、颜棫、吴猎、项安世上疏,乞寝姜特立召命。②

余英时已指出,抗议者中多数为道学中人,故而此奏实代表了道学集团的集体抗议。③ 确实如此,朱熹在给留正的一封信中说道:

> 窃惟念相公自居大位,悉引海内知名之士,无一不聚于朝。今兹之事,虽相公出舍于郊,不得亲回天意,而诸贤在列,各摅忠悃,并进苦言,不遗余力,是乃无异出于相公之口。相公于此得士之多,致君之效,其亦以无愧古人矣。④

朱熹这里所说"今兹之事"即是指姜特立事件。光宗可以枉顾宰相留正的反对,任由其出城待罪,但面对朝中以道学士人为主体的反对势力,他最终还是不得不收回成命。留正虽然在光宗即位之初,因与周必大矛盾而打击过道学中人,但在周必大罢相后很快转变态度,开始积极援引道学中人入朝,光宗朝的大部分时期,他与道学士人形成了紧密联盟,朱熹信中所言即是对这种密切关系的真实写照。于此可知,姜特立自绍熙元年贬谪出外后,就再

---

① 《宋史》卷三六《光宗本纪》,第 705、707 页。
② 《宋史》卷三六《光宗本纪》,第 705 页。
③ 《朱熹的历史世界——宋代士大夫政治文化的研究》,第 656 页。
④ 《朱熹集》卷二九《与留丞相书》,第 3 册,第 1233 页。

未能回到朝中。对于近习来说,他们能够干涉朝政,最主要的手段就是利用较之外朝大臣更多的与皇帝相处的机会,来对皇帝施加影响。① 《宋史·佞幸传》称:"人君长深宫之中,法家、拂士接耳目之时少,宦官、女子共启处之日多,二者,佞幸之梯媒也。"因此,一个不能回到朝中的姜特立,能对朝中政局产生的影响以及对所谓官僚集团的支持,恐怕都是相当有限的。余英时无疑夸大了姜特立的政治地位和作用。

对于所谓官僚集团,余英时认为在光宗朝,该集团的领袖人物乃是何澹、葛邲、陈骙等人。② 他们在当时的遭遇又如何呢?

何澹曾在光宗即位之初为留正用为右谏议大夫,后又迁御史中丞,帮助留正劾罢了周必大、王蔺等政敌。③ 但绍熙二年(1191)何澹因不为继母服丧事遭弹劾而去职。攻罢他的亦是道学中人。《宋史·章颖传》载:

> 御史中丞何澹闻继母讣,引不逮事之文,颖定议解官,澹犹未决去,乞下侍从朝列集议。太学诸生攻之。④

《宋史·吕祖俭传》载:

> 中丞何澹所生父继室周氏死,澹欲服伯母服,下太常百官杂议。祖俭贻书宰相曰:"《礼》曰:'为伋也妻者,是为白也母。'今周氏非中丞父之妻乎?将不谓之母而谓之何?中丞为风宪首,而以不孝令,百僚何观焉。"⑤

先是由章颖提议,后又有吕祖俭论列,加上太学生的攻击,最终迫使何澹不

---

① 《宋史》卷四七〇《佞幸传》,第 13677 页。
② 《朱熹的历史世界——宋代士大夫政治文化的研究》,第 638—645 页。
③ 《续编两朝纲目备要》卷一"淳熙十六年五月"条,第 10—11 页;《宋史》卷三八六《王蔺传》,第 11854 页。
④ 《宋史》卷四〇四《章颖传》,第 12227 页。
⑤ 《宋史》卷四五五《吕祖俭传》,第 13369 页。

得不去职服丧。这里的章颖和吕祖俭皆为道学中人。①

葛邲是孝宗禅位前安排的执政之一,在淳熙十六年(1189)正月,即内禅前一个月,自刑部尚书擢任同知枢密院事。他不仅为光宗的潜邸旧学,②在政治上也确实倾向于奉行安静之政。楼钥在为陈居仁所撰行状中记载:

> (孝宗)一日从容谓辅臣曰:"陈某老成凝重,可大用,葛邲亦其人也。"又曰:"使是人坐庙堂,自然安靖和平,天下本无事,庸人扰之耳。"③

孝宗既然将陈居仁与葛邲相提并论,称为可大用之人,表明两人的政治风格基本一致,皆属能使得庙堂"安靖和平"之人。绍熙四年(1193)三月,光宗任命葛邲为右丞相,与留正并相。光宗罢免周必大后,一直让留正独相,此时任命葛邲为右相,显然有意用他取代留正。支持留正的道学群体对此十分敏感,他们积极对葛邲展开了攻击。魏了翁称:

> 留丞相请罢政,待放于范村,久不获命,廷臣谓上欲专相葛公邲,陈起居赞章司谏击之。④

陈起居为陈傅良,时为起居郎;章司谏则为章颖,时为右司谏。《宋史·章颖传》载:"时左相留正去,右相葛邲当国,颖论邲不足任大事,凡二十余疏。"⑤《宋史·光宗本纪》则称,绍熙四年十二月,"右司谏章颖以地震请罢葛邲,疏十余上,不报"。⑥ 综上可知,直接出面弹劾葛邲者为章颖,背后则有陈傅良的支持。章颖连上二十余道奏疏,一方面可见其反对葛邲之坚决,另一方

---

① 黄宗羲著,全祖望补修,陈金生、梁云华点校:《宋元学案》卷四六《玉山学案》,北京:中华书局,1986 年,第 461—1462 页;《宋元学案》卷五一《东莱学案》,第 1680—1681 页。

② 《宋史》卷三八五《葛邲传》,第 11828 页。

③ 《楼钥集》卷九二《华文阁直学士正奉政大夫致仕赠金紫光禄大夫陈公行状》,第 1633 页。

④ 《鹤山全集》卷八五《倪公墓志铭》。

⑤ 《宋史》卷四〇四《章颖传》,第 12227 页。

⑥ 《宋史》卷三六《光宗本纪》,第 707 页。

面也可以看到光宗对于葛邲的维护。光宗为何对葛邲如此青睐呢？袁燮在
为黄度撰写的行状中记载：

> （绍熙）四年八月，除监察御史……会庆节甚近，虑上复不出，乃建
> 调护之请，愿先遣宰执至重华宫，具言陛下思慕之意，寿皇圣情涣然冰
> 释，然后躬率百官奉觞上寿，则两宫交欢，天下庆幸。上乃谕葛邲等如
> 公言。时谏官已有攻邲者矣，邲私谓其客曰："上调护之语，未必诚然。"
> 公遂劾奏邲敢肆诋诬，谓陛下为不诚，原其情状，得非与群小之交乱者
> 相表里乎？邲阴结此辈，事皆有迹，若不亟去，奸朋相应，圣心愈疑，则
> 过宫未有日……时台谏交疏论邲无虑数十，邲虽屡乞罢政，而未能决
> 去。公谓："本朝故事，大臣被劾，虽人主恩意隆盛，终不敢留。邲阴有
> 附托，将要陛下以逐言者，纪纲所系，利害非轻，惟特发英断，去之勿
> 疑。"邲由是罢。①

从这里可以看出两点：第一，葛邲不仅坚持安静和平之政，更重要的是他在
过宫事件中站在光宗一边，支持光宗不赴重华宫朝见孝宗。在外朝士大夫
络绎不绝的请愿浪潮中，葛邲无疑成了光宗不多的有力依靠，光宗自然希望
能够用他取代留正；第二，弹劾葛邲者不仅仅是陈傅良、章颖，还有包括监察
御史黄度在内的许多人，所谓"时台谏交疏论邲无虑数十"即是明证，而这些
人与攻击姜特立、何澹之人一样，皆属于支持留正的道学群体。面对这种攻
势，光宗再次做出让步，绍熙五年正月，葛邲罢右丞相出判建康府。②

从姜特立、何澹、葛邲等事件中可以看到，绍熙年间，以留正为首的道学
群体在朝中已经形成了一股举足轻重的政治势力，余英时口中的近习和官
僚集团根本无法与之抗衡，他们接二连三地被道学中人攻罢即为显证。在
光宗朝，阻碍道学群体进行政治革新的，既不是近习，亦非所谓官僚集团，恰

---

① 《絜斋集》卷一三《黄公行状》。
② 《宋史》卷二一三《宰辅表》，第 5588 页。

恰是光宗本人构成了革新的最主要障碍。对此,道学中人有着十分清醒的认识。

光宗自继位后,基本上沿袭了孝宗后期的安静之政,无意对朝政进行大规模革新。楼钥在为黄裳所撰之墓志中写道:

> 一日轮对,(黄裳)劝太上曰:"陛下有五美三戒……何谓三戒?曰:立规模,崇俭德,受忠言。"时太上意主安静之说,因循浸怠,而用度赐予过多。忠鲠之士相踵去国,故以讽焉。①

这次轮对在光宗即位后不久,可知当时光宗就已表现出明显的因循怠惰、不思进取之性格。陈傅良在《内引札子》中对光宗言道:

> 臣顷因奏事,妄意窥测,以陛下之心务在无为,而厌多事。虽蒙裕纳,不谓违忤,然言之未悉,不足感动,今请申明之。②

罗点亦称:

> 人主忧勤,则臣下协心;人主偷安,则臣下解体。今道涂之言,皆谓陛下每旦视朝,勉强听断,意不在事。宰执奏陈,备礼应答,侍从庶僚,备礼登对,而宫中燕游之乐,锡赉奢侈之费,已腾于众口。强敌对境,此声岂可出哉!③

据此可知光宗即便是在登基之初,也绝无孝宗当年即位后的那番意图振作的锐气,他似乎对处理朝政本身就没有太大兴趣,更遑论需要皇帝付出极大精力与热诚的政治改革。可是皇帝与葛邲等大臣不同,道学群体可以利用

---

① 《楼钥集》卷一〇六《端明殿学士致仕赠资政殿学士黄公墓志铭》,第 1829 页。
② 《陈傅良先生文集》卷二二《内引札子》,第 304 页。
③ 《宋史》卷三九三《罗点传》,第 12007 页。

自身的实力将葛邲等阻碍改革的官员罢免，但皇帝手中却掌握了最高权力，若得不到皇帝的积极支持与配合，根本无法发动改革，更不能推动改革的持续进行。作为陈傅良弟子的蔡幼学，在绍熙三年十一月上呈光宗的札子中说道：

> 　　恭惟陛下厉精政理，于今四载，海内企踵以望有为之业。然臣窃观有司之所建明，类苟且于目前，而鲜及于大计远虑……臣恐偷惰委靡之习浸以成风，非陛下所以望于臣子也……故臣论今日之事，谓奉行之责虽在群臣，而转移之机实由陛下。愿陛下益充圣志以昭示群臣，使皆有兴起奋励之意……持以数年，而大有为之业彰矣。①

变安静为有为，消除偷惰萎靡之习以成就振作奋起之业，核心依旧在皇帝，文武群臣只能任"奉行之责"，"转移之机"却掌握在光宗手中。

绍熙二年九月，赵汝愚应召回到朝中出任吏部尚书。在任内，朱熹曾致信于他，称：

> 　　今日之事，第一且是劝得人主收拾身心，保惜精神，常以天下事为念，然后可以讲磨治道，渐次更张。如其不然，便欲破去因循苟且之弊，而奋然有为，决无此理。既无此理，则莫若且静以俟之，时进陈善闭邪之说，以冀其一悟。此外庶事，则唯其甚害于君心政体而立致患害者，不得不因事救正。若其它闲慢，非安危存亡所系者，皆可置而不论。如学校之政是也。②

朱熹看得很清楚，改革的原动力在于皇帝，只有在皇帝同意后改革方能启动，否则要想打破当前的因循苟且之弊政，是绝无可能的。然而当时的光宗

---

① 蔡幼学：《育德堂奏议》卷一《绍熙轮对札子一》，北京：中华书局影印本，1987 年。
② 《朱熹集》卷二九《与赵尚书书》，第三册，第 1226—1227 页。

根本无意改革,无论赵汝愚如何心急如焚,也只能"静以俟之",期待着皇帝的幡然醒悟。而在皇帝醒悟之前,所能做的就仅仅是尽量去除弊政之甚者而已。

这种等待对于满怀抱负的赵汝愚来说确实是艰难的。《宋史》本传称赵汝愚"早有大志",每每自言"丈夫得汗青一幅纸,始不负此生"。① 孝宗在内禅前曾召赵汝愚入朝,但光宗即位后他随即遭到弹劾,改知太平州。② 在太平任上,有"御史论事去国,谒公当涂之境,公酌之酒,酬公位下,慨然有死宗社之意,益公之中抱未尝日而□吾君也"。③ 赵汝愚的这番表现,透露出对当时朝政十分不满,为了江山社稷不惜牺牲自己的性命。朱熹曾对弟子赞扬赵汝愚称:"近世士大夫忧国忘家,每言及国家辄感愤慷慨者,惟于赵子直黄文叔见之耳。"④正因如此,绍熙二年(1191)九月回朝后,他很快就向光宗进言,希望能进行改革。在刘光祖所撰的墓志中记载:

> 公三历帅,入为天官长,是群臣争言安便和平足以为治。公见光宗即奏曰:"臣历数郡,首尾十年,自蜀至闽,身行万里,所见闾阎之内实困穷,郡县之间吏多贪浊,风俗媮玩,边备空虚,将帅掊克,士卒嗟怨。愿陛下慨然发奋,志于有为。"⑤

长期地方任职的经历,已经让赵汝愚对于朝廷积弊有了十分深刻的了解,对于改革的期望也变得更加迫切,故甫一入朝便迫不及待地向光宗进言。然而正如朱熹所言,由于光宗根本无意改革,他只能静静等待时机。可是随着光宗拒绝朝见孝宗引发的过宫风波不断加剧,不仅使得光宗与孝宗的矛盾日益尖锐,光宗对外朝大臣的不信任也与日俱增,双方已差不多处于对立状

---

① 《宋史》卷三九二《赵汝愚传》,第 11982 页。
② 《宋史》卷三九二《赵汝愚传》,第 11983 页。
③ 傅增湘编:《宋代蜀文辑存》卷七一《赵公墓志铭》(刘光祖),北京:北京图书馆出版社,2005 年,第六册,第 65 页。
④ 黎靖德编,王星贤点校:《朱子语类》卷一三二,北京:中华书局,1986 年,第 3182 页。
⑤ 《宋代蜀文辑存》卷七一《赵公(汝愚)墓志铭》(刘光祖)。

态,赵汝愚以及所有有志于改革的官僚士人对于光宗的期待只能愈发变得渺茫。

在这种情况下若想推动改革,就必须绕过光宗这道障碍。正常时期,这几乎是不可能的。但光宗在处理与孝宗关系上的种种反常举动,尤其是在孝宗去世后坚持不过宫主持丧事,这一举动严重违背了儒家伦常,使光宗在朝野上下大失人心,叶适甚至发出了"独夫"之论。① 赵汝愚等人当是有意利用这场危机策动内禅,迫使光宗将皇位传给宁宗,从而为推动改革扫除障碍。宁宗即位后,赵汝愚可谓意气风发,欲图进行一番大规模的政治革新,他将年号改为庆元。李心传称:"(绍熙)五年,上继统,赵子直为相,锐意庆历、元祐故事,乃改庆元。"② 然而,赵汝愚虽然以前所未有的魄力一手完成了废父立子的"壮举",却也为他自身的迅速倒台埋下了种子。

第三节　振作皇权与党禁的兴起

绍熙内禅的实质是一场政变,是赵汝愚在获得禁军支持,并求得太皇太后吴氏配合下发动的政变,宁宗是在不甚知情的情形下被拥立为帝。正如王夫之所言:"光宗虽云内禅,其实废也。"③ 钱大昕亦称此举不过是"掩耳盗钟之为,非真名正而言顺也"。④ 虽说赵汝愚推动内禅具有一定的合理性,宁宗作为内禅的受益者也应对赵汝愚心存感激。但这一内禅的行动却同时暴露出了一个严重的问题,就是赵汝愚废父立子的行为是对皇权的严重侵犯。赵汝愚作为中枢大臣显然没有废立皇帝的权力,尽管他通过韩侂胄等人取得了太皇太后吴氏的支持,是由吴太后下旨命宁宗即位,但宋代开国两百余年,固然有太后参与定策,如哲宗去世后向太后参与册立徽宗,却从未

---

① 丁传靖辑:《宋人轶事汇编》卷一七,北京:中华书局,1981 年,第 920 页。
② 《朝野杂记》甲集卷三《年号》,第 92 页。
③ 《宋论》卷一三《宁宗》,第 224 页。
④ 《潜研堂集》卷一三,第 206 页。

出现过太后与大臣联合废黜在位的合法皇帝而别立新君的先例。因此,宁宗在对赵汝愚心存感激的同时,难免亦会心存忌惮,尤其是在韩侂胄等人出于党争目的而存心挑拨时,赵汝愚的处境必将趋于艰难。

本章前言中曾言及,宁宗虽对朝政事务相当陌生,但在涉及皇权的问题上却颇为敏感。然而,绍熙、庆元之际,正是皇权日趋不振的时期,特别是绍熙内禅,赵汝愚以外朝大臣的身份迫使光宗禅位宁宗的行为,更是让皇帝的权威陷入低谷。不过,这种皇权相对于外朝士大夫的权力日趋降低的趋势并非是绍熙内禅前后方出现,自孝宗后期以来便已露端倪,至绍熙内禅达到高峰。近年日本学者在分析韩侂胄政权出现的原因时提出了一个新观点,认为自孝宗朝开始至韩侂胄倒台这四十年的时间,南宋一直奉行皇帝独裁的政治模式,其间主导中央政治的不是宰相,而是皇帝、侧近武臣。他们指出:"孝宗意欲打击宰相专权,追求皇帝'独裁'专行的执政模式,重用侧近武臣。因此,孝宗时期出现了侧近武臣权力压倒宰执的现象,而此现象一直持续到宁宗时期。这就是韩侂胄政权成立的最大原因。"①其实,这个判断并不符孝宗后期至宁宗初年的政治发展趋势。

南宋诸帝中,孝宗确以独断专行著称,但这并非是说孝宗在位的二十八年始终如此。在统治后期,孝宗已开始对自己前期乾纲独断的做法做出一些改变。前面说到,以淳熙八年(1181)王淮上台为标志,孝宗放弃了先前积极致力于恢复的政治路线,转向安静之政。伴随着这种政治路线上的调整,孝宗的统治方式也在发生变化。当然,从淳熙八年以后臣僚的言论中,依旧可以看到孝宗独断的一面。如淳熙十年,张大经上疏:

> 今陛下厉精于上,而大臣不任责于下。今日进呈,明日取旨,殆不过常程差除,琐琐细故而已……臣愿陛下……责成宰辅,一提其纲。则天下之事,必有能办之者。而陛下又何劳焉!②

---

① 小林晃:《南宋宁宗时期史弥远政权的成立及其意义》,邓小南等主编:《宋史研究论文集(2012)》,第130—131页。
② 《杨万里集笺校》卷一二一《张公神道碑》,第九册,第4679页。

淳熙十三年,罗点也向孝宗进言:

> 人人上决于渊衷,物物取裁于睿断,君劳而臣逸,虽有大志,不得达
> 于天下,甚可惜也。①

孝宗似乎在淳熙后期依旧对外朝宰执大臣不甚信任,事无巨细必亲力亲为。
但在另一方面,又可以看到相反的材料。叶适在为赵善悉所撰墓志中记载
了孝宗由不任宰相到专任大臣的转变,称:

> (孝宗)尝谓公曰:"周天下事,每日须过朕心下一遭……"盖孝宗
> 之有志于治如此。用人必亲柬,雅不任宰相,宰相往往惭沮……其后天
> 子一切恭己,以事任其臣,举雁行鱼贯以听。②

在为孝宗后期的执政施师点撰写的墓铭中,叶适再次说道:"迪惟皁陵,载竞
载勤;淳熙末年,求治愈新;不自圣智,推贤其臣。"③所谓"不自圣智,推贤其
臣",即是指孝宗在晚年重用外朝大臣来处理朝政,这与上文所说的"一切恭
己"恰相呼应。

陈亮在淳熙十五年的上孝宗皇帝书中,同样针对孝宗晚年的政治转向
说道:

> 陛下见天下之士皆不足以望清光,而书生拘文执法之说往往有验,
> 而圣意亦少衰矣。故大事必集议,除授必资格……朝得一才士,而暮以
> 当路不便而逐;心知其为庸人,而外以人言不至而留。泯其喜怒哀乐,
> 杂其是非好恶。④

---

① 袁燮《絜斋集》卷一二《罗公行状》。
② 《水心文集》卷二一《赵公墓志铭》,《叶适集》,第419—420页。
③ 《水心文集》卷二四《施公墓志铭》,《叶适集》,第488页。
④ 陈亮撰,邓广铭点校:《陈亮集》(增订本)卷一《戊申再上孝宗皇帝书》,北京:中华书局,
1987年,第19页。

"大事必集议,除授必资格",明显与孝宗前期的独断之风截然不同,反而与清静无为的安静之政相一致。

将上述两种有关孝宗晚年政治风格的论述结合起来看,可以认为孝宗晚年可能是受到自身性格影响,依旧存在着如前期一般事必躬亲的特点,但这一点已在悄然发生变化,他对外朝大臣的倚重正在一点点增加。可从两个方面来证实此点。现代的研究者在分析孝宗独裁的特点时,往往都会注意到两点:一是频繁更换宰执大臣;二是宠信近习。① 这两点在淳熙后期都发生了显著变化。

首先说任用宰相。孝宗在位二十八年,一共任用了十七位宰相,平均任期不到两年。② 但自淳熙八年开始施行安静之政后,宰相的任期明显延长。王淮自淳熙八年八月任右丞相,直至淳熙十五年五月方以左丞相罢,任期竟长达六年九个月,成为孝宗一朝任期最长的宰相。而周必大自淳熙十四年出任右丞相后,孝宗直至淳熙十六年二月内禅前,都未曾再更换宰相。③ 可见孝宗在晚年对宰相的任用较之前期稳定得多。

再说任用近习。孝宗一朝近习众多,曾觌、龙大渊、张说、王抃等人先后用事,正如何忠礼所说:"孝宗重用近习,目的是以他们为心腹爪牙,防止类似秦桧集团擅权情况的出现。"④但自淳熙八年王抃被逐外奉祠后,⑤终孝宗一朝都未再出现引起朝野侧目的近习。淳熙十五年,朱熹在上孝宗的封事中称:

> 臣伏见近年,惟有主张近习一事,赏信罚必,无所假借,自余百事多务含容。⑥

---

① 《南宋史稿》,第218—223页。
② 《南宋史稿》,第219页。
③ 《宋史》卷二一三《宰辅表》,第5583—5586页。
④ 《南宋史稿》,第223页。
⑤ 《宋史》卷四七〇《王抃传》,第13694页。
⑥ 《朱熹集》卷一一《戊申封事》,第二册,第474页。

此前朱熹曾屡屡批评孝宗宠信近习,这里却将限制近习视作是孝宗后期少有的善政。很明显,孝宗对近习的信用,随着晚年向安静之政的转向,也逐渐趋向衰歇。

纵观孝宗一朝二十八年的历史,将专断独裁、不任宰相、宠信近习视作孝宗统治的突出特点并无问题,但与此同时也必须注意到他在统治的最后七八年间统治方式上呈现出的转变趋势。伴随着安静之政的实施,孝宗对于近习的预政已产生厌恶,对外朝大臣的信任正在逐渐恢复,由此而来的就是对前期独断专行的皇权独裁模式的改变。

至于光宗朝,基本上是孝宗淳熙后期政治的延续,光宗不仅在政治路线上承袭了孝宗的安静之政,在用人方式上也呈现出同样的特点。光宗在位六年,只任用过三位宰相,其中周必大在光宗即位后仅三个月便被罢免,葛邲也只是在绍熙四年三月至五年正月为右丞相,其他时候,皆为留正独相。光宗对留正的任用,与孝宗晚年对王淮的任用如出一辙。周必大罢相后,留正升任左丞相,但右丞相席位尚空缺,留正奏请光宗擢拜右相,光宗对留正言道:"古者多任一相,今方责成于卿,宜体朕意。"①此后除了与葛邲并相的短暂时期外,在光宗朝留正均为独相,可见光宗对留正的倚重。

对于近习,光宗在即位之初确实有意重用姜特立,但不到一年姜特立就遭留正弹劾废黜。绍熙四年(1193)光宗虽欲重新收召启用,也因留正和外朝官员的合力抵制而不了了之。在光宗朝,除姜特立外,还有陈源、林亿年、杨舜卿、袁佐等宦官近习得到光宗的信用,但他们对朝政运作的影响十分有限。陈源等人的影响主要体现在离间光宗与孝宗的关系上,"帝以疾不朝重华宫,源与内侍杨舜卿、林亿年数有间言"。② 就是这一点也不应高估,光宗坚持不过宫,主要原因在于对孝宗的猜疑以及李皇后的挑唆。绍熙四年,彭龟年说:"方源未进之时,虽陛下过宫已疏,然源之进也,政以知陛下此疑已动,而其党之进源也,亦欲陛下此疑愈固也。"③可知陈源等宦官近习在离间

---

① 据此可见光宗对留正的信任与倚重。
② 《宋史》卷四六九《陈源传》,第 13672 页。
③ 《止堂集》卷三《论陈源间谍两宫亟宜斥逐车驾往朝重华以息谤腾疏》,第 1155 册,第 789 页。

两宫上所起的不过是推波助澜的作用。只是外朝官员不便公然指责光宗和李皇后,故每每将矛头指向陈源等人。对于光宗时外朝大臣在遏制近习干政上的作用,彭龟年曾对宁宗做过一番评价,称:"在太上皇朝始用姜特立,大臣尚能逐之使去。后用袁佐,谏官尚能论之使惧。"①在光宗朝,近习所能发挥的作用是较为有限的。

总体上看,光宗一朝是以宰执为首的外朝士大夫权力上升的时期。真德秀在为刘光祖撰写的墓志中称:

> 孝宗皇帝践天位二十有八载,寤寐食息,不忘求贤。当是时,魁垒奇节之士,布在朝廷……故虽光庙缮国日浅,委政庙堂,而群贤挟维,迄以无事。②

在真德秀看来,光宗并非孝宗那般独断专行之主,其本人虽非明君圣主,但因能"委政庙堂",充分倚重中枢来掌管朝政,故在群贤辅佐下,政局尚属平稳。

宁宗即位后,不少大臣劝说宁宗专以孝宗为法,以光宗为鉴,遭到了陈傅良的反驳。他认为若就孝道而言可以如此,但不可一概而论。他随即向宁宗分别列举了孝宗和光宗两朝值得宁宗效法的善政,其中关于光宗,他说道:

> 恭惟太上皇每事付之外庭,采于公论,左右便嬖,绝不预政,不唯不听其言,又禁切之,而金缯酒食之赐,则不吝啬,此一可法也。八厢罗事之人,置而不用,未尝以浮言危动群臣,此二可法也。行都守臣、两浙漕臣、三总领所,悉以士人为之,不以交结,不以诞谩,此三可法也。管军臣僚及沿边帅守,不以为御前差遣,皆从三省降诏

---

① 《止堂集》卷五《论韩侂胄干预政事疏》,第 1155 册,第 820—821 页。
② 真德秀:《西山先生真文忠公文集》(以下简称《西山文集》)卷四三《刘阁学墓志铭》,四部丛刊初编本,上海:上海书店,1989 年。

除授,此四可法也。给舍封驳,台谏论事,虽累上迫,终不以言为罪,此五可法也。①

陈傅良对宁宗指出,需要将孝宗与光宗施政的优点结合起来,才能将天下治理好,"盖举偏而补其弊,则能全两朝之美;矫枉而过其直,则反有一偏之患"。② 换句话说,这里所开列的光宗朝政治的特点,正是针对孝宗朝的缺陷而来。光宗的这五条善政中,摆在第一位的就是他能够信任外朝大臣,严格限制近习干政。第二条则是指光宗能够不用皇城司的密探探查外事。③ 这与他信用外朝大臣和限制近习是一致的。后面的三条也无不是光宗倚重外朝士大夫的体现。由于陈傅良是在为宁宗讲述治国之道,故对两朝政事难免有溢美之嫌,但他揭示出光宗朝的政治运作明显有别于孝宗朝这一点,当是毋庸置疑的。

纵观孝宗后期至绍熙末年的政治发展,可以看出小林晃等日本学者所称的那种自孝宗开创的皇权独裁政治模式的长期延续并不存在。孝宗自淳熙八年转向安静之政后,就开始有意识调整先前的统治方式,宰相任期延长,近习政治衰歇皆是其表现。至光宗朝,这种趋势更为明显。光宗基本上延续了淳熙后期的政治路线,以留正为首的外朝士大夫地位进一步回升。由于留正在此期间积极援引道学士人,这也意味着道学势力在朝中地位的上升。正是在这一趋势下,当赵汝愚等人面对孝宗去世后出现的政治危机时,才有能力策动政变,迫使光宗让出皇位。经过内禅,以道学势力为主体的外朝士大夫的权力相对于皇权也达到了高峰。

内禅后,赵汝愚及其以道学士人为主体的支持者在朝中的势力得到了

---

① 《陈傅良先生文集》卷二六《中书舍人供职后初对札子》(二),第352—353页。
② 《陈傅良先生文集》卷二六《中书舍人供职后初对札子》(二),第353页。
③ 《朱子语类》卷一二八载:"皇城使有亲兵数千人,今八厢貌士之属是也。以武臣二员并内侍都知二员掌之。本朝只此一项,令宦者掌兵,而以武臣参之。"(第3076页)是知陈傅良所说"八厢罗事之人"即是指皇城司的密探,它主要由皇帝亲信的宦官和武臣掌管,是皇帝侦听外部动向的重要工具。

进一步扩大。赵汝愚冒险发动内禅,一个重要原因就是为推动大规模的政治革新清除障碍。因此,在拥立宁宗即位后,赵汝愚及其道学支持者便开始积极着手将改革付诸实施。李心传称其时赵汝愚"锐意庆历、元祐故事,乃改庆元"。① 年号的更改意味着政治革新的开始,而当时围绕在赵汝愚身边的永嘉诸公也是"各陈所欲施行之策"。② 为此,赵汝愚继续大力援引朱熹、陈傅良、李祥、杨简、吕祖俭等道学士人入朝,正如刘光祖所说,赵汝愚当政后"无日不收召士君子之在外者,以光初政"。③ "一时之间,庙堂之上,侍从台谏给舍经筵要职,几乎全部控制在道学人士手中……道学派在朝廷的势力达到了顶峰。"④

然而,这种道学中人布列要津的政治态势,很容易给人造成赵汝愚结党之嫌,而这种党派的形成无疑又会让宁宗感受到威胁。作为宁宗潜邸旧学的黄裳,对此有十分敏锐的洞察。他在宁宗即位后不久曾上疏:

> 陛下新即大位,初临万几,虚心忘我,委任大臣,政出中书,万事坐理,此正得人君好要之道……臣恐数年之后,陛下应酬日熟,聪明日新,亦欲出意作为,躬亲听断。左右迎合之徒窃窥圣意,因而献说,谓陛下委任大臣意非不善,然事皆决于外庭,权不归于人主,日积月累,恐成乱阶。陛下闻之,能不介然于心乎?臣恐是时委任大臣不能如今日矣。⑤

这里黄裳所说的"大臣",当即是指赵汝愚。宁宗即位之初,赵汝愚凭借在内

---

① 《朝野杂记》甲集卷三《年号》,第92页。

② 王懋竑:《宋朱子年谱》卷四上"绍熙五年九月丁亥"条,《新编中国名人年谱集成》第七十辑,台北:商务印书馆,1982年,第197页。

③ 《宋代蜀文辑存》卷七一《赵公墓志铭》(刘光祖)。宁宗甫一即位,赵汝愚便促成宁宗将招揽朱熹入朝,至绍熙五年十月,朱熹便抵达临安,而在此之前,陈傅良、叶适、薛叔似等人皆已身在临安。(见《朱熹的历史世界——宋代士大夫政治文化的研究》,第539—543页)可见赵汝愚在宁宗即位后,围绕着革新朝政的目的,迅速开始了新的人事布局。

④ 高纪春:《道学与南宋中期政治——庆元党禁探源》,第65页。

⑤ 《楼钥集》卷一〇六《端明殿学士致仕赠资政殿学士黄公墓志铭》,第1832页。

禅中形成的地位和威望,自然成为宁宗即位后朝政的主导者。黄裳本身即为道学中人,在政治上积极支持赵汝愚。他非常希望宁宗能继续委政于赵汝愚,可是他也预见到宁宗出于对自身权威的考虑,不可能长期放任中枢大臣主导朝政。只是黄裳似乎高估了宁宗的耐心,不必等数年之后,当时的宁宗应该已经产生了"权不归人主"的危机感。绍熙五年八月,即位仅一个月,宁宗便"诏侍从、两省、台谏各举通亮公清不植党与曾任知县者二人"。① 彭龟年对这道诏书颇为敏感,随即上疏:

> 臣尝敬读学官之诏曰:"不植党与。"此言何为有哉? 此必有所自矣。自古小人欲空人之国者,必进朋党之说……此语一出,令人寒心。陛下临政未两月,而小人已能以此惑陛下,则必是因圣性之急耳。急则轻信,轻信则易惑,易惑则小人之计行矣。②

这里的"小人"当是指韩侂胄之流。"不植党与"的诏书显然是针对赵汝愚援引道学中人而言,故而彭龟年才会积极为其分辨,认为这是"小人"迷惑宁宗意图倾覆"君子"之举。不过,值得注意的是彭龟年将这归咎于宁宗"圣性之急",宁宗所"急"者何? 当即是对自身权威的忧虑,这里透露出宁宗本人对赵汝愚的态度于当时朝中局势演变的影响。

赵汝愚身为宗室通过内禅废黜光宗拥立宁宗,并成为朝政的主导者,正如元代史臣所言,此时的赵汝愚可谓身处"危疑"之地。③ 赵汝愚对此不可能全无察觉,所以他在宁宗即位后拒绝大肆推定策之赏。他对赵彦逾称:"我辈宗臣,不当言功。"④对韩侂胄称:"吾宗臣也,汝外戚也,何可以言功? 惟爪牙之臣,则当推赏。"仅仅给禁军统帅郭杲授以节钺。⑤ 他自己也力辞

① 佚名撰,汪圣铎点校:《宋史全文》卷 28"绍熙五年八月丁巳"条,北京:中华书局,2016 年,第 2410 页。
② 《止堂集》卷四《论人主当理性情疏》,第 1155 册,第 807—808 页。
③ 《宋史》卷三九二《赵汝愚传》,第 11993 页。
④ 《宋史》卷二四七《赵彦逾传》,第 8768 页。
⑤ 《宋史》卷四七四《韩侂胄传》,第 13773 页。

右丞相的任命,称:"同姓之卿,不幸处君臣之变,敢言功乎?"①只由知枢密院事改任枢密使,依旧为枢密院的长官。可是,赵汝愚既不愿出任丞相,宰相之位又不可能长期空缺。对此赵汝愚心中是有一番规划的。刘光祖在《赵公墓志铭》中称:

> (赵汝愚)既身历大策,而宰席虚,即从其次奏召留正长百僚,遣两中使趣之……初,公之亟留公也,欲与之同心辅政,布贤者于要路,一二月间事可略定,公乃引去。②

当时的朝廷上,无论是地位还是威望,赵汝愚之外都难以再找到合适的人选来出任宰相,而留正在内禅前便是左丞相,将他召回继续担任宰相是较为妥当的。更重要的是,留正在绍熙年间便与道学群体联合,成为道学中人在朝廷上的领袖,且他与赵汝愚关系密切,赵汝愚绍熙二年(1191)回朝出任吏部尚书,就是他援引的结果。③ 如此,赵汝愚将他召回留任宰相,一方面可以让他配合自己推行政治革新;另一方面,鉴于自身的敏感身份,赵汝愚已有意在改革部署完成后辞职离朝,由留正担任宰相就可以保证在自己离朝后,改革能够继续推行。

然而,赵汝愚的计划很快就被打破了,他召还留正一开始便遭到了侍御史张叔椿的阻挠,张叔椿要求朝廷议留正弃国之罪。为此,赵汝愚将张叔椿调离侍御史之职,改任吏部侍郎。④ 留正还任后,又遭到韩侂胄攻击,并因此于绍熙五年八月罢相。⑤《宋史·赵汝愚传》载:

> 孝宗将攒,汝愚议攒宫非永制,欲改卜山陵,与留正议不合。侂胄

① 《宋史》卷三九二《赵汝愚传》,第 11987 页。
② 《宋代蜀文辑存》卷七一《赵公墓志铭》(刘光祖)。
③ 《宋史》卷三九一《留正传》,第 11974 页。
④ 《宋史》卷三九一《留正传》,第 11976 页。
⑤ 《宋史》卷三七《宁宗本纪》,第 716 页。

因而间之,出正判建康,命汝愚为光禄大夫、右丞相。汝愚力辞至再三,
不许。汝愚本倚正共事,怒侂胄不以告,及来谒,故不见,侂胄惭忿。①

赵汝愚对韩侂胄攻罢留正非常愤怒,因为这完全打乱了他本人先前的部署。
留正罢相后,赵汝愚为继续推行改革就不得不亲自出任右丞相。刘宰后来
回忆道:"庆元间,某调官,又闻绍熙末赵忠定公既定大计,锐欲引去,其迟回
以及于难。盖以一二同志所赖以维持后日者,相继沦谢之故。"②在刘宰看
来,赵汝愚之所以会招致后来的灾祸,主要是因为他未能在内禅后坚持辞官
离朝,而他不愿离朝的原因则又在于那些能够让赵汝愚托付改革之事的志
同道合者相继沦谢。虽然这里所说的"一二同志"主要是指罗点、黄裳等在
宁宗即位后不久便去世的官员,但留正的被攻罢也同样是导致赵汝愚不能
坚决辞官的重要原因。这就带来了两个后果:首先,赵汝愚先前力辞丞相
之命,坚持召还留正,就是为了避免给人造成震主之嫌,现在却不得不自蹈
危疑之地。其次,他的这一举动又进而刺激了韩侂胄与赵彦逾,给他们以
出尔反尔的口实。《齐东野语》称两人在赵汝愚拜相后,愤愤不平地说道:
"此事皆吾二人之力,汝愚不过蒙成耳。今自相位,以专其功,乃置我辈度
外邪!"③加之第一节曾提到,赵彦逾、韩侂胄二人虽为内禅的重要参与者,却
并不属于赵汝愚密谋的核心,这当会令二人更对赵汝愚产生党同伐异之疑。
　　很快赵彦逾就向宁宗弹劾赵汝愚,《道命录》载:

彦逾改除四川制置使。彦逾愈恨,暨入辞,疏廷臣姓名于上,以为
忠定之党。曰:"老奴今去,不惜为陛下言之。"而上始疑矣。④

所谓"彦逾愈恨"是指他不满赵汝愚不引其为执政反将其外放四川。赵彦逾

---

①　《宋史》卷三九二《赵汝愚传》,第 11987 页。
②　刘宰:《漫塘文集》卷一九《罗文恭公文序》,《宋集珍本丛刊》,北京:线装书局,2004 年,第
72 册,第 318 页。
③　《齐东野语》卷三《绍熙内禅》,第 43 页。
④　《道命录》卷七上,第 646 页。

因此向宁宗奏陈赵汝愚有结党之事，宁宗显然是认同了他的说法，从而对赵汝愚产生怀疑。宁宗针对这种怀疑所作出的积极反应就是收揽权柄，趋向独断。绍熙五年（1194）十月，因雷雨为灾，宁宗下诏求言，刘光祖应诏上疏，将矛头直指"群阴用事"，即宁宗身边的近习干政。他说道：

> 进退大臣，用舍台谏，事从中出，颇伤急遽，此非群阴用事之著者乎？宜其天人之相应密若影响之不差……而陛下犹为之隐讳，以为大权当自己出，威柄不可下移。然则小人之谋，其意将以阴制今日之相臣，而动摇之也……今陛下有独断之意，乃是小人阴窃主权之梯媒，而陛下未之思也。①

刘光祖为赵汝愚亲信，因此对当时宁宗左右之"小人"阴制相臣的举动非常不满，但他进而指出，这些"小人"之所以能够如此，却源于宁宗本人有"独断之意"，是希望能够做到"大权当自己出，威柄不可下移"。刘光祖在奏疏中还举出了成王疑周公导致天变的典故来进行劝诫，这些都表明宁宗本人对赵汝愚的怀疑才是造成当时御笔频出、"群阴用事"的关键。韩侂胄能够在宁宗即位后很短的时间内成为宁宗亲信，能够成功运用御笔将依附于自己的官员安插在台谏上，并迅速将赵汝愚攻罢，绝不能视作是韩侂胄对宁宗所掌握之皇权单方面操纵的结果，宁宗本人为维护自身权威而对赵汝愚的态度，应该是同样重要的原因。

赵汝愚为消除宁宗以及朝中部分官员对自己结党擅权的疑心而做出的反应，进一步加速了自身的倒台。他在援引道学士人入朝的同时，刻意避开对身边亲信的任用。《宋史·游仲鸿传》载：

> 汝愚既拜右丞相，以仲鸿久游其门，辟嫌不用。初，汝愚之定策也，知阁韩侂胄颇有劳，望节钺，汝愚不与。侂胄方居中用事，患甚。汝愚

---

① 黄淮、杨士奇等编：《历代名臣奏议》卷三〇八，台北：学生书局，1985年，第4011页。

迹已危,方益自严重,选人求见者例不许。仲鸿劝以降意容接,觊遏异论,而汝愚以淮东、西总赋积弊,奏遣仲鸿核实。仲鸿曰:"丞相之势已孤,不忧此而顾忧彼耶?"改监登闻鼓院以行。①

赵汝愚在四川制置使任上时,游仲鸿即已为其所知,两人关系十分密切。就任右丞相后,赵汝愚出于避嫌,有意不对游仲鸿加以重用,后来更将其外派至淮南。这一做法无异于自剪羽翼,进一步削弱了自身在朝中的势力,所以游仲鸿才会说:"丞相之势已孤,不忧此而顾忧彼耶?"但赵汝愚并没有接受这一意见。

宁宗即位后赵汝愚在朝中的处境可谓是进退两难,他无意如后来的史弥远那样利用拥立之功专断朝政,成为新的权臣,这从他不用游仲鸿已可看出。然而,他策动内禅实为推动政治革新,为此又不得不大力援引道学中人入朝,并在留正罢相后接任右丞相,这就无法不给人以结党擅权的印象。尽管明清之际的王夫之为赵汝愚接任相位加以辩解,称:"相非赏功之官也。忠定既决策造非常之举,抚危救弊,唯其任而不可辞也。"②但在其时能做如此理解者恐怕并不多。南宋末年的周密就说赵汝愚是因为察觉了韩侂胄将不利于自己,"以朱熹有重名,遂自长沙召入为待制,侍经筵,及收召李祥、杨简、吕祖俭等道学诸君子以自壮"。③ 这一时期的赵汝愚可以说虽无权臣之心,却有权臣之迹。前者导致他不能在朝中形成一股支持自己的强有力的政治势力,后者则让他引起宁宗猜忌。两相结合,就导致了他迅速被攻罢。

庆元元年(1195)二月,赵汝愚拜相仅半年,便在右正言李沐的弹劾下罢相,以观文殿大学士出知福州。随即又以谢深甫弹劾而与宫观,至七月,又落观文殿大学士,罢宫观。十一月,以监察御史胡纮言,责授宁远军节度副使,永州安置。④ 在这一系列的弹劾中,赵汝愚究竟获得了什么样的罪名

① 《宋史》卷四○○《游仲鸿传》,第 12150 页。
② 《宋论》卷一三《宁宗》,第 225 页。
③ 《齐东野语》卷三《绍熙内禅》,第 43 页。
④ 《宋史》卷三七七《宁宗本纪》,第 720 页。

呢？李沐弹劾赵汝愚：

> 同姓居相位，非祖宗典故。方太上圣体不康之时，欲行周公故事。
> 倚虚声，植私党，以定策自居，专功自恣。①

《道命录》又载：

> 赵丞相以右正言李沐论其擅权求胜、兴讹起讪、动摇人心而罢。中
> 丞何澹又论其有无君之心，复落职。监察御史胡纮又言其不逊者有十，
> 责散官居永州。②

赵汝愚落职的原因为：

> 以臣僚言汝愚自恃有恩，玩侮君上。③

至于他遭贬谪永州的原因，宁宗在诏书中曾有言及，称：

> 朕位缵主器，躬获绍图。盖承太上御札之倦勤，复奉隆慈诲言之
> 谕旨。父子之传本于素定，堂陛之势岂其易陵。而乃敢贪天功，遂执国
> 命……过归君而有暴扬之迹，威震主而无退敛之心。④

赵汝愚获罪的最主要理由，就是说他凭借在内禅中的定策之功，于宁宗即位
后存在着结党营私、专断擅权的行为，更重要的是赵汝愚的权力已成震主之
势，以致其"玩侮君上"，甚至有"无君之心"。如此我们便可以理解杨大法

---

① 《齐东野语》卷三《绍熙内禅》，第44页。
② 《道命录》卷七上，第64页。
③ 《宋会要辑稿》职官七三之二〇，第4026页。
④ 《宋宰辅编年录校补》卷二〇，第1303页。

等人的奏请。庆元元年四月,也就是在赵汝愚罢相两个月后,"侍御史杨大法、右正言刘德秀乃乞降诏,以国是、尊君、中道等事训饬在廷,有不如诏者重置典宪"。① 其中所谓"尊君",强调尊崇皇帝之权威,所针对的当即是赵汝愚的"无君之心"。

不仅赵汝愚如此,在他罢相前后,其支持者也基本都是以类似的罪名遭到攻击。如绍熙五年(1194)十月,起居郎沈有开与宫观,"以臣僚言其回邪谀谄,阿附势要"。② 庆元元年二月,知临安府徐谊放罢,"以监察御史刘德秀言谊素无士行,阿附权臣"。③ 同月,权兵部侍郎章颖与宫观,"以言者论颖反诋台谏,附下罔上,无所忌惮"。④ 三月,湖南运副李祥、国子博士杨简并放罢,"以臣僚言祥谄事权臣,素无廉声。简专事虚伪,初无寸长"。⑤ 四月,太府寺丞吕祖俭"朋比罔上,送韶州安置"。⑥ 七月,朝奉郎吴猎罢宫观,降两官,"以臣僚论猎前居风宪,阿附权臣"。⑦ 九月,权户部侍郎薛叔似放罢,"以言者论叔似谄媚权臣,同恶相济"。⑧

将这些罪名与杨大法、刘德秀有关"尊君"的主张结合起来,就可知道,宁宗即位后的政争固然包括了朝中官员个人间的恩怨、不同官僚群体的矛盾,甚至是不同学术上的争论,但更为重要的是,赵汝愚及其道学支持者在内禅以及此后的一系列行为让宁宗感受到了对皇权所构成的严重威胁,因此才会坚定支持韩侂胄一方的官员,利用结党擅权等罪名将赵汝愚及其支持者一举逐出朝廷。

这场政治整肃运动最初基本上并非针对道学而去,用道学名目来入人于罪,在庆元元年下半年方慢慢显现。庆元元年六月,刘德秀请考核真伪,这被认为是"论伪学之始"。⑨ 七月,御史中丞何澹就上疏朝廷,称:"专门之

---

① 《宋史全文》卷二九上"庆元元年四月庚申"条,第2442页。
② 《宋会要辑稿》职官七三之一九,第4026页。
③ 同上。
④ 同上。
⑤ 同上。
⑥ 《宋会要辑稿》职官七三之一九、二〇,第4026页。
⑦ 《宋会要辑稿》职官七三之二〇,第4026页。
⑧ 《宋会要辑稿》职官七三之二〇、二一,第4026—4027页。
⑨ 《续编两朝纲目备要》卷四"庆元元年六月丁巳"条,第63页。

学,流而为伪,空虚短拙,文诈沽名。愿风厉学者,专师孔孟,不必自相标榜。"得朝廷"诏榜朝堂"。① 但此后并未见到以"伪学"而入人于罪的事例,前引吴猎、薛叔似等人贬谪的罪名都是阿附权臣。"伪学"作为一个用以罪人的正式名目的出现要至庆元二年初,当时刘德秀攻击留正"引用伪学之党","伪学之称自此始"。② 嘉定十一年(1218),袁燮曾对宁宗回顾庆元初年的政争称:"庆元初,攻汝愚者谓之谋逆,所用之人谓之逆党。汝愚岂谋逆者?"接着又说道:"逆党之说既不足取信,又撰一名,谓之伪学。"宁宗则回答道:"此谓道学也,若不立此名则无以排陷君子。"③袁燮为庆元党禁的亲历者,受赵汝愚牵连遭到贬谪,他的说法当是有根据的。是知,韩侂胄等人最初是打算用"逆党"的罪名来将赵汝愚及其支持者一网打尽。《宋史·韩侂胄传》载:

> 侂胄欲逐汝愚而难其名,谋于京镗,镗曰:"彼宗姓,诬以谋危社稷可也。"庆元元年,侂胄引李沐为右正言。沐尝有求于汝愚不获,即奏汝愚以同姓居相位,将不利于社稷。汝愚罢相……已而侂胄拜保宁军节度使、提举佑神观。又设伪学之目,以网括汝愚、朱熹门下知名之士。用何澹、胡纮为言官。澹言伪学宜加风厉,或指汝愚为伪学罪首。纮条奏汝愚有十不逊,且及徐谊。汝愚谪永州,谊谪南安军。虑他日汝愚复用,密谕衡守钱鍪图之,汝愚抵衡暴薨。留正旧在都堂众辱侂胄,至是,刘德秀论正引用伪党,正坐罢斥……时台谏迎合侂胄意,以攻伪学为言……三年,刘三杰入对,言前日伪党,今变而为逆党。侂胄大喜,即日除三杰为右正言,而坐伪学逆党得罪者五十有九人。④

---

① 《续编两朝纲目备要》卷四"庆元元年七月丁酉"条,第64页。
② 《续编两朝纲目备要》卷四"庆元元年正月甲辰"条,第68页。
③ 刘克庄撰,王蓉贵、向以鲜校点,刁忠民审订:《后村先生大全集》卷八二《玉牒初草》,成都:四川大学出版社,2008年,第四册,第2176页。
④ 《宋史》卷四七四《韩侂胄传》,第13772—13773页。

所谓"谋危社稷"也就是谋逆,上面所引李沐等人对赵汝愚的弹劾也基本上就是按照这一思路来的,此恰可与袁燮的话相印证。但这一企图实际上并没有成功,至于其中原因,或可从杨万里为余端礼撰写的墓志中得到解答:

> 诏公与蜀帅赵公彦逾,具即位本末来上。盖谓赵公与丞相尝有隙,疑公相代为相,不相能。冀有所中伤,因兴大狱,一时名士,一网可尽。公食不能咽,寝不能寐。亟专介走成都,期以守正,要以同辞。未达而赵公所撰《受禅本末》之书已至。公取副本观之,曰:"大体得矣。"若公所撰《甲寅龙飞事实》,则皆主丞相赵公,以明其功,曾不自述其协赞之力。微其辞彰其义,议论平实,虽时论多所不快,而奸谋竟息。①

赵彦逾为绍熙内禅的重要参与者,但他与赵汝愚矛盾甚深,在赴任四川之前便向宁宗指责赵汝愚结党,因此朝廷有意下诏令其撰写内禅本末呈上,希望他能够借机诬陷赵汝愚在内禅中有不轨之心。余端礼对此非常担心,曾特地派人远赴成都加以阻止。不过,赵彦逾并无意诬陷赵汝愚,他所上呈的《受禅本末》基本符合事实。楼钥在为赵彦逾撰写的祭文中对此赞誉有加,称:"方谗邪之竞起兮,若蜩螗之群喧。驰睿旨于万里兮,俾书龙飞之末与颠。陷宗臣于罔测兮,将于此而求旒。孰知公方平心直笔以进兮,无一语之党偏。"②此外,余端礼也在同时所撰《甲寅龙飞事实》中,极力称赞赵汝愚在内禅中的功绩。赵、余两人皆为内禅的亲历者,赵彦逾与赵汝愚尚有矛盾,但出诸两人之手的记录皆为赵汝愚辩护,自然使得诬陷赵汝愚等人"谋逆"的罪名难以成立。因此,赵汝愚虽然因专权结党等罪名而罢相,但"谋逆"的罪名实际上并未坐实。既然此计难成,韩侂胄等人就只能另寻他途,故上引《宋史·韩侂胄传》称韩侂胄在赵汝愚罢相后,"又设伪学之目,以

---

① 《杨万里集笺校》卷一二四《余公墓铭》,第九册,第4792—4793页。
② 《楼钥集》卷八三《祭赵观文文》,第1454—1455页。

网括汝愚、朱熹门下知名之士"。"伪学"的名目当即是在这种情形下粉墨登场。①

结　论

绍熙五年(1194)六月孝宗去世后,光宗坚持不过宫主持丧事,确实引发了一场政治危机,但若就化解这场危机本身来说,宰相留正所主张的立嘉王为皇太子,再由太子监国代行丧事的办法无疑最为稳妥。赵汝愚最初也同意留正的立场,但在屡请立储没有得到明确结果的情况下,其态度发生转变,决意发动内禅,迫使光宗让出皇位。此举的动因并非仅针对眼前危机,而是出于两个方面的考虑:一是光宗身患精神疾病,无法正常理政,导致李皇后的借机干政。二是出于赵汝愚革新政治的理想。孝宗自淳熙八年(1181)开始推行的安静之政,导致朝廷上贪图安逸,不思进取,因循苟且之风大盛,早已引起赵汝愚及以道学中人为主体的官僚士人的不满。光宗即位后,却执意遵循孝宗晚年之政,成为政治革新的最主要障碍。赵汝愚等人

---

① 上引《宋史·韩侂胄传》载:"时台谏迎合侂胄意,以攻伪学为言。……(庆元)三年,刘三杰入对,言前日伪党,今变而为逆党。"似乎其时韩侂胄等人打击赵汝愚及其道学支持者所用的罪名是先"伪学"、后"伪党",再上升至"逆党"。刘三杰的奏疏收录在《道命录》中,他在疏中回顾了近三十年来道学发展的历程,称:"其始有张栻者,谈性理之学,……栻虽欲为义,而学之者已为利矣。又有朱熹者,专于为利,借《大学》、《中庸》以文其奸而行其计。"这些以朱熹为代表的道学之士后得到周必大、留正、赵汝愚等朝中大臣的援引,结成私党,尤其是赵汝愚"素怀不轨之心,非此曹莫与共事,而此曹亦知汝愚之心也,垂涎利禄,甘为鹰犬,以觊幸非望。……盖前日之伪党,至此变为逆党矣。赖陛下圣明,去之之早,此宗庙社稷无疆之福"。(《道命录》卷七下《刘三杰论伪党变为逆党防之不可不至》,第76页)是则在刘三杰看来,道学自张栻、朱熹等开始便已经逐渐蜕化为"伪学",至其在孝宗、光宗朝与周必大、留正等朝中大臣相结合之时即已形成了"伪党",光宗、宁宗禅让之际,赵汝愚援引这些道学中人心怀不轨,是则已进一步变成"逆党"。在这里刘三杰描绘出的一个道学势力越来越趋于邪恶的过程,至宁宗即位前后达到顶峰,从而为朝廷发动党禁提供了合理性,但这很明显是刘三杰事后建构的一个过程,而非韩侂胄等打击赵汝愚及其道学支持者的实际做法。实际的做法乃基本相反,韩侂胄先是意图诬蔑赵汝愚等人"谋逆",不成之后又祭出了"伪学"的大旗。当然,由于其时韩侂胄一党中人在用何等名目攻击赵汝愚及其道学支持者问题上,建议并不完全一致,故在使用"谋逆"之罪名的同时,"伪学"的名目也已经出现,如庆元元年七月何澹的请禁伪学,且被宁宗"诏榜朝堂",但从实际被用来人人于罪的层面来说,"谋逆"的使用当早于"伪学"。

正是趁着孝宗去世出现的政治危机,强迫光宗退位,从而为革新扫清障碍。只是,赵汝愚执意推动内禅,拥戴宁宗即位,这种废其父而立其子的举动,却是对皇权的严重侵犯。自淳熙后期以来,朝廷上皇帝与外朝士大夫间的权力平衡发生向后者的倾斜,逐渐呈现出君弱臣强的格局。赵汝愚等外朝大臣在内禅中一举废黜了在位君主,更是让皇权的威严受到严重挑战。宁宗即位后,出于革新政治的目的,赵汝愚大力援引道学中人入朝,给人造成结党擅权之嫌,宁宗本人对他的猜忌也日益加深。韩侂胄等与赵汝愚有矛盾的官员聚集在宁宗周围,利用植党等罪名将赵汝愚一方势力一举攻罢。

宁宗即位后的这场政争,内涵十分丰富,包含了许多不同的矛盾,但其中最重要的应当是宁宗所掌握的皇权与赵汝愚所掌握的外朝权力间的冲突,正是后者对前者造成的威胁导致了赵汝愚的迅速垮台,庆元党禁也由此出现。这场党禁并不是一般论者所认为的直接针对道学而发,韩侂胄等人最初用以整肃赵汝愚及其支持者的名目乃是"逆党",只是在这一罪名未能坐实的情况下,方转而拾起了"伪学"的名目,从而给这场持续数年的党禁蒙上了反道学的色彩。

第二章　庆元党禁的"虚像"

庆元党禁自庆元初开始，至嘉泰二年朝廷正式下诏弛禁，前后持续达七年时间。虽然这次党禁出现的原因，乃在于宁宗所掌握之皇权与赵汝愚为代表的外朝士大夫权力间的冲突，并非直接针对道学而发，但它毕竟最终是以反道学的形式呈现了出来，也对道学造成了冲击。庆元党禁甫一开始，便有人将之与元祐党禁相提并论。赵汝愚被贬永州后，国子祭酒李祥、博士杨简等人因上疏反对相继遭斥，杨宏中等六名太学生集体上书朝廷，称："元祐以来，邪正交攻，卒成靖康之变，臣子所不忍言，而陛下所不忍闻也……臣愿陛下鉴汉、唐之祸，惩靖康之变，精加宸虑，特奋睿断。"[①]他们就是将赵汝愚以及李祥等人的被贬谪与元祐党禁联系了起来，试图用靖康之变的惨痛经历来提醒宁宗不要重蹈覆辙。晚宋大儒魏了翁在《元符忠谏堂记》中称："以格人元夫为奸邪，播之诏令，勒之金石，书之史册，不忌不疑，如京、卞之为，则未之见……韩侂胄柄国，则又以附于赵忠定公者名之逆党，学于朱文公者名之伪党。"[②]亦是将韩侂胄对赵汝愚及道学之士的打击与蔡京、蔡卞对司马光等元祐诸贤的镇压等同视之。后世论者在有关党禁对道学所造成的影响问题上，相互间的看法差别很大，有学者将之视作这是宋代自崇宁党禁后的第二次"道难"，而且认为其惨烈程度较第一次更为严重。[③] 有的学

---

① 《宋史》卷四五五《杨宏中传》，第 13374 页。
② 《鹤山全集》卷四四《元符忠谏堂记》。
③ 关长龙：《两宋道学命运的历史考察》，第 413 页。

者则认为党禁的执行并不严苛,只是因为道学获得独尊地位后,那些受道学影响的史书有意夸大了道学中人在党禁中的受难程度。① 实际的情形究竟如何呢?众所周知,朝廷政策的制定与实施并非一回事,当事人后来的追述与当时的经历亦可能存在差异,而史书的记载与发生的事实也往往不同,本章即选择从这些角度来重新观察党禁的具体推行情况,以探讨党禁的严厉程度。

第一节　元祐党禁阴影下的庆元党禁

无论在当时抑或后世,都有人将庆元党禁与元祐党禁相提并论,然则庆元党禁是否果然如元祐党禁那般严厉呢?是否就是元祐党禁的历史重演呢?党争的出现至少是由两方对立的政治势力相互冲突所形成,党争的发展与演变也离不开两方政治势力间的持续互动。就庆元党禁来说,其源于韩侂胄与赵汝愚及其道学支持者间的政治冲突,作为党禁发动者的韩侂胄的作为固然值得重视,但是作为以道学为主体的反对派势力,也并非仅仅处于等待处置的被动地位,即便在政治上已然失势,他们的所作所为依旧会对党禁的发展产生影响。要全面理解庆元党禁,就离不开对双方作为的观察与探究。

一、韩侂胄对于反对派的处置

韩侂胄对于赵汝愚及其道学支持者的打击,在《宋史·韩侂胄传》中有一段描述,称:

> 庆元元年,侂胄引李沐为右正言。沐尝有求于汝愚不获,即奏汝愚以同姓居相位,将不利于社稷。汝愚罢相。始,侂胄之见汝愚,徐谊实

① 刘子健:《宋末所谓道统的成立》,《两宋史研究汇编》,第 277 页。

荐之，汝愚既斥，遂并逐谊。朱熹、彭龟年、黄度、李祥、杨简、吕祖俭等以攻侂胄得罪，太学生杨宏中、张衢、徐范、蒋傅、林仲麟、周端朝等又以上书论侂胄编置，朝士以言侂胄遭责者数十人。

　　……又设伪学之目，以网括汝愚、朱熹门下知名之士……汝愚谪永州，谊谪南安军。虑他日汝愚复用，密谕衡守钱鍪图之，汝愚抵衡暴薨。留正旧在都堂众辱侂胄，至是，刘德秀论正引用伪党，正坐罢斥。吏部尚书叶翥要侍郎倪思列疏论伪学，思不从，侂胄乃擢翥执政而免思官……时台谏迎合侂胄意，以攻伪学为言，然惮清议，不欲显斥熹。侂胄意未快，以陈贾尝攻熹，召除贾兵部侍郎。未至，亟除沈继祖台察。继祖诬熹十罪，落职罢祠。三年，刘三杰入对，言前日伪党，今变而为逆党。侂胄大喜，即日除三杰为右正言，而坐伪学逆党得罪者五十有九人。①

　　从这段描述中来看，韩侂胄对于赵汝愚及其道学支持者的打击可谓是不遗余力，必欲置之死地而后快。是否果然如此呢？材料中提到党禁期间"坐伪学逆党得罪者五十有九人"，这份五十九人的名单见于李心传《朝野杂记》，②后世将这份名单视作是当时由朝廷颁行的所谓"伪学逆党籍"。其实不然，朝廷其时虽然编订了一份党籍名单，但并未颁行，这份五十九人的名单乃是李心传在朝廷拟定的党籍的基础上编制而成。③ 不过，这里的五十九人确实包含了在党禁期间遭到惩处的绝大部分官员士人。因此，我们可以通过对这五十九人遭遇的梳理来观察韩侂胄对反对派的处置情况。

　　笔者利用《宋会要辑稿》《宋史》《道命录》等史料，搜检出名单中的五十九人在党禁期间遭受惩处的情况，制成下表：

---

　　① 《宋史》卷四七四《韩侂胄传》，第13772—13773页。
　　② 《朝野杂记》甲集卷六《学党五十九人姓名》，第139—140页。
　　③ 具体论述参见本章第二节。

姓　名	惩　　处	贬黜时间①	材料来源
宰执四人			
赵汝愚	宁远军节度副使、永州安置	庆元元年十一月	《宋史》卷三七七《宁宗本纪》
留　正	中大夫、光禄卿,分司西京,邵州居住	庆元元年闰六月	《宋史》卷三九一《留正传》
王　蔺	"归里奉祠"	庆元三年四月	《宋史》卷三八六《王蔺传》
周必大	"台评降一官"	嘉泰元年	《楼钥集》卷九四《周公神道碑》
待制以上十三人			
朱　熹	"落职罢祠"	庆元二年十二月	《续编两朝纲目备要》卷四"庆元二年十二月"条
徐　谊	惠州团练副使、南安军安置	庆元元年九月	《宋会要辑稿》职官七三之二一
彭龟年	"追三官勒停"	庆元五年	《宋会要辑稿》职官七四之五
陈傅良	"降三官罢祠"	庆元二年	《楼钥集》卷一〇四《陈公神道碑》
薛叔似	提举江州太平兴国宫	庆元三年八月	《温州名胜古迹》所收《薛叔似圹志》
章　颖	罢宫祠	庆元二年十月	《宋会要辑稿》职官七三之二三
郑　湜	"与郡"	庆元元年七月	《宋会要辑稿》职官七三之二〇
楼　钥	"褫职罢祠"	庆元五年五月	《宋会要辑稿》职官七四之六
林大中	"落职放罢"	庆元二年十月	《宋会要辑稿》职官七三之六六

---

① 部分士人贬黜时间的确定参考了许浩然《周必大的历史世界——南宋高、孝、光、宁四朝士人关系之研究》第三章附表《"伪学逆党籍"五十九人罢黜时间表》(南京大学博士学位论文,2013年,第189—192页)。此外,有些士人在党禁期间遭受了多次贬黜,这里统计以最终的一次为准,如曾三聘绍熙五年八月即由秘书郎放罢,但在庆元五年二月又因蔡琏诬告事件由朝奉郎追两官,在表格中则只统计其庆元五年遭惩处之事。

姓　名	惩　处	贬黜时间	材料来源
待制以上十三人			
黄　由	"除华文阁直学士与宫观"	庆元五年十月	《宋会要辑稿》职官七四之七
黄　黼	"奉祠而卒"	庆元二年七月	《宋史》卷三九三《黄黼传》、《庆元党禁》
何　异	放罢	庆元五年八月	《宋会要辑稿》职官七三之二六
孙逢吉	"除知太平州"	庆元元年七月	《楼钥集》卷九六《宝谟阁待制献简孙公神道碑》
余官三十一人			
刘光祖	"落职,送房州居住"	庆元五年二月	《宋会要辑稿》职官七四之六
吕祖俭	吉州安置	庆元元年四月	《宋史》卷四五五《吕祖俭传》、《庆元党禁》
叶　适	"降两官放罢"	庆元二年三月	《宋会要辑稿》职官七三之二一
杨　方	"降两官放罢"	庆元二年六月	《宋会要辑稿》职官七三之六五
项安世	降两官放罢	庆元二年六月	《宋会要辑稿》职官七三之六五
沈有开	"降三官,罢宫观"	庆元二年三月	《宋会要辑稿》职官七三之六五
曾三聘	追两官	庆元五年二月	《宋会要辑稿》职官七四之五
游仲鸿	放罢	庆元二年十一月	《宋会要辑稿》职官七三之六七
吴　猎	"降奉议郎罢归"	庆元元年	《鹤山全集》卷八九《吴公行状》
李　祥	放罢	庆元元年三月	《宋会要辑稿》职官七三之一九
杨　简	放罢	庆元元年三月	《宋会要辑稿》职官七三之一九
赵汝谠	"坐废十年"	庆元元年	《宋史》卷四一三《赵汝谠传》

姓　名	惩　处	贬黜时间	材料来源
余官三十一人			
赵汝谈	"罹党祸斥去"	庆元元年	《宋史》卷四一三《赵汝谈传》
陈　岘	"黜知全州"	庆元三年四月	《西山文集》卷四四《陈公墓志铭》、《南宋馆阁续录》卷八
范仲黼	免官	庆元二年	《续编两朝纲目备要》卷五"庆元五年七月癸丑"条、《庆元党禁》
汪　逵	放罢	庆元元年六月	《宋会要辑稿》职官七三之二〇
孙元卿	放罢	庆元元年六月	《宋会要辑稿》职官七三之二〇
袁　燮	放罢	庆元元年六月	《宋会要辑稿》职官七三之二〇
陈　武	放罢	庆元元年六月	《宋会要辑稿》职官七三之二〇
田　澹	放罢	庆元元年四月	《宋会要辑稿》职官七三之二〇
黄　度	落职放罢	庆元元年五月	《宋会要辑稿》职官七三之六二
詹体仁	"罢郡屏居者八年"	庆元元年七月	《西山文集》卷四七《詹公行状》
蔡幼学	"奉祠者凡八年"	庆元二年十一月	《宋史》卷四三四《蔡幼学传》
黄　灏	"追两官放罢"	庆元元年二月	《宋会要辑稿》职官七三之六一
周　南	"罢（池州）教授，差常州推官。父卒，不行。"	绍熙五年	《水心集》卷二〇《周君南仲墓志铭》
吴柔胜	"闲居十余年"	庆元元年	《宋史》卷四〇〇《吴柔胜传》
李　埴	放罢	庆元五年四月	《南宋馆阁续录》卷八
王厚之	"上章乞致仕，诏进直宝文阁，从所请。"	庆元三年	《宝庆会稽续志》卷五《王厚之传》
孟　浩	放罢	庆元二年或三年	《万姓统谱》卷一〇八
赵　巩	放罢	庆元三年五月	《宋会要辑稿》职官七三之六八
白炎震			
武官三人			
皇甫斌	放罢	庆元元年二月	《宋会要辑稿》职官七三之六一
范仲壬	放罢	庆元二年十一月	《宋会要辑稿》职官七三之六七
张致远	放罢	庆元元年十一月	《宋会要辑稿》职官七三之二〇

续表

姓　名	惩　　　处	贬黜时间	材　料　来　源
太学生六人			
杨宏中	"各送五百里外编管"	庆元元年四月	《庆元党禁》
周端朝			
张　衢			
林仲麟			
蒋　傅			
徐　范			
士人二人			
蔡元定	道州编管	庆元二年十二月	《道命录》卷七上
吕祖泰	"配钦州牢城收管"	庆元六年九月	《宋史》卷四五五《吕祖泰传》

　　从这张表中所列官员士人所遭之惩处的情况来看,除白炎震受处分情况不清楚外,其他五十八人所受处分由轻至重大致可以分为以下几类:

　　第一,贬官降职,但继续任用。郑湜因为赵汝愚撰写罢相制词时,有回护之词,遭到弹劾,称其"深怀荐引之恩,巧作诡俟之语",于庆元元年七月由权尚书刑部侍郎"与郡"。① 郑湜具体被除授何郡,史未名言,但显然尚在地方任职。陈峴,因被指为赵汝愚党羽,由秘书郎"黜知全州",据墓志记载,陈峴在全州颇有一番作为,"至则增学廪,给官书,延见诸生,勉以问学,搏节浮费,籴米三千斛立仓,为俭岁备,蠲民逋租凡二万余缗。郡城故榷酤,为民患,公听十里外酿酒入城,收其税,民便之。在郡二年,由野辟,道路修,城堞壮,又捐河渡之入跨江为桥,以免病涉。湘人目曰陈公桥。"② 又如周南,其为叶适弟子,因受其岳父黄度牵连,遭御史弹劾,与黄度"俱入伪学党",③ 由池州教授降为常州推官,后因父亲去世,未前往赴任。④ 此三人虽然都因党

---

① 《宋会要辑稿》职官七三之二〇,第4026页。
② 《西山文集》卷四四《显谟阁待制致仕赠宣奉大夫陈公墓志铭》。
③ 《宋史》卷三九三《周南传》,第12012页。
④ 《水心集》卷二〇《文林郎前祕书省正字周君南仲墓志铭》,《叶适集》,第382页。

禁遭到惩处,但依旧可以继续任职,郑湜和陈岘都只是从中央被贬至了地方,且似乎并未影响到其在地方上的作为。不过,在五十九人中,这样的情况并不多见。

第二,降官免职,归乡家居。党禁中,相当一部分的官员被降官免职,但人身自由并未受到限制,可以自由家居或者寓居他处。这种情况最为典型的代表即为被目作"伪学"宗主的朱熹。朱熹于庆元二年遭监察御史沈继祖弹劾,"落职罢祠",此后一直在福建故居生活、讲学,直至过世。在乡期间,朱熹"日与诸生讲学不休。或劝以谢遣生徒者,笑而不答"。① 又如黄度,因不满韩侂胄弄权,上疏弹劾,先是被出知平江府,继而改知婺州,"坐不发兰溪知县贼罪,降职罢。自是纲纪一变,大权皆侂胄有,而公为冲佑观者六"。是则黄度被罢官后,一直奉祠家居。而作为朱熹弟子的杨方,"宁宗立,除秘书郎,庆元元年出知吉州。伪学禁兴,坐朱门党罢官。侨居赣州,闭门读书"。② 杨方为福建长汀人,但罢官之后并未如朱熹返乡居住,而是选择侨居江西赣州,闭门读书。朱熹的另一位弟子詹体仁,因论孝宗山陵事遭弹劾,"罢郡屏居者八年",其为建宁浦城人,罢官后"退居霅川",即选择寓居湖州。③ 这样罢官家居的情况在五十九人中所占比例是比较大的,王蔺、周必大、陈傅良、薛叔似等约略四十人皆是如此。

第三,居住、安置、编管、勒停。宋代对于官员的贬谪制度中,轻者送某州居住,稍重为安置,再重为编管或羁管,编管以上即追毁出身以来文字,除名勒停。④ 五十九人中,被勒停者仅彭龟年一人,他因弹劾韩侂胄,先是外任知江陵府、湖北安抚使,庆元二年,"以吕祖言落职;已而追三官,勒停"。⑤ 除勒停外,居住、安置和编管虽有轻重之别,但有一个共同点,即受处罚之人往往需要被限制人身自由,只能在指定地点活动。如留正,因被指要君固位,植党盗权,于庆元二年闰六月,责授中大夫、光禄卿,分

---

① 《宋史》卷四二九《朱熹传》,第 12768 页。
② 《宋史翼》卷二一《杨方传》,第 223 页。
③ 《宋史》卷三九三《詹体仁传》,第 12020 页。
④ 赵升编,王瑞来点校:《朝野类要》卷五《降免》,北京:中华书局,第 100 页。
⑤ 《宋史》卷三九三《彭龟年传》,第 11998 页。

司西京,邵州居住。① 次年,"令自便。给事中谢源明封还录黄,量移南剑州,再许自便。复光禄大夫、提举洞霄宫"。② 显然,留正只能在邵州居住,庆元三年朝廷加恩令"自便",即取消了这种限制,但遭给事中谢源明抵制,改为量移至南剑州居住。而作为所谓"伪学逆党"魁首的赵汝愚,则遭受到了责降安置的惩处。赵汝愚罢相后,先是被授予观文殿大学士、提举洞霄宫的闲职,然"侂胄忌汝愚益深,谓不重贬,人言不已。以中丞何澹疏,落大观文。监察御史胡纮疏汝愚唱引伪徒,谋为不轨,乘龙授鼎,假梦为符。责宁远军节度副使,永州安置"。在赴永州途中,"至衡州病作,为守臣钱鍪所窘,暴薨"。③ 赵汝愚可以说是直接因为党禁而死的第一个重要官员。除赵汝愚外,受到安置处分的还有徐谊和吕祖俭,徐谊与赵汝愚关系密切,《宋史》称"汝愚雅器谊,除授建明多咨访,谊随事裨助,不避形迹"。曾劝说赵汝愚对韩侂胄加以防范,并"直面讽侂胄",因此获罪,"以御史刘德秀、胡纮疏谊,责惠州团练副使、南安军安置,移袁州,又移婺州。久之,许自便"。④ 是则徐谊先后被安置于南安军、袁州、婺州等地。吕祖俭为吕祖谦之弟,因上疏反对朝廷罢免赵汝愚及斥逐朱熹、彭龟年等人,言辞激烈,被责安置吉州。⑤ 而较安置更为严厉的编管处分,落在了杨宏中等所谓庆元六君子和蔡元定的身上。面对赵汝愚以及李祥、杨简等人的相继被贬,杨宏中、林仲麟、徐范、张衢、蒋傅、周端朝等六位太学生一同上疏进谏,激怒韩侂胄,"各送五百里编管"。⑥ 其中,杨宏中送太平州编管,⑦徐范"谪临海,与兄归同往,禁锢十余年"。⑧ 而周端朝"受祸尤酷。初,大理令听读于衢州,已次半道,侂胄矫旨再入大理,复听读于信州。已而押归本贯,寻诏听自便"。⑨ 在

① 《宋会要辑稿》职官七三之二三,第 4028 页。
② 《宋史》卷三九一《留正传》,第 11976—11977 页。
③ 《宋史》卷三九二《赵汝愚传》,第 11989 页。
④ 《宋史》卷三九七《徐谊传》,第 12084—12085 页。
⑤ 《宋史》卷四五五《吕祖俭传》,第 13369—13370 页。
⑥ 《宋史》卷四二三《徐范传》,第 12627 页。
⑦ 《宋史》卷四五五《杨宏中传》,第 13374 页。
⑧ 《宋史》卷四二三《徐范传》,第 12627 页。
⑨ 《宋史翼》卷一六《周端朝传》,第 172 页。

六君子之外,同样受到编管惩处的是蔡元定,蔡元定为朱熹弟子,深得朱熹青睐,据称蔡元定"闻朱熹名,往师之。熹扣其学,大惊曰:'此吾老友也,不当在弟子列。'遂与对榻讲论诸经奥义,每至夜分。四方来学者,熹必俾先从元定质正焉"。① 党禁中,沈继祖、刘三杰等弹劾朱熹,连及蔡元定,被编管道州。

第四,入狱监禁。安置或者编管,虽然已属较为严厉的惩处,但在党禁期间还有更为严重的处分,这就是入狱监禁,而获此罪者即为吕祖泰。嘉泰元年,因对韩侂胄发动的党禁深为不满,吕祖泰径直诣登闻鼓院上书,"论侂胄有无君之心,请诛之以防祸乱"。震动一时。最终,朝廷"乃杖之百,配钦州牢城收管"。② 在党禁期间惩处的五十九人中,吕祖泰所受惩处最为严厉。不过,也仅此一例,别无他人。

通过上面的梳理,可以发现党禁中朝廷处置这些反对派官员士人的一些特点:

首先,在这五十九名党禁期间遭受惩处的官员士人中,第一类降职留用和第四类入狱监禁者仅有 4 人,占极少数。第二类罢官家居者最多,有 40 位左右,约占 68%。第三类居住、安置、编管者有 13 名,约占 22%。第四类入狱监禁者仅吕祖泰 1 人。若将第一、第二两类处罚较轻者合并计算,占据了总数 59 人中的 74.6%,将第三、第四两类处罚相对较重者合并计算,则占据了总数的 23.7%。可以看出,韩侂胄对于那些反对派官员士人的惩处总体而言是相对较轻的,以罢官免职为主,主要目的当在于将这些人驱逐出政治中枢之外,防止其对自身权位构成威胁,似并未穷追猛打,必欲除之而后快。

其次,除赵汝愚作为"伪学逆党"之"魁首"遭到处分较为严重,并因此间接导致其身故外,对于其他官员士人,大致呈现出一种地位越低受处分越重的情形。如朱熹在党禁期间一直赋闲家居,并未遭到太多冲击,然而作为

① 《宋史》卷四三四《蔡元定传》,第 12875 页。
② 《宋史》卷四五五《吕祖泰传》,第 13372 页。

其弟子的蔡元定却被编管道州。蔡元定无意为官,《宋史》称:"太常少卿尤袤、秘书少监杨万里联疏荐于朝,召之,坚以疾辞。筑室西山,将为终焉之计。"①党禁之时仅为一有志于学的普通士人。而同样被编管的杨宏中等"六君子",则为太学生员,在上疏弹劾韩侂胄前并无什么影响。至于遭受惩处最为严重的吕祖泰,《宋史》记载其在嘉泰元年上疏前的经历,称其为"夷简六世孙,寓常之宜兴。性疏达,尚气谊,学问该洽。遍游江、淮,交当世知名士,得钱或分挈以去,无吝色。饮酒至数斗不醉,论世事无所忌讳,闻者或掩耳而走"。② 可知乃是一无官无职亦无功名的江湖狂士。

再次,在所有受到处分的人员中,没有一位被流放到岭南乃至更边远的地方。这与元祐党禁时期的情况迥然不同。元祐党禁时,入党籍碑者 309人,其中流放至岭南的有 32 人,占总数 1/10。③ 实际上,韩侂胄并非不曾有过将反对派成员流放至岭南的意图。吕祖俭上疏获罪后,朝廷做出的惩处是将其安置韶州,韶州属广南东路,已在岭南地区。但是这一做法随即遭到了异议,尽管韩侂胄放言:"复有救祖俭者,当处以新州矣。"不过,其时有人向韩进言:"自赵丞相去,天下已切齿,今又投祖俭瘴乡,不幸或死,则怨益重,曷若少徙内地。"终于打动韩侂胄,"祖俭至庐陵,将趋岭,得旨改送吉州"。④ 又如"六君子"之首的杨宏中,上疏事发后,"侂胄大怒,坐以不合上书之罪,六人皆编置,以宏中为首,将窜之岭南"。后因"右丞相余端礼拜于榻前至数十,丐免远徙。上恻然许之,乃送太平州编管"。⑤ 这里虽称出于宁宗之旨,由岭南改至太平州,但显然亦当是韩侂胄同意的结果。蔡元定编管至道州,已靠近广西,但毕竟尚未越岭。在庆元党禁期间,无一人被流放至岭南,无疑是一种刻意所为的结果,这与元祐党禁期间十分之一的官员被流放过岭,形成了鲜明的对比。

---

① 《宋史》卷四三四《蔡元定传》,第 12875 页。

② 《宋史》卷四五五《吕祖泰传》,第 13371 页。

③ 陈乐素:《流放岭南的元祐党人》,《求是集》第二集,广州:广东人民出版社,1986 年,第232—233 页。

④ 《宋史》卷四五五《吕祖俭传》,第 13370 页。

⑤ 《宋史》卷四五五《杨宏中传》,第 13374 页。

最后,还值得注意的是,如果按年份来对这些遭受惩处之人进行统计,除白炎震情况不明、孟浩贬黜时间不确定外,其他 57 人中,绍熙五年遭贬黜者为 1 人,庆元元年 30 人,庆元二年 13 人,庆元三年 5 人,庆元五年 6 人,庆元六年 1 人,嘉泰元年 1 人。从这里的统计来看,党禁开始之初的绍熙五年至庆元二年,共有 45 人遭到贬黜,占全部 59 人的 76%。其中尤以庆元元年最为突出,共有 30 人遭到贬黜,约占总数的 51%。遭惩处之人的多少通常可以反映出党禁的激烈程度,根据上表的统计,则党禁最严厉的时期当在党禁之初,尤以庆元元年为甚,之后则趋于缓和。这与既往学者的研究结果存在不尽一致之处,如有学者认为庆元党禁存在着一个不断升级的过程,至庆元三年所谓"伪学逆党籍"的颁布达到高潮,之后逐渐降温。① 至于此点,笔者在后面的章节还将进一步探讨。

由上可见,庆元党禁期间,韩侂胄主导下的朝廷对于这些反对派人士的惩处并不十分严重,与元祐党禁相比,无论从遭受惩处官员士人的数量上,还是惩处的严厉程度上,都不能与元祐党禁相提并论,其中无一人被流放至岭南即为明证,绝大部分都仅仅是被罢官家居。那么,这些遭受惩处的官员士人在党禁期间的处境是怎样的呢? 这同样是观察党禁严厉程度的一个重要切入点。

二、韩侂胄对于反对派行为的包容

在上述四类官员中,第一类和第四类都仅占极少数,可不置论。故可将观察的重点放在第二类和第三类官员,后者所受处分相对较重,尤其可以注意。

宁宗即位后不久,朱熹即以焕章阁待制奉祠,离朝返乡。党禁期间,朱熹一直家居,直至庆元六年去世。② 在此期间,朱熹的主要活动是什么呢?《宋史》称:"熹日与诸生讲学不休,或劝以谢遣生徒者,笑而不答。"③是知,

---

① 虞云国:《南宋行暮:宋光宗宋宁宗时代》,第 168 页。
② 《宋史》卷四二九《朱熹传》,第 12767 页。
③ 《宋史》卷四二九《朱熹传》,第 12768 页。

朱熹在党禁期间并没有停止其聚徒讲学的活动。

因受朱熹牵连而被编管的门人蔡元定,在其安置地道州,与其师一样,继续从事讲学活动。朱熹在给蔡元定的信中提到:"似闻从游之士日众,其间当有可与晤语者,则为况亦当不至落寞。"①《宋史》称蔡元定"至春陵,远近来学者日众,州士子莫不趋席下以听讲说。有名士挟才简傲、非笑前修者,亦心服谒拜,执弟子礼甚恭。……爱元定者谓宜谢生徒,元定曰:'彼以学来,何忍拒之? 若有祸患,亦非闭门塞窦所能避也。'"②可见,蔡元定在编管之地道州从事讲学活动还是较为张扬的。

吕祖俭因触怒韩侂胄险些被流放岭南,朱熹曾向来自庐陵的门人曾祖道询问吕祖俭在吉州的近况,曾祖道称:"吕丈在乡里,方取其家来,骨肉得团聚,不至落寞。"朱熹进而补充道:"得渠书,多说仙郡士友日夕过从,以问学为乐。罪大责轻,迁客得如此,过分矣。"③吕祖俭在吉州安置期间,一方面将家人接来共同生活,另一方面则与当地士人频繁往来,问道讲学。就连朱熹也感叹作为被贬谪的官员来说,这样的生活可谓"过分"了。后来吕祖俭遇朝廷恩赦,量移至高安,朱熹在给友人的信中提及此事,称:"子约幸逢宽恩,且得有北归之渐。其实高安穷僻,无朋友过从之益、书疏往来之便,却未必得如庐陵也。"④在朱熹看来,高安虽较吉州更近内地,但缺乏志同道合的朋友相交游,书信往来亦属不便,尚不如吉州生活更为惬意。可以看到,吕祖俭在吉州安置地的境遇是相对自由宽松的,并未受到太多的约束与打压。⑤

又如刘光祖,党禁期间因所撰《涪州学记》中有言:"学之大者,明圣人之道以修其身,而世方以道为伪;小者治文章以达其志,而时方以文为病。好恶出于一时,是非定于万世。"为谏官张釜指为谤讪,夺职,谪

---

①　《朱熹续集》卷三《答蔡季通》,《朱熹集》,第 5199 页。

②　《宋史》卷四三四《蔡元定传》,第 12875—12876 页。

③　《朱子语类》卷一二二,第 2956 页。

④　《朱熹集》卷五三《答刘季章》,第 2641 页。

⑤　关于吕祖俭在贬谪期间的活动,可参看黄宽重《世变与应变:孙应时及其学友在庆元党禁前后的遭遇与应对》一文的相关论述(《国学研究》2016 年第 1 期)。

居房州。① 在房州"谪居无事,取东溪所传《易》续之。盖东溪传止睽,公续之始蹇。叹曰:'睽,离也。蹇,难也。非数也耶?'闲与诸子讲论,辑为一编,曰《山堂疑问》,手抄《通鉴》,评之。士大夫相劳苦,则答曰:'予平生于处事则疏,处祸福则勇,每见东坡胸中,未尝依倚一物,心窃慕之。'自谓平日于父君师事之如一⋯⋯"②其在贬谪之地同样从事撰述和讲学活动。

不仅如此,党禁期间,这些获罪之人除可以较为自由地从事学术研究、进行讲学外,相互间的交往、通信等也可以较为正常进行。上引材料中已经提到朱熹与蔡元定、吕祖俭在党禁期间存在着书信往来。《朱子语类》记载朱熹向弟子说起与吕祖俭书信问学之事,称:"可怜子约一生辛苦读书,只是竟与之说不合! 今日方接得他三月间所寄书,犹是论'寂然不动',依旧主他旧说。(时子约已死。)它硬说'寂然不动'是耳无闻,目无见,心无思虑,至此方是工夫极至处。"③吕祖俭于庆元四年死于贬所,可知其给朱熹的信当作于临终前不久。

留正在宁宗即位初罢相后不断受到弹劾,庆元二年,"以张釜言,责授中大夫、光禄卿,分司西京,邵州居住。明年,令自便。给事中谢源明封还录黄,量移南剑州,再许自便。复光禄大夫、提举洞霄宫。"④贬谪期间,他与朱熹多有书信往返,讨论学问。朱熹曾向弟子展示留正寄来询问《诗集传》相关问题的书信,并对弟子称赞道:"他官做到这地位,又年齿之高如此,虽在贬所,亦不曾闲度日。公等岂可不惜寸阴!"⑤在给黄榦的信中,朱熹也言道:"向留丞相来讨《诗传》,今年印得寄之。近得书来云,日读数板,秋来方毕,甚称其间好处,枚举甚详。不易渠信得及,肯如此子细读。⋯⋯渠前此见《中庸》说,极称序中危微精一之论,以为至到。亦是曾入思量,以此见其资质之美。"⑥可知,这一时期留正与朱熹的书信往来是较为频繁的。

---

① 《宋史》卷三九七《刘光祖传》,第12100—12101 页。
② 《西山文集》卷四三《刘阁学墓志铭》。
③ 《朱子语类》卷一二二,第2955 页。
④ 《宋史》卷三九一《留正传》,第11976—11977 页。
⑤ 《朱子语类》卷一二二,第2947 页。
⑥ 《朱熹续集》卷一《答黄直卿》,《朱熹集》,第5144 页。

在朱熹文集中,还可以看到这一时期他与同样遭到惩处的弟子杨方间的往来,在给蔡元定的信中,朱熹称:"得杨子直书,亦奉问,但似云不敢相闻。前日答之,不曾入题,只云小时见赵忠简、李参政诸公在海上,门人亲旧岁时问讯不绝,如胡淡庵犹日与知识唱和往来,无所不道,秦桧亦不能掩捕而尽杀之,盖自有天也。"①看来,杨方较为谨小慎微,似不愿与其师过往甚密,这让朱熹甚为不满,在回信中引用秦桧当政时期赵鼎、李光虽遭重谪,门人故旧问讯不绝的故事来对杨方的谨慎提出了批评。同时,朱熹在给蔡元定的信中斥责杨方不敢与师通信,恰可表明朱、蔡之间在党禁期间的书信往还是十分密切的。

上述诸人中,除朱熹外,蔡元定、吕祖俭、刘光祖、留正或被责居住、或安置、或编管,皆属戴罪之身,尚可较为从容的进行学术活动,相互间亦能正常的进行书信往还,其他人的处境较之这些人当不至更为艰难。

在五十九名遭惩处的官员士人中,赵汝愚、吕祖俭、蔡元定、黄黼、朱熹皆在党禁期间过世,或死于贬所,或老死家乡。从对于他们身后事的安排上,亦能感受到其时党禁的严厉程度。这些人中,最先去世的是赵汝愚。据称赵汝愚得知被贬至永州后,"怡然就道,谓诸子曰:'观侂胄之意,必欲杀我,我死,汝曹尚可免也。'至衡州病作,为守臣钱鍪所窘,暴薨,天下闻而冤之,时庆元二年正月壬午也"。②从"暴薨"的用语来看,其过世似乎尚有隐情,不过,究竟是病逝抑或被害而死,即便当时亦无从查证。赵汝愚去世后,朝廷下旨准其复原官归葬,但遭中书舍人吴宗旦阻挠,最终未能牵复原官,仅允其归葬。③而在民间,赵汝愚却似乎得到了十分隆重的悼念。据记载:

> 衡阳讣闻,人心益愤。多为挽章,私相吊哭,至大书揭于都城观阙之上。归葬诏下,衡阳之人往往以手加额,灵舉所经,父老焚香迎拜于道左,或至涕泣。萍乡阖邑以竹枝标楮钱于门外,望柩拜而焚之,烟焰

---

① 《朱熹续集》卷三《答蔡季通》,《朱熹集》,第5196—5197页。
② 《宋史》卷三九二《赵汝愚传》,第11989页。
③ 《宋宰辅编年录校补》卷二〇,第1303页。

为之蔽空。朱公熹在建宁,刘公光祖在蜀,俱以书来言,闽蜀之人,虽深
山穷谷寡妇稚子,闻讣莫不愤叹以至流涕。公论之在人心者,果可得而
掩哉?①

赵汝愚去世后就已经出现了私自悼念的情形,准其归葬的诏令则在一
定程度上鼓励了这种行为,出现了相当规模的祭奠悼念行动。这里的描述
容有夸饰之处,但其时民间的士人百姓自发组织了诸多悼念活动当是可信
的。这里似乎没有看到朝廷对此情形有严加禁止的举动。

庆元四年,吕祖俭在高安贬所去世,高安知县徐应龙为其处理丧事。
《宋史》载:"吕祖俭言事忤韩侂胄,谪死高安,应龙为之经纪其丧,且为文诔
之。有劝之避祸者,应龙曰:'吕君吾所敬,虽缘此获谴,亦所愿也。'朱熹贻
书应龙曰:'高安之政,义风凛然。'主淮西机宜文字,知南恩州。"②徐应龙不
仅为吕祖俭经营丧事,更亲撰祭文加以悼念。就当时的政治气氛而言,徐应
龙很可能因此获罪,故有劝其避祸者,但他不为所动。从后来的事实来看,
徐应龙似乎并未因此而得罪。据《宋史》载,吕祖俭死后,"诏令归葬",③一
定程度上也等于承认了徐应龙行为的合法性。

庆元六年三月,作为"伪学"宗主的朱熹去世。《宋史·辛弃疾传》称:
"熹殁,伪学禁方严,门生故旧至无送葬者。"④事实并非如此,朱熹去世后,
门生故旧为其举行了甚为隆重的祭奠悼念活动。黄榦称:

讣告所至,从游之士与夫闻风慕义者,莫不相与为位而聚哭焉。禁
锢虽严,有所不避也。⑤

---

① 《宋宰辅编年录校补》卷二〇,第1306页。
② 《宋史》卷三九五《徐应龙传》,第12051页。
③ 《宋史》卷四五五《吕祖俭传》,第13370页。
④ 《宋史》卷四〇一《辛弃疾传》,第12165页。
⑤ 黄榦:《勉斋先生黄文肃公文集》(以下简称《勉斋集》)卷三四《朱先生行状》,《宋集珍本丛刊》,北京:线装书局,2004年,第68册,第131页。

《庆元党禁》亦载：

> 诸生近者奔赴，远者为位而哭。蔡沈主丧役，黄榦主丧礼。冬十一月，葬于建阳之唐石。时伪党禁严，守则侂胄之党傅伯寿也。然会葬亦几千人。①

检索相关史籍，关于朱熹门生故旧奔赴朱熹葬礼的记载为数众多，辛弃疾"为文往哭之曰：'所不朽者，垂万世名。孰谓公死，凛凛犹生！'"②李燔，"熹没，学禁严，燔率同门往会葬，视封窆，不少怵"。③ 周谟，"先生没，伪禁方严，君冒隆寒，戴星徒走，偕乡人受业者往会葬，年逾六十矣"。④ 傅修，"先生没。明年，且葬。柩行，公怅怅而来，且号且拜，俯伏于道，若将陨焉。送葬者重为之垂涕。方是时，伪学之禁严，缙绅耻言学，学者更名它师，至有吊赙不及门者，公独毅然不远千里，哀号痛慕若此。"⑤曾兴宗，"文公没，君星驰而吊，心丧三年"。⑥ 林得遇，"及文公殁，复往会葬"。⑦ 这种大规模的会葬行动确实引起了朝廷的瞩目，言官施康年上疏朝廷，称："臣风闻四方伪徒互相啸呼，期以一日聚于信上，或传欲送伪师之葬，或传欲哭伪师之野。……然聚会之间，必无美意，亦无佳语，若非妄谈世人之短长，则是谬议时事之得失。人有一喙，喙有一说，固非一通寒暄、一叙闲阔而已，特假送葬哭野之名尔。"因此要求朝廷："所有伪徒，如果有聚于信上，乞令守臣严行约束。散植坏群，毋使滋蔓。具已施行，申尚书省。"获得朝廷允准。⑧ 施康年等人担心朱熹的门人弟子借会葬之机非议朝政，要求朝廷命地方官员对此

---

① 樵川樵叟：《庆元党禁》，丛书集成初编本，北京：中华书局，1985年，第20页。
② 《宋史》卷四〇一《辛弃疾传》，第12165—12166页。
③ 《宋史》卷四三〇《李燔传》，第12783页。
④ 《勉斋集》卷三五《周舜弼墓志铭》，《宋集珍本丛刊》，第68册，第142页。
⑤ 《勉斋集》卷三五《笃孝傅公基志铭》，《宋集珍本丛刊》，第68册，第142页。
⑥ 《勉斋集》卷三三《肇庆府节度推官曾君行状》，《宋集珍本丛刊》，第68册，第140页。
⑦ 李清馥撰，徐公喜、管正平、周明华点校：《闽中理学渊源考》卷一九《林若时先生得遇》，南京：凤凰出版社，2011年。
⑧ 《道命录》卷七下《言者论伪徒会送伪师朱某之葬乞严行约束》。

加以限制,消除影响。而其时当地的长官正是韩侂胄之党傅伯寿。不过从后来的结果来看,会葬如期进行,且参加者近千人,规模甚大。这些参与会葬者中,受到惩处者据笔者所见仅范念德一人,时为铸钱司主管官,"沿檄检视坑场,便道会葬,归,未至鄱阳,有旨镌官罢任。盖台谏劾其离次会葬云"。① 范念德为朱熹门人,朱熹临终前,"手为书嘱其子在与门人范念德、黄榦,尤拳拳以勉学及修正遗书为言"。② 朱在为朱熹之子,黄榦为之婿,范念德能与两人相提并论,可知其深得朱熹器重。不过他遭到惩处亦并非完全是朝廷有意针对其参与会葬的行为,身为官员,公务在身,未得允许,擅自离任,朝廷对其加以处分,似亦不为无因。除范念德外,似乎尚未见到其他人因参与会葬而遭到朝廷惩处。

综上所述,党禁中无论是罢官家居者还是被指定地点居住安置者,生活一般还是比较自由的,依旧可以从事学术活动,聚徒讲学,相互间也可以较为正常地进行书信往来。如赵汝愚、朱熹等人在党禁期间去世后,都举行了较为隆重的祭奠悼念的活动,且并未受到朝廷过多干涉与限制。这些都表明,党禁的严厉性程度不应被过分高估。这种情况的出现与韩侂胄的态度无疑有着密切关系。党禁期间,有友人规劝朱熹低调行事,不要过分张扬,朱熹愤然言道:"某又不曾上书自辨,又不曾作诗谤讪,只是与朋友讲习古书,说这道理。更不教做,却做何事。"③朱熹显然认识到,上书自辨和作诗谤讪会招致韩侂胄等人的侧目,引来灾祸。这是有根据的,刘光祖的被贬显然就是因其在《涪州学记》中的言辞表达了对朝廷打击道学的不满,牵涉了现实政治,有谤讪朝政之嫌。不过单纯的讲学是否就不会招来麻烦呢?针对朱熹之言,余英时认为学者私相讲学是宋代士大夫共同接受的基本价值,因此无论是道学之士还是反道学之士,都承认讲学的合理性,这也是朱熹可以如此理直气壮回答的主要原因。④ 实际上可能并非如此,对于朱熹来说,

① 《庆元党禁》,第 21 页。
② 《勉斋集》卷三四《朱先生行状》,《宋集珍本丛刊》,第 68 册,第 131 页。
③ 《朱子语类》卷一〇七,第 2670 页。
④ 《朱熹的历史世界——宋代士大夫政治文化的研究》,第 668—669 页。

他坚持讲学并非坚信这种做法不会招来麻烦,而是相信欲加之罪何患无辞,如若韩侂胄等朝中政敌意欲加害,自己无论如何也是躲不开的。其时,一些门人因为担心受到冲击,纷纷离开朱熹,返乡避祸,朱熹向黄榦感叹道:"诸人皆为外间浮论攻击,不敢自安而去。其实欲见害者,亦何必实有事迹与之相违? 但引笔行墨数十行,便可使过岭矣,此亦何地可避耶? 世人见处浅狭例如此,令人慨叹。"①在给黄榦的另一封信中,亦称:"亲旧皆劝谢绝宾客,散遣学徒,然其既来,即无可绝之理,姑复任之。若合过岭,亦是前定,非关门闭户所能避也。"②朱熹等人在党禁期间的讲学活动之所以能够正常进行,并非因为这种做法是合乎常理的,而是韩侂胄无意进一步穷追猛打。叶适在赵彦橚墓志中提到:"侂胄始得志,鬱挫天下士,使不自容。后颇悔曰:'此辈岂可无喫饭处耶?'稍收拾,铢寸与之。"③叶适亦是党禁的受害者之一,自无意为韩侂胄辩护,可知韩侂胄无将反对派逼入绝境,置之死地而后快之意。魏了翁也称:"侂胄久执国柄,稍弃前怨,以收士望。于是彭子寿、曾无逸复官,林和叔宫观,徐子谊宜放自便,吕子约量移,公提举玉隆万寿宫,皆三年七月也。"④是则早在庆元三年,韩侂胄就开始有意减轻对反对派人士的惩处。如余英时所言,韩侂胄发动党禁最主要的目的在于打倒政敌赵汝愚,赵汝愚身死后,韩侂胄的权位已较为巩固,对于赵汝愚的追随者进一步穷追猛打的兴趣已经降低。⑤ 韩侂胄所追求的当更多只是将这些人排斥在政治核心之外。

不过,党禁既然源于党争,就会涉及党争双方的作为,作为党禁发动者的韩侂胄的作为固然重要,韩的不为已甚确实为缓和党禁严厉性起到了重要作用,但作为另一方的以道学为主体的反对派,虽然处于受打压的位置,但并非全属被动,他们的所作所为对于党禁的发展同样会产生重要影响。上面提到的朱熹、吕祖俭等人在党禁期间的讲学以及会葬等事,只是涉及了

---

① 《朱熹续集》卷一《答黄直卿》,《朱熹集》,第 5135 页。
② 《朱熹续集》卷一《答黄直卿》,《朱熹集》,第 5138 页。
③ 《水心集》卷二三《故宝谟阁待制知平江府赵公墓铭》,《叶适集》,第 451 页。
④ 《鹤山全集》卷八五《显谟阁学士特赠光禄大夫倪公墓志铭》。
⑤ 《朱熹的历史世界——宋代士大夫政治文化的研究》,第 676 页。

这一时期反对派活动的部分内容,下面将进一步就此展开论述。

三、反对派士人的另一种应对

朱熹、吕祖俭、蔡元定等部分道学士人在党禁期间没有因党禁的威胁而终止学术活动,相反无论是在家乡还是在贬谪地,都一如既往聚徒讲学,相互间也频繁地通信往来。尽管没有因此而遭到惩处,但明显存在着刺激韩侂胄等政治敌对势力的危险,他们也因此屡屡被友人告诫。不过,这些人只是代表了部分反对派士人的行为,党禁期间还存在着另外一种迥然不同的行为方式,这种方式可能为更多反对派士人所遵循,即收敛锋芒,韬光养晦,尽力避免对韩侂胄等敌对势力形成刺激,从而避免给他们采取进一步镇压行动以借口。

《朱子语类》中有一段记载:

> 直卿云:“先生去国,其他人不足责,如吴德夫、项平父、杨子直合乞出。”先生曰:“诸人怕做党锢,看得定是不解恁地。且如杨子直前日才见某入文字,便来劝止,且攒著眉做许多模样。某对他云:‘公何消得恁地? 如今都是这一串说话,若一向绝了,又都无好人去。’”①

直卿为黄榦,这是黄榦与朱熹的一段对话。朱熹去国是指其于绍熙五年十一月罢侍讲,除宫观事。吴德夫为吴猎,项平夫为项安世,杨子直为杨方。吴猎“初从张栻学,乾道初,朱熹会栻于潭,猎又亲炙,湖湘之学一出于正,猎实表率之”。② 吴猎初师张栻,后又入朱熹门墙,朱熹罢官奉祠时曾上疏挽留。③ 项安世与朱熹亦有师生之谊,《宋元学案》将其列入朱熹学侣,并称:“项平甫来往于朱、陆之间。”④ 朱熹去国之际,“安世率馆职上书留之”。⑤

① 《朱子语类》卷一〇七,第 2669 页。
② 《宋史》卷三九七《吴猎传》,第 12088 页。
③ 《宋史》卷三九七《吴猎传》,第 12086 页。
④ 《宋元学案》卷四九《晦翁学案下》,第 1589 页。
⑤ 《宋史》卷三九七《项安世传》,第 12089 页。

至于杨方,同样为朱氏门人,史称其"与杨简、杨戬俱为朱门高弟,时号三杨"。① 可能正因如此,在黄榦看来,朱熹罢官后,三人应当追随朱熹主动辞职,但事实上三人皆未有辞职之举。三人后来离朝皆是出于贬谪。吴猎先是于庆元元年七月由监察御史除宫观,随即"以臣僚论猎前居风宪,阿附权臣""罢宫观,降两官"。② 项安世和杨方,则于庆元元年五月,分别被授予添差通判池州和知吉州之职。次年六月,双双又遭监察御史张伯垓弹劾,降两官放罢。③

朱熹认为,吴猎等人之所以没有毅然辞职离朝,是因为"诸人怕做党锢",也就是担心如此做法会坐实结党之嫌,从而落人口实,给人提供发动党禁的借口。朱熹显然不同意这种看法,在给友人信中曾言道:

> 公度近亦得书,自是不肯求去,致得如此。如近日王与之、雷季仲、陈和父,皆以力请得去,又何尝有人苦留之也? 潘友□者近亦遭逐,正与公度事体一般。此辈进不能为君子,退不能为小人,不与人出气,令人愤闷也。④

公度是刘孟容,"隆兴人,静春先生子澄之族人也。旧从学于子澄,亦尝学于陆子",后又师从朱熹。他与项安世同时遭弹劾,"项罢新任,刘补外也"。朱熹很清楚个中原因,指出"必是理会道学公事"。⑤ 朱熹认为,刘孟容之所以会落得被贬谪的下场,是因为他没有能够尽早"求去"。他列举了王闻诗(与之)、雷孝友(季仲)等人的例子,这些人都是能够尽早力辞而去者,如王闻诗"召为考功郎,检详枢密院文字,固求去,提点江东刑狱卒"。而且"始公召审察,比再为郎,皆赵丞相所进。赵公得罪,门

---

① 《宋史翼》卷二一《杨方传》,第222页。
② 《宋会要辑稿》职官七三之二〇,第4026页。
③ 《宋会要辑稿》职官七三之六五,第4049页。
④ 《朱熹集》卷五三《答刘季章》,第2639页。
⑤ 《朱熹续集》卷二《答蔡季通》,《朱熹集》,第5157页。

下士往往畏匿改事,独公不磷不缁,如赵公在时。毁赵公者熟公素行,不以为党也"。① 这些人的作为并没有引起朝中侧目,从而招致惩处。朱熹批评"此辈进不能为君子,退不能为小人"。这里虽未提及杨方等人,但其情形与刘孟容如出一辙,自然亦在朱熹批评之列。前文提到杨方谪居期间不愿与朱熹有过多书信往来之事,朱熹即感叹:"以此知人之度量相越,其不啻九牛毛。既可叹惜,又可深为平生眼不识人之愧也。"②可见他对杨方等人所为的严重不满。

上引材料中朱熹言道:"杨子直前日才见某人文字,便来劝止,且攒着眉做许多模样。"当是指朱熹意欲上疏为赵汝愚辩护事。《道命录》载:

> 晦庵先生闻赵丞相责零陵,自以蒙累朝知遇之恩,且尚带从臣职名,义不容默,草封事数万言,极陈奸邪蔽主之祸,因以明汝愚之冤。缮写已具,诸生更进迭谏,以为必且贾祸。先生不听,蔡元定请以著决之,遇遯之同人,先生默然,取奏稿焚之,因更号遯翁,乞致仕,及己受过次对恩数,如封赠磨勘服色爵邑奏荐之类,朝廷不许。③

朱熹罢侍讲除宫观,但依旧带有焕章阁待制的职名。④ 听闻赵汝愚被谪永州之命后,自感有责任纠正朝政偏失,为赵汝愚辩解,故草拟了一封数万言的封事,意欲投进。但遭到了弟子的阻挠,认为此举必会"贾祸"。朱熹执意不从,最终蔡元定用卜筮之法打消了朱熹的念头。这些"诸生"中,杨方应当就是反对比较激烈的门人之一,黄榦曾对朱熹称,杨方曾"言先生不可复论事,但婆娑山林以听之"。⑤ 故而对于朱熹上疏议论朝政无疑是不能认同的。

上疏不成,朱熹转而坚持向朝廷乞请致仕。据黄榦所撰行状载,朱熹上疏不成后,"以庙议不合,乞收还职名,又以疾乞休致。不许。先是,吏部取

---

① 《水心集》卷一六《提刑检详王公墓志铭》,《叶适集》,第 314—316 页。
② 《朱熹续集》卷三《答蔡季通》,《朱熹集》,第 5197 页。
③ 《道命录》卷七上,第 71 页。
④ 《宋史》卷四二九《朱熹传》,第 12767 页。
⑤ 《勉斋集》卷二《与晦庵朱先生书》,第 67 册,第 560 页。

会磨勘，至是转朝奉大夫，又辞职名，乞休致。又以尝妄议山陵自劾。又言已罢讲官，不敢复带侍从职名。诏依旧秘阁修撰。（庆元）二年，又言：'昨来疏封锡服，封赠荫补，磨勘转官，皆为已受从官恩数，乞改正。'沈继祖为监察御史，上章诬诋，落职罢祠。四年十二月，以来岁年及七十，申乞致仕。五年，依所请。"①是则，朱熹的请求致仕，从庆元元年持续至庆元五年方得如愿。实际上，朱熹每一次的请求致仕，都有可能给自身乃至整个道学群体引来灾祸，故而也引起了朱熹门生故旧的讨论。黄榦在给朱熹的信中称：

> 拜侍在即，辞职休致之请，杨子直、刘智夫皆以为可以已之。子直以为不已则亦当婉其辞，但力言辞受之义，而不必他及。智夫以为不已则受职名，而后求休致。榦以谓子直之说近是，而智夫之谋甚疏。要之二公之论皆主于畏祸。②

杨方和刘智夫都倾向于认为朱熹不必一而再再而三的请求致仕。在杨方看来，朱熹如果坚请致仕，在言辞上亦应该尽量婉转，且不要在辞职奏疏中旁及他事。这自然是为了尽可能地避免由此而引起朝中敌对势力的反感，刺激他们进一步采取打压道学的行动。黄榦较为认同杨方的建议，但是他同时又认为，杨方与刘智夫两人的建议，出发点都不是道义原则，而是出于"畏祸"之心。进而在信中批评道："子直素称学者，然其言论操守矜持严整，而考其用意，皆出于畏祸，此所谓同行异情者。"似已不再将杨方视作同道中人。

不过，杨方的委曲求全并未能避免自己遭到弹劾的命运，终究还是被罢官闲居。罢官之后，杨方未返回故乡福建长汀，而是选择侨居江西赣州。《宋史翼》称其在赣州期间：

① 《勉斋集》卷三四《朱子行状》，《宋集珍本丛刊》，第 68 册，第 126 页。
② 《勉斋集》卷二《与晦庵朱先生书》，《宋集珍本丛刊》，第 67 册，第 560 页。

闭门读书,不接宾客,所居植淡竹,因自号淡轩老叟。党禁解,起知抚州。未数月,奉祠归。①

前文提到,杨方谪居期间似不愿与其师过多进行书信往来,以至引起朱熹的不满。可见其谨小慎微之状。罢官后不愿返回福建故乡而是选择侨居赣州,或亦含有不愿与朱熹等道学中人有过多牵连之意。杨方自称"淡轩老叟",当即是在以此自警,提醒自身应从时事中抽身,归于平淡。

党禁期间,如杨方一般行为者不乏其人。与杨方一同被贬的项安世亦是如此,朱熹在给李壁的信中言道:"项平父闻亦杜门不敢见人。"②看来他与杨方一样,家居期间闭门谢客,以避免给自己招来麻烦。詹体仁罢官后,"退居霅川,日以经史自娱,人莫窥其际"。③ 孙逢吉庆元元年七月得除知太平州后,"累章丐祠",于同年九月提举江州太平兴国宫,家居期间,"未尝语人以去国之由,杜门深居,时事一不挂口,书史自娱,不以得丧介意"。④

又如李祥因上疏反对朝廷罢免赵汝愚而被弹劾罢官,"主冲佑观,再请老,以直龙图阁致仕。嘉泰元年八月卒"。⑤ 罢官后,李祥返回故乡无锡居住。据叶适所撰墓志记载,李祥"既归无锡,客或扣前语,掉头不对。常时禄入,缘手散亲旧悉尽,家人忧之。更卖田,起宅数间而已"。⑥ 所谓"前语",当即是指导致其罢官的那些为赵汝愚及道学辩护之辞,客人所问,或是不明因由,或是单纯地表达赞赏之意。但不管如何,面对这种询问,李祥概皆"掉头不对",显然是不想再因此事而引祸上身。

作为永嘉学派的代表性人物之一,陈傅良在绍熙五年即因进言挽留朱熹而遭御史中丞谢深甫弹劾,提举太平兴国宫,庆元二年再遭弹劾,降三官,

① 《宋史翼》卷二一《杨方传》,第 223 页。
② 《朱熹集》卷三八《答李季章》,第 1739 页。关于项安世在党禁期间的活动,可参看黄宽重《世变与应变:孙应时及其学友在庆元党禁前后的遭遇及应对》一文的相关论述(《国学研究》,2016 年第 1 期)。
③ 《宋史》卷三九三《詹体仁传》,第 12020 页。
④ 《楼钥集》卷一〇二《宝谟阁待制献简孙公神道碑》,第 1781 页。
⑤ 《宋史》卷四〇〇《李祥传》,第 12152 页。
⑥ 《水心集》卷二四《国子祭酒赠宝谟阁待制李公墓志铭》,《叶适集》,第 471 页。

罢宫观。此后直至嘉泰二年,复元官,提举江州太平兴国宫。嘉泰三年,起知泉州,"公以疾力辞,许之,授集英殿修撰"。同年病逝。党禁期间,陈傅良一直罢官家居。行状记载其家居生活称:

> 屏居杜门,一意韬晦。榜所居室曰"止斋",日徜徉其间,宾至则相与讲论经史,亹亹不厌。故旧之在朝者,或因人问公起居,公皇恐逊谢而已。①

在给友人的信中,陈傅良亦言:"讼咎以来,不敢复从群众妄出己见,论事是非与人短长,但杜门读书,不则熟睡。"②可知,罢官家居之后,陈傅良不问时事,唯闭门读书,与友人相交,亦仅限于讲经论史,读书治学,尤其刻意避免与朝中官员发生联系,对于来自朝中的问候,避之唯恐不及。

此外还有彭龟年,其因上疏论韩侂胄奸邪而出知江陵府、湖北安抚使,遂以疾丐祠,得提举江州太平兴国宫。庆元二年六月,遭弹劾落职罢祠。庆元五年,又遭蔡璉诬告,追三官勒停。据楼钥所撰神道碑记载,其:

> 晚既投闲,专以养性读书为事,扁所居曰"止堂",悠然自得,几微不见于颜面,宾客非亲与贤不妄交。郡县吏乘时罗织公之亲党,文致之罪,潜窥阴伺,欲捃摭细微,以媚权幸。公视之如无,彼亦不得毫毛之隙。自伪学之说兴,鲜不变者,公于关洛之书益加涵咏,著《止堂训蒙》一书,盖终始不变者也。③

与陈傅良类似,彭龟年罢官之后,一以读书为事,陈傅良将其居室命名为"止斋",彭龟年则扁所居曰"止堂",一个"止"字无疑是在告诫自己当适可而止,不应过多牵涉现实政治。且从楼钥的记述中可知,彭龟年的这种闭门读

---

① 《陈傅良先生文集》附录二《宋故宝谟阁待制致仕赠通议大夫陈公行状》,第696页。
② 《陈傅良先生文集》卷三五《苔长溪王佐之》,第452页。
③ 《楼钥集》卷一〇二《宝谟阁待制致仕特赠龙图阁学士忠肃彭公神道碑》,第1775页。

书不妄交游的做法，让其成功避开了敌对者的罗织文致，从而得以自我保全。显然，这当也是彭龟年行事如此低调的初衷所在。

由此可见，党禁期间，除了存在着朱熹、吕祖俭、蔡元定等人不为党禁的政治威胁所动，继续坚持聚徒讲学，与友人书信往返，甚至意图干涉时政等较为激进的行动外，还存在着另一部分反对派士人，他们行为处事谨小慎微，极力避免对当权者形成刺激，罢官后多闭门读书，尽量减少与友人的往来，更反对干预时政。从他们能够阻止朱熹上疏为赵汝愚辩护之事来看，这些人显然为数不少，故方能改变朱熹的固执己见。朱熹曾称其时"吾人往往藏头缩颈，不敢吐气，其可笑也"。① 可见这类士人是较为普遍的。然而，这种士人的大量存在，是否可以简单归结为其生性懦弱，胆小怕事，抑或其时士风败坏之故呢？

四、调和思想与党争双方

刘子健曾指出包容政治是南宋时代政治的特色，在他看来，"这一种政治有它确定的特点。大政方针是用最缓和或最不费事的安排，以巩固政权。所以采用包容的手段和方式，保守谨慎的作风，以达成内外上下安定的目的"。② 黄宽重进一步指出："孝宗之后，为避免尖锐对立，朝臣逐渐发展出一套相对包容的政治忌讳策略，选择不同的文字评述时政，如在奏章等公共性文本中批判朝政时，言论有所节制，转而借由书札、笔记等隐私性文本，揭露事实，传布、抒发己见。同样，执政的君臣对待异党臣僚，多以谪贬或劾罢等方式，让他们离开京城，目的在于避免势力集结，而非置对方于死地。即便是看似强烈整肃异己的庆元党禁，也是采取适度的包容而非极端性的制裁。"③不过，就韩侂胄及其庆元党禁来说，刘子健认为这是公然违背包容政治原则的例证，也成为韩侂胄最终失败的根本原因。④ 而黄宽重则认为即

---

① 《朱熹集》卷三八《答李季章》，第 1739 页。
② 刘子健：《包容政治的特点》，载氏著《两宋史研究汇编》，第 43 页。
③ 黄宽重：《南宋史料与政治史研究——三重视角的分析》，《中国社会科学》2017 年第 8 期。
④ 刘子健：《包容政治的特点》，载氏著《两宋史研究汇编》，第 55—56 页。

便在庆元党禁中,韩侂胄也采取了适度的包容性原则。实际上,在庆元党禁中,韩侂胄主导下的朝廷确实有违背包容性原则之处,如在党禁之初短时间内贬斥惩处了大量的反对派官员,赵汝愚亦因贬谪而病逝途中,但在这种相对极端化的处置背后,又显露出包容政治的面目,使得党禁看似严厉的同时又有相对温和的一面。

很显然,包容政治能够实行需要处于对立的双方共同努力,若一方愿意包容,另一方却不接受,则包容政治就势必夭折。通过前面三节的论述,可以看到,无论是作为党禁发动者的韩侂胄,还是作为被打击一方的反对派士人,除了朱熹等部分较为固执激进者来说,双方都存在着不同程度的克制行为。韩侂胄在处置反对派之时明显留有余地,而反对派中不少士人在罢官期间也自觉谨慎行事,极力避免刺激朝中的敌对势力。这种谨慎既有保全自身之目的,当也有避免党争激化之意。然而,为何在政治上相互对立的双方都会不约而同地意识到需要这种包容与克制呢?黄宽重认为,南宋包容政治的出现:"是士人官僚在经历北宋晚期以来多次抗争与压抑的矛盾冲突之后,选择以不走极端的方式来适应常态性的政治变动,这个'包容'是经过时间淬炼,彼此磨合逐渐摸索出的一个不越'红线'的运作机制,并不是一开始就自然存在的。"①这个是一个宏观层面的的确论断,但具体到庆元党禁中的党争双方,他们对于这种包容政治的理解与体认是如何的呢?

在有关庆元党禁弛禁的问题上,《宋史·韩侂胄传》中有过一段记载,称:

> 逮(京)镗死,侂胄亦稍厌前事,张孝伯以为不弛党禁,后恐不免报复之祸。侂胄以为然,追复汝愚、朱熹职名,留正、周必大亦复秩还政,徐谊等皆先后复官。伪党之禁浸解。②

---

① 黄宽重:《南宋史料与政治史研究——三重视角的分析》,《中国社会科学》2017年第8期。
② 《宋史》卷四七四《韩侂胄传》,第13774页。

京镗在韩侂胄当政时期出任宰相,庆元六年去世,两年后的嘉泰二年,朝廷正式松弛党禁。这里称韩侂胄之所以会在京镗死后放松党禁,与张孝伯的劝说有关。张孝伯认为,如果韩侂胄不能尽早松弛党禁,日后恐不免"报复之祸"。在南宋,所谓"报复之祸"差不多已成为了一个约定俗成的说法。汪应辰在给吕逢吉的信中提到:"曾子开谓使范公之言行于元祐之时,必无绍圣大臣报复之祸。"①元祐之时,范纯仁曾主张兼收并蓄新旧两党,以调和党争,曾肇认为如果范纯仁的建议被采用,就不会发生后来的两党相互报复的惨剧。方大琮亦称:"元祐间仅行遣一蔡持正,厥后萃老、志完受报复之祸甚酷。"②认为旧党中人对蔡确的惩处,成为后来旧党中人邹浩遭到严厉报复的重要原因。是则所谓"报复之祸"即是指北宋晚期的元祐党禁。元祐党禁的结果众所周知,新、旧两党交替掌权,相互报复,终致两败俱伤。"旧党"固然被列入党籍,遭受沉重打击,"新党"中人亦未能幸免,章惇、蔡京、蔡卞等人同样未得善终。张孝伯以此劝说韩侂胄,就是要提醒他应从长远考虑,既有元祐党争的前车之鉴,即可知党争双方在政治上的位置转换殊难逆料,出于日后保全自身计,行为处事就当留有余地,不该对反对派穷追猛打。《宋史·朱熹传》载:"有籍田令陈景思者,故相康伯之孙也,与侂胄有姻连,劝侂胄勿为已甚,侂胄意亦渐悔。"③陈景思规劝韩侂胄"勿为已甚",用意与张孝伯实如出一辙。当正因如此,韩侂胄才会考虑为这些反对派留下一个"喫饭处"。

在党争另一方的反对派阵营中,朱熹的思想是比较激进的,对于这种对党争双方之人兼收并蓄以调和党争的做法不以为然。针对元祐年间范纯仁等主张的调停之说,朱熹批评道:"吕微仲范尧夫用调停之说,兼用小人,更无分别,所以成后日之祸。今人却不归咎于调停,反归咎于元祐之政。若真是见得君子小人不可杂处,如何要委曲遮护得!"④在给留正的信中,他进而

---

① 汪应辰:《文定集》卷一六《与吕逢吉》,上海:学林出版社,2009 年,第 178 页。
② 方大琮:《铁庵集》卷二四《林同卿(龟从)》。
③ 《宋史》卷四二九《朱熹传》,第 12768 页。
④ 《朱子语类》卷一二三,第 2963—2964 页。

言道:"至如元祐,则其失在于徒知异己者之非君子,而不知同己者之未必非小人,是以患生于腹心之间,卒以助成仇敌之势,亦非独章、蔡之能为己祸也。然则元祐之失,乃在于分别之未精。"①不过,如同朱熹这样的激进思想者似乎并不多,包括其门人弟子在内诸多反对派人士都不同程度的存在着调和的倾向。

作为反对派"魁首"的赵汝愚在庆元党禁中受到的冲击最为严重,其政治思想又如何呢? 在《与刘子澄》中,朱熹曾言道:

> 赵子直入蜀,前日至武夷别之。亦与说游诚之、周居晦,渠却云今只要寻个不说话底人。看此议论,似已怕此一等人了,宜乎作贵人也。更进一步,便参到周子充地位矣。②

赵汝愚于淳熙十二年十二月由知福州迁任四川制置使,其入蜀当在此时。游诚之即游九言,为张栻弟子,③周居晦即周明仲,为朱熹弟子。④ 赵汝愚入蜀之际,朱熹意欲将游、周二人推荐于他,却遭婉拒。赵汝愚自言想要"寻个不说话的人"。所谓"不说话的人"显然是指具有真才实能、能够解决现实问题之人,而非徒然长于议论之人。善于"议论"本是道学中人所长,故赵汝愚对游、周两人推拒,即意味着他对道学的委婉批评。朱熹对赵汝愚的做法并不认同,称其"似已怕此一等人了",这些人应就是指朱熹眼中的"小人"。也即是说,在朱熹看来,赵汝愚似乎有对这些"小人"让步妥协之意。可能正因如此,赵汝愚罢相前后并没有希望同道中人随其一同辞官离朝之意,在余端礼墓志铭中记载:"公为山陵使时,叶公适以太府卿总饷淮东。将行,丞相赵公曰:'明日余知院入国门,其少需往谒之。某且去,士论未一,非余公不能任。'"⑤叶适与赵汝愚关系密切,赵汝愚令其拜会余端礼,显然意在拜托

---

① 《朱熹集》卷二八《与留丞相书》,第三册,第 1211—1212 页。
② 《朱熹集》卷三五《与刘子澄》,第三册,第 1558 页。
③ 《宋元学案》卷七一《岳麓诸儒学案》,第 2380 页。
④ 《闽中理学渊源考》卷二○《宣教郎周居晦先生明仲》,第 309 页。
⑤ 《杨万里集笺校》卷一二四《余公墓铭》,第九册,第 4790—4791 页。

余端礼在他罢相后能够保全所用之人,这其中当然也包括叶适在内。是可知,赵汝愚并未有要求同道中人共进退之意。这与朱熹、黄榦希望吴猎、项安世、杨方等一同辞官,是截然不同的。

赵汝愚既然拒绝了朱熹所推荐的游、周二人,其所相中的"不说话的人"为谁呢? 据墓志称,赵汝愚"居闽三年,加杂学士帅蜀,临遣劳勉谆悉。公首辟刘光祖、杨方如其幕"。① 赵汝愚选中了刘光祖与杨方。而刘、杨二人皆为具有调和思想者。

真德秀在为刘光祖撰写的墓志中言道:

> 道学之论方哗,人谓公师友眉山,非为伊洛地者。公独反复恳叩,为上言之,盖将协和朝廷,调一议论,培宗社之脉,厚荐绅之风。推公此心,使当元祐时,必能销洛蜀之争,使获用于庆元,必无党论排轧之祸。②

所谓"道学之论方哗"是指发生在孝宗末、光宗初宰相周必大与留正间的党争,其中牵连道学亦受到攻击。当时刘光祖上疏为道学分辨,在奏疏中他回顾了北宋的党争,对"元祐君子"的作为提出了批评,认为"末流太分,事故反复",即是说他们过于强调"君子""小人"之辨,以致引发后来的党祸。可见他与朱熹不同,反对在朝廷上过分的区别"君子""小人"。

至于杨方,前文中已经提到他因未能追随朱熹辞官引起黄榦不满之事。朱熹认为,杨方之所以如此是担心坐成党锢,也就是担心被指为结党营私而遭受禁锢。除此之外,对于杨方来说,委曲求全留在朝中似乎尚有保全同道之意。黄榦在给朱熹的信中称杨方"自谓今日之事全出其力,盖当初欲行遣二三十人,某为之首。却被某轮对为平平之论,许多事都盖抹。"③杨方认为正是他留在朝中为反对派辩护,方阻止了朝廷采取更严厉的惩治行动。黄

---

① 《宋代蜀文辑存》卷七一《宋丞相忠定赵公墓志铭》。
② 《西山文集》卷四三《刘阁学墓志铭》。
③ 《勉斋集》卷二《与晦庵朱先生书》,《宋集珍本丛刊》,第 67 册,第 560 页。

檊对此颇不以为然,讥之为"枉尺直寻"之举。

朱熹临终前曾写信给杨方,其中有言:

> 世间喻于义者则为君子,喻于利者即是小人。而近年一种议论,乃欲周旋于二者之间,回互委曲,费尽心机,卒既不得为君子,而其为小人亦不索性,亦可谓误用其心矣。人之将死,其言也善,惟老兄念之。①

一方面可以看到,调和思想在其时必是较为流行的,为诸多士人所认同与接受。另一方面,杨方显然正是这种调和思想的奉行者,朱熹表面似仅在批判流行的调和思想,实际矛头自是指向杨方。可知,赵汝愚之器重刘光祖和杨方,显然也与三人具有较为接近的政治上的调和思想有着相当大的关系。

作为朱熹私淑弟子的楼钥也对调和思想较为青睐。② 他对元祐年间主张"调停"的范纯仁即颇为欣赏,称赞其"心平而宽,虑周而远"。③ 在《范忠宣公文集序》中写道:

> 蔡新州重得罪,公力救之,上忤帘中,下违同列。……公不为动,卒贳其死,一时不以为快。及事之变,自刘忠肃、吕汲公等虽终于贬所,其得免于已甚者,始知公之不置新州于死之力也。……呜呼天乎!倘延以三数年之寿,使再得政,则调一天下,可以仰副建中靖国之意,岂复有后日之祸哉!④

元祐年间,举朝上下皆主张严厉打击蔡确等新党官员时,范纯仁却能够不惧众人反对,毅然站出来主张调停。在楼钥看来,正是这种努力在一定程度上缓和了后来新党对元祐"君子"的祸害。

---

① 《朱熹集》卷二九《与杨子直书》,第 1253 页。
② 《宋元学案》卷七九《丘刘诸儒学案》,第 2633 页。
③ 《楼钥集》卷四八《范忠宣公文集序》,第 903 页。
④ 《楼钥集》卷四八《范忠宣公文集序》,第 903—904 页。

作为永嘉学派领袖的陈傅良与叶适,同样持有调和之说。朱熹弟子曹器远曾向朱熹述及陈傅良对于元祐党争的看法,称:

> 陈先生要人就事上理会教实之意,盖怕下梢用处不足。如司马公居洛六任,只理会得个《通鉴》;到元祐出来做事,却有未尽处,所以激后来之祸。如今须先要较量教尽。①

陈傅良既然认为北宋末年的党祸乃是司马光等人所"激"之结果,无疑表明其对司马光等人在元祐年间过分分别"君子""小人"行为的不以为然。在《跋苏黄门论章子厚疏》中,陈傅良亦称:"余每读章氏论役法札子,言温公有爱君爱国之心,而不知变通之术。尝叹息于此。使元祐君子不以人废言,特未知后事如何耳?"②在他看来,司马光等人在元祐年间存在着因人而废言的倾向,对于章惇等新党中人的正确建议未能予以采纳,而是一味地因其为新党而加以排挤,从而导致了后来的党祸。其调和思想一览无余。

叶适在嘉泰三年上呈宁宗的札子中言道:

> 臣闻治国以和为体,处事以平为极。……故善调味者,必使众味不得各执其味;而善制器者,必能消众不平使皆效其平。……仁宗初年,尝有党论。至和、嘉祐之间,昔所废弃,皆复澌洗,不分彼此,不间新旧,人材复合,遂为本朝盛时。③

所谓"使众味不得各执其味",即是指在政治上应当将各种具有不同立场的政治人物、政治势力,兼收并蓄于朝中,而不能偏执一端,以致于党同伐异,而成功实现了调和党争的嘉祐政治正是这种理想政治状态的典范。

从上述主张调和的事例中可以看到,调和思想的产生多与这些士人对

---

① 《朱子语类》卷一二三,第 2963 页。
② 《陈傅良先生文集》卷四二《跋苏黄门论章子厚疏》,第 530 页。
③ 《水心文集》卷一《上宁宗皇帝札子》,《叶适集》,第 2 页。

元祐党争的反思密切相关。正如杨宏中等六名太学生在集体上书中所言："元祐以来,邪正交攻,卒成靖康之变。"①对于南宋时期的不少士人来说,靖康之变的悲剧与元祐党争有着直接的因果关系。调和思想的产生正是对元祐期间新旧党之间无休止的"君子""小人"之争进行反思的结果。元祐党争虽然随着北宋的覆亡而归于消失,但其所造成的影响,尤其是在对士人思想上的影响却一直延续至南宋。对于参与党争的双方来说,元祐党争就是前车之鉴。就庆元党禁来说,韩侂胄虽然得势,但政治上可能出现的反覆让他在打击反对派时能够适可而止,不为已甚。对于反对派士人来说,除朱熹等部分较为激进者外,更多的士人选择谨慎行事,极力避免给予韩侂胄等人以新的刺激,从而导致党争激化、党禁升级。元祐党争就如同一道阴影,时刻笼罩在参与党争双方的头顶之上。

通过本节的论述可以看到,韩侂胄主导下的朝廷对于这些反对派人士的惩处并不十分严重,无论从遭受惩处官员士人的数量上,还是惩处的严厉程度上,都不能与元祐党禁相提并论,绝大部分都仅仅是被罢官家居。这些受到惩处的官员,无论是罢官家居还是被指定居住、编管,一般而言,生活还是比较自由的,依旧可以从事学术活动,聚徒讲学,相互间也可以较为正常地进行书信往来。赵汝愚、朱熹等人在党禁期间去世后,都举行了较为隆重的祭奠悼念活动,亦未受到朝廷过多的干涉与限制。这些都表明,党禁的严厉程度不应被过分地高估,尤其是不能将反对派人士在党禁期间的主观感受与党禁的严厉性完全等同起来。如朱熹党禁时曾对弟子称"某今头常如黏在颈上",②这显然只是朱熹的个人观感,实际上朝廷并未有要杀朱熹之意。而与此同时,在反对派中相当一部分士人有意收敛锋芒,韬光养晦,行为处事谨小慎微,极力避免对当权者形成刺激,罢官后多闭门读书,尽量减少与友人往来,更反对干预时政。应当正是双方这种不约而同的克制性举

---

① 《宋史》卷四五五《杨宏中传》,第 13374 页。
② 《朱子语类》卷一〇七,第 2671 页。

动,在一定程度上阻止了党禁升级。

双方这种自我克制行为的出现,与元祐党争的前车之鉴密不可分。南宋士人在对元祐党争这一惨痛历史教训的不断反思中,开始较多地接受调和性思想,避免过分强调"君子""小人"之辨而导致的政治上严重对立,转而倾向兼容并蓄。对于韩侂胄等党禁发动者来说,就是要不为已甚,以避免日后政治反覆带来的"报复之祸";对于道学之士等反对派来说,则选择韬光养晦,避免落人以进一步打击之口实。尽管在南宋当时或者后世都不断有人将庆元党禁与元祐党禁相提并论,但在某种程度上可以说,正是元祐党禁的存在阻止了庆元党禁重演北宋末年的党争悲剧。在本章接下来的两节中,我们将选择两个具体的问题作为切入点,来进一步观察庆元党禁的严厉性问题。

第二节 庆元"伪学逆党籍"真伪考论

庆元党禁后,南宋史籍中出现了一份包含有五十九人姓名的名单,即所谓的"伪学逆党籍"。在上一节中,我们就是使用这份名单来对党禁中反对派的处境及活动进行了考察。学界通常认为这份党籍名单是党禁期间由朝廷所正式颁布施行,意在对名单中人进行禁锢。党籍的颁布被视作是庆元党禁的高潮,构成了党禁严厉程度的重要标志。[①] 然而,仔细考察相关学者的立论基础,发现其论据尚显不足,论断亦似有不合情理之处。因此,有关这份"党籍"的情况还有进一步重新审视思考的余地。

一、学界关于党籍问题的讨论

这份"伪学逆党籍"自出现以来,基本没有见到有人就党籍的产生问题

---

① 虞云国:《南宋行暮:宋光宗宋宁宗时代》第二章《庆元党禁》,第168页;关长龙:《两宋道学命运的历史考察》第四章《庆元政争之后的理学主潮化》,第412—413页。

进行讨论,直至清朝,四库馆臣就此问题提出了自己的看法。在为《庆元党禁》一书所撰写之提要中,他们称:

> 书中所录伪党共五十九人,如杨万里尝以党禁罢官,而顾未入籍,其去取之故亦颇难解。盖万里之荐朱子,实出至公,与依草附木攀援门户者迥异,故讲学之家,终不引之为气类。观所作《诚斋易传》,陈栎、胡一桂皆曲相排抑,不使入道学之派,知此书之削除万里,意亦如斯,未可遽执为定论也。至如薛叔似晚岁改节,依附权奸;皇甫斌猥琐梯荣,偾军辱国,侂胄既败之后,又复列名韩党,与张岩、许及之诸人并遭贬谪,阴阳反覆,不可端倪,而其姓名亦并见此书中,岂非趋附者繁,枭鸾并集之一证哉?①

《庆元党禁》是一本专门记述党禁始末的著作,成书于宋理宗淳祐五年,撰者具体姓名不详,一般题作樵川樵叟。在四库馆臣看来,南宋朝廷确实曾颁行过党籍,但现存的这份五十九人的名单已非党籍原貌,而是经过了南宋"讲学之人"的私自删定,由于受道学偏见影响,他们将与道学气类不合的杨万里排斥在外,而将晚节有亏的薛叔似等人录入其中。

四库馆臣的这一论断遭到了余嘉锡的严厉批评,在征引了南宋时期各种有关党籍的史料后,他指出:

> 综此诸书观之,请置党籍之人,或云王沈,或云刘珏,虽未知孰是,党人之姓名官职亦时有小异,然其为五十九人……盖当时尝置党籍,据以贬黜禁锢,其姓名书于日历,著于实录,诸人采以著书,万里本不在党籍之中,自不得而录入之也。而《提要》乃谓讲学家不欲引之为气类,作此书者遂削除其姓名。夫以朝廷所定之党籍,而一二人乃恣其胸臆,奋笔删除,此情理之所必无,亦事实之所不容有。撰《提要》者乃凭空臆

---

① 永瑢等:《四库全书总目》卷五七,北京:中华书局,1965 年,第 521 页。

决,言之凿凿,真无稽之谈矣。①

余先生认为,杨万里虽然曾经得罪过韩侂胄,却并未因此而遭罢官,更没有进入党籍,四库馆臣认为"讲学之人"私自删除了杨万里的姓名,是没有根据的。在他看来,这份名单乃是朝廷正式公布的党籍,"书于日历,著于实录",没有经过后世的删改,现存的各种宋代史籍,关于此事的记载若合符契,就足以表明此点。余先生的这一观点得到了学术界几乎一致赞同,如《中国历史大辞典·宋史》"庆元党禁"条称:

> 庆元元年,侂胄使谏官奏(赵)汝愚以宗室居相位,不利于社稷。汝愚去位……以朱熹为代表之理学家被称为"伪学"、"逆党",颁"伪学逆党"党籍,列名者五十九人。史称庆元党禁。②

束景南在《朱子大传》中亦云:

> (庆元三年)十二月二十九日,知绵州王沇上书奏请设立伪学之籍……于是反道学新贵们效法元祐党籍的故伎,开列了一份五十九人的伪逆党籍。③

其他如邝家驹、刘子健、范立舟、关长龙、沈松勤等学者皆持相同看法,④都认为这一党籍名单是朝廷所颁布,其时间就在庆元三年十二月,是因王沇的

① 余嘉锡:《四库提要辨证》卷六,北京:中华书局,2007 年,第 343—344 页。
② 《中国历史大辞典·宋史卷》,"庆元党禁"条,上海:上海辞书出版社,1984 年,第 137 页。
③ 束景南:《朱子大传》第二十二章《庆元党禁:在文化专制的炼狱中》,北京:商务印书馆,2003 年,第 1028 页。
④ 刘子健:《宋末所谓道统的成立》,原载《文史》第六辑,1979 年。此据氏著《两宋史研究汇编》,第 276—277 页;邝家驹:《试论关于韩侂胄评价的若干问题》,《中国史研究》1981 年第 2 期;范立舟:《理学在南宋宁宗朝的境遇》,《暨南学报(哲学社会科学版)》2002 年第 3 期;《两宋道学命运的历史考察》第四章《庆元政争之后的理学主潮化》,第 412—413 页;沈松勤:《南宋文人与党争》第三章《从"隆兴和议"到"庆元党禁"》,第 119—120 页。

建议而施行。不过,虞云国对这一观点做了修正,他发现名单中有些人在庆元三年十二月前后尚未受到任何冲击,不可能进入党籍。他说:

> 对这张名单一般都认为是庆元三年王沆上疏后即编定的。但笔者认为:庆元三年末、四年初所列名单或未至59人,其中个别人应是其后补入的,即如谏立党籍的黄由四年还在任礼部尚书,而布衣吕祖泰乃庆元六年上书以后才引起韩党注目和嫉视的。故而这两人就不至于在庆元三、四年间即入党籍。①

虞先生认为在庆元三年十二月王沆上疏后,朝廷确实颁布了党籍,但当时并没有包括全部五十九个人,而是在此后又陆续有所增补,才最终形成了今天所见到的名单。高纪春、何忠礼大致接受了这种观点,皆认为名单的形成有一个过程。② 近来许浩然在对党籍名单的研究中,发现了与虞云国同样的问题,不过与虞先生不同,他认为在名单中的五十九人全部遭到惩处前,朝廷不大可能颁布党籍,因此他说:

> 王沆建议朝廷置籍其实只是党籍事件的起点,远非五十九人名单产生的时间。在庆元三年十二月以后又陆续有人补充列入党籍,最终增至五十九人,于某一时间被朝廷颁布。③

名单中最后一位遭贬谪者为周必大,时间在嘉泰元年二月,至嘉泰二年二月,朝廷已开始松弛党禁,故他推断,"五十九人的名单当最终产生于嘉泰元年二月至二年二月的某个时间,为党禁之结局"。④

---

① 《宋光宗宋宁宗》第二章《庆元党禁》,第150页注释。
② 高纪春:《道学与南宋中期政治——庆元党禁探源》,河北大学博士学位论文,2001年,第66页;何忠礼:《宋代政治史》第十四章,杭州:浙江大学出版社,2007年,第454页。
③ 许浩然:《周必大的历史世界——南宋高、孝、光、宁四朝士人关系之研究》,南京大学博士学位论文,2013年,第177页。
④ 《周必大的历史世界——南宋高、孝、光、宁四朝士人关系之研究》,第178—179页。

既有的关于"伪学逆党籍"的讨论，除了在党籍形成的具体时间和过程上尚存有一些不同意见外，几乎一致认为党籍是真实存在的，是经由朝廷所正式颁行。这些论点乍看之下，都是建立在大量宋代史料记载的基础上，具有相当根据。因此，要想对这一问题提出质疑，首先就需要对相关史料进行考察。

二、朝廷并未颁行党籍

现存南宋史籍中，较为完整的收录这份五十九人党籍名单者，主要有六种，分别是李心传《朝野杂记》和《道命录》、樵川樵叟《庆元党禁》、俞文豹《吹剑四录》、佚名《续编两朝纲目备要》、刘时举《续宋中兴编年资治通鉴》（以下简称《续宋编年》），可以说党籍名单遍及南宋晚期的各种主要史籍。然而，这些史籍看似多样，相互间却有着非常密切的传承关系。《朝野杂记》与《道命录》皆出李心传之手，两者关系自不待言。梁太济对除《吹剑四录》以外上述各种史籍间的关系进行过考证，他指出，《道命录》卷七上、下"所收材料，特别是李心传所附案语，实际上已经涉及庆元党禁事件的各个方面和经过始末，为《庆元党禁》的撰述提供了基本依据"。可知《庆元党禁》乃主要依据《道命录》而来。《庆元党禁》一书的"全部内容几乎全被《两朝》录入书中，大部为目，只有少数列作纲"。此外，《续编两朝纲目备要》的内容，"无论是业经推定其史源的部分，还是尚难推定其史源的部分，李心传的著述皆占有极重要的地位"。所谓李心传的著作，即包括《朝野杂记》与《道命录》在内。刘时举的《续宋编年》，"基本内容是转录、并合或删节《两朝》的有关记载而成的"。① 至于俞文豹的《吹剑四录》，成书于宋理宗淳祐十年，②稍后于《庆元党禁》，该书的史料来源不甚清楚，但就有关"伪学逆党籍"的记载来说，只要将其文字与《朝野杂记》相对照，可以很明显看出其中

① 梁太济：《〈两朝纲目备要〉史源浅探——李心传史学地位的侧面观察》，《文史》第 32 辑，北京：中华书局，1990 年 3 月。

② 俞文豹撰，张宗祥校订：《吹剑四录》，载《吹剑录全编》，上海：古典文学出版社，1958 年，第89 页。

的因袭痕迹(详下)。单就与庆元党禁有关的内容来看,这些看似多样的史籍记载,都与李心传有着密切关系,可以视作同一系统之史料。因此,弄清李心传所记载之党籍名单的来源就尤为重要。

李心传的《朝野杂记》甲集成书于嘉泰二年冬,①庆元党禁的松弛在嘉泰二年二月,两者时间前后紧接,书中关于党禁的内容,是差不多在党禁发生的同时或稍后即被李心传记录了下来,是以当时人来记当时事,当具有较高的可信度。其中关于党籍名单的内容,出现在《朝野杂记》甲集第六卷《学党五十九人姓名》条,现录之如下:

> 自禁伪学之后,刘侍郎珏以故御史免丧入见,上言前日之伪党,今日又变而为逆党,且献策以消之。于是自庆元至今,以伪学、逆党得罪者凡五十有九人。宰执四人……待制已上十三人……余官三十一人……武臣三人……(已上并见于台谏章疏中。)士人八人……②

其中省略部分为具体的人员姓名及其职务。这里提到的侍郎刘珏,一作"刘三杰",其上言在庆元三年,《道命录》中收录了该道奏疏,其中有云:

> 今日之忧有二:有边境之忧,有伪学之忧……至(赵)汝愚,则素怀不轨之心,非此曹莫与共事,而此曹亦知汝愚之心也,垂涎利禄,甘为鹰犬,以觊幸非望……盖前日之伪党,至此变而为逆党矣……臣谓今日之策,惟当销之而已。其习伪深而附逆固者,自知罪不容诛,终不肯为国家用。其他能革心易虑,则勿遂废斥,使之去伪从正,以销今日之忧。③

在奏疏附注中有"闰六月六日,奉圣旨依"的字样,看来是得到了朝廷的允

---

① 李心传撰,徐规点校:《建炎以来朝野杂记》甲集序,北京:中华书局,2000 年,第 3 页。
② 《朝野杂记》甲集卷六《学党五十九人姓名》,第 139—140 页。
③ 李心传撰,朱军点校:《道命录》卷七下《刘三杰论伪学党变而为逆党防之不可不至》,第76—77 页。

准,即将道学中人由先前的"伪学"升格定性为"逆党"。李心传指出在此之后,朝廷上下因为"伪学"和"逆党"两个罪名而遭贬谪的官员士人共有五十九人。所谓"自庆元至今"中的"今"应该是指李心传撰书之时,即嘉泰二年冬之前。这里李心传并没有说这份名单就是朝廷所颁行的党籍,更没有说这份名单是在刘珏的建议下所置"党籍"。然而,俞文豹在《吹剑四录》中称:

> 侍郎刘珏目为逆党,请置伪学逆党籍,凡五十九人。①

毫无疑问,俞文豹误解了李心传的意思,并对《朝野杂记》中的记载进行了不恰当的删节。在上引《朝野杂记》的内容后,李心传紧接着记述道:

> 庆元三年十二月丁酉,知绵州王沇朝辞入见,请自今曾系伪学举荐、升改及举刑法廉吏自代之人,并令省部籍记姓名,与闲慢差遣。事既行,黄子由为吏部侍郎,建言:"人主不当待天下以党与,不必置籍以示不广。"沇,故资政殿大学士韶曾孙也。五年六月己丑,擢沇利路转运判官。时子由权礼部尚书,未几出帅蜀。张参政岩为殿中侍御史,奏子由阿附权臣,植立党与,遂降子由杂学士奉祠焉。②

今人的研究,基本上都认为朝廷颁布党籍是在庆元三年十二月后不久,而且正是王沇的上奏促成了此事,其主要根据就在于此。依据这里记载,王沇确实曾向朝廷提出过设置党籍的建议,对于此事的结果,文中称"事既行",似乎此建议得到了朝廷允准,并付诸了实施。但李心传随后又称,王沇的建议虽被朝廷接受并开始施行,但不久就遭到了吏部侍郎黄由(子由)的反对。朝廷对黄由建言的态度究竟如何,李心传没有明确说明,只是记载了王沇被

① 《吹剑四录》,载《吹剑录全编》,第96页。
② 《朝野杂记》甲集卷六《学党五十九人姓名》,第140页。

擢升为利州路转运判官,而黄由则遭弹劾罢官。这就给人一种暗示,似乎朝廷最终完全按照王沈的建议颁行了党籍。《庆元党禁》的记载较之李心传走得更远,书中称:

> （庆元三年）冬十二月丁酉,知绵州王沈乞置伪学之籍……吏部侍郎黄由奏:"人主不可待天下以党与,不必置籍以示不广。"殿中侍御史张岩论由阿附权臣,植立党与。由遂罢去。未几,擢沈利路转运判官。①

该书将王沈升任利州路转运判官的时间完全抹去,而代之以"未几"二字,这显然会更加容易让读者误以为黄由的贬谪和王沈的升迁都是紧接着王沈上言而发生。此后,《续编两朝纲目备要》《续宋编年》《宋史全文》等书,皆是按照与《庆元党禁》相同的方式对此事加以记载。② 但实际上,王沈上言在庆元三年十二月,其擢升利州路转运判官,李心传已点明是在庆元五年六月。黄由遭弹劾罢官更是在其后的庆元五年十月,《宋会要辑稿》载,庆元五年十月七日,"新四川安抚制置使兼知成都府黄由指挥寝罢,除华文阁直学士与宫观。以臣僚言其缔结伪党,谄媚权臣"。③ 这两件事上距庆元三年十二月,已过了将近两年时间,很难说与王沈上言存在着直接的因果关系。但是由于李心传不适当地记述所造成的误解,在《庆元党禁》《续编两朝纲目备要》等书的不断因袭下,得到了更进一步地强化。事实上,王沈的建议最终并未能付诸实施。李心传在《道命录》中,为《谕告伪邪之徒改视回听诏书》所加按语云:

> 又用新知绵州王沈言,自今曾受伪举荐关升及刑法廉吏自代之人,

---

① 《庆元党禁》,第17页。

② 分见《续编两朝纲目备要》卷五"庆元三年十二月丁酉"条,第83—84页;刘时举撰,王瑞来点校:《续宋中兴编年资治通鉴》卷一二"庆元三年十二月"条,北京:中华书局,2014年,第275页;《宋史全文》卷二九上"庆元三年十二月丁酉"条,第2459页。

③ 徐松:《宋会要辑稿》职官七四之七,第4054页。

并令省部籍记姓名,与闲慢差遣。盖前此已有旨,奏举改官人,并令声说不系伪学,如系伪学,甘伏朝典。故沈又有此请也。吏部侍郎黄由子由奏:"人主不可待天下以党与,不必置籍以示不广。"起居舍人费士寅戒父,新为侂胄所爱,亦引蔡京文德殿碑事,为侂胄言之,沈议遂格。①

王沇上奏后,由于吏部侍郎黄由反对,与韩侂胄关系密切的起居舍人费士寅也提出异议,使得该建议最终未能得到施行。庆元五年,礼部侍郎何异对时任殿中侍御史的张岩说:"黄耆年来可谓大有定力,如去年置籍事,今年策题事,皆能回用事者之听。"②根据上下文可知这里的黄耆正是黄由。此亦可证明他对置籍的反对是有效的。后来《续编两朝纲目备要》在记载此事时,却忽略了其中曲折,该书于庆元三年十二月丁酉条下记载"籍伪学",在目中云:

> 知绵州王沇乞置伪学之籍……从之。于是自庆元至今,以伪学逆党得罪者凡五十有九人。③

《续宋编年》所载与此一致,④当是沿袭《续编两朝纲目备要》而来。殊不知在"从之"之后朝廷随即又否定了王沇之言。如此,就难免会令人误以为王沇的奏请得到了实施。近代学者关于朝廷于庆元三年十二月在王沇奏请下颁布党籍的论断,就是在这种误解的情况下做出的。

既然王沇的奏请最初得到了朝廷允许,其后方又在黄由等人的反对下被否定,那么在此过程中,王沇的奏请究竟施行到了何种程度呢? 所谓"党籍"有无被制定出来呢? 朱熹在给友人的信中有两处论及此事。在给田澹的信中,朱熹言道:

---

① 《道命录》卷七下《谕告伪邪之徒改视回听诏书》,第78—79页。
② 《续编两朝纲目备要》卷五"庆元五年正月乙卯"条,第89页。
③ 《续编两朝纲目备要》卷五"庆元三年十二月丁酉"条,第83页。
④ 《续宋中兴编年资治通鉴》卷一二"庆元三年十二月"条,第275页。

> 闻道学钓党已有名籍,而拙者辱在其间,颇居前列,不知何者为之?
> 及所指余人谓谁?皆望一一条示也。①

朱熹当时已风闻朝廷制定党籍之事,且获悉自己被置于前列,但具体情况尚不清楚,故而希望田澹能够告知详情。在另一封给刘光祖的信中,朱熹称:

> 某屏处如昨,近以乡邑不静,挈家入城,扰扰逾月,今且归矣。间读邸报,幸复联名,而贱迹区区乃先众贤,为不称耳。侧听久之,未有行遣,势不能免,姑静以俟之耳。②

此时朱熹业已从邸报中看到了一份党籍名单,知道自己与刘光祖皆名列其中,且自己位在"众贤"之前。但他又称"侧听久之,未有行遣"。在王沇的建议中,包括两个方面:一是"令省部籍记姓名",二是将名籍中人"与闲慢差遣"。从朱熹的信中可知,朱熹看到了名籍,却久久未等来朝廷的相应处置。这表明,当时朝廷确实曾在王沇的建议下制定了一份党籍,且从朱熹在党籍中的位置来看,此党籍与李心传所开列的学党名单可能基本相同。

不过,需要注意的是,《朝野杂记》中的学党名单虽然可能与朝廷制定的党籍在结构上大致相同,但其内容却必然存在差异。正如虞云国、许浩然等人所指出的,朝廷制定党籍的庆元三年,吕祖泰、周必大等人尚未受到贬谪,不可能名列党籍,《朝野杂记》所记载的学党名单,很明显是经过了李心传整理后的产物。实际上,李心传已指出了此点。上引《学党五十九人姓名》条目中,在记述完"武臣三人"的姓名后,李心传加有一条注文,称"已上并见于台谏章疏中"。③ 而《庆元党禁》在记载这份名单的结尾,同样写道"已上

---

① 《晦庵续集》卷五《与田侍郎(子真)》,《朱熹集》,第9册,第5225页。
② 《晦庵别集》卷一《答刘德修》,《朱熹集》,第9册,第5357—5358页。
③ 《朝野杂记》甲集卷六《学党五十九人姓名》,第139—140页。

并见于当时台谏章疏"。① 这一方面可以证明《庆元党禁》中的名单直接来自于《朝野杂记》,另一方面则表明学党名单中的部分官员士人的姓名是李心传从党禁期间的台谏章疏中摘录编入的。

综合上面的分析,可知南宋朝廷在王沇的奏请下确实制定了一份党籍,并在邸报中公布了出来,但最终却未正式颁行实施。《朝野杂记》中收录的学党名单,是李心传在朝廷公布的党籍基础上,补充进部分在党禁期间遭到贬谪的官员士人姓名后的产物。此后各种宋代史籍中所出现的名单,无不直接或间接渊源于此。对于名单的来源,李心传在《朝野杂记》中已经给出了较为明确的答案,然而他在叙述此事时,不恰当地将刘三杰的上言、王沇的奏请以及此后黄由、王沇的官职升降等事件与名单连续书写,让后人误地以为这些并无直接关系的事件之间,存在着某种必然的因果联系。随后出现的各类史籍又对李心传的记载进行了不适当地删节,导致这种误解进一步强化。大概从俞文豹的《吹剑四录》开始,就已有人误以为在庆元党禁期间,朝廷确实曾颁布施行过所谓党籍。此后直至近代,这种观点被普遍接受,根深蒂固。

三、赵汝愚等以"逆党"得罪非实

《道命录》中将这份五十九人的名单命名为"伪学逆党籍",但今天所见的十卷本《道命录》已非李心传所撰原貌。据四库馆臣考订,今存十卷本的《道命录》乃是元代程荣秀在李心传五卷本《道命录》的基础上重新编定而成,尤其第七卷以下的内容,更是经过了大量增删,与原书已相去甚远。② 蔡涵墨通过将十卷本的《道命录》与《永乐大典》中残存的原本《道命录》进行比较,已指出这份党籍并不见于原本《道命录》,系程荣秀后来增补而成,③故所谓"伪学逆党籍"的名称当亦是程荣秀拟定。不过,程荣秀亦非凭

---

① 《庆元党禁》,第 5 页。

② 《四库全书总目》卷五九《道命录》,第 537 页。

③ 蔡涵墨:《〈道命录〉复原与李心传的道学观》,收入《历史的严妆——解读道学阴影下的南宋史学》,第 380—381 页。

空杜撰,李心传在《朝野杂记》中说,这份名单上的五十九人皆是"以伪学、逆党而得罪者",①"伪学逆党籍"当即因此得名。在这里,无论是程荣秀还是李心传,似乎都认为朝廷当时真的曾将赵汝愚及其道学支持者认定为"逆党",并加以惩处。是否果真如此呢?李心传等人的主要依据在于刘三杰的奏疏。刘三杰在上引庆元三年所上奏疏中提醒朝廷,道学群体在绍熙末、庆元初与赵汝愚相结合之时,已由"前日之伪党"而变为"逆党",要求朝廷必须严加防范。② 当代研究者也认为在刘三杰上疏后,朝廷对道学集团的定性,由伪学、伪党上升至逆党,如束景南就称朝廷对道学的打压存在着一个"道学—伪徒—逆党"逐步升级的过程。③

诚然,根据《道命录》记载,刘三杰的这道奏疏确实得到了朝廷允准。但另一方面,朝廷似乎又没有真的将道学群体定性为"逆党",而作为"逆党"之魁的赵汝愚,也没有因此而被认定为"逆臣"。既然"逆党"是较之"伪学""伪党"更严厉的定性,在此后攻击道学的各类文字中理应得到频繁使用,然而事实却非如此。庆元四年,右谏议大夫姚愈上奏宁宗,称:

> 臣窃见近世行险侥幸之徒,创为"道学"之名……权臣力主其说,结为死党……夫元祐之党如彼,而今伪党如此。臣愿特降明诏,播告天下,使中外晓然,知邪正之实,庶奸伪之徒不至假借疑似以盗名欺世。④

姚愈此奏距刘三杰上疏已近一年,但在该书中,姚愈依旧将道学群体称为"伪党""奸伪之徒",只字未涉"逆党"之事,对赵汝愚则目之为"权臣"。针对姚愈的请求,宁宗下达了一封告诫"伪邪之徒"的诏书,其中有云:

> 朕惟向者权臣擅朝,伪邪朋附协肆奸宄,包藏祸心,赖天地之灵,宗

---

① 《朝野杂记》甲集卷六《学党五十九人姓名》,第 139 页。
② 《道命录》卷七下《刘三杰论伪党变为逆党防之不可不至》,第 76—77 页。
③ 《朱子大传》第二十二章《庆元党禁:在文化专制的炼狱中》,第 1007 页。
④ 《道命录》卷七下《姚愈论奸伪之徒欺世盗名乞定国是》,第 77 页。

庙之福。朕获承慈训,膺受内禅,阴类坏散,国势复安。①

同样是将赵汝愚称作"权臣",将道学中人视作"伪邪"之徒,这与刘三杰上疏前的朝廷舆论基本没有差别。从刘三杰的奏疏可以看出,当时确实存在着一种倾向,希望将赵汝愚及其道学支持者定性为"逆党",但要成功做到此点,就需要证明赵汝愚有谋逆之心。在刘三杰和姚愈的奏疏中,实际上都曾列举了不少此类证据,因多半似是而非而不具有较强的说服力。至庆元五年正月,发生了震动一时的蔡琏"诬告赵汝愚有异谋"之事,②《庆元党禁》记载了此事始末,称:

> 庆元五年己未正月,诏彭龟年追三官勒停,曾三聘追两官,蔡琏补进义校尉。用琏诬告汝愚事也。初,汝愚定策之时,直省官蔡琏从傍窃听,欲行漏泄,汝愚觉而囚之。上即位,遂从轻决配。四年冬,窜归辇下,用事者闻之,以为奇货,乃使琏排日供且(具?)诬汝愚定策时有异谋,凡往来宾客所言七十余纸。文书既就,乃议送大理。时侂胄之党欲捕龟年、三聘及徐谊、沈有开、叶适、项安世等送棘寺,中书舍人范仲艺草驳奏袖录黄见侂胄,语之曰:"公今日得君,凡所施为当一以魏公为法,章、蔡之权非不盛,至今得罪清议,以同文之狱故尔。"侂胄曰:"某初无此意,以诸公见迫,不容但已。"问其人,乃知京镗、刘德秀实主其事。侂胄取录黄藏之,事遂格。既而谏官张釜、陈自强,御史刘三杰、张岩、程松连疏有请。诏以累经赦宥,遂有是命。③

蔡琏为赵汝愚下属直省官,得以参与绍熙内禅的整个过程,从他口中说出的话较之他人显然会具有更大的可信度。因此,当他于庆元四年冬回到临安后,很快就被所谓"用事者",应该即是宰相京镗等人所相中,意欲利用他来

---

① 《道命录》卷七下《谕告伪邪之徒改视回听诏书》,第78页。
② 《续编两朝纲目备要》卷五"庆元五年正月庚子"条,第87页。
③ 《庆元党禁》,第18页。

兴起大狱,坐实赵汝愚及其支持者在绍熙内禅过程中曾有"异谋",以便进一步打击赵汝愚及其支持者。若此事得成,便可以如刘三杰所言,将赵汝愚及其支持者一举打成"逆党"。然而,在范仲艺的劝说下,韩侂胄最终改变态度,阻止了京镗等人的行动。虽然在张釜、刘三杰等台谏官的压力下,朝廷对彭龟年、曾三聘两人进行了贬谪,却并不是以"逆党"之名,《宋会要辑稿》载:"(庆元五年)二月十五日,朝请大夫彭龟年追三官勒停,朝奉郎曾三聘追两官。以右谏议大夫张釜言:'二人最为汝愚腹心,今尚逃宪纲,公论籍籍。'"[1]表明赵汝愚有"异谋"之事最终未能坐实。至嘉泰二年,朝廷所松弛的也仅仅是"学禁",即伪学之禁,而非所谓的"逆党之禁",《续编两朝纲目备要》记载此事,称:

> (嘉泰二年)正月癸亥,言者论近岁习伪之徒唱为攻伪之说,今阴阳已分,真伪已别,人之趋向已定,望播告中外,专事忠恪,奏可。[2]

所言依旧仅限于"伪学""习伪之徒",丝毫未涉及所谓"逆党"。可以确信,在党禁期间,朝廷中虽然有不少官员曾有意将赵汝愚及其道学支持者打作"逆党",并为此屡屡上疏,甚至不惜制造大狱,但都没有成功。在当时,以伪学而得罪者,以赵汝愚之党而得罪者,确实不乏其人,但并没有如李心传所说真正以"逆党"而得罪者,程荣秀将这份名单命名为"伪学逆党籍"并不确切。

四、李心传记载"党籍"之初衷

虽然朝廷在庆元三年确实制定过一份"党籍",且其结构也可能与《朝野杂记》中所收录的学党名单大体相同,但后者却并不是对前者的如实反映,李心传在朝廷制定的"党籍"基础上,又进一步增加了部分官员士人的姓

---

① 《宋会要辑稿》职官七四之五,第4053页。
② 《续编两朝纲目备要》卷七"嘉泰二年二月"条,第124页。

名,可以说现在所见的学党名单,是经李心传整理后的产物。同时,李心传声称这些人以"逆党"而获罪亦与事实不符。除此之外,在记述"党籍"始末时,李心传又有意无意地模糊了"党籍"未曾施行的事实,给人造成一种朝廷确实制定并实施了"党籍"的错误印象。对于李心传这样出色的史学家来说,这些状况的出现似乎不能简单地归咎于撰写的失误,而应当有其特别的用意。那么,李心传选择记载这份"党籍"的用意何在呢?若将这份名籍与宋徽宗年间的元祐党籍相对照,或可知悉李心传之用心。

崇宁年间,宋徽宗任用蔡京为相,力主"绍述"熙丰新政,将反对变法的元祐臣僚斥为"奸党"。崇宁三年,又将文彦博、司马光等三百零九名曾于元祐、元符年间反对变法的官员籍定姓名,由徽宗御书刻石于文德殿门东壁,并由蔡京手书刻石于各州县。① 这份名单通常即被称作"元祐党籍",而这些包含党人姓名的刻石,则被称作"元祐党人碑"或"元祐党籍碑"。在今本的《道命录》中,就完整地收录了这份"元祐党籍"。② 我们可以将这份党籍名单与所谓"伪学逆党籍"的结构进行对比,现列表如下:

元 祐 党 籍	伪 学 逆 党 籍
文臣曾任宰臣执政官二十七人	宰执四人
曾任待制以上官四十九人	待制以上十三人
余官一百七十七人	余官三十一人
武臣二十五人	武臣三人
内臣二十九人	
	士人八人
为臣不忠曾任宰臣二人	

(此处所录之元祐党籍根据《道命录》卷二《元祐党籍碑》,此外马纯《陶朱新录》中亦收录有此份名籍,可参见。)

可以看出,"伪学逆党籍"与元祐党籍除了涉及人数多寡不同外,基本结

① 黄以周等辑注,顾吉辰点校:《续资治通鉴长编拾补》卷二四"崇宁三年六月壬戌"条,北京:中华书局,2004 年,第 818 页。

② 《道命录》卷二《元祐党籍碑》,第 16—20 页。

构如出一辙。李心传选择在《朝野杂记》中收录这份名单,当是有意让世人借此联想起元祐党籍,进而将庆元党禁与发生在北宋末年的那次党案联系起来。经过靖康之变,南宋士人对北宋中后期的新党与旧党之争,基本上已形成共识,就是将司马光、吕公著等旧党中人视作贤人君子,元祐政治更是被视作值得追忆与效仿的典范,庆元年号即是由庆历与元祐两个年号组合而成。站在旧党对立面的蔡京等人,则已成为无可非议的"奸臣"。因此,元祐党籍中人虽在徽宗时被视作"奸党",但在南宋已然变成名副其实的君子之流。尽管王沇建议朝廷制定这份"党籍"的目的,是意图通过这种方式将赵汝愚及其道学支持者定性为奸邪之徒。但李心传的目的显然不在于此,而是意在通过这种途径将名单上的赵汝愚、朱熹等五十九人与元祐党籍中的司马光、吕公著等对应起来,将发动庆元党禁的朝中官员等同于蔡京之辈。蔡涵墨通过对李心传原本《道命录》的复原探究,指出李心传将道学史划分为三个阶段:第一阶段始于1085年朝廷对程颐的任命,终于1136年道学再遭禁止;第二阶段大致与秦桧的专政时代相始终;第三阶段则始于1183年陈贾上书谴责道学,终于1202年庆元党禁解除。其中每个阶段各以一位权臣进行有系统的迫害为标志,第一阶段的权臣即为蔡京,第二阶段为秦桧,第三阶段则是韩侂胄。[1] 可知在李心传心中,已将韩侂胄所发动之庆元党禁与蔡京等人制造的元祐党祸、秦桧绍兴年间对道学的打压等事完全等同了起来,赵汝愚则成了与司马光、赵鼎齐名的道学捍卫者。表面上看,李心传似乎只是如实记载了一份在党禁期间确实曾由朝廷公布的"党籍"名单,但褒贬之意已暗藏其中。《朝野杂记》甲集撰成于嘉泰二年,当时朝廷虽然松弛了党禁,但韩侂胄等党禁发动者依旧大权在握,李心传不可能如后来在序文中那样,对韩侂胄等人进行直接指责,故选择用这种方式来婉转表达自己的是非判断。

这种将朝野对道学的攻击同蔡京等人对元祐党人的打击联系起来的做

---

[1] 《〈道命录〉复原与李心传的道学观》,载《历史的严妆——解读道学阴影下的南宋史学》,第398—399页。

法,在南宋的道学之士中是十分普遍的。早在淳熙十五年,朱熹在给孝宗的封事中即称其时,

> 一有刚毅正直、守道循理之士出乎其间,则群讥众排,指为道学之人而加以矫激之罪,上惑圣聪,下鼓流俗。盖自朝廷之上以及闾里之间,十数年来,以此二字禁锢天下之贤人君子,复如崇、宣之间所谓元祐学术者,排摈诋辱,必使无所容措其身而后已。①

这里朱熹已将当时朝野上下对道学的指责,与徽宗崇宁、宣和年间对元祐学术的禁止联系了起来。庆元党禁期间,此种做法依旧存在,这在《道命录》中所收录的当时官员攻击道学的奏疏中即有突出反应。庆元四年,姚愈在奏疏中就说:

> 臣窃见近世行险侥幸之徒,创为“道学”之名,窃取程颐、张载之说,张而大之,聋瞽愚俗,权臣力主其说,结为死党。陛下取其罪魁之显然者,止从窜免,余悉不问,所以存全之意,可谓至矣。奈何习之深者,怙恶不悛,日怀怨望,反以元祐党籍自比。如近日徐谊令弟芸,援韩维谪筠州日,诸子纳官赎罪,以求归侍,此皆假借元祐大贤之名,以欺天下后世。②

可知在党禁期间,不少遭到贬谪的官员士人曾有意将此事与元祐党籍相比拟,徐谊之弟更援引元祐党人韩维例,令徐谊诸子“纳官赎罪,以求归侍”。在姚愈上疏后,朝廷曾下诏告诫这些遭到贬谪之人,斥责这些“伪邪之徒”是“窃附元祐之众贤,而不思实类乎绍圣之奸党”,警告他们“毋得借疑似之说,以惑乱世俗”。③

---

① 《朱熹集》卷一一《戊申封事》,第 2 册,第 475 页。
② 《道命录》卷七下《姚愈论奸伪之徒欺世盗名乞定国是》,第 77 页。
③ 《道命录》卷七下《谕告伪邪之徒改视回听诏书》,第 79 页。

党禁结束后,这种做法变得更为流行,如魏了翁在《元符忠谏堂记》中写道:

> 然而以格人元夫为奸邪,播之诏令,勒之金石,书之史册,不忌不疑,如京、卞之为,则未之见……韩侂胄柄国,则又以附于赵忠定公者名之逆党,学于朱文公者名之伪党……温文正公、申正献公与凡元祐、元符著籍之士,以及乎绍兴、庆元党人,盖皎然如天日之清明,庸夫孺子,裔夷丑虏,孰不知之。①

魏了翁已直接将司马光、吕公著等元祐党人与赵汝愚、朱熹等庆元党人相提并论,而将蔡京、蔡卞等人与韩侂胄归为一类。在李心传所撰"党籍"中尚暗藏之深意,随着韩侂胄的被杀论罪,已然可以公开显露出来。真德秀在《蜀人游监簿庆元党人家乘后跋》亦称:

> 庆元党人者,韩侂胄所立名也。夫君子群而不党,党之为言,岂美名也哉?侂胄以此诬当世之贤,余意当世之贤将引避之不暇,而后溪刘先生顾以是名游公之墓,大理寺丞君复以是名其家乘焉。何哉?盖是是非非之理,天实为之,非人力可以倒置也……当庆元初,众贤盈廷,人称为小元祐,而侂胄以区区鹘弁,乃欲祖章、蔡故智,一罔而空之,于是奸党之名以立。②

后溪刘先生是刘光祖,游公是游仲鸿,两人皆在五十九人名籍中。游仲鸿于嘉定八年去世后,"刘光祖表其隧道曰:'于乎,庆元党人游公之墓。'"③"大理寺丞君"是指游仲鸿之子游似,④看来他在其父去世后,又借用刘光祖的

---

① 魏了翁:《重校鹤山先生大全集》(以下简称《鹤山全集》)卷四四《元符忠谏堂记》,四部丛刊初编本,上海:上海书店,1989年。
② 《西山文集》卷三五《蜀人游监簿庆元党人家乘后跋》。
③ 脱脱等:《宋史》卷四〇〇《游仲鸿传》,北京:中华书局,1977年,第12151页。
④ 《宋史》卷四一七《游似传》,第12496页。

题名,使用"庆元党人"来为其家乘命名。无论是刘光祖还是游似,他们选择用"庆元党人"四字来称呼游仲鸿时,心中所联想到的必定都是"元祐党人"。真德秀说韩侂胄发动党禁是"欲祖章、蔡故智",表明他与魏了翁类似,同样是将庆元党禁类比为元祐党事。

由此可见,无论是在庆元党禁发生前、党禁期间、还是在党禁解除后,将朝廷对道学的攻击比附为北宋晚期蔡京等人对元祐党人的打压,乃是在道学群体中非常流行的做法,李心传的行为实是这一风潮下的产物。只不过他的做法显然更为"成功",对后世看待庆元党禁所造成的误解似乎也更为深刻。由于这份所谓"伪学逆党籍"与元祐党籍的构成基本相同,很容易就让后人误以为这两份名籍乃属于同一性质,既然元祐党籍是由朝廷所颁行,那么这份五十九人的名单也必定是朝廷所制定颁行。至清代,甚至出现了"庆元党籍碑"的说法。乾隆《杭州府志》中载:

> 庆元党籍碑:《西湖志》旧在尚书省,庆元三年立,置籍凡五十九人。①

《西湖志》当是指雍正年间李卫主持编纂的有关西湖的方志。这里言之凿凿,似乎可信。其实不然,遍查宋代史料,未见任何有关庆元三年朝廷曾立党籍碑的记载,《西湖志》的说法没有丝毫根据。之所以会出现这种无稽之谈,无疑是受到了元祐党籍的误导,想当然地认为李心传所记载的这份"伪学逆党籍"与元祐党籍一样,也曾被立碑刻石。

庆元党禁期间朝廷虽然一度编制了党籍,但在黄由、费士寅等官员的反对下,最终并未付诸实施。现存的五十九人名单,乃是李心传在嘉泰二年党禁松弛后,在朝廷所制定党籍的基础上,增添了部分官员士人姓名后所形成的产物。其用意在于通过这种方式,在庆元党禁与元祐党事之间建立起联

---

① 郑沄修,邵晋涵纂:《(乾隆)杭州府志》卷六一《金石》,续修四库全书本,上海:上海古籍出版社,1996年,第702册,第512页。

系,含蓄委婉地表达对韩侂胄等党禁制造者的批评。但由于李心传等人在记载此事时存在不当之处,导致后人产生重重误解,以讹传讹,以致于逐渐出现了有关南宋朝廷曾颁布施行"党籍"的错误认知。

不过,这种误解的产生又并非纯属偶然。韩侂胄向来被后世视作南宋最主要的四位权臣之一,在当权的十余年间也曾权倾一时,然而身死之后,在某种程度上却成了失语者。史弥远因推翻韩侂胄而攫取相位,他上台后,随即对韩侂胄及其当政时期的历史进行重新修订,这些修订的结果被实录、国史因袭,构成了今天研究韩侂胄的史料基础。① 史弥远与韩侂胄为政敌,这种出于政敌之手的记载自然会对韩侂胄非常不利。同时,南宋后期理学逐渐为朝廷所尊崇,在政治上、社会上都产生了很大影响,流传至今的大量史学著作、文人文集、笔记小说等等,不少都出自理学中人之手,或深受理学思想浸染,而庆元党禁让理学中人对韩侂胄大多心存恶感,故而这些著作在论及韩侂胄时也基本持否定态度。今天借助于这些出自敌对势力之口的史料,来研究韩侂胄及其当政时期的历史,很容易就会站在史弥远或者理学中人的立场上,从而不自觉地带上他们所固有之成见。

就本节所讨论的"伪学逆党籍"来说,要想对这份党籍的真实性产生怀疑,并非困难重重。首先,李心传在《朝野杂记》中从未明确称其为朝廷正式颁行实施之"党籍";其次,在《道命录》中李心传更是明确指出王沇的奏请在黄由、费士寅等人的反对下被终止。然而,这些在此前却皆未能引起人们对"党籍"真实性的质疑。很显然,宋人的主流话语在其中起到了重要的引导作用,正是宋人尤其是道学中人,不断地将韩侂胄与蔡京相提并论,又将庆元党禁与元祐党事加以比拟,导致后人完全将韩侂胄视作与蔡京一般无二的"奸臣",有些想当然地认为他也必定会做出与蔡京类似之事。既然蔡京主持颁行了"元祐党籍",同为"奸臣"的韩侂胄亦推动颁行一份"伪学逆党籍",也就在"情理"之中了。

---

① 贾连港:《"韩侂胄事迹"的形成及流转》,《史学史研究》2014年第3期,第33页。

第三节 党禁期间的两次科举

尽管学界在党禁的意义和评价上存有争议,但在有关党禁发展过程的事实层面,则几乎达成了共识。通常认为,党禁期间对道学的攻击呈现出步步升级的趋势,打击范围不断扩大,严厉程度日益加深,如束景南就说朝廷对道学的打压存在着一个由"道学—伪徒—逆党"的升级过程;①关长龙亦将党禁划分为辩伪学—禁伪学—立党禁三个渐进的阶段。② 其他如郦家驹、虞云国、范立舟、沈松勤、涂美云皆有类似观点。③ 这些研究都不同程度地指出,党禁期间朝廷不仅对与赵汝愚及与道学有牵连的官员悉数罢官降职禁锢,同时也对与道学有关的普通士人进行封杀,以断绝他们的入仕之路,进行这种封杀的主要途径即是科举。然而,现有研究多轻信宋人尤其是道学中人在党禁结束后的各种追述性议论,有意无意地忽略了党禁期间科举的实际情形,因而对这一问题的认识可能存在较大偏差,而这种偏差无疑又会进一步误导人们对庆元党禁本身的认知。本节即选择以科举为考察对象,着重探讨其在党禁期间的具体实施状况,进而对有关党禁的传统分析模式做出反思。

一、党禁期间朝廷对科举的政策

庆元党禁期间,朝廷一共举行了两次科举,分别在庆元二年(1196)与五年。两次科举前,朝廷都不断有官员要求禁止以伪学取士,并提出种种具体建议。早在庆元元年(1195)七月,御史中丞何澹就上疏朝廷,称:

---

① 《朱子大传》第二十二章《庆元党禁:在文化专制的炼狱中》,第 1007 页。
② 关长龙:《两宋道学命运的历史考察》,第 408 页。
③ 郦家驹:《试论关于韩侂胄评价的若干问题》,《中国史研究》1981 年第 2 期;《宋光宗宋宁宗》,第 153—163 页;范立舟:《理学在南宋宁宗朝的境遇》,《暨南学报(哲学社会科学版)》2002 年第 3 期;沈松勤:《南宋文人与党争》,第 118—120 页;涂美云:《从"禁锢"到"一尊"——看朱学在宋、元时期的发展》,《东吴中文学报》2014 年 27 期。

"专门之学,流而为伪,空虚短拙,文诈沽名。愿风厉学者,专师孔孟,不必自相标榜。"得朝廷"诏榜朝堂"。① 随后,"有张贵谟者,指论《太极图说》之非"。② 这些皆是从学术角度来对道学展开攻击。这种风气自然会影响到科举上。

就在庆元二年科举前不久,有臣僚上言:

> 明岁春闱,乞诏有司,所试之士……其有诡怪迂僻,肤浅芜陋,狂讪狡讦,阿谀侧媚者,并行黜落。如所取不当,有辙听闻,考官降罢,士人驳放。③

朝廷"从之"。所谓"诡怪迂僻,肤浅芜陋"等语,是当时攻击道学者所习用的言辞。④ 故而这里臣僚实际上已是明确要求朝廷禁止以道学取士,为达到这一目的,就要求对负责贡举的官员加以精心选择,并制定严格的惩罚措施,如果"所取不当",则"考官降罢,士人驳放"。就在同一日,又有臣僚奏请命台谏官员对此次科举进行严密监察,称:

> 科举之弊无甚于今日,近者臣僚论列可以概见。来岁既无廷对,省试尤当关防,大抵试院帘内帘外之弊略等。帘内知举必差台谏官可以纠察……今欲帘外改差监察御史一员,专一监督封弥等事,如有奸弊,申举弹劾。⑤

① 《续编两朝纲目备要》卷四"庆元元年七月丁酉"条,第64页。
② 同上。
③ 《宋会要辑稿》选举五之一六,第4320页。
④ 早在孝宗淳熙十四年,洪迈、陈贾等人在攻击道学时,就称当时受道学影响的科举士人,其程文"或失之支离,或堕于怪僻"。(《宋会要辑稿》选举五之一〇,第4317页)庆元二年三月,叶翥也在奏疏中称:"二十年来士子狃于伪学,……专习语录诡诞之说,以盖其空疏不学之陋。"(《宋会要辑稿》选举五之一七,第4321页。)所谓"怪僻""诡诞""空疏"之说,与"诡怪迂僻,肤浅芜陋"之说显为同一内涵。
⑤ 《宋会要辑稿》选举五之一六——一七,第4320—4321页。

此时宁宗尚在为孝宗服丧,不能主持殿试,省试即为最终考试,其地位较之往常更显重要,这里臣僚所说"来岁既无廷对,省试尤当关防"即是指此。宁宗接受了这一建议,下诏"于卿监郎官内选差"。① 至庆元二年正月二十五日,朝廷正式"命吏部尚书叶翥知贡举,吏部侍郎倪思、右谏议大夫刘德秀同知贡举"。② 三人皆在《庆元党禁》中所开列的攻击伪学的官员名单中,③这种安排明显呈现出针对道学的意图。很快,叶翥等三人遂上书"奏论文弊",并称:"伪学之魁,以匹夫窃人主之柄,鼓动天下,故文风未能不变。乞将语录之类,并行除毁。"④

科举结束后,三月十一日,叶翥又上书宁宗,针对在科场、学校中禁止伪学以整顿文风士习,提出了更为具体的措施,他说:

> 二十年来士子狃于伪学,汩丧良心,以六经、子、史为不足观,以刑名度数为不足考,专习语录诡诞之说,以盖其空疏不学之陋。杂以禅语,遂可欺人。三岁大比,上庠校定,为其徒者,专用怪语暗号,私相识认,辄置前列,遂使真才实能,反摈不取……欲望因今之弊,特诏有司风谕士子,专以孔、孟为师,以六经、子、史为习,毋得复传语录,以滋其盗名欺世之伪。更乞内自太学,外自州军学,各以月试取到前三名程文,申御史台考察。太学以月,诸路以季,太学则学官径申,诸路则提学司类申。如仍前不改,则坐学官提学司之罪,如此何忧文风之不变,士习之不革哉?⑤

道学的流行已深刻影响到了当时的学校和科场,为根除这一弊端,叶翥提出了两条举措:一是禁止士子学习语录,而专以孔、孟为师,以六经、子、史为学;另一条则是要求从太学至地方的各级学校,定期将月试前三名的程文送

---

① 《宋会要辑稿》选举五之一七,第4321页。
② 《宋会要辑稿》选举二二之一三,第4602页。
③ 《庆元党禁》,第5—6页。
④ 《道命录》卷七上,第71页。
⑤ 《宋会要辑稿》选举五之一七、一八,第4321页。

御史台考察,并制定严格的奖惩办法,希望通过这种方式来逐渐改变文风士习。朝廷接受了叶翥的奏请。

庆元四年(1198)三月,也就是在即将举行科举前不久,朝中又有官员上奏:

> 科场主文之官,实司进退予夺之柄,倘或不知所择,使伪学之徒复得肆其险之说,则利禄所在,人谁不从,必至疑误学者。乞颁诏旨,将来科场,诸路运司须管精择议论正平委非伪学之人,充诸州军考试官,仍开名衔照应举格式,如涉伪学,甘置典宪,申尚书省御史台照会。①

奏疏中有"此去科场不远"之语,可知该臣僚奏议所直接针对的就是即将举行的庆元五年科举。他认识到主持考试的考官在科举中所具有的重要作用,庆元二年时有关官员还主要是针对省试加以防范,此番则将防范的对象扩展至地方科场,要求负责地方科举的转运司在选择考官时,首先对其身份进行甄别,刻意选择那些非道学之人来出任此职,借此消除道学对科场的影响。这一奏请得到了朝廷允许,而且就在两个月后,朝廷正式"诏禁伪学"。②

可以看出,朝廷中的反道学官员确实有意想要掌控科举,清除道学在其中的影响。这些臣僚的建议基本都得到了朝廷批准,从而演变为国家政策。表面上看,对科场的监管确实呈现出一种不断走向严格的趋势,这必然会对参加科举的道学之士非常不利。那么当时道学中人在科举上的境遇究竟如何呢?黄榦在为朱熹所撰写行状中,称党禁期间:

> 科举取士,稍涉经训者,悉见排黜。文章议论根于理义者,并行除

---

① 《宋会要辑稿》选举二二之一四,第4602页。
② 《续编两朝纲目备要》卷五"庆元四年五月己酉"条,第85页。

毁,六经、《语》、《孟》悉为世之大禁。①

李心传在《道命录》中亦说:

> 是科取士,稍涉义理者,悉见黜落,六经、《语》、《孟》、《中庸》、《大学》之书,为世大禁。②

朱熹行状撰成于宁宗嘉定十四年(1221),而《道命录》则成书于理宗嘉熙三年(1239),从行文用语上可以看出,李心传的论断实际上是承袭黄榦而来。此后,《庆元党禁》《续编两朝纲目备要》《续宋中兴编年资治通鉴》等书皆采纳此说,③遂成定论。时至今日,研究者在论及党禁期间的科举,也大都直接引用最早由黄榦作出的这一判断,来证明当时对道学限制之严格。④ 然而,黄榦为朱熹弟子,长期追随朱熹左右,深得器重,是朱熹去世以后的学派掌门人。⑤ 可以说,黄榦是党禁的直接受害者,与发动党禁的韩侂胄等人处于对立地位,这种出于敌对者口中的言论是否有虚饰夸大之处,是不得不令人怀疑的。

其实,黄榦说"六经、《语》、《孟》悉为世之大禁",本身就颇不合情理,《中庸》《大学》为道学尤其是朱学所尊崇之经典,如南宋后期的张端义说:"《中庸》、《大学》二书……学士书生以为理学之祖。"⑥其被朝廷禁止传习或可理解,但六经、《论语》《孟子》乃是儒家的基本经典,朝廷若对此加以禁止,恐怕党禁的性质就不是反道学,而是反儒学了。衡诸宋代情势,实难想

---

① 《勉斋集》卷三四《朱先生行状》,第 68 册,第 127 页。
② 《道命录》卷七上,第 71 页。
③ 《庆元党禁》,第 15 页;《续编两朝纲目备要》卷四"庆元二年二月丙辰"条,第 69 页;《续宋中兴编年资治通鉴》卷一二"庆元二年二月"条,第 269 页。
④ 郦家驹:《试论关于韩侂胄评价的若干问题》;关长龙:《两宋道学命运的历史考察》,第 410 页;涂美云:《从"禁锢"到"一尊"——看朱学在宋、元时期的发展》。
⑤ 何俊:《南宋儒学建构》,上海:上海人民出版社,2013 年,第 344 页。
⑥ 张端义:《贵耳集》卷中,《全宋笔记》第六编第十册,郑州:大象出版社,2013 年,第 313 页。

象。从上面叶翥的奏言中已可清楚看到,他所要求朝廷禁止传习的主要是语录之类,并没有禁止六经的要求,相反,他还特地要求朝廷诏令士人"专以孔、孟为师,以六经、子、史为习"。① 黄榦明显夸大了党禁对道学的禁锢程度。

将党禁期间在反道学官员建议下朝廷所颁行的各种有关科举的严苛政策,与党禁之后道学中人对党禁效果的追忆结合起来,就构成了一个貌似合理的因果链条,描绘出一副对道学中人来说极为黑暗严酷的党禁面貌。然而,众所周知,政策初衷并不等于实施的效果,而事后出于敌对者之口的追忆,亦难免带有夸张虚饰的成分,从这两者之中所得出的有关党禁期间科举的形象,是存在不小问题的。要解决这一问题,就需要回到庆元年间的科举现场,从其具体的实行情况来探查事情真相。

二、倪思与庆元二年科举

庆元二年(1196)科举,由于没有殿试,省试地位上升,主持省试的知贡举官员自然变得举足轻重。作为知贡举、同知贡举的叶翥、倪思、刘德秀,他们的立场无疑会对科举的结果产生直接影响。他们三人皆在攻伪学的名单中,似乎都属反道学之士,故而在担任知贡举后,三人共同上疏"乞将语录之类并行除毁"。② 其中叶翥在科举结束后不久,就于庆元二年四月由吏部尚书迁任签书枢密院事。③ 可知他必为韩侂胄及朝中反对道学的官员所青睐。至于刘德秀,李心传曾说:"庆元以来,何澹、京镗、刘德秀、胡纮专主伪学之禁。"④至迟庆元五年,他也升任吏部尚书,⑤显见为当时朝中反对道学的主要成员。

---

① 关长龙曾对黄榦的记载产生过怀疑,他说:"六经为禁之断语似不尽合于史实,然考朱熹等尝有不附语录注释的校订四书等经书著述颁行,其所禁者盖以此也,而非广泛意义上的禁六经。"(《两宋道学命运的历史考察》,第410页注释3。)但作者并没有提出任何依据,且朱熹虽曾为四书作集注,却不曾遍注六经,可证作者的解释当属臆测,难以成立。

② 《道命录》卷七上,第71页。

③ 《宋史》卷三七《宁宗本纪》,第721页。

④ 《道命录》卷七下,第89页。

⑤ 《续编两朝纲目备要》卷五"庆元五年正月庚子"条,第88页。

与叶翥、刘德秀二人在科举后相继得到擢升不同,科举刚一结束,倪思却因在同知贡举期间的作为而遭到了贬谪。庆元二年三月十三日,"吏部侍郎、同知贡举倪思与郡。以监察御史姚愈言:'思有乡戚莫泳、莫抚,投牒避亲,自当照条揭示,就试别院,乃作圆融私取,遂致家士籍籍'"。① 倪思因此而出知太平州。至庆元四年七月,又由知太平州任上放罢。② 似乎是由于倪思在主持考试期间有徇私舞弊之举,故遭到惩处。但魏了翁在墓志中记载此事,称:"监察御史姚愈承侂胄风旨,文致试闱事,劾公出知太平州。"③ 是知倪思遭谪乃是姚愈出于迎合韩侂胄风旨而有意罗织文致的结果。那么韩侂胄又为何对倪思不满呢?《宋史·韩侂胄传》载:"吏部尚书叶翥要侍郎倪思列疏论伪学,思不从,侂胄乃擢翥执政而免思官。"④原来是倪思不愿意答应叶翥令其上疏攻击道学的要求,引起韩侂胄不满而遭罢。倪思既宁愿去官也不同意攻道学,自然也不大可能在科举中刻意排挤道学之士。之所以会如此,与倪思特殊的政治立场密切相关。

倪思的政治立场与叶翥、刘德秀迥然不同。倪思,字正甫,湖州归安人,乾道二年(1166)进士。宁宗即位,召除吏部侍郎兼直学士院。⑤ 他正是以吏部侍郎的身份出任同知贡举。倪思对道学确实怀有成见,但他对朝廷发动党禁,打击赵汝愚及其道学支持者的行为,同样不以为然。开禧(1205—1207)年间,魏了翁曾向叶适问及倪思的出处问题,说:

> 颇闻倪公不见知于周益公,又忤赵丞相,今又大忤于韩,且韩与周赵诸贤人品不相侔也。今日之忤是,则前日之忤非。⑥

周益公为周必大,赵丞相即赵汝愚,韩则是指韩侂胄,三人乃是光宗至宁宗

---

① 《宋会要辑稿》职官七三之二一,第 4027 页。
② 《宋会要辑稿》职官七四之四,第 4052 页。
③ 《鹤山全集》卷八五《倪公墓志铭》。
④ 《宋史》卷四七四《韩侂胄传》,第 13773 页。
⑤ 《宋史》卷三九八《倪思传》,第 12113—12114 页。
⑥ 《鹤山全集》卷八五《倪公墓志铭》。

时期执掌朝政的宰相或权臣。在魏了翁看来,周必大、赵汝愚为君子之流,韩侂胄则属奸佞之辈,道德品格截然相反,倪思却与他们皆有矛盾,故对此深感迷惑。叶适回答他道:

> 善哉,子之问也。虽然,皆是也。方周公为相,公无所附丽,事赵公又不合,朱公入朝,士倾心归之,公见之如他日,人始谓其不然。逮周公罢相,赵公为执政,朱公说书崇政殿,公当制,诏称奖优厚,人已异之。迫庆元元年五月,公自温陵召归,侂胄方排摈异己,意图节钺,以公非赵党,且尝与陈君举、章茂献不咸,将使再掌内命。先遣弟仰胄从容伺公意,公艴然曰:"上初即位,当惟贤是用,以消朋党之祸,不当问其何学也。"……至是,人始知公之心,盖不苟于随者。①

倪思在当时乃是特立独行之士,不属于任何党派,正如叶绍翁所言:倪思"于韩、赵皆无所附"。② 他与赵汝愚不合,对朱熹也待如常人,且与陈傅良、章颖等道学中人有矛盾。③ 于是韩侂胄在庆元初将倪思召还,并命其同知贡举,希望能利用他与赵汝愚以及道学中人的矛盾来替自己排除异己。然而,倪思却似乎并不愿为韩侂胄所用,他认为宁宗刚继位,当"惟贤是用,以消朋党之祸,不当问其何学也"。表明他对韩侂胄发动党禁以及用学术罪人的做法颇不以为然。在这种思想支配下的倪思当不会在科举中奉行明显的反道学标准。

那么,在庆元二年的科举中,是否有道学中人登科及第呢?有,而且还

---

① 《鹤山全集》卷八五《倪公墓志铭》。

② 《四朝闻见录》丁集《科举为党议发策》,第160页。

③ 魏了翁《鹤山全集》卷八五《倪公墓志铭》中记载:"(绍熙四年,)留丞相请罢政,待放于范村,久不获命,廷臣谓上欲专相葛公邲,陈起居(陈傅良)赞章司谏(章颖)击之。公于葛虽同郡人,实未尝附丽,而陈疑之,谋于执政,命公为金国贺正使以间之。明日,待次重华宫,语与陈忤,公请纳敕,更选他使。……至是章司谏劾公以房事胁君,以《孝经》讪讪。不报。公出关待命。上不得已,畀以近郡。"是知在绍熙年间,陈傅良、章颖等道学中人将倪思视作是宰相葛邲的党羽而加以弹劾,倪思因此被逐出朝廷。陈、章等人的做法在倪思看来,无异是党同伐异之举,他对道学中人无甚好感当与此有关。

不止一位。当年的进士第三名夏明诚,即为突出一例。《宋元学案》载:

> 夏明诚,字敬仲,金华人。其学本自吕东莱,而自负甚高。登庆元
> 丙辰进士第三人。①

丙辰即庆元二年,夏明诚为学既本自吕祖谦,自属道学中人,但他依旧在庆
元二年的科举中名列第三,是知与道学的关系并未成为他登第的障碍。

又有叶秀发,《金华徵献略》载:

> 叶秀发,字茂叔,金华人,师事吕祖谦、唐仲友,极深性理之学,以余
> 力为文,登庆元丙辰进士。②

《宋元学案》亦将其列为吕祖谦门人。③ 吕祖谦、唐仲友早在孝宗朝即已过
世,看来叶秀发在登第前,早已同道学结下深厚渊源。

此外,东莱门人登第者尚有李诚之。袁燮《蕲州太守李公墓志铭》载:

> 李公茂钦,东莱吕成公之高弟也……茂钦讳诚之,世家于婺之东
> 阳……既冠而邃于《易》,登贤书,试舍选,俱第一。庆元初,解褐分教
> 鄱阳。④

除吕祖谦弟子外,张栻门人亦有在庆元二年擢第者。《宋史·宋德之传》载:

> 宋德之,字正仲……蜀州人。德之以应举擢庆元二年外省第一。⑤

---

① 《宋元学案》卷七三《丽泽诸儒学案》,第 2442 页。
② 王崇炳:《金华徵献略》卷八《叶秀发传》,四库全书存目丛书,济南:齐鲁书社,1996 年,史
部第 119 册,第 775 页。
③ 《宋元学案》卷七三《丽泽诸儒学案》,第 2439 页。
④ 《絜斋集》卷一八《蕲州太守李公墓志铭》,第 1157 册,第 247—248 页。
⑤ 《宋史》卷四〇〇《宋德之传》,第 12155 页。

宋德之为蜀人,故需参加类省试,得第一名,后为行在进士第五人,享受进士第三人恩例。然而,宋德之却是张栻门人,《宋元学案》称他"学于南轩之门,少与范文叔辈讲道,故其风节凛然,而所养极粹。"①范文叔名仲黼,亦为南轩门人,②名列李心传所开列的学党名单中。③ 可见,宋德之自少年时即研习道学,且与道学中人相往还。

与宋德之一同登第的南轩门人还有杨泰之。杨泰之,字叔正,眉州青神人。魏了翁记述了他的学术渊源,称:

> 修撰守巴州,兼山黄公裳为通江尉,俾公受经,公尚幼,黄器重之……以郊恩补官。庆元元年与兄似之同奏名类省试。④

修撰指杨泰之之父杨虞仲,曾任秘阁修撰,故称。在杨虞仲任巴州知州期间,杨泰之得以师从黄裳,黄裳之学源出张栻,⑤是知杨泰亦属道学一脉。⑥黄裳为宁宗旧学,绍熙(1190—1194)年间,他曾向光宗推荐朱熹,称:"臣不及朱熹,熹学问四十年,若召置府寮,宜有裨益。"而且他还曾对韩侂胄落阶官之事加以抵制。⑦ 只不过黄裳在宁宗即位后不久即病逝,可能因此逃过党禁之劫。杨泰之为黄裳弟子,显然这并未能妨碍他在科举中的前途。与宋德之、杨泰之一同及第的蜀中士人还有井研三李之一的李道传。

李道传,字贯之,隆州井研人,他后来成为蜀中理学的代表人物。黄榦曾为其撰写墓志,称他:

> 少长,读程子书,知讲学涵养之要,玩索理义,至忘寝食……赐庆元

---

① 《宋元学案》卷七二《二江诸儒学案》,第 2413 页。
② 《宋元学案》卷七二《二江诸儒学案》,第 2410 页。
③ 《朝野杂记》甲集卷六《学党五十九人姓名》,第 139 页。
④ 《鹤山全集》卷八一《大理少卿直宝谟阁杨公墓志铭》。
⑤ 《朱熹的历史世界——宋代士大夫政治文化的研究》,第 583—584 页。
⑥ 《宋元学案》卷七二《二江诸儒学案》,第 2417 页。
⑦ 《宋史》卷三九三《黄裳传》,第 12000—12002 页。

二年进士第,调利州司户参军。①

如果说宋德之、李道传以及杨泰之皆来自偏远蜀地,与朱熹等道学领袖尚无密切关联,且参加的又是四川的类省试,得以避开临安省试,因而得以擢第,那么陈傅良与朱熹的弟子亦得以登第,就显得不同寻常了。魏了翁《赵公神道碑》载:

> 公讳希馆,字君锡……未冠,肆业于石鼓书院,尝有闻于永嘉陈君举傅良,后又受经徐子宜谊,力贫苦学,借书抄诵……举庆元二年进士,授修职郎。②

陈傅良是永嘉学派领袖,徐谊则为陆九渊门人,③两人皆名列李心传学党名单中,④被视作赵汝愚及道学一党。前者早在绍熙五年(1194)十二月,就遭罢官,"以御史中丞谢深甫言其庇护辛弃疾,依托朱熹。"⑤后者在庆元元年十一月同赵汝愚一起遭谪,责授惠州团练副使,南安军安置。⑥ 赵希馆曾从学于两人,其身份在当时可谓敏感,却也能顺利登第。

至于朱熹弟子登第者则有杨士训,黄榦称:

> 文公朱先生守临漳,兴学校,明礼义,以教其郡之士,择士之志于学者,置宾贤□以处之。杨君士训,字尹叔,实与焉……已而闻君擢进士第,初试吏为福州古田尉……文公尝称其学已知方,则其望之亦至矣。⑦

---

① 《勉斋集》卷三五《知果州李兵部墓志铭》,第 68 册,第 145 页。
② 《鹤山全集》卷七三《安德军节度使赠少保郡王赵公神道碑》。
③ 《宋元学案》卷六一《徐陈诸儒学案》,第 1968 页。
④ 《朝野杂记》甲集卷六《学党五十九人姓名》,第 139 页。
⑤ 《宋会辑稿》职官七三之一九,第 4026 页。
⑥ 《宋会辑稿》职官七三之二一,第 4027 页。
⑦ 《勉斋集》卷三五《杨料院墓志铭》,第 68 册,第 151 页。

黄榦没有明言杨上训登第的时间,不知是否是有意回避,实际上他登第的时间就是庆元二年。① 朱熹知漳州在淳熙十六年(1189)十一月至绍熙二年(1191)三月间,②杨士训正是在此时师从朱熹,从朱熹对他的评价可知其颇得道学三味。此外又有陈易,《闽中理学渊源考》载:

> 陈易,字后之,永春人。从朱子游,朱子尝称后之及安卿为学颇得蹊径次第……淳熙四年,以明经登乡荐,庆元二年进士。③

陈易亦是早年即从学朱熹,属道学中人,同样于庆元二年登第。除此之外,仅《闽中理学渊源考》所收录的道学士人于庆元二年登第者,还有刘起世、陈模、詹师文、高颐等。④

　　仅从上面列举的事例来看,庆元二年科举中,顺利登第的道学中人就有十余位,吕祖谦、张栻、陈傅良、朱熹等道学主要领袖的门人弟子皆在其中。可知在朝廷厉行党禁之时,由于存在着倪思这样立场中立,主张调停的官员,道学之士通过科举进入仕途的道路并未完全断绝。黄榦等人的言论以及以此为基础的今人论断,显然夸大了党禁的严厉程度,与实际情形并不相符。同属道学中人的叶绍翁就针对此次科举,称:"时适值党议之兴,而士之遭黜者往往以为朝廷不取义理之文,得以藉口矣。"⑤与黄榦等人相反,在叶绍翁看来,所谓"稍涉义理者,悉见黜落",一定程度上只是那些未能登第者用以为自身辩解开脱的借口而已。但随着倪思在科举之后的贬谪和党禁的

---

① 《闽中理学渊源考》卷二一《县丞杨尹叔先生士训》,第319页。

② 王懋竑:《宋朱子年谱》,《新编中国名人年谱集成》第七十辑,台北:商务印书馆,1982年,第170、181页。

③ 《闽中理学渊源考》卷一八《县丞陈后之先生易》,第294页。《朱子语类》卷一一五载朱熹在对门人石洪庆的临别赠言中,"因说及陈后知陈安卿二人,为学颇得蹊径次第。"(第2782页)而石洪庆所闻朱熹语皆在绍熙四年,(《朱子语类·朱子语录姓氏》,第14页)是可知陈易从朱熹游,必然在此之前。

④ 《闽中理学渊源考》卷九《教授刘建翁先生起晦(起世、希仁)》,第144页;《闽中理学渊源考》卷一二《州守陈中行先生模》,第193页;《闽中理学渊源考》卷三〇《宗教詹叔简先生师文》,第417页;《闽中理学渊源考》卷三二《县令高元龄先生颐》,第447页。

⑤ 《四朝闻见录》丁集《科举为党议发策》,第160页。

持续进行,庆元五年的科举又会如何呢?

三、黄由与庆元五年科举

早在庆元四年(1198)三月,朝廷已经下令要求地方转运司在选择科举考官时,必须使用非道学之人。至五月,宁宗正式下诏禁伪学。朝廷对于庆元五年科举的限制,较前一次科举显然更趋严格。此次科举的情况又是怎样的呢?是否如论者所言,在"诏禁伪学"后,"道学之士通过科举入仕就基本被杜绝了"呢?①

庆元五年科举是宁宗第一次亲自主持下的科考。五年正月二十五日,宁宗任命"权礼部尚书黄由知贡举,吏部侍郎胡纮、侍御史刘三杰同知贡举。"②胡纮与上文提到的刘德秀一样,都是力主伪学之禁的官员。③ 而刘三杰曾于庆元三年上疏称:"前日之伪党,至此变为逆党矣。"④意欲将对道学的打击进一步升级,表明他也是积极反对道学的官员。这两人担任同知贡举,无疑会对道学之士的登第造成阻碍。然而,有意思的是,担任知贡举的黄由,却并不属于反道学官僚群体。相反,他在此次科举结束半年后的十月,遭弹劾罢官,罪名是"以臣僚言其缔结伪党,谄媚权臣。"⑤因此被李心传列入学党名单之中。⑥

其实,黄由与赵汝愚及道学并没有直接的联系,黄榦曾说所谓庆元之党,"本非党者甚多,群小欲挤之,借此以为名耳。"⑦黄由即属一例。⑧ 不过,与胡纮、刘三杰等坚定的反道学官员不同,他对党禁颇有不同意见。庆

---

① 杜文玉:《庆元党禁述论》,《渭南师专学报(社会科学版)》1992 年第 4 期。

② 《宋会要辑稿》选举二二之一五,第 4603 页。

③ 《道命录》卷七下,第 89 页。

④ 《道命录》卷七下《刘三杰论伪党变为逆党防之不可不至》,第 76 页。

⑤ 《宋会要辑稿》职官七四之七,第 4054 页。

⑥ 《朝野杂记》甲集卷六《学党五十九人姓名》,第 139 页。

⑦ 王应麟撰,栾保群、田松青、吕宗力校点:《困学纪闻》卷一五,上海:上海古籍出版社,2008 年,第 1692 页。

⑧ 郦家驹、程志华、涂美云等皆已指出黄由与理学各派皆无关联。参见郦家驹:《试论关于韩侂胄评价的若干问题》,第 148 页;程志华:《学术与政治:南宋庆元党禁之研究》,第 102、110 页;涂美云:《从"禁锢"到"一尊"——看朱学在宋、元时期的发展》,第 113—114 页。

元三年十二月,知绵州王沇奏请朝廷置伪学之籍,就是在黄由与费士寅的双双反对下,最终未能推行。

一方面,黄由与道学并无渊源,另一方面,他又出面阻止朝廷打击道学的行动,这表明他的立场与倪思类似,处于一种相对中立的位置,倾向于调和矛盾,以消弭党争。此次科举结束后,黄由出任四川安抚制置使,在陛辞之时,他向宁宗上奏"论治蜀当以安静和平为先,而治天下兼同此道。"①所谓"安静和平",显然即是针对当时的党禁而发,是希望朝廷能够缓和对道学的打击,以实现安静稳定之局。这样一位官员却被任命担任知贡举,似乎也透露出朝廷对道学态度的某种转变。在这种情势下举行的庆元五年科举,将是何种景况呢?

真德秀与魏了翁是南宋后期理学的标志性人物,然而两人皆在这次科举中及第登科,其中魏了翁更是高居第三名。《宋史·魏了翁传》称他:

> 庆元五年,登进士第。时方讳言道学,了翁策及之。②

魏了翁在策论中言及了道学,但他关于道学究竟说了些什么呢?在为韩甲所撰写的墓志中,魏了翁对此曾有所回忆:

> 会韩侂胄窃弄威柄,名公卿、才大夫士以次窜逐,久而未靖,上亦浸悟,廷论亦有嘻其甚者,特未有以发之。乃庆元五年,上始御集英殿亲策进士,某与讳甲圣可、乐新子仁同舟而下,相与谋曰:"今事势已极,惟有忠正广大以作人才,安静和平以植基本,若相激不已,则天彝泯乱,人心愤郁,国亦随之,此而不言,是为有负。"或疑触忌干祸,而三人自矢靡他。奏入,有司第某为第一,寻置之第三,恩数仍视首选。甲、新皆乙科,授从事郎。③

---

① 《续编两朝纲目备要》卷五"庆元五年正月乙卯"条,第89页。
② 《宋史》卷四三七《魏了翁传》,第12965页。
③ 《鹤山全集》卷七二《四川茶马司干办公事韩(甲)墓志铭》。

韩甲、乐新与魏了翁皆参加了庆元五年的科举并中第,他们对于当时朝廷厉行党禁,打击道学的行为持反对意见,认为朝廷应当"忠正广大以作人才,安静和平以植基本",实际上就是主张调和双方矛盾,消弭党争。这里所说之"安静和平"与前面黄由所说显属同一内涵。魏了翁在策问中所表达的当即是与黄由同样之思想。他说"廷论亦有嘻其甚者",表明当时朝中已出现了一股主张调停的势力,黄由无疑是其中的主要代表。主张调停的黄由作为知贡举,自然会对同样主张调停的魏了翁青眼相加。魏了翁得以被擢为第一,与此当不无关系。但他又被降为第三,同时又赐予首选恩数。这种反复所透露出的正是调停势力与反道学势力间的角力。不过,魏了翁将调停的出现归功于宁宗的英明,显然并不准确,其时韩侂胄尚大权在握,调停势力若不能得到他的支持,是无法在朝中立足的。魏了翁等人的登第乃是间接受惠于韩侂胄对党禁态度的转变,只是时过境迁,在撰写墓志时,韩侂胄已然被推翻,且被定性为奸邪,魏了翁自不会再为他正名。

除此之外,还有更为直接的证据可以表明黄由在此次科举中的立场。《闽中理学渊源考》载:

> 熊节,字端操,建阳人,朱子门人……庆元己未(庆元五年)廷对,值伪学之禁,以纳谏行仁求贤对。知举黄由以其不迎合时好,特置前列,且为奏御。①

熊节乃朱熹弟子,同样参加了庆元五年的科举,他在廷对中建议朝廷"纳谏求贤",所求之"贤"显然意在道学中人。黄由亦不避时讳,恰恰以其能不迎合时好,将其"特置前列"。

除熊节外,为朱熹门人而登第者还有不少。真德秀《詹君墓志铭》载:

> 庆元五年,先皇帝始临轩策天下士,吾建之擢第者十有四人焉,崇

---

① 《闽中理学渊源考》卷三二《县令熊端操先生节》,第440页。

安詹君景宪其一也。景宪于时年甫三十余,仪观伟然……景宪少时,奋然以学自力。既壮,从文公朱先生游,得修己治人之大致。①

刘克庄《方子约墓志铭》载:

> 君方氏,讳符,字子约,少受学于叔父履斋。履斋者,讳大壮,字履之,朱公门人也,为义理之学,终其身不应举。君以乡赋上春官,道考亭,拜文公于精舍。文公留语累夕,为作《字说》。中庆元己未进士第,时方弱冠,文公喜,贻书贺履斋焉。②

方符为朱熹弟子方大壮之子,其在赴临安参加科考前还曾前往拜见朱熹,可见他与朱熹及道学间的密切关系。从朱熹对方符登第的反应来看,显然他并没有因为时值党禁,而反对门人弟子参加科举。

《闽中理学渊源考》载:

> 刘炯,字季明,庆元五年进士,授进贤丞……早从文公学。③

同书载:

> 刘铨,字子平。庆元五年进士。博通《诗》、《礼》,学宗考亭。④

同书又载:

> 陈孔硕,字肤仲,侯官人……尝从张南轩、吕东莱游。东莱死,心丧

---

① 《西山文集》卷四五《监车辂院詹君墓志铭》。
② 《后村先生大全集》卷一四九《方子约墓志铭》,成都:四川大学出版社,2008年,第7册,第3831页。
③ 《闽中理学渊源考》卷六《县令刘季明先生炯》,第96页。
④ 《闽中理学渊源考》卷六《县尉刘子平先生铨》,第97页。

三年。后复偕其兄孔凤从学朱子于武夷,甚见器重。……兄孔凤,庆元
五年进士。①

是陈孔凤也是朱熹弟子而得中庆元五年科第。

与朱熹一同被打入伪学党的袁燮,其子袁肃亦在庆元五年擢第。《宋元
学案》载:

袁肃……絜斋之子也,从广平于新安,其后知名于世。(梓材谨案:
先生号晋斋,庆元五年进士,官至少卿,尝知江州。)②

絜斋即袁燮,为陆九渊弟子,是著名的甬上四先生之一。早在庆元元年六月
党禁初起之时,他就遭到了贬谪,③名列李心传学党名单中。④ 袁肃作为党
人之子,竟在党禁期间选择参加科举,并最终得中,显现出其时党禁已然出
现松动。陆九渊的另一门人徐子石也在庆元五年登第。《宋元学案》载:
"徐子石,字劲仲,临川人。性简易,力学,尝听象山讲集义义袭之说,具有省
发……登庆元五年进士。"⑤
　　上面的一系列事例表明,尽管朝廷在此次科举前不久刚"诏禁伪学",但
当时朝廷的政治环境较之庆元二年科举时,实已变得更为宽松。倪思的调
停似乎还有些特立独行的味道,一定程度上超出了韩侂胄以及反道学之士
的意料,但黄由却是在其调停倾向业已为朝野所知的情况下,受命出任知贡
举,这就不能完全归之于偶然了,它显示出朝廷中主张调停的势力已具有一
定的影响力,且得到了主政的韩侂胄的支持。因此,许多道学中人,甚至是
朱熹、袁燮等党人的门人弟子,皆顺利参与考试并金榜题名。此时距离嘉泰
二年(1202)朝廷正式下诏松弛党禁,还有三年时间,表明党禁的松弛并不是

---

① 《闽中理学渊源考》卷一七《修撰陈北山先生孔硕(兄孔凤)》,第282页。
② 《宋元学案》卷七五《絜斋学案》,第2529—2530页。
③ 《宋会要辑稿》职官七三之二〇,第4026页。
④ 《朝野杂记》甲集卷六《学党五十九人姓名》,第139页。
⑤ 《宋元学案》卷七七《槐堂诸儒学案》,第2596页。

突然发生，早在庆元年间朝廷气势汹汹厉行党禁之时，主张调停的势力就同时在朝中形成发展，在倪思、黄由等人的努力下，不断化解着反道学官僚对道学的攻击。

毫无疑问，朝廷的党禁对于道学中人在科举中的表现会产生不利影响，确实有不少道学中人因此而被黜落。但由于倪思、黄由等主张调停的官员始终存在，道学之徒通过科举进入仕途的道路并未断绝，甚至朱熹、袁燮等党人弟子亦能顺利登科。可以说，在反道学官员不断趋向严厉的攻击背后，因为调停势力的逐渐壮大，并得到韩侂胄的默许，党禁其实是在不断趋向缓和，嘉泰二年的弛禁正是这一趋势不断发展的结果。这一结论恰可与本章第一节中笔者对党禁中遭惩处之人进行统计的结果相印证。

既往对党禁的研究，过分强调道学与反道学势力间的斗争，大多忽略了此一时期调停势力的存在及其所发挥的作用，这一二元对立的解释模式，大概在宋代已然形成。成书于理宗淳祐五年的《庆元党禁》，是一部记载党禁始末的专书，该书开篇即登载了两份名单，一为伪党五十九人姓名，一则为攻伪学之人。① 这就有意无意地奠定了对党禁的一种解释框架，即将党禁视作是道学与反道学之间的斗争。受此影响，后人在论述党禁时多延袭这种模式，习惯于将这一时期的官员士人划分为两大阵营，分别贴上道学或者反道学的标签。其实这种泾渭分明的划分方式存在很大问题。如黄由与倪思在《庆元党禁》中，分别被划入"伪党"与"攻伪学人"两个对立的阵营。② 实际上两人的立场非常接近，都倾向于中立，主张调停党争，对朝廷厉行党禁不以为然。③ 这种持调停立场的官员在党禁期间当不在少数，这些人与道学群体或者反道学官员，可能都有一定关联，但又都保持一定距离，在某些情况下，可能会攻击道学，在另一些情况下，又会站出来阻止对道学的攻

① 《庆元党禁》，第1—8页。
② 《庆元党禁》，第2、6页。
③ 黄宽重先生对倪思的生平及政治经历进行了考察，指出将其视作攻击道学党人的合理性不足。参见氏著《南宋史料与政治史研究——三重视角的分析》，《中国社会科学》2017年第8期。

击。他们的政治立场较之坚定的道学之士和反道学官员，显得更为复杂多变，但受限于既有之二元对立的研究模式，这些官员的存在往往会为论者所忽视。由于未能充分意识到这股调停势力的存在，就使得党禁的松弛变得难以理解，似乎轰轰烈烈的党禁在经过不断趋向严厉的发展后，又急转直下，突然得到了松弛。

结　论

韩侂胄主导下的朝廷对于这些反对派人士的惩处并不十分严重，无论从遭受惩处官员士人的数量上，还是惩处的严厉程度上都不能与元祐党禁相提并论。这些受到惩处官员的生活也是相对比较自由的，依旧可以聚徒讲学，相互间也可以较为正常地进行书信往来。而相当一部分反对派士人有意收敛锋芒，韬光养晦，行为处事谨小慎微，极力避免对当权者形成刺激。双方这种不约而同的克制性举动，在一定程度上阻止了党禁的升级。

向来被视作党禁高潮标志的所谓"伪学逆党籍"朝廷并未正式颁布施行过，现在所能看到的名单实际上是李心传整理后的产物，李心传未曾称其为党籍，只因重重误解方逐渐被后人视作是由朝廷正式颁行的党籍。同时，尽管党禁期间朝廷确实在科举上采取了限制道学的举措，但在具体实施的过程中却被打了折扣，不少与道学有渊源的士人依旧能够顺利登第。党禁并没有后来那些深受道学影响的史书所渲染的那般严厉，在某种程度上可以说这种严厉性不过是一种"虚像"。这种状况的出现，一方面与参与党争的双方有鉴于元祐党禁的惨痛历史教训，在相互冲突中各自有所克制外，还与当时朝廷上存在着的一股立场中立、倾向调停的政治势力密不可分。在本章中论述党禁期间的科举时已初步触及了这一势力，下一章我们就将尽力勾勒出这股在既往研究中被忽视了的政治势力的轮廓，并探究其与当时政局演变的关系。

第三章　调停势力与党禁的松弛

庆元党禁与开禧北伐,构成了韩侂胄当政时期最为主要的两个政治事件。历来对于韩侂胄时期政治的研究,基本上围绕着这两个事件展开,由于两事在时间上前后衔接,相关研究也很自然的将韩侂胄的专权划分为前后两个阶段。然而,这种现代学者的通行观点,与南宋时人的看法却存在着不小差距。正是在韩侂胄当政的庆元五年(1195)登第的魏了翁,曾先后两次谈及韩侂胄时期的国是演变问题。开禧元年(1205)召试馆职的策问中,魏了翁言道:

> 今天下何病哉? 国是挠于浮言,朝变夕改而无成规……庆元之初,尝为变更之说矣,未几而易以安静,未几又为皇极之说矣,未几而易以振作。①

在《代南叔兄上费参政书》中,魏了翁再次说道:

> 士皆惟学之趋,盖才智者之所弗乐也,而立为伪学之名,以排善类。善类以次摈弃,又虑其太甚也,而皇极之名立。皇极之弊,至于混淆也,而振作之名立。振作之弊,至于兵连祸结也,而更化之名立。②

---

① 《鹤山全集》卷二一《答馆职策一道》。
② 《鹤山全集》卷三二《代南叔兄上费参政书》。

根据前一段材料,韩侂胄时期的国是经历了一个从"变更—安静—皇极—振作"的变化过程。根据后一段材料,则经历了一个由"伪学—皇极—振作"的演变。实际上,这两种表述所描述的乃是同一过程。所谓"变更"阶段是指赵汝愚及其道学支持者在宁宗即位后意图进行改革之事,作为反对者的韩侂胄等人,正是利用"安静"之说一举将赵汝愚等人排挤出了朝廷。① 而韩侂胄给赵汝愚及其道学盟友所定的罪名,即为"伪学"。因此,韩侂胄当权时期,朝廷的政策导向发生的数次变化,大致可概括为"安静—皇极—振作"。从魏了翁的论述中可以很明显看出,"安静"阶段所对应的正是庆元党禁,"振作"阶段所对应的则是开禧北伐,而在两者之间还存在着一个被称作"皇极"的阶段。②

那么"皇极"阶段的主要内容是什么呢？魏了翁称:"善类以次摈弃,又虑其太甚也,而皇极之名立。"可知"皇极"阶段的出现,是朝廷针对前一阶段党禁过于严厉的情况而做出的政策调整。李心传在《道命录》中对韩侂胄所推行的"皇极"之政曾有过记述,称:

> 自侂胄主"建极用中"之论,而学禁渐弛,一时废黜之士,稍稍牵叙,议者亦以为幸焉。③

是知所谓"皇极"之政即是松弛党禁,对在党禁中遭到打击的官员士人重新予以启用。实际上,就是在反道学势力与道学势力之间折衷调停,以缓

---

① 被视作赵汝愚及道学一党的蔡幼学,在绍熙五年(1194)七月宁宗即位之初的上奏中,称:"比年以来,小人谋倾君子,设为安静和平之说,以阴排之。"(《育德堂奏议》卷一《绍熙应诏言事奏状》)可知"安静"正是韩侂胄一党为攻击赵汝愚等人而标榜的口号。

② 余英时曾对"皇极"在南宋时期的含义做过细致的考辨,认为其含义大致有二,一般士人遵循汉儒旧说,将其理解为"大中",落实到政治上就是一方面维持"不生事"的"安静"局面,另一方面则是用人唯才以消弭"朋党"之争;朱熹等道学士人则提出了新的解释,他们否定"大中"之说,将"皇"训为"君",将"极"训为"标准",落实到政治上就是要求君主"正心修身"为天下树立道德的楷模。(《朱熹的历史世界——宋代士大夫政治文化的研究》第十二章,第804—840页)韩侂胄所施行的"皇极"之政,显然属于第一种含义。

③ 《道命录》卷七下,第85页。

和矛盾。

在魏了翁看来,正是"安静"之政的弊端导致了"皇极"之政的出现,而又因"皇极"之政的缺陷引发了"振作"之政的兴起。"皇极"之政可以说是衔接庆元党禁和开禧北伐的中间阶段,具有着承上启下的重要意义。但在现有研究中,学者将目光过度集中在轰轰烈烈的党禁和北伐上,基本忽略了这一调停阶段的存在,即便在对党禁的论述中偶尔涉及"调停",也往往认为此事很快以失败告终,①对于这一时期的政治演变未能产生重要影响。以调停为目的的"皇极"阶段,可以说是现有研究中被遗忘了的关键性环节,这直接影响到了对庆元党禁的松弛和开禧北伐的出现这样重要事件的解读。本章就试图重建这一被遗忘的环节,以勾勒出韩侂胄时期政局演变的内在脉络。

第一节　余端礼、郑侨与庆元初年的调停

在对庆元党禁的研究中,学界大多使用韩侂胄与赵汝愚斗争、道学与反道学对立的框架来予以分析。② 这对于解释党禁的产生或许有一定道理,但对于党禁期间的政治变化,这一分析框架则存在着明显不足。庆元党禁自庆元初持续至嘉泰二年(1202)二月方正式松弛,经历了七年多的时间,虽然其间不断有所谓的赵汝愚党羽或者伪学之徒遭到打击,但作为一股政治势力,早在庆元初,随着赵汝愚的罢相,这一势力就差不多被一网打尽了。李心传所开列的学党名单,尽管并非朝廷所正式颁行之党籍,其中部分人员

---

① 程志华:《学术与政治:南宋"庆元党禁"之研究》,台湾清华大学硕士学位论文,1996年,第93—94页。

② 高纪春:《道学与南宋中期政治——庆元党禁探源》,第75页。余英时虽然也注意到了不能将党禁期间朝廷上的士大夫完全划入官僚集团与道学集团,认为还存在着一些独立于两者之外的官员,(见余英时:《朱熹的历史世界——宋代士大夫政治文化的研究》,第566—567页)但他没有将这批官员视作是一股独立的政治势力,因而也未能充分意识到这一势力在党禁中所发挥的作用与影响。

的政治归属也有待商榷,但大体上涵盖了赵汝愚及其道学支持者的主要成员。许浩然曾对这份名单中的全部 59 人在党禁期间遭到弹劾的具体时间进行了考订,除 1 人情况不明外,其他 58 人中,绍熙五年(1194)遭到黜免的有 10 人,庆元元年 29 人,庆元二年 9 人,这三个年份共计 48 人,占到了全部人数的 81%,其中又以赵汝愚罢相的庆元元年达到顶峰。自庆元三年至嘉泰二年二月的五年多时间,则仅有 10 人遭到贬谪。① 很明显,在党禁的大部分时间里,赵汝愚及其道学盟友都无法构成一股强大的政治势力来与韩侂胄及其党羽相抗衡。

既然在党禁之初,赵汝愚一派势力迅即被打垮,朝廷为何还会在此后接二连三地出台各种攻击道学的措施呢?且给人一种打击反而不断升级、不断趋向严厉的印象?最终又是什么力量促使来势汹汹的党禁迅速松弛了呢?这就涉及到当时朝中调停势力的出现和发展。魏了翁虽然将韩侂胄时期的政局演变划分为安静、皇极、振作三个阶段,但这并不是说三个阶段能够从时间上做出清晰明确的区分。以调停为目的的皇极之政,作为一股潜流,早在党禁之初就已产生,并在此后不断蓄积力量,最终一举冲破了党禁的藩篱。在庆元初,朝中调停的主要代表人物即是分别担任宰相、执政的余端礼和郑侨。

庆元元年(1195)二月二十二日,在韩侂胄一党的攻击下,赵汝愚罢相出知福州,随之而来的是中枢政局的调整。至四月五日,余端礼自知枢密院事兼参知政事除右丞相,京镗自参知政事除知枢密院事,郑侨自同知枢密院事除参知政事,谢深甫则由御史中丞除签书枢密院事。②《续编两朝纲目备要》称京镗、余端礼、郑侨,"皆韩侂胄之党"。③ 京镗确为韩侂胄亲信,也是党禁的主要推动者。李心传称:"自庆元以来,何澹、京镗、刘德秀、胡纮专主伪学之禁,为侂胄斥逐异己者,群小附之,牢不可破。"④至于谢深甫,余英时

① 《周必大的历史世界——南宋高、孝、光、宁四朝士人关系之研究》,第 189—192 页。
② 《宋史》卷二一三《宰辅表》,第 5590 页。
③ 《续编两朝纲目备要》卷三"绍熙五年十二月庚午"条,第 54 页。
④ 《道命录》卷七下,第 89 页。

认为他虽为官僚集团的中心人物,但乃是其中能够保持士大夫风格之人,并非依附于韩侂胄者,不过余先生也承认谢深甫在政治取向上与官僚集团是保持一致的,故而在党禁期间先后弹劾陈傅良、赵汝愚。① 这说明,谢深甫即便不属韩侂胄党羽,但至少在庆元初期,其政治立场是倾向于韩侂胄一方的。但将余端礼与郑侨视作是与京镗等无分别之韩党,则同事实相去甚远。

余端礼,字处恭,浙江衢州人,绍兴二十六年(1156)进士。他为光宗东宫旧臣,②在光宗即位后不断获得擢升。至绍熙四年,由吏部尚书除同知枢密院事。宁宗即位,迁参知政事兼同知枢密院事,不久改知枢密院事兼参知政事。赵汝愚罢相,代之为右丞相。③ 对于他在此一时期的政治倾向,杨万里在为其所撰的墓志铭中记载:

> (绍熙五年)十二月庚午,除知枢密院。公为山陵使时,叶公适以太府卿总饷淮东。将行,丞相赵公曰:"明日余知院入国门,其少需,往谒之。某且去,士论未一,非余公不能任。"庆元元年四月己未,拜右丞相。公辞免之章云:"好恶偏而党论未息,非包荒镇浮之量,何以调一于异同?"盖指是也。④

《宋史·刘颖传》亦载:

> 其为少宗正,而丞相赵汝愚适归,相遇于废寺,泥雨不能伸足,但僧床立语曰:"寄谢余参政,某虽去而人才犹在朝廷,幸善待之。"颖曰:"相公人才即参政人才也,使果贤,参政之责,非宰相之忧也。"余参政,端礼也。余继相,卒于善类多所全佑,颖之助云。⑤

---

① 《朱熹的历史世界——宋代士大夫政治文化的研究》,第668—669页。
② 《杨万里集笺校》卷一二四《余公墓铭》,第九册,第4792页。
③ 《宋史》卷二一三《宰辅表》,第5588、5590页。
④ 《杨万里集笺校》卷一二四《余公墓铭》,第九册,第4790—4791页。
⑤ 《宋史》卷四〇四《刘颖传》,第12231页。

余端礼就任丞相伊始,就明确向朝廷表明自己的政治主张是要"调一于异同",即奉行调停之策,以缓解消弭朝中的党争。他的这种立场应是由来已久,赵汝愚对此也心知肚明,故在自知不能久安相位后,便让叶适前去拜谒以示好。而在罢相后的返乡途中,赵汝愚偶遇应召还朝的刘颖,再次借他之口传信余端礼,希望余能够保全尚留在朝中的己方官员。刘颖本人在党禁之初曾向宁宗进言:"愿陛下御之以道,容之以德,不然,元祐、崇、观之事可鉴也。"①可知他也是倾向调停者,其还朝在一定程度上当给余端礼的调停增加了助力。

余端礼自庆元元年四月任右丞相,二年正月又迁左丞相,同年四月罢,前后担任宰相仅一年时间。杨万里记述了余端礼为保全赵汝愚等人,实现调停而做的数次努力称:

> 浙西常平使者黄公灏,以擅放民租远窜,知婺州黄公度,以隐庇属吏褫职罢郡,是皆有深怨者,公为执奏,止从薄罚。迨吕公祖俭南迁,救解弗获。朝士有知公者,直以公义相勉责。公曰:"某自分决当去,恐他日将有大于此者耳。"②

《宋史·余端礼传》亦记载此事。③ 黄灏与黄度皆在李心传开列的学党名单之中,其中黄灏为朱熹弟子,④与道学关系密切。庆元四年有官员弹劾其"交结伪党,专事口舌"。⑤ 他究竟如何得罪韩侂胄,不得而知。他遭贬谪在庆元元年二月二十五日,紧接着赵汝愚的罢相而发生,由浙西提举追两官放罢。⑥ 此事尚在余端礼就任宰相之前,不过其时赵汝愚已罢相,余端礼虽未

---

① 《宋史》卷四〇四《刘颖传》,第 12231 页。
② 《杨万里集笺校》卷一二四《余公墓铭》,第九册,第 4792 页。
③ 《宋史》卷三九八《余端礼传》,第 12106 页。
④ 杜范:《杜清献公集》卷一九《黄灏传》,《宋集珍本丛刊》,北京:线装书局,2004 年,第 78 册,第 480—481 页。
⑤ 《宋会要辑稿》职官七四之五,第 4053 页。
⑥ 《宋会要辑稿》职官七三之六一,第 4047 页。

出任宰相,但中枢执政中以他地位最高,他可能也是借此出面维护黄灏。至于黄度,他对韩侂胄的专权十分不满,曾上疏弹劾韩侂胄,结果"为侂胄所觉,御笔遽除度直显谟阁、知平江府"。① 但这一新任命遭黄度拒绝。不久,出知婺州。庆元元年五月,落职放罢。② 余端礼虽然有意维护黄灏、黄度二人,但最终的效果并不理想,尽管墓志称由于余端礼的救解,二人"止从薄罚",但本传则径直称二人"竟不免于罪"。③

赵汝愚罢相后,不少官员纷纷上疏挽留,其中的突出代表为吕祖俭。吕祖俭为吕祖谦之弟,属道学中人。④ 在国子祭酒李祥、国子博士杨简因上疏挽留赵汝愚而遭弹劾罢官后,他随即上书为两人辩护,并攻击韩侂胄弄权乱政。很快,朝廷即以"朋比罔上"为名,将吕祖俭安置韶州。⑤ 据上引墓志,余端礼也曾对吕祖俭加以救解,但以失败告终。这次救解的失败,也让余端礼遭受到了"公议"谴责。

不过,担任宰相期间,余端礼在调停党争上最重要的功绩,在于他有力地阻止了韩侂胄一党将赵汝愚等人定为"逆党"的企图,从而为以后松弛党禁留下了余地。墓志铭载:

> 时有贵戚,方见亲信。丞相赵公,欲疏斥之,议泄,竟以论去。道学之士,遂为深雠。依附者日众,内外相扇,浸不可制,指赵公为党魁。其薨于湖湘也,恤典未行,议论纷起。公曰:"此不可以众多之口夺也。设若有罪,某自当之。"即以复官归葬奏请,众皆不乐。⑥

"贵戚"是指韩侂胄,墓志撰写于嘉泰年间,韩侂胄权势正盛,故杨万里不能直接对其加以斥责。赵汝愚罢相后,又于庆元元年十一月遭弹劾责授宁远

---

① 《宋史》卷三九三《黄度传》,第 12010 页。
② 《宋会要辑稿》职官七三之六二,第 4047 页。
③ 《宋史》卷三九八《余端礼传》,第 12106 页。
④ 《宋元学案》卷五一《东莱学案》,第 1680—1681 页。
⑤ 《宋史》卷四五五《吕祖俭传》,第 13370 页。
⑥ 《杨万里集笺校》卷一二四《余公墓铭》,第九册,第 4792 页。

军节度副使、永州安置。① 赴贬所途中病逝于衡阳。随后,在余端礼的奏请下,朝廷同意为赵汝愚恢复原官,并允其还乡安葬。墓志中并未言及此事的结果,但据《宋宰辅编年录》载:

> (庆元)二年正月庚子,汝愚以疾薨于衡阳,得旨归葬。二月,中书舍人吴宗旦缴汝愚复官言:臣切见故相赵汝愚死于衡阳,讣音来闻,圣慈恻怛。至洒宸翰,与复元官,许其归葬,德至渥也。欲乞且令归葬,以伸陛下待遇之私。更不牵复元官,以慰天下议论之公,实为幸甚。奉旨依。②

显然,余端礼的奏请起初得到了宁宗允许,却遭中书舍人吴宗旦阻挠,最终虽未完全失败,却也打了折扣,即允许归葬,但并不复官。赵汝愚被韩侂胄等人视作伪学之党的党魁,朝廷对他的任何处置都有着重要的象征意义。如果余端礼的奏请得到了施行,在某种程度上就意味着对赵汝愚的平反。如此一来,党禁也将难以继续推行下去,这自然是不能被韩侂胄一方所接受的。从"众皆不乐"的表述中,可知余端礼在此事上的做法已引起了朝中反对赵汝愚势力的侧目。

为彻底打倒赵汝愚及其支持者,反对势力所采取的重要举措之一,就是希望能够将赵汝愚等人定性为"逆党",而个中关键就在于要证明赵汝愚在拥立宁宗之事上存有不轨之心。《宋史·赵汝愚传》载:

> 侂胄忌汝愚益深,谓不重贬,人言不已。以中丞何澹疏,落大观文。监察御史胡纮疏汝愚唱引伪徒,谋为不轨,乘龙授鼎,假梦为符。责宁远军节度副使,永州安置。初,汝愚尝梦孝宗授以汤鼎,背负白龙升天,后翼宁宗以素服登大宝,盖其验也,而谮者以为言。时汪义

---

① 《宋史》卷三七《宁宗本纪》,第720页。
② 《宋宰辅编年录校补》卷二〇,第1303页。

端行词,用汉诛刘屈氂、唐戮李林甫事,示欲杀之意。迪功郎赵师召亦上书乞斩汝愚。①

《宋史·游仲鸿传》载:

> 监察御史胡纮希侂胄意,诬汝愚久蓄邪心,尝语人以乘龙授鼎之梦,又谓朝士中有推其宗派,以为裔出楚王元佐正统所在者,指仲鸿也。②

韩侂胄一党利用符谶之说造为诬词,以坐实赵汝愚在内禅时心怀不轨,甚至有取而代之自立为帝之意。汪义端以刘屈氂、李林甫的典故,示赵汝愚以朝廷"欲杀之意",赵师召更是直接请求朝廷斩杀赵汝愚。这些无疑都是以赵汝愚意图谋反为基础的。如果这一指控坐实,党禁势必会进一步升级。可能韩侂胄等人也意识到单纯符谶之说难以令人信服,他们需要进一步搜集更为可靠的证据,其中最可信者莫过于来自内禅直接参与者的证言。为此,朝廷命令参与内禅的余端礼与赵彦逾分别撰写内禅本末呈上。此事在第一章中已有涉及,这里再稍加申论。赵彦逾因在内禅后与赵汝愚产生矛盾,韩侂胄等人刻意选择向他询问有关内禅之事,即是希望其能有意诬陷赵汝愚,以坐成谋反之实,并进而掀起大案,将赵汝愚一方势力彻底铲除。余端礼对赵彦逾的道德品格心存疑虑,担心他会借机挟嫌报复,故专门遣人远赴成都加以规劝,以便让赵彦逾在对内禅之事的叙述上,能够与自己保持一致。幸而赵彦逾并没有刻意对赵汝愚横加诬陷,在所撰《受禅本末》中对内禅的过程基本如实地加以记述。而在余端礼自己所撰的《甲寅龙飞事实》中,更是刻意突出了赵汝愚在此事中的定策之功,就连朱熹也认为该书"却不失实"。从这件事情中可以看到余端礼在阻止韩侂胄等人进一步攻击赵汝愚及其支

---

① 《宋史》卷三九二《赵汝愚传》,第 11989 页。
② 《宋史》卷四〇〇《游仲鸿传》,第 12150 页。

持者问题上的尽心竭力。

不过,虽然指控赵汝愚谋逆未能成功,但如余端礼那般刻意强调赵汝愚的定策之功也是难以令人接受的。对于韩侂胄来说,为巩固权位,不得不极力贬低赵汝愚在拥立宁宗之事上的勋绩,以抬高自身之作用。在这一问题上,余端礼与韩侂胄等人再次发生了矛盾。墓志载:

> 会贵戚除节钺,制词盛推定策之功。公不自顾计,径贴其麻,然犹使并缘事实者,其虑固深。①

庆元元年六月,韩侂胄拜保宁军节度使、提举万寿观。② 建节制词中刻意强调了韩侂胄的定策之功,引起余端礼不满,但此事究竟如何,墓志语焉不详,不过黄榦在给朱熹的信中曾提及此事,称:

> 昌黎麻辞甚褒,虽其祖之功莫能过,中有一语初云"独成与子之功"。余揆贴云"力参与子之功"。昨闻诏语,亦贴二三字,如此则余岂能久安相位哉?③

昌黎为韩氏郡望,这里用来暗指韩侂胄,余揆则是指身为宰相的余端礼。黄榦这里所说的麻辞,即是韩侂胄建节的制词。可知,制词中对于韩侂胄的定策之功颂扬备至,甚至超越了其先祖韩琦,而更重要的是制词中将拥立宁宗的定策之功全部算在了韩侂胄一人身上,称其"独成与子之功"。如此,赵汝愚等人,包括余端礼自己在内,在定策中的功劳被一笔抹杀。余端礼对此不以为然,径直将其改为"力参与子之功"。这样一来,韩侂胄就仅仅是众多定策元勋中的一个。是则在定策一事上,余端礼始终有意抑制韩侂胄,并对赵汝愚加以维护。

---

① 《杨万里集笺校》卷一二四《余公墓铭》,第九册,第4793页。
② 《续编两朝纲目备要》卷四"庆元元年六月癸酉"条,第64页。
③ 《勉斋集》卷二《与晦庵先生书》,第67册,第560页。

余端礼的这种做法势必会引起韩侂胄一党的不满,故黄榦认为"余岂能久安相位哉",并在信中推测:"何公旧物之除,意或在此也。"①何公指何澹,所谓"旧物之除"当指庆元二年正月,何澹由御史中丞除同知枢密院事之事。② 前文已提到,何澹与京镗一样,是推动庆元党禁的主要成员。他进入中枢自然具有重要的象征意义,无怪乎黄榦会疑心这是韩侂胄为排挤余端礼而设。不仅如此,在何澹进入中枢的同时,京镗也由知枢密院事进拜右丞相,而迁余端礼为左丞相。③ 余端礼独相的局面被打破。余端礼身临其境,自然会比黄榦更能直接感受到局势对自己的不利,墓志称其"知事不可复为,变不可再激,即抗章引疾"④。庆元二年四月,余端礼罢左丞相,以观文殿大学士出判隆兴府。⑤

《宋史》本传在评价余端礼时称:"端礼在相位期年,颇知拥护善类,然为侂胄所制,壹郁不惬志。"⑥从上面的分析中可以看到,余端礼在相位确实是举步维艰,他对黄灏、黄度、吕祖俭等人虽有维护之心,却有心无力,难有所成。但这并不表明他的努力全部付诸流水,在阻止韩侂胄一党将赵汝愚等人打为"逆党"之事上,在捍卫赵汝愚的定策之功和抑制韩侂胄的自我颂扬上,余端礼都取得了相当大的成就。这对于阻止党禁进一步升级,无疑起到了良好效果。杨万里称:"一时士大夫,罹祸不深,坐废不久,终当借以扶持宗社。公之为功,必有能明之者。"⑦虽不无溢美,但也是有一定根据的。

与余端礼同在中枢的另一位执政郑侨,亦是主张调停的重臣之一。郑侨,字惠叔,福建莆田人,乾道五年(1169)进士第一。他同余端礼类似,都曾是光宗的潜邸旧臣。宁宗继位后,绍熙五年(1194)十二月,郑侨自吏部尚书

---

① 《勉斋集》卷二《与晦庵先生书》,第 67 册,第 560 页。
② 《宋史》卷二一三《宰辅表》,第 5591 页。
③ 《宋史》卷二一三《宰辅表》,第 5590 页。
④ 《杨万里集笺校》卷一二四《余公(端礼)墓铭》,第九册,第 4793 页。
⑤ 《宋史》卷二一三《宰辅表》,第 5590 页。
⑥ 《宋史》卷三九八《余端礼传》,第 12106 页。
⑦ 《杨万里集笺校》卷一二四《余公(端礼)墓铭》,第九册,第 4794 页。

除同知枢密院事。庆元元年(1195)四月,迁参知政事。庆元二年正月,改知枢密院事。庆元三年正月罢,出知福州。郑侨与道学颇有渊源,他是汪应辰之婿,《宋元学案》将其视作汪应辰门人。① 而汪应辰又是朱熹从表叔,汪、朱两人交往密切,朱熹文集中便保存有诸多与汪应辰往还的信札。因为此层关系,郑侨与朱熹当早有往来。绍熙五年朱熹罢侍讲,他曾"四入札留之"。② 朱熹离朝之时给郑侨的信中也曾提及此事,云:"匆匆去国,深荷眷存,既行之后,又知榻前开陈之力,固知高明非私于某者,然不能不以为愧也。"③

不过,郑侨虽然与朱熹及道学甚有渊源,却并不属于赵汝愚一党,否则也不大可能在绍熙、庆元之际升任执政,且未受到赵汝愚罢相的影响。对于他的政治立场,《莆阳文献列传·郑侨传》载:

> 侨登二府,愈益感奋,不市恩,不干举,不立党与,不私好恶,欲以清静和平辅天子玄默之治。④

庆元三年罢政离朝时,郑侨又上疏宁宗,"请平国论而无偏听,严边防而无轻信"⑤。"不立党与",表明他与韩侂胄、赵汝愚双方都没有太密切的关系,政治上倾向中立。"不私好恶"明显是针对当时的党争而发,希望朝廷能够对争斗的双方一视同仁,从而平息争论,以实现清静和平之治。

但是在政治冲突尤为严厉的庆元初期,中立立场令他的处境颇为艰难。尽管郑侨在中枢的时间延续至庆元三年,较之余端礼更长,但他仅是数位执政之一,并无太大权力,特别是余端礼罢相后,京镗出任宰相,谢深甫、何澹、叶翥等人同为执政,整个中枢基本上为韩侂胄一党所掌控,郑侨独木难支,

---

① 《宋元学案》卷四六《玉山学案》,第 1463 页。
② 同上。
③ 《朱熹别集》卷三《郑尚书惠叔书》,《朱熹集》,第九册,第 5386 页。
④ 郑岳辑:《莆阳文献列传》卷二六《郑侨传》,续修四库全书本,上海:上海古籍出版社,1996年,第 548 册,第 250 页。
⑤ 《莆阳文献列传》卷二六《郑侨传》,续修四库全书本,第 548 册,第 250 页。

更是难以有所作为。前面分析余端礼的调停努力时已可看到,他不仅引起了韩党中人的不满,同样也受到了来自"公议"的谴责。郑侨的境遇较之余端礼更显狼狈,黄榦在给朱熹的信中提到:

> 道学之图,闻高文虎之子所为,又有一图云右道学,则以郑惠叔为首,杨元范次之,以其助佑道学也。①

高文虎是庆元年间积极反道学的代表人物,《宋史》称其"以博洽自负,与胡纮合党,共攻道学,久司学校,专困遏天下士,凡言性命道德者皆绌焉"。② 其子高似孙也与其同一立场,故作道学之图,将朝中维护道学的官员列入其中。在此图中占据榜首的就是郑侨,表明郑侨在当时必定有过不少维护道学的行为。然而,在朱熹给郑侨的信中,却对他不能阻止朝廷对道学中人的打压而加以指责。朱熹称:

> 抑时事如此,有识寒心,而参政从容其间,未肯身任其责,此亦中外所深疑者,而熹犹窃恐高明之有待而发也,不知其果然耶? 其不然耶? 如其果然,则安危之机相去日远,亦不可以少缓矣。③

所谓"时事如此",自是指当时朝廷正在进行的打击赵汝愚及道学的行为。朱熹指责郑侨身在其位,却不能对此加以阻止,似有明哲保身、尸位素餐之嫌。他认为郑侨若真有意维护道学中人,就应立即有所作为,而不该再隐忍等待。当时如朱熹一般看待郑侨的道学中人似不在少数,《莆阳文献列传》中称其时"或以侨常板(扳?)援韩侂胄,指为韩党云"。④ 这种左右受责、进退两难的处境,自然令郑侨在朝中难以安身,他在担任执政期间不断上疏求

---

① 《勉斋集》卷二《与晦庵先生书》,《宋集珍本丛刊》,第 67 册,第 560 页。
② 《宋史》卷三九四《高文虎传》,第 12033 页。
③ 《朱熹集》卷二九《与郑参政札子》,第三册,第 1248 页。
④ 《莆阳文献列传》卷二六《郑侨传》,续修四库全书本,第 548 册,第 250 页。

退即是明证。庆元三年正月,郑侨得偿所愿,出知福州,旋即致仕。朱熹称:"郑公得请奉祠,归享甲第之胜,想不复以当世为念矣。"①

郑侨罢政后,中枢的格局变为京镗独相,谢深甫由参知政事兼知枢密院事,何澹参知政事,叶翥签署枢密院事。此四人皆属较为典型的反道学派人物,与韩侂胄关系密切。可以说,此时的中枢已完全被反道学一方控制,但这是否意味着朝廷中的调停势力被完全消灭了呢?是否意味着党禁将进一步升级呢?

第二节　高宗吴皇后推动下的调停

庆元二年(1196)四月,力主调停的余端礼罢相,这为朝廷进一步打击道学势力扫除了障碍。仅仅两个月后,新任命的度支郎中、淮西总领张釜奏请"申禁伪学",②并因此而得迁左司郎中。与此同时,中书舍人汪义端"引唐李林甫故事,以伪学之党皆名士,欲根株断除之。一时号为君子,无不斥逐"。③ 很显然,朝廷中的反道学官员已着手对道学势力采取进一步的打击措施。然而此举直接引发了高宗吴皇后推动下的再度调停。李心传《道命录》记载此事云:

> 中书舍人汪义端以赵丞相之门多佳士也,引唐李林甫故事,欲根株断除之。一时善类贬斥相继,宪圣慈烈皇后闻而非之。(庆元二年)六月二十六日御笔:"今后给舍、台谏论奏,不必更及旧事,务在平正,以称朕救偏建中之意。"命下,右谏议大夫刘德秀、监察御史姚愈、张伯垓力争以为不可,乃改为"不必专及旧事"。④

---

① 《朱熹别集》卷四《林井伯书》,《朱熹集》,第九册,第5435页。
② 《续编两朝纲目备要》卷四"庆元二年六月乙丑"条,第71页。
③ 同上。
④ 《道命录》卷七上,第68页。

吴皇后为高宗皇后,宁宗即位后被尊为太皇太后,她一生历经四朝,政治阅历极为丰富,在绍熙内禅中又参与策立宁宗,地位与声望在当时无人能出其右,是能够左右朝局的人物之一。由她出面调停,较之余端礼、郑侨等人的努力,显然会引起更大震动。对于张釜、汪义端等人将对赵汝愚一党的打击进一步升级的提议,吴皇后颇不以为然。她借助宁宗御笔告诫台谏、给舍官员,对"旧事"不许再提,即不准再对赵汝愚及其支持者穷追猛打。希望借此将朝廷的政策导向"救偏建中",以维护朝局稳定。

众所周知,韩侂胄之母乃为吴后女弟,韩侂胄属吴后之侄。一般认为,韩侂胄能够专权,与他同吴后的这层关系密不可分。可能有鉴于此,对于这次调停,余英时认为韩侂胄也当"预闻其事"。也即是说该御笔也代表了韩侂胄的意思。他认为韩侂胄的目的仅仅在于打倒政敌赵汝愚,既然其时赵汝愚已死,他的个人目的已然达到,对理学集团就不再有继续穷究的必要。①

其实这个判断是有问题的,此番调停与韩侂胄并无关系,而是吴皇后在其侄吴琚的建议下所采取的行动。《四朝闻见录》载:

> (王)大受又请琚白太后,请外廷册更论往事。大受力居六七,(原注:水心先生题王大受《拙斋稿》。)然事关宫闱,联婉戚,至秘,虽韩氏亦不知。吴公琚与大受所发,固非当时外廷与武夷弟子之所知。微水心先生发明之,则后之作史者安考?②

王大受,字宗可,一字拙斋,饶州人,为叶适弟子。③ 吴琚为吴皇后弟吴益之子,为吴后亲侄,他受学于陈傅良,与道学中人交往密切。④ 王大受为吴琚

---

① 《朱熹的历史世界——宋代士大夫政治文化的研究》,第 676 页。
② 《四朝闻见录》丁集《庆元党》,第 148 页。
③ 《宋元学案》卷五五《水心学案下》,第 1815—1816 页。
④ 《宋史》卷四六五《吴琚传》,第 13592 页;《四朝闻见录》乙集《吴云壑》,第 48—52 页;《四朝闻见录》丁集《庆元党》,第 148 页。

门客,两人相交颇深,吴琚曾以异姓恩泽奏王大受为绍兴盐官。① 原来,调停之事乃是王大受通过吴琚影响吴皇后的结果。② 叶绍翁说此事颇为隐秘,就连韩侂胄也不知晓,是后来叶适在题王大受《拙斋稿》时方透露出来。叶适所作《题拙斋稿》尚存于世,可以与上文相印证。③ 但若说韩侂胄对吴琚在此事中的作为毫无察觉,似乎又有所夸张。即便果真如此,但吴琚与道学中人的关系以及他对吴后的影响也应当会引起韩侂胄的警惕。紧接着上文之后,叶绍翁记载:

> 韩已渐疑琚阴援道学,至语其兄有"二哥只管引许多秀才上门。"吴由次对,遂乞郡以出。韩一日因赏花之会,戏谓琚曰:"二哥肯为侂胄入蜀为万里之行否?"琚对以"更万里,琚亦不辞"。韩笑谓曰:"慈福岂容二哥远去? 前言固戏尔。"琚亦以他郡去。④

韩侂胄已经对吴琚援引道学中人深感不满,只是顾忌吴皇后,才未对吴琚加以严厉惩治,但吴琚最终还是未能留在朝中,接连出知江陵、庆元等地。⑤

王大受、吴琚通过吴皇后让宁宗下达的这道御笔,等于是以最高权力的形式制止了党禁的继续进行,甚至有可能让业已被打倒的道学官员重新获得启用。如此,先前的一系列反道学努力只能前功尽弃。因而御笔下达后,随即遭到了台谏官员的强烈反对。"御笔既出,韩侂胄及其党皆怒。"⑥右谏议大夫刘德秀、监察御史姚愈、张伯垓等人极力阻止此事,他们要求将御笔

① 《宋元学案》卷五五《水心学案下》,第 1815 页。

② 虞云国先生已指出此点,见《宋光宗·宋宁宗》第二章《庆元党禁》,第 156 页。

③ 《水心文集》卷二九《题拙斋诗稿》,《叶适集》,第 605—606 页。

④ 《四朝闻见录》丁集《庆元党》,第 148—149 页。

⑤ 《宋会要辑稿》载,庆元二年十月十九日,"检校少保、镇安军节度使、知江陵府吴琚,并为太尉"。(《宋会要辑稿》职官一之一四,第 2336 页)表明在庆元二年十月之前,吴琚已然出知江陵府,很可能就是在调停之事后不久。之后又"再知庆元府,位至少师,判建康府兼留守,卒"。(《宋史》卷四六五《吴琚传》,第 13592 页)是则吴琚终韩侂胄之世都未能再回朝中任职。

⑥ 《续编两朝纲目备要》卷四"庆元二年六月甲戌"条,第 71 页。

中"不必更及旧事",改为"不必专及旧事"。① 刘德秀是与京镗、何澹齐名的反道学官员,姚愈、张伯垓则皆为韩侂胄所用之台谏。②

余英时指出,不能将韩侂胄与作为其支持者的京镗等官僚集团成员完全等同,两者在打击赵汝愚及其支持者问题上有着共同目标,但韩侂胄对于官僚集团将理学集团完全摈除在权力中心之外的企图,并没有太大兴趣。这个判断是有一定道理的,他据此推断此次吴皇后的调停也是得到了韩侂胄的支持。③ 那么《续编两朝纲目备要》中所说的御笔下达后"韩侂胄及其党皆怒",是否就是虚饰之词呢? 其实不然,从上文的分析已可知,此次调停并不出于韩侂胄之意。对于他来说,也许对调停并不反感,但问题在于,这次宁宗的御笔乃是吴琚通过吴皇后而推动之结果,完全绕开了韩侂胄。现有研究已指出,韩侂胄之所以能够专权,一个很关键性的手段就是通过对御笔的控制。④ 吴琚利用自己与吴皇后的亲密关系而操纵御笔,于他而言实是一个危险的信号,他震怒的原因当在于此。更何况对于他来说,即便要松弛党禁,这个"恩德"也必须出于自家之手,否则也无法起到化解与道学中人积怨的目的。而作为其党羽的官僚集团,则当如余英时所言,其不满源于御笔的内容。⑤

① 既往学者多认为所谓"御笔"就是皇帝绕过中枢直接处理朝政的"非法"命令,但近来方诚峰、周佳等皆已指出这种观点并不正确。他们认为,一般来说,"御笔"是皇帝下达给中枢的命令,它还需要经由中枢制成正式诏令才能向外发布。而在此过程中,中枢的官员就有机会对"御笔"发表自己的意见,若不同意,甚至可予以驳回。(方诚峰:《北宋晚期的政治体制与政治文化》,第165—168页;周佳:《北宋中央日常政务运行研究》,北京:中华书局,2015年,第450—452页)吴皇后通过宁宗所下达的御笔应该也是如此,它在到达中枢后,遭到台谏官员的激烈反对,最终被迫做出修改。

② 《道命录》卷七下,第78页。

③ 《朱熹的历史世界——宋代士大夫政治文化的研究》,第676页。

④ 韩冠群:《从宣押入内到独班奏事:南宋韩侂胄的专权之路》,《北京社会科学》2016年第4期。

⑤ 余英时认为官僚集团对道学的攻击源于他们一贯的反道学立场,其实未必全然如此。京镗等人皆是在绍熙末、庆元初,通过与韩侂胄的联合,在排挤打压赵汝愚及其道学支持者的过程中取得了权势。经此一役,他们的政治生命都与党禁联系到了一起。因此,无论他们此前对道学的态度如何,他们都不得不与道学中人处于势不两立的境地,出于个人的仕宦前途计,他们都会坚决反对朝廷对党禁的松弛。

　　面对来自台谏官员的阻挠,吴皇后也不得不做出让步,同意将御笔中
"不必更及旧事"改为"不必专及旧事"。① 通常认为,庆元年间吴皇后的调
停至此已宣告失败。② 表面来看确然如此,但实际上党禁正是在此后不久
被打开了缺口,其契机是庆元二年六月,也就是御笔事件发生的同月稍后,
宁宗皇子赵埈的出生。李心传在《道命录》中称:

　　　　庆元二年六月,上始得子,太皇太后命礼部、太常寺、国史院讨论典
　　礼,校书郎陈岘寿南以为可因此还流人之在岭外者,同列难之。已而用
　　七月十一日德音,移子宜(笔者按:即徐谊)袁州安置。③

宁宗所得之子,即皇子赵埈。《朝野杂记》载:

　　　　兖冲惠王埈,上第二子也,庆元二年六月生……七月丙戌,德音降
　　天下死罪囚,释流以下……戊子,流人吕祖俭、徐谊等省量移内郡。④

赵埈虽为宁宗第二子,但宁宗第一子出生不久便夭折,⑤赵埈实为宁宗长
子,又为正宫韩皇后所生,这对于高宗吴皇后、宁宗自属重大喜事,故而吴皇
后要专门下诏礼部等机构讨论典礼。同时,降德音于天下。校书郎陈岘趁
机建议朝廷将遭流放至岭南者召还。从"同列难之"之语中可以窥见当时朝
中必有不少官员反对,但此事最终得以成行,显然不是出于陈岘本身的力
量,而应是吴皇后与韩侂胄的推动。吴皇后本就有意实行调停,无奈遭到台
谏官员的有力阻挠,不得不做出让步。皇子的出身恰好为其旧话重提提供
了一个再好不过的契机。

---

① 《续编两朝纲目备要》卷四"庆元二年六月甲戌"条,第71页。
② 顾宏义:《范纯仁论朋党——兼析元祐年间"调停"说的起因与影响》,《河北大学学报(哲
学社会科学版)》2009年第3期。
③ 《道命录》卷七下,第78页。
④ 《朝野杂记》甲集卷一《兖冲惠王》,第47—48页。
⑤ 《朝野杂记》甲集卷一《邵悼肃王》,第47页。

对于韩侂胄来说,由于他与韩皇后的密切关系,皇子的出生对于保证他未来的政治地位,可谓至关重要。这于他而言无疑也是一件令人愉快之事。在韩侂胄看来,先前阻挠吴皇后御笔可能已引起双方嫌隙,趁此机会迎合吴皇后,恰可加以弥补。更重要的是正如余英时所说,韩侂胄在赵汝愚死后,对继续打击道学中人本就无甚兴趣,他也可趁此机会主动安抚那些遭到贬谪的道学中人,缓和矛盾,以避免日后报复之祸。陈岘的话当是迎合了吴皇后与韩侂胄的这种心理需要,故一拍即合。吕祖俭、徐谊等人就是在这种情势下得到了量移的恩泽。

前文提及吕祖俭因挽留赵汝愚攻击韩侂胄而得罪,于庆元元年四月责令韶州安置。不过,当时朝中有人规劝韩侂胄,称:"自赵丞相去,天下已切齿,今又投祖俭瘴乡,不幸或死,则怨益重,曷若少徙内地。"为韩接受,"祖俭至庐陵,将趋岭,得旨改送吉州"。① 但庆元元年,赵汝愚虽罢相,尚未身死,对韩侂胄等人的威胁还在,故韩侂胄对吕祖俭的处置只是偶一为之,并不表示已有放松党禁的打算。至庆元二年,赵汝愚一党基本被打垮,故韩侂胄已有意配合吴皇后缓和与道学中人的冲突。此时所针对的不再是个别之人,而是具有了一定的普遍性。《宋史》本传称吕祖俭"遇赦,量移高安"。② 所指即是此番降德音之时。

此次量移的另一位代表人物徐谊,字子宜,乾道八年(1172)进士,在宁宗即位后知临安府。他为赵汝愚亲信,"汝愚雅器谊,除授建明多咨访,谊随事裨助,不避形迹"。③ 曾提醒赵汝愚警惕韩侂胄。后又因"吏部侍郎彭龟年论侂胄罪状,侂胄疑汝愚、谊知其情,益怨恨",④遭刘德秀、胡纮弹劾,于庆元元年九月责授惠州团练副使,南安军安置。⑤ 对于徐谊此次量移,据说亦与王大受有关。叶适《题拙斋诗稿》称:

---

① 《宋史》卷四五五《吕祖俭传》,第13370页。
② 同上。
③ 《宋史》卷三九七《徐谊传》,第12084页。
④ 《宋史》卷三九七《徐谊传》,第12085页。
⑤ 《宋会要辑稿》职官七三之二一,第4027页。

> 庆元初,徐谊以忠被谴,徙南安军,势汹汹未已。君(笔者按:即王大受)谋为薄谊罪者。一日,韩侂胄女归宁,忽致谊书,侂胄发函怆然,即移袁州。①

王大受通过韩侂胄之女将徐谊的书信传达给韩侂胄,书中内容为何不得而知,想必是涉及了徐谊在贬谪地的艰难处境,令韩侂胄受到触动,最终同意将徐谊量移袁州。由此表明,此次朝廷颁行德音量移吕祖俭、徐谊等人,确实与韩侂胄的认可密切相关。

第三节　新一轮反道学行动的展开

尽管吕祖俭与徐谊等人只是从岭南被量移至内地,并不表示为赵汝愚及道学平反,但在此过程中,吴皇后与韩侂胄皆表露出了明显的调停倾向,意味着党禁出现了松动,进一步放开党禁已指日可待。朝中的反道学势力自然不会对此无动于衷,他们很快就做出了反应。庆元二年八月九日,也就是朝廷降下德音仅仅一个月,太常少卿胡纮奏请朝廷"住进拟伪党"。② 在上疏中,胡纮称:

> 比年以来,伪学猖獗,图为不轨,摇动上皇,诋诬圣德,几至大乱。赖二三大臣台谏出死力而排之,故元恶殒命,群邪屏迹。自御笔有救偏建中之说,或者误认天意,急于奉承,倡为调停之议,取前日伪学之奸党次第用之,或与宫观,或与差遣,以冀幸其他日不相报复。往者建中靖国之事,以可为戒。陛下何未悟也……宜且令退伏田里,循省愆咎,革去旧梁,濡慕圣化,然后徐区处之,置于无甚事权之地,岂可容其并进?

---

① 《水心文集》卷二九《题拙斋诗稿》,《叶适集》,第606页。
② 《续编两朝纲目备要》卷四"庆元二年八月丙辰"条,第72页。

愿陛下宣谕宰执,凡伪学之党曾经台谏论列者,并与权住进拟,勿启其经营求进之心。①

从这里可以看出,六月的宁宗御笔虽然最终未能如愿颁行,但其中的反复让吴后的调停意向为朝野所知,而因皇子诞生给予吕祖俭等人的量移,又透露出韩侂胄的调停倾向,这让朝中主张调停的官员深受鼓舞。胡纮说当时"或者误认天意,急于奉承",表明他已经感受到了朝中调停官员的"蠢蠢欲动",若任其发展,党禁很快就会出现进一步松动,所以他积极要求朝廷立即停止"进拟伪党",以阻止对道学中人的重新启用。胡纮上疏所代表的绝非是他个人之主张,而是整个反道学官员的意见,所以很快就起到了明显效果。

上疏仅两天后,胡纮迁起居舍人,而这一时期主张调停的官员则开始受到清算。六月的御笔事件中,尽管刘德秀等台谏官员大多持坚决反对立场,但其中任殿中侍御史的黄黼却没有采取同一步调,而是单独上书支持吴皇后的决定。《续编两朝纲目备要》载:

> 御笔之出也,黄黼为殿中侍御史,独上言:"治道在黜其首恶而任其贤,使才者不失其职而不才者无所憾。故仁宗尝曰:'朕不欲留人过失于心。'此皇极之道也……"疏奏,黼竟徙它官,未几罢去,而姚愈迁殿中侍御史。②

黄黼主张"黜其首恶而任其贤",所谓"首恶"当是指赵汝愚,可知他并没有否定韩侂胄等人对赵汝愚的定性,但同时他又希望朝廷能够捐弃前嫌,启用因与赵汝愚有牵连而遭到打击的诸贤,这毫无疑问是一种折衷调停的思想。《宋会要辑稿》载:

---

① 《道命录》卷七上《胡纮论伪学猖獗图为不轨岂可容其并进》,第67—68页。
② 《续编两朝纲目备要》卷四"庆元二年六月甲戌"条,第71页。

（庆元二年）八月十三日，诏权兵部侍郎黄黼放罢，与祠禄。以臣僚言黼昨为台端，因被御札不必言人隽事，同官姚愈等欲与同具奏，回天听，却乃峻拒，续遣人取札衔，潜入一札，小帖稍符臣等之说，人皆骇听。①

黄黼在进言后随即改任权兵部侍郎，至八月十三日，即胡纮上疏四天后，遭到罢免。李心传据此将其列入学党名单，②但他其实明显算不上是赵汝愚一党，也非道学之徒。黄黼出任殿中侍御史之初，黄榦在给朱熹的信中提及此事，称："黄元章除殿院，盖实尝与昌黎有雅好，但黄亦善人，想亦不敢为已甚也。"③黄元章即黄黼，昌黎是韩侂胄。黄黼既与韩侂胄相交好，而黄榦又称其为"善人"，当是指其对道学中人并不排斥。结合他在调停之事中的表现，可知黄榦的预测是准确的。

德音事件中率先提议朝廷召还岭南谪官的陈岘，也在此后受到了弹劾。真德秀在为陈岘所撰写的墓志中称他"迁校书郎、秘书郎，后省封还除书，指公为故相赵公党，黜知全州。"④陈岘任秘书郎在庆元三年三月，⑤他应该就是在此时遭到弹劾，被指为赵汝愚一党而黜知全州。陈岘对韩侂胄的专权本有不满，曾在召试学士院的对策中抨击韩侂胄借御笔以弄权。⑥ 但他与赵汝愚也未见有密切关系，《宋元学案》中将他列为赵汝愚同调，⑦其根据也仅仅是他因被指为"故相赵公党"而遭贬谪。他的立场当与黄黼类似，是倾向于调停，而不属于任何一党，只是在遭到弹劾时才被指为赵汝愚党人。李心传后来又将他编入学党名籍，作为道学领袖的真德秀又亲自为其撰写墓铭，以至让后人对他的政治立场产生误解。

---

① 《宋会要辑稿》职官七三之二二，第 4027 页。
② 《朝野杂记》甲集卷六《学党五十九人姓名》，第 139 页。
③ 《勉斋集》卷二《与晦庵朱先生书》，第 67 册，第 560 页。
④ 《西山文集》卷四四《陈公墓志铭》。
⑤ 佚名：《南宋馆阁续录》卷八，武林掌故丛编本，台湾：京华书局，1967 年。
⑥ 《西山文集》卷四四《陈公墓志铭》。
⑦ 《宋元学案》卷四六《玉山学案》，第 1460 页。

不过,这一时期对于反道学官员来说,为制止调停所采取的一个更为重要的举措,是开始将攻击的矛头指向朱熹。朱熹早在绍熙五年(1194)宁宗即位后不久便罢侍讲,但当时宁宗御批给出的理由是"悯卿耆艾,恐难立讲,已除卿宫观。"故授朱熹焕章阁待制、提举南京鸿庆宫。① 因此,名义上说朱熹罢侍讲除宫观并不算是一种贬黜。此后,在朝廷清算赵汝愚一党时期,朱熹一直都没有受到波及。在此期间,朱熹曾先后六次上疏朝廷,请求追还待制职名,并请求致仕。《宋史》本传称:"熹始以庙议自劾,不许,以疾再乞休致,诏:'辞职谢事,非朕优贤之意,依旧秘阁修撰。'"②朝廷在朱熹的一再请求下,也仅仅是追还了待制职名,依旧授其秘阁修撰,同时不允其致仕。但至庆元二年十二月,监察御史沈继祖公然上疏弹劾朱熹,开列其十大罪状。③ 宁宗诏朱熹落秘阁修撰,罢宫观。④ 一并遭到弹劾的还有朱熹弟子蔡元定,被编管道州。⑤

朱熹是当时道学士大夫的领袖,他被落职罢祠实具有重要的象征意义,标志着新一轮对道学攻击的开始。庆元三年二月,

> (大理司直邵褒然)请诏:"大臣自今权臣之党、伪学之徒不得除在内差遣。"诏下其章。⑥

邵褒然的奏请是对胡纮上疏的响应,看来也得到了朝廷的积极回应。同年六月,又有臣僚上言称:

> 伏见近日伪学荒诞迂阔之说遍天下,高官要职,无非此徒。陛下灼见其奸,特诏非廷试、省试与两优释褐第一人,不除职事官,可谓公选

① 《宋史》卷四二九《朱熹传》,第 12767 页。
② 同上。
③ 《道命录》卷七上《沈继祖劾晦庵先生疏》,第 69—71 页。
④ 《续编两朝纲目备要》卷四"庆元二年十二月"条,第 73 页。
⑤ 《宋史》卷四三四《蔡元定传》,第 12875 页。
⑥ 《续编两朝纲目备要》卷五"庆元三年二月丁巳"条,第 79 页。

矣。三十年来,伪学显行,场屋之权,尽归三温人,预说试题,阴通私号,所谓状元、省元与两优释褐者,若非私其亲故,即是其徒。若专守此格,恐伪学之徒,展转滋甚。伏望明诏大臣,审察其所学,而后除授。①

自孝宗朝以来,道学对于科举的影响越来越大已是不争的事实。为了尽量阻滞隔断道学中人的进身之阶,党禁期间朝廷曾特诏规定"非廷试、省试与两优释褐第一人不除职事官"。但在该臣僚看来,这一规定无法有效起到阻止道学中人入朝的作用,因为这些廷试、省试与两优释褐的第一人也大多是道学中人,他主张朝廷除授职事官不当仅根据其在科举中的名次,而应具体审查其所学,以彻底将道学中人排挤在外。在此之前,朝廷曾有诏"监司帅守荐举改官,并于奏牍前声说:'不是伪学,如是伪学,甘伏朝典。'"②该臣僚的建议即本此而来。朝廷最终接受了这一奏请。

至闰六月,朝散大夫刘三杰上疏朝廷,称:"今日之忧有二:有边境之忧,有伪学之忧。"他指责赵汝愚与道学中人相勾结,图谋不轨,"至汝愚,则素怀不轨之心,非此曹莫与共事,而此曹亦知汝愚之心也,垂涎利禄,甘为鹰犬,以觊幸非望。"以至于"前日之伪党,至此变为逆党矣。"要求朝廷对此严加防范。③ 党禁之初,反道学势力就曾有意将赵汝愚一方定性为"逆党",因余端礼的调停而告失败。至此时,刘三杰旧事重提,再次试图向朝廷证明赵汝愚在内禅时有不轨之心。而且,刘三杰还攻击周必大、留正等皆与道学之人相勾结。就在同月,留正责授中大夫、光禄卿,分司西京,邵州居住,责授制词中称他"口正而心邪,色厉而内荏,曩要君而固位,专植党以盗权"。④

庆元三年九月,又有臣僚上疏论伪学之祸,"望申饬大臣,鉴元祐调停之说,杜其根源。"⑤再度重申对调停的反对。至十二月,就发生了王沇奏请朝廷立伪学党籍之事。王沇的奏请如果得以施行,对道学及道学中人所能造

① 《道命录》卷七下《言者论廷省魁两优释褐皆伪徒不可轻召》,第75页。
② 《道命录》卷七下,第75页。
③ 《道命录》卷七下《刘三杰论伪党变为逆党防之不可不至》,第76页。
④ 《宋会要辑稿》职官七三之二三,第4028页。
⑤ 《庆元党禁》,第17页。

成的冲击,将是难以估量的。这一建议的提出可以视作是自庆元二年下半年,朝廷上所掀起的新一轮攻击道学行动的高潮。

　　然而,这一动议却因黄由与费士寅的反对,最终未能施行。黄由是当时较为典型的主张调停之人,这在前文有关庆元五年科举的论述中已有过分析。费士寅,字戒父,成都人,淳熙二年进士,①嘉泰年间官拜执政。他与赵汝愚和道学皆没有渊源。关于他的政治立场,《续编两朝纲目备要》称其"自为右史至执政,适当伪学之祸,往往因事救解,侂胄颇从之。"②"右史"即为起居舍人之别称,费士寅出任起居舍人在庆元四年二月。③ 可知,他的政治立场与黄由类似,亦属调停者。李心传说他其时"新为侂胄所爱",而时任礼部侍郎的何异也曾赞叹黄由在置籍之事上"能回用事者之听"。④ "用事者"即指韩侂胄。这些表明,此时的韩侂胄也逐渐倾向于调停,在他周围开始出现一批主张调停的官员,费士寅与黄由是其代表。

　　置籍之事的失败令新一轮反道学的行动遭受挫折,但在此事结束不久,庆元四年四月,右谏议大夫姚愈继续攻击道学,上言:"近世行险侥幸之徒,倡为道学之名,权臣力主其说,结为死党。愿下明诏,播告天下。""谏议张釜亦以为言。"⑤姚愈与张釜同时上疏,表明这可能是台谏官员的一次联合行动。宁宗接受了他们的奏请,于五月下诏"禁伪学"。该诏书由高文虎起草,文中斥责道学:"窃附于元祐之众贤,而不思实类乎绍圣之奸党。"并称:"朕既深诏一二大臣与夫侍从言路之官,益维持正论,以明示天下矣。谕告所抵宜改视回听,毋复借疑似之说,以惑乱世俗。"⑥这是以诏令的形式重申朝廷对党禁的坚持,以压制朝中正在兴起的调停论。

　　有意思的是,就在宁宗应姚愈请求而降诏禁伪学的同时,有关重新启用道学中人的行动也正式展开了。《道命录》载:

---

① 《南宋馆阁续录》卷七。
② 《续编两朝纲目备要》卷八"开禧元年三月癸未"条,第149页。
③ 《南宋馆阁续录》卷八。
④ 《续编两朝纲目备要》卷五"庆元五年正月乙卯"条,第89页。
⑤ 《续编两朝纲目备要》卷五"庆元四年五月己亥"条,第85页;《庆元党禁》,第17页。
⑥ 《续编两朝纲目备要》卷五"庆元四年五月己亥"条,第85页。

先是姚愈乞降诏,戒饬伪邪之徒,温人有为薛叔似象先、叶适正则
地者,以天运循环无往不复之说感侂胄,乃起象先、正则典州郡。象先
尝为户部侍郎,正则太府卿、淮东总领,皆坐赵丞相累罢斥者也。①

薛叔似于庆元四年五月差知赣州。② 而周梦江也考订叶适曾于庆元四
年获朝廷拟差知衢州。③ 可知,正是在庆元四年五月,即朝廷降诏禁伪学
的同一时间,薛叔似和叶适这两位赵汝愚"党人"被重新启用,双双出任
知州。④

较之于庆元二年吕祖俭、徐谊等人的量移,薛叔似与叶适的除郡显然是
对党禁的更大冲击。两个月后,直宝文阁丁逢请求朝廷勿用伪党。关于此
事的背景,《续编两朝纲目备要》载:

逢以都大川秦茶马入见,极论元祐、建中调停之害,且引苏辙、任伯
雨之言为证。时薛叔似、叶适坐汝愚党久斥,皆起家为郡,故逢有是言。
宰执京镗、何澹大然之,翌日遂除军器监。⑤

丁逢的建议是直接针对五月薛叔似、叶适的重新启用而发。苏辙与任伯雨
皆为北宋后期名臣,他们分别在元祐、建中年间,对当时朝廷上兴起的调停

---

① 《道命录》卷七下,第80页。
② 金柏东等编著:《温州名胜古迹》《薛叔似圹志》,北京:作家出版社,1998年。
③ 周梦江:《叶适年谱》(二),《温州师范学院学报(哲学社会科学版)》1994年第4期,第
72页。
④ 李心传说两人之启用,是有"温人"在韩侂胄面前游说之结果。此"温人"究竟为谁,材料
中没有明言。据笔者推测,很可能是许及之,原因有二:第一,许及之为温州永嘉人,是薛叔似和叶
适的同乡。许及之早年声誉颇佳,孝宗末年,曾与薛叔似一同出任新设立的拾遗、补阙之职,攻罢宰
相王淮。他与薛叔似、叶适等当有密切交往。庆元党禁开始后,薛叔似、叶适遭黜,而许及之因迎合
韩侂胄而留在朝中,但他与薛、叶等人的私交未必受到太大影响;第二,许及之恰好在薛、叶重新启
用后不久拜同知枢密院事,据说这是他向韩侂胄哀乞之结果,他也由此成为著名的"屈膝执政"。
(《续编两朝纲目备要》卷五"庆元四年八月丙子"条,第86页)表明这一时期他应该颇得韩侂胄赏
识,有能力对韩产生影响。置籍事件中韩侂胄已显露出调停之意,许及之趁此机会为薛叔似、叶适
说情,其可能性是很大的。
⑤ 《续编两朝纲目备要》卷五"庆元四年七月己未"条,第86页。

之说进行过激烈批判。① 故丁逢引用此两人的言论以增强自身之说服力。

丁逢的奏请得到宰相京镗、参政何澹的青睐,随即获得了擢升军器监的奖赏。于此可见,当时以京镗为首的中枢乃是调停的主要反对者。在调停问题上,他们与韩侂胄已经出现分歧。身在家中的朱熹对朝廷上的这种状况也有所感知。在给黄榦的信中,他说道:

> 近事似稍宁息,而求进者纳忠不已,复有苏辙、任伯雨之奏,想已见之,大率是徐、叶耳。然似此纷纷,何时是了?两日无事,闲读《长编》,崇观以来,率是如此,甚可惧也。②

在李心传开列的五十九人学党名单中,无一人是在庆元四年遭到贬谪,相反薛叔似、叶适还获得了重新启用,朱熹感觉"近事似稍宁息"是有根据的。但丁逢之类的"求进者",在朱熹看来却可能让事情再起波澜。结合北宋崇宁、大观年间的历史教训,他意识到道学中人的前途并不乐观,故感到"甚可惧也"。事实证明,他的这种感觉不是没有道理的,很快朝中就掀起了新一轮攻击道学的浪潮。

第四节 庆元五年的反道学浪潮

庆元五年(1200)正月,爆发了震动一时的蔡琏告赵汝愚有异谋事件。《续编两朝纲目备要》载:

---

① 《宋史》卷三三九《苏辙传》载:"自元祐初,一新庶政,至是五年矣。人心已定,惟元丰旧党分布中外,多起邪说以摇撼在位,吕大防、刘挚患之,欲稍引用,以平夙怨,谓之'调停'。宣仁后疑不决,辙面斥其非。"于是"'调停'之说遂已。"(第10829页);《宋史》卷三四五《任伯雨传》载:"建中靖国改元,当国者欲和调元祐、绍圣之人,故以'中'为名。伯雨言:'人才固不当分党与,然自古未有君子小人杂然并进可以致治者。盖君子易退,小人难退,二者并用,终于君子尽去,小人独留。……不可以不戒。'"(第10965页)。

② 《朱熹续集》卷一《答黄直卿书》,《朱熹集》,第九册,第5143页。

> (蔡)琏初为枢密院直省官，赵汝愚定策时，琏从旁窃听，欲行漏泄，汝愚觉而囚之。上即位，遂从轻决配。去年冬窜归辇下，用事者闻之，以为奇货，乃使琏排日供具汝愚当定策时有异谋，凡往来宾客所言共七十余纸，文书既就，乃议送大理。①

自党禁开始以来，反道学官员就一直试图证实赵汝愚在拥立宁宗时图谋不轨，进而将赵汝愚及其支持者定为"逆党"。但余端礼、赵彦逾等内禅的参与者都给出了有利于赵汝愚的证词，使得反道学官员的企图落空。后来刘三杰虽在奏疏中再度指责赵汝愚等人为"逆党"，也因缺乏有力证据而未取得实际效果。所以，当曾担任赵汝愚属僚直接参与内禅，而又与赵汝愚有矛盾的蔡琏回到临安时，自然就成为反道学官员可资利用的不二人选。他们让蔡琏提供有关赵汝愚定策时有"异谋"的"证据"，并送至大理寺。

此事发生后，"侂胄之党欲捕(彭)龟年、(曾)三聘及徐谊、沈有开、叶适、项安世等送棘寺。"②彭龟年、曾三聘等人皆是内禅的参与者，且此前都已作为赵汝愚一党而遭到贬谪。现在借助蔡琏案而将他们再次逮捕，无疑是准备对他们进行进一步打压，以重新推动党禁。不过，此事遭到中书舍人范仲艺、吏部侍郎张孝伯的阻挠。《续编两朝纲目备要》载：

> 张孝伯为吏部侍郎，过(范)仲艺曰："蔡琏之事，仪同(笔者按：指韩侂胄)意毋它，第欲呼近上三数人一问之，以实此事，舍人盍分别言之？"仲艺力言其不可，孝伯曰："见无礼于君者，如鹰鹯之逐鸟雀，使数人之事成，置主上于何地？舍人奈何欲庇之耶？"仲艺曰："不然。自顷岁已来，朝廷行遣诸人不为不尽，今无故捕从官、朝士数十人付之有司，岂不骇四方之观听？"孝伯唯否而去。其后乃知孝伯已见侂胄力争之，而姑以见试耳。

---

① 《续编两朝纲目备要》卷五"庆元五年正月庚子"条，第87—88页。
② 《庆元党禁》，第18页。

夜,仲艺直后省,遂草驳奏。翼日袖录黄以诣侂胄,语之曰:"……章、蔡之权不为不盛,然至今得罪于清议者,以同文之狱故耳。相公勋业如此,胡为蹈之?"侂胄曰:"某初无此心,以诸公见迫,不容但已。"问其人,乃知京镗诸人与吏部尚书刘德秀实主此议。仲艺具以告孝伯之说告之,侂胄释然曰:"录黄何在?"仲艺曰:"在此。"侂胄取而藏之,事遂格。既而谏官张釜、陈自强,御史刘三杰、张岩、程松连疏有请,诏以累经赦宥,于是彭龟年追三官,勒停,曾三聘追两官,而蔡琏补进义副尉云。[1]

范仲艺在对张孝伯的话中提到朝廷准备"捕从官、朝士数十人付之有司",可知当时反道学官员准备掀起的确实是一起空前大案。面对范仲艺的责问,韩侂胄称自己并没有掀起这种大狱之心,只是迫于京镗、刘德秀等人的压力方如此。在前面的分析中知晓韩侂胄其时已倾向调停,并重新启用了薛叔似、叶适,表明他对范仲艺所言是可信的。结合之后谏官张釜、陈自强,御史刘三杰等人的穷追不舍,就再次证实,当时反对调停力主党禁的主要力量即来自于以京镗为首的中枢以及台谏势力。那么对此次大狱加以阻止的范仲艺、张孝伯,又是何许人呢?

范仲艺,字东叔,成都人,乾道五年(1169)进士,[2]为北宋名臣范祖禹之后。范氏一门在南宋时期与道学关系颇为密切。范仲艺之弟范仲黼,字文叔,为张栻门人,是将南轩之学传播至蜀中的代表人物,世称月舟先生。而范仲黼之从侄范子长、范子垓亦为南轩门人,叔侄三人皆居二江九先生之列。[3] 此外,范仲黼为留正门客,庆元二年刘德秀弹劾留正,同时弹劾仲黼"附和伪学,奴事陈傅良",从而遭罢免。[4] 出身于这样的家庭,范仲艺当不大可能是反道学之徒。不过《宋元学案》并未提及范仲艺,而在其弟范仲黼

---

① 《续编两朝纲目备要》卷五"庆元五年正月庚子"条,第88页。

② 《南宋馆阁续录》卷九。

③ (元)费著:《氏族谱·范氏》,《全蜀艺文志》卷五三,北京:线装书局,2003年;《宋元学案》卷七二《二江诸儒学案》,第2410—2411页。

④ 《续编两朝纲目备要》卷五"庆元五年七月癸丑"条,第93页。

被列入伪党的情况下,范仲艺并未受到波及,表明他的党派色彩并不明显,当属中立之人,故而他此番阻挠京镗等人应是一种调停之举。

张孝伯,字侣之,和州人,隆兴元年(1163)进士,①为张孝祥之弟。他在庆元年间仕途通畅,庆元初出任监察御史,②庆元四年正月任权刑部侍郎,至八月,又迁为吏部侍郎。③ 担任台官期间,他曾出面维护赵汝愚的亲信游仲鸿,使其免遭窜逐之罚。④ 力主党禁的京镗于庆元五年八月去世后不久,张孝伯劝说韩侂胄,"以为不弛党禁,后恐不免报复之祸。""侂胄以为然。"⑤刘宰也称张孝伯"颇以调娱时事自任"。⑥ 看来,他自始至终都是一位主张调停的官员。

京镗等反道学势力处心积虑掀起的这次大案,因范仲艺、张孝伯在韩侂胄面前的力争,得以冰消瓦解,但来自张釜、陈自强、刘三杰等台谏官员的压力,却迫使朝廷依旧对彭龟年、曾三聘等人进行了惩处,"彭龟年追三官,勒停,曾三聘追两官。"相较于"谋逆"之罪,这种惩处更多显现的是一种象征意义。不过,此次案件虽未对道学中人造成实际伤害,但在心理上还是造成了不小的震动。《朱子语类》载:"时'伪学'之禁严,彭子寿镌三官,勒停。诸权臣之用事者,睥睨不已。先生曰:'某今头常如黏在颈上。'"⑦其影响可见一斑。

约略与蔡琏案相先后,反道学官员又意图借助地方科考策题事件掀起大案,以打击道学。《续编两朝纲目备要》载:

> 先是,去年(庆元四年)三月,(果州学官王)莘与西充县丞任逢俱被檄考春试,莘昌州,逢泸州。逢当发策问"今日内外轻重之弊",其末

---

① 《南宋馆阁续录》卷九。
② 《宋会要辑稿》职官七三之六三,第 4048 页。
③ 《南宋馆阁续录》卷九。
④ 《宋史》卷四〇〇《游仲鸿传》,第 12150 页。
⑤ 《宋史》卷四七四《韩侂胄传》,第 13774 页。
⑥ 《漫塘文集》卷三〇《故知潮州侍左林郎中墓志铭》,《宋集珍本丛刊》,第 72 册,第 479 页。
⑦ 《朱子语类》卷一〇七,第 2671 页。

云："汉唐之际，亦有当王凤辅政，虽为所举，非凤专权，不亲附凤者；亦有因重梨园乐工，请解官出外，洁介自守，不诣牛仙客者。今欲居班列者，各知所以砥节厉行，销去私意，无入而不知出之病，无愧于不附凤、不诣仙客之人，何术可以臻此？"策题申至，礼部侍郎胡应期摘其语为韩侂胄言之，侂胄怒。先是，发策相类者三人，一在蜀，一在广，一在闽，其二人则陈一新、林复之也。执政欲并治之，张岩为监察御史，即奏疏论去年诸路解试举人，有义题断章及策题纰缪，援引失当，中有涵蓄不尽者，意不在莘也。①

王凤、牛仙客皆为汉唐时期权重一时的宰相，王凤更是以外戚身份专断朝政，这与韩侂胄的情形非常相似，故而胡应期很容易就借此激怒了韩侂胄。韩侂胄是当时朝政的主导者，若无他的支持，对道学的攻击是难以奏效的。而在庆元年间韩侂胄很早就表现出了调停意向，先前的反道学官员数次攻击道学的行动，都因没能得到韩侂胄的认可而未取得多少实际效果。所以胡应期摘录地方科考策题中的文字以激怒韩侂胄，当是刻意为之的结果，以便争取韩侂胄的支持。王莘、任逢、陈一新、林复之等人分别为四川、广南、福建的官员，他们被挑拣出来，材料中说当时"执政欲并治之"，大概是意图营造出一种道学势力遍布各地，依旧树大根深，且对韩侂胄心存不满的氛围。所谓"意不在莘也"，当即指此。

对于中枢执政与台谏官员这次别有用心的举动，再次遭到了调停官员的阻碍。《续编两朝纲目备要》紧接着上文写道：

中书舍人范仲艺初闻其事，以告礼部尚书黄由，由诣宰执京镗、谢深甫、何澹、许及之诸公争之，皆不纳，由不得已，作书具陈利害，为侂胄言之，侂胄虽勉从而犹未平也，然（任）逢坐是得免，而（王）莘所出问题自'夏暑雨'至'文王谟当时实恶暑雨祁寒'之语，而但以断章

---

① 《续编两朝纲目备要》卷五"庆元五年正月乙卯"条，第88—89页。

为名,故有是命……时部使者欲举逢改京秩者数人皆惧而止,然事竟释矣。①

力主调停的范仲艺和黄由,先是去劝说京镗、谢深甫等中枢宰执,没有达到目的。接着又去游说韩侂胄。由于此次策题有影射自己之嫌,韩侂胄不能全无芥蒂,但终究还是勉强接受了范、黄的意见。这一方面可以看到当时朝政的主导权掌握在韩侂胄手中,另一方面也已明显暴露出韩侂胄与中枢宰执在道学问题上的分歧。最终,事件的直接责任者任逢、王莘双双遭到罢免,但事情并未能如京镗等人最初打算的那样进一步牵连波及其他道学中人。

紧接着科举策题案发生的是刘光祖被贬,《续编两朝纲目备要》载:

> 去岁(庆元四年)光祖撰《涪城学记》有"世方以道为伪,而以学为弃物。夫好恶出于一时,是非定于万世。学者盍谨所先入以待豪杰之兴"之语。至是谏议张釜劾光祖佐逆不臣、蓄愤、怀奸、欺世、慢上五罪,诏光祖落职,房州居住。②

刘光祖在宁宗即位后不久就罢官主管玉局观,他的《涪州学记》撰于庆元四年,张釜选择在此时上疏弹劾,显然是与蔡璉案、科举策题案相互配合进行的攻击道学的行动之一。张釜在奏疏中弹劾刘光祖五大罪状,其中"佐逆不臣"更是重罪,如果依此判罚,刘光祖恐怕就不会仅仅是落职居住了。《宋会要辑稿》载,庆元五年二月,"朝请大夫、直秘阁刘光祖特落职,送房州居住。以臣僚言光祖在州郡则挟私黩货,在朝列则阿附罔上。"③是当时给刘光祖所定之罪并非"佐逆"之类,而仅仅是贪污结党的常规罪名。这种处置,虽依旧令刘光祖受到了贬谪,却避开了对道学的直接攻击。

庆元五年初的短暂时间内,朝廷上先后掀起了蔡璉案、地方科举策题

---

① 《续编两朝纲目备要》卷五"庆元五年正月乙卯"条,第89页。
② 《续编两朝纲目备要》卷五"庆元五年正月乙酉"条,第90页。
③ 《宋会要辑稿》职官七四之六,第4053页。

案,以及刘光祖案三件大案,尤其是前列两件,矛头都指向整个道学群体。这可视作是党禁期间,反道学官员所掀起的最后一轮大规模攻击道学的浪潮,但由于主张调停官员的努力,以及韩侂胄的态度转向,这些案件的结果都未能对道学中人构成进一步伤害。可以看出,反道学力量已呈强弩之末。庆元五年二月,吏部侍郎胡纮罢,七月,吏部尚书刘德秀出知婺州。① 胡、刘二人皆为推动党禁的核心成员,他们的相继去位,使得党禁的解除出现了转机。十二月,有官员向朝廷上了一道奏疏,在奏疏中,他先是对伪学之徒进行了严厉批评,列举了其种种劣行,但重点在后半部分,该官员称:

> 今之邪朋,待之已轻,恩可谓深,德可谓厚。其回心向道,洗濯自新者,欲乞明诏大臣,仰遵皇祖之训,姑与引录,使知小惩大戒之福。其有长恶弗悛、负固不服,甘为圣时之罪人者,必重置典宪,投之荒远。庶几咸知惩创,宿道向方,悉为皇极至正之归,以成圣明极辨之治。②

对于该道奏疏出现的背景,李心传做过一番解释,称:

> 伪学之禁,虽出侂胄,而力主其说者,宰执京镗、何澹,台谏刘德秀、胡纮也。至是,德秀、纮皆去,侂胄亦稍厌前事。凡以伪学得罪者,往往奉祠补郡,而或者又以建极之说投之。小人惧其事之变也,故复令言者,以"辨治"为请……然自侂胄主"建极用中"之论,而学禁渐弛,一时废黜之士,稍稍牵叙,议者亦以为幸焉。③

余英时业已指出,该道以"辨治"为主旨的奏疏,是官僚集团面对来自皇权方面"救偏建中"的压力,无可奈何之下所采取的一种拖延策略。④ 这是有道

---

① 《续编两朝纲目备要》卷七"嘉泰二年二月"条,第124页。
② 《道命录》卷七下《言者乞虚伪之徒姑与外祠使宿道向方》,第84页。
③ 《道命录》卷七下,第84—85页。
④ 《朱熹的历史世界——宋代士大夫政治文化的研究》,第679页。

理的。对于反道学官员来说,庆元五年初的一系列失败,已足以让他们意识到党禁的缓和已是势在必行。从奏疏中可以看到,他们现在所积极争取的已不再是彻底阻止道学中人重新启用,而是要竭尽全力避免朝廷为道学平反,即避免朝廷彻底否定党禁的合理性,因为只有这样才能继续保持他们在朝中的地位。这道奏疏奠定了此后朝廷松弛党禁的基调。以调停为核心的所谓"皇极"之政,至此也大致为朝野上下所接受。换句话说,至庆元五年末,对道学的党禁已接近尾声。

庆元六年(1201)八月,宰相京镗去世。京镗是朝中力主党禁的标志性人物,他的去世令反道学力量进一步削弱。接替京镗出任宰相的谢深甫,尽管也曾与京镗一起推动过党禁,但此时他对道学的立场似有所转变,①对进一步打击道学中人已无太大的兴趣。而主张调停的张孝伯也在京镗死后,不失时机的向韩侂胄进言,"逮镗死,侂胄亦稍厌前事,张孝伯以为不弛党禁,后恐不免报复之祸。"得到韩侂胄的认可。②

庆元六年九月,突然发生了进士吕祖泰上书为赵汝愚及道学辩护事件,他将攻击矛头直接指向了韩侂胄及其亲信陈自强、苏师旦、周筠等人,请求宁宗"亟诛侂胄及苏师旦、周筠,而罢逐陈自强之徒。"并建议:"故大臣在者,独周必大可用,宜以代其任。"③吕祖泰为吕祖俭从弟,吕祖俭被贬谪后,他曾徒步前往探视。④ 这种敏感身份令他的上书震惊一时,韩侂胄不得不怀疑这背后是否有道学群体的教唆。他命临安知府赵善坚对吕祖泰进行审讯。赵善坚"为好语诱之曰:'谁教汝?亦有共为章者乎?汝第言之,吾且宽汝。'祖泰笑曰:'何问之愚也。吾固自知必死,而可受教于人,且与人议乎?'"⑤大概经查此事确系吕祖泰个人所为,与他人无涉,最终将吕祖泰令临

---

① 《宋史》卷三九四《谢深甫传》载:"有余嘉者,上书乞斩朱熹,绝伪学,且指蔡元定为伪党。深甫掷其书,语同列曰:'朱元晦、蔡季通不过自相与讲明其学耳,果有何罪乎? 余嘉虿臣,乃敢狂妄如此,当相与奏知行遣,以厉其余。'"(第12041页)据此可见,谢深甫对待道学的立场与党禁之初的攻击态度已明显不同。

② 《宋史》卷四七四《韩侂胄传》,第13774页。

③ 《续编两朝纲目备要》卷六"庆元六年九月丙子"条,第104页。

④ 《宋史》卷四五五《吕祖泰传》,第13371页。

⑤ 《续编两朝纲目备要》卷六"庆元六年九月丙子"条,第105页。

安府"杖一百,真决,免刺面,配钦州牢城收管"。① 唯一受到牵连的是周必大,于嘉泰元年(1201)二月由少傅、观文殿大学士致仕降充少保,依旧职致仕。② 这种惩罚也是象征大于实际。

吕祖泰的行为确实略显鲁莽,他似乎并没有意识到当时朝廷已经有意松弛党禁,且正在缓慢实行过程中。他的贸然上奏对于解除党禁没有实际帮助,反倒可能授朝中反道学之士以口实,激起新的冲突。不过,看来此次事件没有严重动摇韩侂胄松弛党禁的意向。庆元四年五月朝廷重新启用薛叔似、叶适的任命,因为后来的反道学行动而受到阻碍,至此时再度被提上日程。嘉泰元年二月,薛叔似"复差知赣州"。③ 叶适也差不多同时被起用为湖南转运判官。④

嘉泰元年七月,朝廷中最后一位力主党禁的执政大臣何澹罢为资政殿学士,出知太平州,⑤松弛党禁的阻碍基本被扫除。嘉泰二年正月,有官员上疏:

> 臣尝谓繇庆元初迄今,于兹八年,阳内阴外,其类已分;真是伪非,其论已定。人之趋向,又已一归于正,谨守而堤防之……臣愚欲望睿慈下臣此章,播告中外,继自今以始,专事忠恪,毋肆欺谩,不惟可以昭圣朝公正之心,抑亦有以杜伪习淆乱之患。⑥

这道奏疏直接促使朝廷于二月追复赵汝愚资政殿大学士。徐谊、刘光祖、陈傅良等诸多在党禁期间遭到贬谪的官员,"咸先后复官自便,或典州宫观。""又消荐棤中'不系伪学'一节,俾勿复言。"⑦自宁宗即位后兴起的党禁,至

---

① 《续编两朝纲目备要》卷六"庆元六年九月丙子"条,第105页。
② 《续编两朝纲目备要》卷六"嘉泰元年二月癸巳"条,第108页。
③ 金柏东等编著《温州名胜古迹》《薛叔似圹志》,北京:作家出版社,1998年。
④ 周梦江:《叶适年谱》(三),《温州师范学院学报(哲学社会科学版)》1994年第5期,第57页。
⑤ 《续编两朝纲目备要》卷六"嘉泰元年七月乙卯"条,第112页。
⑥ 《道命录》卷七下《言者论习伪之徒唱为攻伪之说乞禁止》,第89页。
⑦ 《续编两朝纲目备要》卷七"嘉泰二年二月"条,第124页。

此终于告一段落。然而,需要注意的是,嘉泰二年朝廷仅仅是通过追复赵汝愚职名,启用部分"伪党"的形式,来放宽党禁,并没有颁布任何正式诏令来为赵汝愚及道学平反。从上述奏疏中可以看到,其中丝毫没有否定庆元党禁的意思。相反,名义上是因为长期的党禁已成功消除了"伪学"习气,取得了预期效果,所以才决定弛禁,所启用之人原则上说也是已"改过自新"之人。

有学者注意到嘉泰二年后,朝中依旧存在着以"伪学"名目迫害士大夫的现象,由是认定嘉泰二年朝廷只是解除了"党禁",而未解除"学禁"。① 其实这个论断是没有根据的,所谓"党禁"与"学禁"乃是一回事,只因朝廷没有否定党禁,而仅是暂时放宽禁制,所以偶尔继续出现以"伪学"罪人之事也属寻常。不应将嘉泰二年二月视作是一个绝对的界限,认为党禁至此便彻底结束。

嘉泰二年的松弛党禁完全是一种折衷和妥协。在名义上,党禁没有被否定,反道学官员不必担心自己会遭到清算,而通过复官、启用,赵汝愚及道学中人又得到了安抚。从实质上来说,这次弛禁乃是调停势力的胜利,是自庆元初以来即绵延不绝的各类调停人物努力的结果。这些调停人物,如费士寅、张孝伯也在嘉泰二年之后,迎来了自己仕途的高峰。嘉泰三年二月,费士寅除端明殿学士、签书枢密院事,十月迁参知政事,四年四月,又兼知枢密院事。张孝伯亦于嘉泰三年十月,除同知枢密院事。② 魏了翁所说的以调停为核心的"皇极"之政,可以说就是随着党禁的松弛而在朝廷上完全推行开来。

结　论

尽管庆元党禁的出现与韩侂胄、赵汝愚,反道学势力与道学群体的冲突

---

① 王宇:《从庆元党禁到嘉定更化:朱子学解禁始末考述》,《国际社会科学杂志:中文版》2011年第4期。
② 《宋史》卷二一三《宰辅表》,第5594页。

有关,但在党禁之初,赵汝愚及其道学支持者即差不多被"一网打尽",无法再作为一股有影响的政治势力存在于朝廷之上。党禁的大部分时期,与反道学势力互动的已不再是道学势力,而是一批主张调停的官员。庆元初,以宰相余端礼、执政郑侨为其代表,在党禁最为严厉的时期,他们的处境虽十分艰难,许多救解道学中人的努力也以失败告终,但也正是他们的努力让赵汝愚等人未能被打成"逆党",避免了党禁升级。他们之后,具有举足轻重地位的高宗吴皇后开始站出来推动调停,在为缓和对道学攻击而降的御笔遭到台谏阻挠后,她利用随后皇子出生的难得契机,通过德音从事实上开启了松弛党禁的进程。在此过程中,韩侂胄也开始逐渐倾向调停。吴皇后与韩侂胄所显露出来的调停意向,激励了朝廷上持调停立场的官员,同时也刺激了以中书、台谏为核心的反道学势力的反击。在庆元三年、庆元五年,朝廷上先后掀起了两次攻击道学的浪潮,但黄由、费士寅、范仲艺、张孝伯等相当一批调停官员,通过对韩侂胄的影响,让这些攻击得到了有效化解。至庆元五年末,党禁基本上已呈强弩之末。随着京镗、何澹等力主党禁的官员或去世或离朝,党禁终于在嘉泰二年得以松弛。党禁期间,调停势力的存在贯穿始终,他们不断对韩侂胄施加影响,在一定程度上促成了其态度的转变。可以说,调停势力的努力是庆元党禁得以松弛的最重要因素之一。

纵观党禁的全过程,它在赵汝愚罢相前后就已经达到了最高潮,此后虽然出现过两次反道学浪潮,但都是针对朝廷上日益兴起的调停之说而来,是为避免党禁的被解除而采取的反击措施,表面上看气势汹汹,尤其是庆元五年的蔡琏案,更是暗藏杀机,但都没有能够促成党禁的进一步升级。相反,对有关"伪党"中人的重新启用,却在此期间开始实施。

不过,党禁的松弛并不是一帆风顺,中间经历了反道学势力与调停势力的反复较量。韩侂胄虽然很早就表现出了调停的意向,但他似乎又没有坚定地站在调停官员一方,每当面对反道学势力的反击后,这些调停的官员往往会遭到贬谪,如黄黼、黄由、陈岘等人的遭遇已自可见。如果说调停势力是想在反道学官员与道学群体之间进行调停的话,韩侂胄则显然是想在调停官员与反道学势力之间进行调停。在蔡琏等案件中,韩侂胄与以京镗为首的中枢宰执之间已经暴露出了明显分歧,但直至京镗死后,韩侂胄才真正考虑松弛党禁。一般认为,庆元年间的韩侂胄已是大权在握,凌驾于中枢之上,他完全有能力撤换与自己意见不合的宰执,但他对京镗等人则似乎表现出了异常的容忍,个中原因何在呢? 这就涉及到韩侂胄在庆元年间的处境,及其与反道学官员间的关系问题。这些问题将在下一章中得到解答。

第四章　韩侂胄的困境与北伐

历来论韩侂胄及其开禧北伐者甚多，但众说纷纭，始终未能达成共识，肯定者有之，否定者有之，半肯定半否定者亦有之。各方关于开禧北伐的事实层面并无太多纠缠，争议的核心在于韩侂胄发动北伐的原因究竟何在？一种观点认为韩侂胄发动北伐纯粹出于个人野心，是欲"立盖世功名以自固"，如郦家驹说"韩侂胄之所以仓促用兵、轻率用兵，是由于'庆元党禁'并不能达到压服舆论和压服政敌的作用，他的政治地位并未巩固。"①戴仁柱、虞云国基本上也倾向此说。② 另一种观点认为，韩侂胄的北伐尽管可能带有一些个人目的，但更主要的乃是出于恢复大义，是受到孝宗朝以来盛行的主战恢复的声浪影响的结果，其主要根据就是认为当时韩侂胄的权位已十分巩固，根本无须冒险用兵。吴雪涛、张维玲皆持此说。③ 还有一种观点则将前面两种观点融合到了一起，作为促成韩侂胄北伐的原因。黄俊彦、何忠礼、廖健凯等人为其代表。④ 可以发现，这些不

---

① 郦家驹：《试论关于韩侂胄的若干评价》，《中国史研究》1981年第2期，第155页。

② 戴仁柱著，刘广丰、惠冬译：《丞相世家——南宋四明史氏家族研究》，第106页；虞云国：《宋光宗宋宁宗》，第197页。

③ 吴雪涛：《略论辛弃疾的一桩公案——兼及韩侂胄与开禧北伐》，《河北师范大学学报》1982年第1期，第34页；张维玲：《从南宋中期反近习政争看道学型士大夫对"恢复"态度的转变(1163—1207)》，台湾大学历史学系硕士学位论文，2009年，第121页。

④ 黄俊彦：《韩侂胄与南宋中期的政局变动》，台湾师范大学历史研究所硕士论文，1976年；何忠礼：《宋代政治史》，第458页；廖健凯：《权相秉国——史弥远掌政下之南宋政局》，台湾师范大学历史学系硕士论文，2013年，第27页。

同观点的存在,源于一个基本判断上的差异,即开禧北伐前韩侂胄的地位究竟是否稳固。要回答这个问题,目光就不能仅仅局限于开禧北伐前的短暂时期,而应从韩侂胄专权的性质、成立过程以及存在状态等方面加以全面考察。

第一节 韩侂胄专权的性质

近来对于韩侂胄的研究多强调其作为近习的身份,小林晃认为,韩侂胄政权成立的最大原因在于,"孝宗意欲打击宰相专权,追求皇帝'独断'专行的政治模式,重用侧近武臣。因此,孝宗时期出现了侧近武臣权力压倒宰执的现象,而且此现象持续到宁宗时期。"①这里所谓的"侧近武臣"即是"近习"。张维玲也认为孝宗皇帝万机独运的统治模式导致了近习势力的膨胀,而这种统治模式又为光宗朝和宁宗朝前期所延袭,韩侂胄专权就是近习势力进一步膨胀的产物。② 两人认定韩侂胄为近习的主要根据,是韩侂胄曾经任职于阁门,与孝宗朝的近习相类似。

韩侂胄专权,建基于他在绍熙内禅、拥立宁宗的过程中立有"定策"之功。当时他在赵汝愚等外朝大臣与高宗吴皇后之间承担沟通内外的角色,保证了内禅的成功,而他其时所担任的正是知阁门事之职。阁门在宋代是负责沟通宫廷与外朝的主要机构,通常认为韩侂胄正是依托阁门之职方能有此作为。赵冬梅称:"光宗、宁宗易代之际,阁门官员演出了宋代政治史上最积极、正面的一幕。"③

然而值得注意的是,赵汝愚等欲劝高宗吴皇后行内禅之事,起初所选择的居中联络者并非韩侂胄,而是吴琚,只因"吴琚素畏慎,且以后戚不欲

---

① 小林晃:《南宋宁宗时期史弥远政权的成立及其意义》,收入邓小南等主编:《宋史研究论文集(2012)》,第130—131页。

② 张维玲:《从南宋中期反近习政争看道学型士大夫对"恢复"态度的转变(1163—1207)》,第3、113页。

③ 赵冬梅:《试论宋代的阁门官员》,《中国史研究》2004年第4期,第119—120页。

与闻大计"，①最终未能成功。吴琚为高宗吴皇后之侄，当时为少傅，未担任任何实际差遣，赵汝愚等人选择他显然是看中了其与吴后的亲缘关系，重视的是其外戚身份，而吴琚拒绝的理由也是"后戚不欲与闻大计"。而后，赵汝愚等人才转向韩侂胄寻求协助，"自吴琚之议不谐，汝愚与徐谊、叶适谋可以白意于慈福宫者，乃遣韩侂胄以内禅之意请于宪圣。"②他们看中韩侂胄的原因何在？是因为他任职于閤门吗？徐谊对赵汝愚说："知閤门事韩侂胄，宪圣之戚也，同里蔡必胜与侂胄同在閤门，可因必胜招之。"③可知，看中的同样是其作为吴后子侄的身份，如果说韩侂胄之入选与他所担任的閤门之职有何关系的话，那就是时任知閤门事的蔡必胜亦参与到了内禅之事中，蔡与韩侂胄为同僚，赵汝愚等人仅是利用这层关系来拉拢韩侂胄。

宁宗即位后，韩侂胄逐渐显现出窃弄权柄的一面，遭到了赵汝愚及其道学盟友的激烈批评，确实有不少官员将攻击矛头指向了韩侂胄的近习身份，但同样有众多的言论以外戚干政为由对韩侂胄加以批判，其中最著名的就是绍熙五年十二月，作为宁宗旧学的彭龟年对韩侂胄的弹劾。彭龟年称：

> 臣伏见知閤门事韩侂胄，乃太皇太后之懿亲，而中宫视之亦尊行也。其人本是世家，慨慷喜事。陛下入践大宝，侂胄尝效微劳，士大夫以此颇多之。然日来籍籍，皆云数入禁近，干预政事……自古戚里侵权，便为衰世之象；外家干政，即是亡国之本。④

在彭龟年看来，韩侂胄能够在宁宗继位事上立下功劳，以及能够干预政事，

---

① 《宋史》卷三九二《赵汝愚传》，第 11984—11985 页。
② 《宋史》卷三九二《赵汝愚传》，第 11985 页。
③ 《宋史》卷三九七《徐谊传》，第 12084 页。
④ 彭龟年：《止堂集》卷五《论韩侂胄干预政事疏》，文渊阁四库全书本，台北：商务印书馆，1983 年，第 1155 册，第 820 页。

都是凭借着与高宗吴皇后以及宁宗韩皇后的亲缘关系。韩侂胄所为属于典型的"外家干政"。面对弹劾，宁宗对彭龟年说："只为是朕亲戚用之，不知如此。"随后宁宗与赵汝愚等宰执论及此事，亦云："韩侂胄是朕亲戚，彭龟年是朕旧学，诚是难处。"①真德秀也曾言道："韩侂胄以戚畹出入禁中，倚御笔徙两谏官违己者，将阴窃国柄。"②在宁宗即位前，韩侂胄与宁宗并无深厚渊源，这与孝宗朝近习曾觌、龙大渊等，光宗朝的姜特立，皆因是皇帝潜邸旧人而受重用截然不同。尽管韩侂胄也曾因担任阁门之职而具有一些近习色彩，为他接近宁宗提供了便利，但他获得宁宗重用的另一个同样重要的原因，则是他的外戚身份。这表明，在当时人眼中，韩侂胄的身份是多重的，既是近习，亦为外戚。不能将之简单的视作是孝宗朝近习干政的延续。

近习与外戚存在着相同之处，他们都身处介于外朝士大夫与内廷宦官之间的地位。相对于外朝士大夫，近习和外戚凭借与皇帝、后妃的亲密关系，能够更为频繁地接近权力核心，但相对于整日生活在内廷的宦官，他们又处于相对靠外之处。这就是为什么在南宋，无论是近习还是外戚，都时常担任阁门之职的重要原因。③阁门本就是负责沟通内廷与外朝的中间机构，这种职能恰好与近习、外戚所扮演的角色相一致。但两者又存在着一定差异，近习的权力来源于与皇帝的私人关系，皇帝的信任使他们获得重用，外戚干政固然也需要获得皇帝信任，但其与后妃的亲缘关系会对其地位产生重要影响。韩侂胄的地位就主要依托于他与高宗吴皇后和宁宗韩皇后的关系。④明乎此，就能够设想吴、韩二后的去世会对韩侂胄的地位产生怎样严重的影响。这一点下文将详细论及。

① 《止堂集》卷五《论韩侂胄干预政事疏》附日记，第1155册，第821页。

② 《西山文集》卷四六《宋集英殿修撰王公墓志铭》。

③ 《朝野杂记》甲集卷一〇《阁门》载："阁门，右列清选也。旧有知阁门事、同知阁门事，多以外戚、勋贵为之。"第211页。

④ 《朝野杂记》甲集卷九《中兴外戚封王数》载："中兴外戚封王者，自信安孟王忠厚始。其后，平乐韦王渊、大宁吴王益、新兴吴王盖、永宁郭王师禹，皆以元舅之贵乃得之。庆元中，韩太傅侂胄，以中宫从曾祖封平原郡王，盖殊命也。"（第174页）是可知，在庆元年间，韩侂胄是依凭韩皇后从曾祖的身份，而破例获封平原郡王。

张维玲、小林晃指出宁宗朝前期不仅延续了孝宗朝君主独裁,不信任宰执的政治模式,而且在近习干政这一点上也予以了承袭。对于前者,在第一章中已予以了否定,对于后者亦同样值得商榷。在事实层面,韩侂胄的身份是多重的,并非单纯的近习干政所能涵盖。而在理论层面,说近习干政是孝宗朝政治的自然延续和发展也同样难以成立。孝宗朝的皇帝独运是有鉴于高宗朝秦桧专权的结果,端平元年(1234),在刚刚经历了宰相史弥远的长期专权后,理宗亲政,此时的理宗被置于了与孝宗相似的历史情境。魏了翁敏锐地感知到了这一点,他担心理宗再度如孝宗一样自揽权柄,万机独运。他上书理宗,称:

> 臣之过忧,将恐深居穆清,独揽威柄,君臣势隔,中外情疏,脱有凭怙恩宠、揣摩意向、假托声势者,陛下焉得而察之……夫权不移于大臣,固宗社之幸,万一移于宫掖,移于阉寺,移于嬖幸,移于姻戚,则当时是也,反不若权在大臣之犹出于一也。①

“宫掖”当主要是指后妃,“嬖幸”即佞幸,主要指近习。在魏了翁看来,皇帝的独揽大权会导致权力为左右亲近之人所窃取的情况出现,而能够窃取权柄者,有后妃,有宦官,有近习,有外戚,近习仅仅是诸种可能干政的势力中的一种。也即是说,近习干政是皇权强化的衍生物,却非唯一可能的衍生物,宁宗与孝宗的性格与能力都不相同,他虽然采用了独裁的政治模式,但没有证据表明他也同孝宗一样对近习表现出特殊的偏好。理论上,在宁宗朝,宦官、外戚、后妃皆有预政的可能性。

韩侂胄无论是作为近习抑或外戚,地位皆介于内廷与外朝之间。若想牢固的掌握政权,他就必须同时面对来自内外两个方面的挑战。一方面,他必须获得外朝士大夫的支持;另一方面,则需要有效地控制宦官、后妃等内廷势力。对于前者,韩侂胄在官僚集团的支持下打垮赵汝愚,发动

① 《鹤山全集》卷一八《应诏封事》。

庆元党禁,已基本上消除了威胁,这一过程现有的研究已非常之多,毋庸赘述。① 但是对于韩侂胄与内廷宦官、后妃等势力的冲突,却似乎尚未能引起充分注意,而此点对于韩侂胄专权的成立与维系来说,意义可能并不亚于对赵汝愚及其道学盟友的斗争。可能是受到士大夫政治立场的影响,后人有意无意地将皇帝宠幸的近习、宦官、后妃等归为一类,而忽视了他们内部的分歧与冲突,近来侯旭东在对汉代所谓"信—任型君臣关系"的研究中指出:"虽然当时在外人,尤其是儒生士人的眼中,这些皇帝身边的亲近臣子可以归为一类,斥为'小人、佞幸、近习、私嬖、近嬖'等等,我们不能为时人所贴的标签所迷惑,须深入到实际生活中去把握他们生活的实态,他们为争夺或为维持皇帝的恩宠,不易和平相处,往往相互猜忌斗争,甚至你死我活的厮杀,往往无法构成一个稳定的群体或集团。"②类似的成见同样存在于韩侂胄的研究中,既往研究多注重其与道学士大夫群体的冲突,而对其与宦官、后妃等内廷势力矛盾的关注则略显不足。本章将就这一被忽视之处予以重点分析,以揭示其时政治的更多面相。

第二节　韩侂胄与宦官势力的冲突

在韩侂胄对宦官势力的斗争中,首当其冲的是王德谦。《续编两朝纲目备要》"窜内侍王德谦"条载:

> 上在藩邸,德谦为府都监……及即位,德谦骤迁昭庆军承宣使,内侍省押班。是春,德谦求建节,有定议矣。时吴宗旦为中书舍人,事德谦甚谨,夜辄易服谒之,以家僮执灯自导。德谦既有秉旄之耗,乃荐宗旦为刑部侍郎、直学士院,使草麻……(庆元三年二月)丙寅,制出,参知

① 可参见《朱熹的历史世界——宋代士大夫政治文化的研究》,第 666—681 页。
② 侯旭东:《宠:信—任型君臣关系与西汉历史的展开》,第 129 页。

政事何澹不押制书,右谏议大夫刘德秀闻之,率台谏交章言其不可。丁卯,宰相京镗复以为言,上遂寝其命。于是德谦除在外宫观,吏部尚书兼给事中许及之奏驳之,台谏因请窜斥德谦,以慰中外之望,上未许。姚愈时为殿中侍御史,首奏宗旦交结德谦以进,为之草词,请加贬黜。已,诏降宗旦三官,罢之。权中书舍人高文虎论其责轻。辛未,宗旦坐追三官,癸酉,复送南康军居住。或曰有贵戚与德谦争用事于中,而德谦以计胜,戚憾焉,故因事挤之也。①

王德谦《宋史》有传,称其"初为嘉邸都监,颇亲幸"。② 是知,王德谦为宁宗潜邸旧人,颇得信任。宁宗即位后,王德谦迅速擢升为昭庆军承宣使、内侍省押班。押班为仅次于都知、副都知的高级别宦官,可见宁宗对他的重用。导致王德谦被贬谪的直接起因是"求建节",即求为节度使,而背后的根本原因则是当时"有贵戚与德谦争用事于中,而德谦以计胜,戚憾焉,故因事挤之也。"这里的"贵戚"即是韩侂胄。③ 看来,在庆元初,内廷中出现了王德谦与韩侂胄争权之事,而且王德谦凭借与宁宗的亲近关系在争权中占据了上风。当时有士人王逢试于江东,"对策抵韩侂胄与王德谦",④表明在庆元初年的世人眼中,韩、王乃是可以相提并论的弄权之人。黄榦在给朱熹的信中就曾提及韩侂胄与王德谦的一次争斗,称:

> 杨元范迁祭酒,盖亦自觉其已甚而能自悔,同列以其有异意,故去之。张镃乃昌黎莫逆,与其兄争分业,张镃主昌黎,而其兄主王德谦,元范乃论张镃罢之,此所以为异意也。⑤

---

① 《续编两朝纲目备要》卷五"庆元三年三月丙申"条,第 79—80 页。
② 《宋史》卷四六九《王德谦传》,第 13673 页。
③ 《宋史》卷四六九《王德谦传》载:"韩侂胄与德谦争用事,德谦屡以计胜,侂胄挤之,诏与外祠,台谏又交章论列。"是知当时与王德谦"争用事"之"贵戚"即是韩侂胄。(第 13674 页)
④ 佚名:《京口耆旧传》卷七《王遂传》,文渊阁四库全书本,台北:商务印书馆,1983 年,第 451 册,第 190 页。
⑤ 《勉斋集》卷二《与晦庵朱先生书》(七),第 67 册,第 560 页。

杨元范即杨大法,昌黎为韩氏郡望,用以暗指韩侂胄。黄榦称张镃与韩侂胄"莫逆",看来两人相交颇深。在张镃与其兄争分家业之事中,张镃依附于韩侂胄,而其兄则依附于王德谦,最终张镃遭到了贬谪。《宋会要辑稿》载,庆元元年(1195)六月,"司农主簿张镃放罢,以臣僚言镃与叔宗尹交争沙滩。"①两条记载略有差异,但明显是指同一事件。在庆元初年,王德谦的权势即便不能凌驾于韩侂胄之上,也可谓不遑多让。

面对王德谦的威胁,韩侂胄与对付赵汝愚及其道学盟友的办法一样,利用倾向自己的外朝官僚势力来废黜王德谦。据叶绍翁所言,王德谦求建节是在韩侂胄的怂恿下进行的,而后韩侂胄又集合宰执、台谏的力量共同弹劾王德谦。若如此,此事本身就是韩侂胄为打倒王德谦,处心积虑所布下的圈套。杨万里在为京镗所撰行状中,记载了围绕罢黜王德谦问题,作为宰相的京镗与宁宗的一段对话:

> 上曰:"除德谦一人而止,独不可乎?"
>
> 公曰:"此门必不可启,当除童贯时,亦云一人而止也。节钺不已,必及仪同。仪同不已,必及三孤。三孤不已,必及三公。"
>
> 上又曰:"不播告书赞,而畀以告身,亦不可乎?"
>
> 公曰:"是掩目捕雀之喻也。"

在这种情况下,宁宗"又遣中人以宸翰谕二三执政",希望能得到他们的支持,但京镗"与同列上疏力争者,至于三至于四。"迫不得已,宁宗只得"绌德谦以外祠,寻谪广德军。仍绌谪词臣吴宗旦。"②面对京镗等宰执大臣的咄咄逼人,宁宗一再表示希望能够授予王德谦以节钺,显露出对王德谦的宠幸,但外朝官员的集体施压还是迫使其废黜了王德谦。叶绍翁说"德谦既逐,自此内批侂胄皆自为之矣。"③表明经此之役,韩侂胄的权力得到了很大

---

① 《宋会要辑稿》职官七三之二〇,第五册,第4026页。
② 《杨万里集笺校》卷一二三《文忠京公墓志铭》,第九册,第4766—4767页。
③ 《四朝闻见录》乙集《吴云墼》,第50页。

提升,有论者即认为此后韩侂胄便控制了内侍宦官机构,①但王德谦的废黜其实并没有能让韩侂胄完全驯服宦官势力。

就在王德谦被废黜不到一年,庆元四年又接连发生了数起宦官被贬谪事件。《宋会要辑稿》载:

> (庆元四年正月)十八日,内侍霍喆夫追两官,送吏部与远小监当,日下押出国门。毛居实、苏邦佐、任邦俊各特降一官,以喆夫擅取睿思殿库官物入己,余并坐不觉察。②

霍喆夫本人的级别并不高,他的遭谪当是醉翁之意不在酒,矛头所指乃是其父霍汝翼。《宋会要辑稿》载:

> (庆元四年)二月十四日,中亮大夫、保康军承宣使、入内内侍省都知霍汝翼与在京宫观,以臣僚言汝翼蒙蔽,男喆夫盗睿思殿库官物入己。③

楼钥在宁宗时所上《缴随龙人转官并王俅等八人恩数》一札中说道:"今讲官及曾任讲堂官已蒙陛下依奏减半推恩,则随龙官例诸色人霍汝翼、王德谦以下各与转两官。"④与王德谦一样,霍汝翼亦是宁宗潜邸旧人,楼钥将霍汝翼置于王德谦之前,表明其地位当高于王德谦,霍汝翼被贬时所担任的入内内侍省都知,也确实较王德谦的押班级别更尊。上引材料中虽未明言弹劾霍汝翼者为谁,但其时有此能力和动机者非韩侂胄莫属。从其先以盗窃官物之名处置霍喆夫,再以此牵连霍汝翼的行为来看,霍汝翼的被贬谪与王德

---

① 韩冠群:《从宣押入内到独班奏事:南宋韩侂胄的专权之路》,《北京社会科学》2016 年第 4 期,第 17 页。

② 《宋会要辑稿》职官七三之二四,第五册,第 4028 页。

③ 同上。

④ 《楼钥集》卷二八《缴随龙人转官并王俅等八人恩数》,第 497 页。

谦类似，都是被蓄意设计的结果。同年八月，与王德谦关系密切的另一宦官关礼亦遭罢免。《宋会要辑稿》载：

> （庆元四年）八月十九日，正侍大夫、昭信军承宣使、提举佑神观、寿慈宫提举关礼放罢，不许入国门，仍降两官。先以臣僚言，礼乃王德谦之妻父，同恶相济，罪状昭著。今又为妻之弟傅昌世于未参部之前，经营出给料钱文历，愈无忌惮，是以罢黜。既而臣僚再论礼欺君罔上，隳废祖宗成法，故复镌秩。①

关礼为孝宗所宠信之宦官，《宋史》称："淳熙末，积官至亲卫大夫、保信军承宣使。孝宗颇亲信之，后命提举重华宫。"绍熙内禅中，韩侂胄就是在他的协助下才成功劝服了高宗吴皇后行垂帘、废立之事。宁宗即位后，"寻除（关）礼入内内侍省都知，又差兼重华、慈福宫承受，充提举皇城司，迁中侍大夫。"但他"不以功自居，乞致仕，不许；乞免推恩，又不许。"本传对他评价颇高，称："南渡后，内侍可称者惟邵成章与礼云。"②看来关礼对权力的欲望并不强烈，不至对韩侂胄构成严重威胁，但他乃是王德谦岳父，这层密切的关系依旧令韩侂胄感到不安，最终亦将其贬谪。

至庆元六年正月，又一位入内内侍省都知遭到了处置。《宋会要辑稿》载：

> （庆元六年正月）二十六日，安远军承宣使、入内内侍省都知甘昺放罢，日下出门，送永州居住，仍降两官。以臣僚言昺辄敢援王德谦例，侥求官职，营建大第，工役取办于内司，花石窃移于御苑，纳宫人以为宠，凭恃威权，浸干国政，故有是命。既而以给事中范艺言，昺罪恶既明，责罚未尽公，法之所不容，于是又降两官。③

---

① 《宋会要辑稿》职官七三之二四、二五，第五册，第4028—4029页。
② 《宋史》卷四六九《关礼传》，第13674—13675页。
③ 《宋会要辑稿》职官七三之二七，第五册，第4030页。

甘昺亦为孝宗身边宦官,其兄甘昪深得孝宗宠信,而甘昺,"淳熙末,干办内东门司、带御器械。光宗朝,累迁至亲卫大夫、保康军承宣使、提举佑神观。庆元初,为内侍省都知。帝过寿康宫,昺有力焉。迁官二秩,颇贵宠。"①臣僚弹劾他"凭恃威权,浸干国政",显然亦与王德谦类似,倚仗宁宗的亲信干预朝政,甚至与韩侂胄争权,最终也遭到了与王德谦同样命运。韩侂胄被杀后,朝廷实行更化,嘉定元年(1208)三月,"斥宦寺之党韩者,甘昺再图知省。"②据此可证甘昺的贬谪与韩侂胄的密切关系。

可以看到,韩侂胄与宦官势力的斗争贯穿了整个庆元年间,王德谦、霍汝翼、关礼、甘昺虽未必构成了同一个政治集团,但他们凭借自身所处的特殊地位,很容易获得皇帝的信任与重用,从而对韩侂胄的专权构成严重挑战。韩侂胄虽然借助外朝官员的力量将王德谦等人一一逐出宫廷,但这种事情的一再发生已表明,韩侂胄无法有效解决来自宦官势力的威胁。

第三节　韩侂胄与三宫之关系

宁宗即位初期,宫廷内部的格局是十分复杂的,高宗吴皇后、孝宗谢皇后、光宗及其李皇后皆健在。宫中三宫并存,她们地位尊崇,皆可以在不同程度上对宁宗产生影响,进而影响到朝中政局,且每一宫又皆联系着一股外戚势力。在这种复杂的格局中,韩侂胄与三宫及其外戚势力究竟是怎样的关系呢?

先说高宗吴皇后。在当时,吴后地位最尊,宁宗为其一手所立,再加之她历经三朝,政治阅历极为丰富,是能够影响朝局的重要人物。韩侂胄与吴后有亲戚关系。韩侂胄能够专权,一定程度上就得益于同吴后的这层关系。然而,在当时与吴后具有亲戚关系而得其亲信的尚有吴氏兄弟。他们对吴

①　《宋史》卷四六九《甘昺传》,第 13673 页。
②　《鹤山全集》卷八五《倪公墓志铭》。

后同样具有重要的影响力。庆元二年(1196)吴后就是在侄儿吴琚的影响下，绕开韩侂胄，通过宁宗径直下达了一道御笔，主张调和党争，以阻止对道学中人的进一步打击。与韩侂胄不同，吴氏兄弟皆倾向道学，对韩打击道学的行为不以为然。吴琚与道学的关系已见前章，其弟吴璘同样与道学中人关系密切。《宋史·李孟传传》载："时韩侂胄连逐留正及汝愚，太府簿吴璘与侂胄有连姻，因言台谏将论朱熹。"①吴璘肯将韩侂胄操纵台谏弹劾朱熹的信息透露给李孟传，显示出他对道学中人的青睐。

调停之事中吴琚利用自己与吴后的亲近关系，很容易就绕开韩侂胄下发了一道御笔，且不论这道御笔是否符合韩侂胄的心意，这一行为本身就已然足够令韩侂胄感到震惊了，更遑论吴氏兄弟与道学中人的关系如此密切。不过，随着庆元三年十一月吴皇后的去世，在让韩侂胄失去了部分支持的同时，也消除了一个可能会对其专权产生威胁的隐患。

没有直接的材料表明韩侂胄与孝宗谢皇后的关系，但一些间接证据显示谢皇后似乎是倾向于韩侂胄的，起码不是其坚定的反对者。开禧二年十一月，在金军反攻下北伐遭受重挫，韩侂胄曾献家财二十万缗以赡军，②与此同时，谢皇后亦"赐钱一百万缗犒赏军士"。③ 恢复中原为孝宗皇帝毕生志愿，谢皇后习闻其说，可能因此对韩侂胄的北伐抱有好感。此外，谢皇后身边的宦官也与韩侂胄关系密切。就在韩侂胄被杀同月，"正侍大夫、安庆军承宣使、寿慈宫提举吴回降三官，送临江军居住，中卫大夫、保宁军承宣使李爽追毁出身以来文字，降名勒停，送新州编管，以其交结侂胄，分盗寿慈宫金银等物入己。"④寿慈宫乃谢皇后居所，吴回就任寿慈宫提举在庆元五年正月，⑤当是接替庆元四年八月遭韩侂胄罢免的关礼。吴回、李爽等人对韩侂胄的态度很可能与谢皇后的倾向有关。

至于其时已退居寿康宫的光宗李皇后，与韩侂胄的关系似亦不睦。绍

---

① 《宋史》卷四〇一《李孟传传》，第 12177 页。
② 《续编两朝纲目备要》卷九"开禧二年十一月丙申"条，第 168 页。
③ 《宋史》卷三八《宁宗本纪》，第 742 页。
④ 《宋会要辑稿》职官七三之三九，第五册，第 4036 页。
⑤ 《宋会要辑稿》礼五〇之一四，第二册，第 1539 页。

熙内禅中,光宗在迫不得已的情况下让位于宁宗。成书于嘉定年间的《朝野遗记》载有光宗退位后的一则轶事,称:

> 光宗既退居,每恨既往时成败,瞑目嗔骂,或恸哭。寿仁后辄奉觞以解陶之,以是为常。虽宫门外事不欲动其心,然久亦觉知矣。初郊祀成,恭谢回銮,御乐声达于内。光宗问何事,后曰:"市井为乐耳。"帝怒曰:"尔欺我至是,尚尔邪!"挥之以肱,后仆于栏,自是遂得疾。①

种种激烈的情绪反应将光宗对内禅的不满展露无遗,光宗夫妇的存在对于宁宗君臣显然有着一定的威胁。庆元四年五月,发生了宁宗诏令"禁女冠毋入大内"及三宫之事。《续编两朝纲目备要》记载了此禁令出台的缘由,称:

> 先是,江州僧道隆者,自言能知人休咎,往往或中,豪民贵戚竞施之,号"风和尚"。道隆饮酒食肉,多蓄美妇,俗又以"散圣"目之。庆元中往来都下。有倡妇马换师,寿康宫幕士詹恩妻也,号"马部头",既入寿康宫,以病归外舍,道隆因之,使求赐金于北内,以为建塔费。陈淑妃亦使其母往拜之。安康郡主适罗氏者馆诸其家,予金钱以万计。府尹赵师闻之,执以属吏,录其橐,得金钱三万缗有奇。狱成,有旨:"杖黥,隶英德府土牢收管,仍以狱词遍示诸路。是岁四月壬申也。道隆既斥,故有是诏。②

禁令虽包括大内及三宫在内,但很明显所针对主要是寿康宫,即光宗夫妇。

---

① 佚名:《朝野遗记·光宗追恨寿仁》,《全宋笔记》第七编第二册,郑州:大象出版社,2016年,第273页。《朝野遗记》中称景献太子为"今东宫",景献太子自开禧三年(1207)十一月被册立为太子,至嘉定十三年(1220)八月去世,是可知《朝野遗记》当成书于此期间。

② 《续编两朝纲目备要》卷五"庆元四年五月"条,第85—86页。

《朝野遗记》载:"寿仁后惑日者言已有厄,于大内静处筑精室独居,以道妆事佛,病革,遂终于此。"①李皇后晚年既倾心佛道,与僧道之流往来实在情理之中。临安知府赵师( )为韩侂胄亲信。② 他惩处与寿康宫及其他诸多贵戚往来密切的道士,若无韩侂胄支持是难以想象的。而道隆等人的被惩处,当只是韩侂胄隔绝寿康宫与外部联系的前奏,禁令的颁布方是结果,这同他欲铲除宦官霍汝翼却先弹劾汝翼之子一般无二。就在下达该诏的同月,"寿康宫提点官杨端友降一官放罢,提举官张彦臣,提点官王思恭,各降两官,以臣僚言寿康宫门禁不严。"③所谓"门禁不严"当即是指僧道之流出入寿康宫一事。

光宗夫妇与外部的联系除出入宫廷的僧道外,还有李氏外戚一途,光宗夫妇尚存之时韩侂胄可能有所顾忌,但就在光宗夫妇于庆元六年相继去世后不久,嘉泰元年(1201)五月,在监察御史施康年的弹劾下,"持服保大军节度使李孝纯、持服奉宁军节度使李孝友,各特降一官,其带恩数依承宣使体例"。④ 李孝纯、李孝友皆为李皇后亲侄。⑤ 施康年弹劾他们的理由是,"孝纯淳熙(1174—1189)间因作东宫伪印文帖补官吏,孝宗大怒,编置宁国,继殴人死,镌秩勒停。光宗登极改正,既登上阁,前愆弗改。孝友者,悖理违禁,兜揽山地为坟,强取民山竹木,武康之民衔冤不已"。⑥ 所弹皆为陈年旧事,更透露出这次弹劾的别有用心。此次弹劾的发起者施康年,嘉定初臣僚称其:"党附权臣,躐取官职。"⑦显然为韩侂胄所用台谏,表明这次弹劾应当与韩侂胄有关。后来在杨皇后、史弥远等人所策划的诛韩政变中,李孝纯亦参与其事,⑧渊源当即在此。

———————————

① 《朝野遗记·寿仁终于精室》,第274页。
② 嘉定初,蔡幼学弹劾赵师( ),即称其"以媚权臣进官,三尹京兆。"见《宋史》卷四三四《蔡幼学传》,第12898页。
③ 《宋会要辑稿》职官七三之二四,第五册,第4028页。
④ 《宋会要辑稿》职官七三之三〇,第五册,第4031页。
⑤ 《宋史》卷四六五《李道传》,第13593页。
⑥ 《宋会要辑稿》职官七三之三〇,第五册,第4031页。
⑦ 《宋会要辑稿》职官七四之三二,第五册,第4066页。
⑧ 《四朝闻见录》丙集《虎符》,第91页。

可以看出，宁宗即位后，内廷中三宫并存，格局复杂，韩侂胄与三宫的关系亲疏远近各不相同，他虽与高宗吴皇后存在亲戚关系，吴皇后的存在也可能对他的专权有一定的积极作用，但吴皇后并非其全力支持者，她与吴氏子侄同样具有较为亲密的关系，令她对打击道学势力的做法不以为然。孝宗谢皇后由于受到孝宗影响，对韩侂胄则可能较为支持。至于光宗李皇后与韩侂胄的关系似亦不睦，韩侂胄对她的防范也更为严密。在韩侂胄专权时期，不仅宦官势力在不断地挑战其权威，他亦无法得到三宫及其外戚势力的有力支持。

第四节　韩侂胄与韩、杨二后之关系

来自宦官、外戚等势力的威胁，韩侂胄尚可借助外朝的力量对他们进行惩处、抑制，然而，宁宗本人对于后妃的宠幸与否，却是韩侂胄所难以左右的。宁宗先后有两位皇后，即韩皇后与杨皇后，两者与韩侂胄专权的存废有着密切关联。

韩皇后是宁宗第一位皇后，为韩琦六世孙，"淳熙十二年，孝宗为平阳郡王择妇，后与其姊偕选入宫，而后当两宫意，八月，归于邸第，封新安郡夫人。十六年三月，封崇国夫人。上受禅，立为皇后。"[①]韩皇后与韩侂胄同出韩氏，为韩侂胄之侄孙女。一般认为，正是这层亲属关系对韩侂胄专权起到了重要的支撑作用。这是有道理的。但韩皇后对韩侂胄的支持并不纯粹是出于亲缘关系，更重要的是韩皇后入宫后，一直未能为宁宗诞下子嗣，庆元二年六月，韩皇后虽诞下皇子赵埈，仅四十七日便即夭折。[②] 这一点显然会对韩皇后在宫中的处境产生不利影响，她需要来自宫外势力的支持以稳固自身地位，韩侂胄无疑是最合适的人选。

---

① 《朝野杂记》甲集卷一《恭淑韩皇后》，第39页。
② 《朝野杂记》甲集卷一《兖冲惠王》，第47—48页。

在赵㘧夭折后不久,韩侂胄就开始积极筹划选送宗子入宫收养。《朝野杂记》载:

> 上既失㘧王,戊午岁,用高宗故事,取燕王宫希字行之子与愿,鞠之宫中。已而连失郇、郓二王,庚申冬,遂以为观察使赐名曦云①

戊午为庆元四年,距离㘧王夭折仅两年时间。赵与愿即后来的景献太子。对于此次收养宗子的经过,《宋史·景献太子传》只有很简略的记载,称:"宁宗既失㘧王,从宰执京镗等请求,取与愿养于宫中。"②可知此次收养宗子是出于京镗等宰执大臣的建议。但这一时期的宰执大臣多为韩侂胄的支持者,如京镗,"既得位,一变其素守,于国事谩无所可否,但奉行侂胄风旨而已。"③因此,此事应与韩侂胄密切相关,但究竟有何种关系以及赵与愿入宫后究竟为谁抚养,在南宋的史料中却罕见记载。幸而《朝野遗记》为我们提供了难得的证据。该书称:

> 今东宫选入,实余杭宗室善下居其间,而韩侂胄与善下厚,故得导达也。然同时入者亦一二人,惟韩后独喜今储,尝因与内人驰逐,总角皆鬌髻。人欲为梳栉者,悉不可,必得妈妈方结。盖常时后自为束发故也。由此韩后钟情,遂决为嗣,同入者复出,后闻继庄文者,亦在当时选中,此实天命也。夫以虽因善下出入,韩氏导达而致,苟非其人者,讵能致哉?④

此条的题目拟作"理宗",显然是将这里的"今东宫"视作了理宗皇帝,但理宗乃是以皇子的身份直接入继大统,未尝立为太子,自不会有"今东宫"之

---

① 《朝野杂记》甲集卷一《庆元育宗子》,第31页。
② 《宋史》卷二四六《景献太子传》,第8734页。
③ 《宋史》卷三九四《京镗传》,第12038页。
④ 《朝野遗记·理宗》,第276页。

称。结合上下文可知,这里的"东宫"即是指后来的景献太子。宗室赵善下,《宋会要辑稿》载:"(庆元元年)十二月四日,诏朝散郎(赵)善下特与换右监门卫大将军、遥郡刺史,服阕日与本京宫(官)[观]差遣,仍奉朝请。"①可证此人确系宗室,且庆元年间身在京城。韩侂胄通过赵善下选择赵与愿送入宫中,同时入选的还有其他几位宗子。韩皇后独钟意于赵与愿,故选立为嗣。至此,已然确知,赵与愿入宫是韩侂胄一手谋划的结果,其入宫之后也是作为韩皇后之子,为韩氏所抚养。只是景献太子后来参与了诛韩政变,并因此而得立为太子,成为史弥远专权的重要支持者,故为维护太子地位的合法性,官方史书中势必就要对他与韩侂胄的渊源极力掩饰。这应该就是在南宋的主要史籍中,很难见到与景献太子出身相关记载的主要原因。

赵与愿的顺利入宫,对于韩皇后和韩侂胄无疑是一个重大胜利,是对他们前途命运的重要保障。然而世事多变,庆元六年(1201)韩皇后的去世令事情发生了为韩侂胄所始料不及的变化,这一胜利最终也演变为打垮韩侂胄的关键因素。这就涉及韩侂胄与宁宗另外一位皇后——杨皇后的恩怨纠葛。

现有研究已注意到了韩侂胄与杨皇后的恩怨,但基本上都倾向于认为,两人的矛盾起于韩皇后死后册立新皇后之事,当时韩侂胄主张宁宗立曹美人,由此而与杨皇后结下怨仇。② 其实,两人的结怨远在此前。

对于杨皇后早年经历,《宋史·恭圣仁烈杨皇后传》仅有很简略地记载:

> 恭圣仁烈杨皇后,少以姿容选入宫,忘其姓氏,或云会稽人。庆元元年三月,封平乐郡夫人。三年四月,进封婕妤。有杨次山者,亦会稽人,后自谓其兄也,遂姓杨氏。五年,进婉仪。六年,进贵妃。③

---

① 《宋会要辑稿》帝系七之一七,第一册,第155页。
② 虞云国:《宋光宗宋宁宗》,第236—238页;何忠礼:《宋代政治史》,第462页。
③ 《宋史》卷二四三《恭圣仁烈杨皇后传》,第8656页。

这里对于杨皇后如何得幸于宁宗，以及早年在宫中的处境如何只字未提。
《齐东野语》载：

> 慈明杨太后养母张夫人善声伎……或导之入慈福宫，为乐部头。后方十岁，以为则剧孩儿。宪圣尤爱之，举动无不当后意。有嫉之者，适太皇入浴，侪辈俾服后衣冠为戏，因谮之后。后笑曰："汝辈休惊，他将来会到我地位上在。"其后茂陵每至后所必目之，后知其意。一日内宴，因以为赐，且曰："看我面，好好看他。"①

可知，杨皇后早年为高宗吴皇后宫中"则剧孩儿"，出身卑微，但颇能得吴皇后欢心，宁宗在出入吴皇后宫中时属意与她，吴皇后遂将其赐予宁宗。《四朝闻见录》的记载与此大致相同。② 但《朝野遗记》再次提供了不同记载，该书称杨皇后之母确为德寿宫乐部，但杨皇后并非是十岁之后方入宫，而是生于宫中，并在宫中长大，此后其生母出宫，而杨皇后继续留在宫中，"在杨才人位，为义女，而以琵琶隶慈福宫。"③对于杨皇后如何得幸于宁宗，《朝野遗记》远较周密、叶绍翁等人的记载曲折，书中称：

> 今上以嘉邸践祚于东朝，为重华承嫡，主丧，故久于彼。一日，朝长信，偶酒后盥手，后奉匜以前，帝悦而洒之，自尔得幸。然间而至上所，久而宪圣知之，几欲鞭朴。大珰王去为力救之，曰："娘娘尚以天下畀孙，一妇人何足惜，且是事不可使外人知也。"东朝虽少解，然终不怿然，谓王："且使杨氏寄汝家，候驾回南内，却舍而复之。"故后暂居去为家，而去为之子瑜自是得幸。及阜陵礼毕，泰安易门阙于东华，上归旧东宫，以便御视朝。长秋复还长信，上眷念殊厚，然莫能得之。韩后既上升，所幸宦官王德谦将诣于东朝，宪圣语曰："乃翁旧欲吾堂前一人，尚

---

① 《齐东野语》卷一〇《杨太后》，第175页。
② 《四朝闻见录》丙集《慈明》，第110—111页。
③ 《朝野遗记·宁宗后杨氏》，第274—275页。

不与之。"德谦颇黠,则奏云:"臣非不识去就,敢窥数娘娘嫔御?今大内人物如杨美人者亦不乏,臣所私见,盖以皇后近上升,后宫杂进无序,苟得一人,自陛下处赐与官家,则众人方帖伏。甚于保爱上躬,为宗社大计非轻。"宪圣稍解,曰:"汝此言亦不为无理。"德谦知有间可乘,又使中贵人掺和,以为娘娘尚未见玄孙,而杨氏相命皆宜子,浸润鼓扇,慈福遂以赐宁宗。①

原来,宁宗与杨皇后的结识乃是在宁宗为孝宗守丧期间,而且似乎是杨皇后主动引诱宁宗的结果,这与史书中所称杨皇后"任权术""性复机警"②的性格特点似相吻合。但此事引起了高宗吴皇后的极大不满,尽管有宦官王去为的开解,吴皇后依旧令杨氏出外暂居王去为家,直待宁宗守丧结束才放其还宫。引起吴皇后如此不满的缘故大概有两点:一是宁宗竟然在为孝宗守丧期间与宫女有染,传扬出去实为一宗丑闻。后来在宋代的主要史书中皆不见此段记载,显然是出于维护宁宗及杨皇后形象的需要。二是韩皇后与吴后分属亲戚,孝宗选择韩皇后为宁宗之妃,主要原因就在于其能"当两宫意",即得吴皇后欢心,且宁宗即位后也是吴皇后亲自降旨册立韩氏为后。③宁宗对杨氏的宠幸无疑会危及韩皇后在宫中的地位,这自然是吴皇后所不愿见到的。

　　虽然吴后将杨皇后暂时驱逐出宫,将其与宁宗隔离开来,但在守丧结束后,宁宗依旧对杨氏念念不忘,故有了宦官王德谦替宁宗向吴皇后求取杨氏的一幕。《朝野遗记》称该事发生在"韩后既上仙"后,显属误记,又或者是后世传抄时产生的讹误。韩皇后去世在庆元六年(1201),其时吴后早已去世,王德谦也已遭废黜。从上下文来看,此处很明显是在叙述杨皇后被宁宗纳为嫔妃的经过。据前引《宋史·恭圣仁烈杨皇后传》的内容可知,杨皇后于庆元元年三月被封为平乐郡夫人,故此事绝不可能发生在韩皇

---

① 《朝野遗记·宁宗后杨氏》,第275页。
② 《宋史》卷二四三《恭圣仁烈杨皇后传》,第8656页。
③ 《续编两朝纲目备要》卷三"绍熙五年七月乙丑"条,第38页。

后去世后,而应是在宁宗守丧结束后不久。孝宗于绍熙五年(1194)十一月"权攒于永阜陵"。① 宁宗守丧结束当即在此前不久。因此,此事当发生于绍熙五年十一月稍前至于庆元元年三月之间。对于宁宗求取杨氏,吴皇后起初并不愿意,这应是顾及韩皇后的缘故,但在王德谦及"中贵人"的一再劝说下,特别是"娘娘尚未见玄孙,而杨氏相命皆宜子"这条理由最终打动了吴皇后,遂将杨氏赐予了宁宗。在这件事情中,既突显了宦官势力的影响力,也表明杨皇后与王德谦以及宫中不少宦官存在着密切关系。经过此事,杨皇后与王德谦等宁宗亲信宦官势力的关系当会进一步密切。吴后虽与韩皇后沾亲带故,但她作为宋朝的太皇太后,亦不得不考虑皇室血脉的延续,这与她先前不顾韩侂胄意愿而发布调停御笔的出发点是一致的。

杨皇后被赐予宁宗后颇为受宠,故在庆元年间不断获得擢升。这自然会引起韩侂胄的戒惧。《朝野遗记》在上文之后,继续说道:

> (杨氏)渐进为婕妤。时韩侂胄用事,知王瑜之旧也,瑜遂不得入内。时曹氏亦得幸于上,韩复左右之。故后克自抑,励读书。饰己挟数以御同达者,一时故有贤称,韩无自窥之。②

前面提到,杨氏被逐出宫后暂居宦官王去为家,王去为之子王瑜因此得幸,韩侂胄知悉此点,故有意禁止其出入宫廷,矛头所指自是杨皇后。当时宁宗在杨皇后之外又宠幸曹氏,韩侂胄则与曹氏关系密切,利用曹氏来抑制杨皇后。庆元三年三月,为宁宗求取杨皇后的宦官王德谦亦遭罢黜,这自然令杨皇后在宫中的处境更为艰难。但杨皇后也并非坐以待毙,她一方面刻苦自抑励志读书,积累在宫中的声望,不给韩侂胄以可乘之隙。另一方面,也积极蓄积力量。杨皇后出身寒微,自幼生长宫中,在宫外缺乏有力支持者。为此,她与杨次山为结为兄妹。《齐东野语》称杨皇后:

---

① 《宋史》卷三五《孝宗本纪》,第 691 页。
② 《朝野遗记》,第 275 页。

既贵，耻其家微，阴有所遗，而绝不与通。密遣内珰求同宗，遂得右庠生严陵杨次山以为侄。既而宣召入见，次山言与泪俱，且指他事为验，或谓皆后所授也。后初姓某，至是始归姓杨氏焉。次山随即补官，循至节钺郡王云。①

《宋史·恭圣仁烈杨皇后传》系此事于庆元三年四月杨皇后进位婕妤与庆元五年进位婉仪之间，且杨皇后认杨次山为兄而非侄。② 宋代后妃出身寒微者所在有之，如真宗章献明肃刘皇后等即为显例。③ 杨氏一族亦非显宦高门，杨次山本人也不过为普通武学生员。④ 所谓杨皇后嫌弃家世贫寒之说应不是其冒认杨次山为兄的主要原因，其更重要的动机当是为自己在宫外寻找到一位可以依赖者。杨次山本人虽然普通，但他却可以成为沟通内外的媒介，成为替杨皇后寻求支持者的重要工具。后来杨皇后能够成功推翻韩侂胄，就与杨次山在外朝士大夫间的活动有密切关系。

杨次山成为杨皇后之兄后，地位迅速提升。《宋史·杨次山传》载："后受职宫中，次山遂沾恩得官，积阶至武德郎。后为贵妃，累迁带御器械、知阁门事。丐祠，除吉州刺史，提举佑神观。后受册，除福州观察使，寻拜岳阳军节度使。后谒家庙，加太尉。"⑤杨皇后被册为贵妃在庆元六年，杨次山随即出任了知阁门事的要职。杨次山的两个儿子杨谷、杨石也被安排于阁门任职，却遭到阻挠。《宋会要辑稿》载：

（庆元）三年十月六日，宰执进呈内批："婕妤杨氏亲侄承节郎杨谷

---

① 《齐东野语》卷一〇《杨太后》，第 175 页。
② 《宋史》卷二四三《恭圣仁烈杨皇后传》，第 8656 页。《宋会要辑稿》选举二六之二二载："（庆元）三年十月六日，宰执进呈内批：'婕妤杨氏亲侄承节郎杨谷等差充阁门看班祗候。'"（第 4660 页）婕妤杨氏即是后来的杨皇后，而杨谷为杨次山之子，（《宋史》卷四六五《杨次山传》，第 13596 页），《宋会要辑稿》中既称杨谷为杨皇后亲侄，表明杨次山确为杨皇后之兄而非侄，《齐东野语》所载不确。
③ 《宋史》卷二四二《章献明肃刘皇后传》，第 8612 页。
④ 《宋史》卷四六五《杨次山传》，第 13595 页。
⑤ 同上。

等差充阁门看班祗候。"京镗等奏:"两人未曾呈试,莫若候来春试中而后与,庶不碍法。"上曰:"未呈试,于法有碍。"遂已。①

此处的内批显然不是出于韩侂胄之手,由此可证前文中叶绍翁所说王德谦遭废黜后,"内批侂胄皆自为之"的论断是有问题的。京镗等人的阻挠自当是出于韩侂胄授意,但这只能暂时阻止杨谷等人的任职。据《宋史·杨石传》载:"庆元中,补承信郎,差充阁门看班祗候,寻带御器械。"②杨石最终还是成功获得了阁门之任,其兄杨谷应该也是一样。终韩侂胄之世,杨石可能一直都在阁门,嘉定(1208—1224)改元,方又进升为知阁门事。③ 杨氏父子任职阁门,自然会为杨皇后与宫外势力的联络提供更多便利。

庆元六年(1201)十一月,韩皇后去世,在继立谁为皇后的问题上,宁宗与韩侂胄出现了分歧。《齐东野语》载:

> (嘉泰)二年十二月,拜侂胄为太师,立贵妃杨氏为皇后。初,恭淑后既崩,椒房虚位,杨贵妃、曹美人皆有宠。侂胄畏杨权数,以曹柔顺,劝上立之。上意向杨,侂胄不能夺也。④

《宋史·恭圣仁烈杨皇后传》基本沿袭此说。⑤ 似乎韩侂胄之所以选择支持曹美人,仅仅是因为她性格柔顺,较易控制。其实不然,《朝野遗记》载:

> 韩成恭上仙后,后宫为上所眷者,今长秋与婕妤曹氏耳。时欲继立椒涂,二党交进。曹有姊妹通籍禁中,皆为女冠,赐号虚无自然先生者、左右街都道录者,皆厚于韩侂胄。或谓亦与韩姬,韩侍禁中时,多在曹位,故铸金之际,意自轻重。然曹罕术,今长秋能挟数以御之,且上意专

---

① 《宋会要辑稿》选举二六之二二,第五册,第4660页。
② 《宋史》卷四六五《杨石传》,第13596页。
③ 同上。
④ 《齐东野语》卷三《诛韩本末》,第45页。
⑤ 《宋史》卷二四三《恭圣仁烈杨皇后传》,第8656页。

在杨,韩密间之,未能夺也。先是,禁中有二内人怀春而病,事且媾,各设席以邀羊车,欲决此举,二阁皆同日。今长秋故逊曹,使朝饮,而已饮于夜,曹不悟也。逮旰,酒甫一再行,曹未及有请,则杨位已奏恭肃帝辇矣。奏趣重沓,上起洎至杨所,则自从容,且遂留寝。故能舐笔展幅,以请奎章。上即书:"贵妃杨氏,可立为皇后,付外施行。"而长秋复进笔,乞又书其一,付其兄次山。逮晓,双出之,中贵所贵者未至省,而次山已持御笔自白庙堂矣。盖后虑韩匿上批,事或中变,故两行之,使不可遏耳。①

"二党交进"之说尤为值得注意,是知在立后问题上,并非仅仅是杨皇后与曹美人之间的争夺,而是两股势力的角逐。曹美人背后即是韩侂胄,韩、曹二人早有结交,韩侂胄刻意笼络曹氏姐妹,利用她们强化与宫中的联系。由于宁宗本身倾心于杨皇后,加上杨皇后长于权谋,最终利用心计赚取了宁宗御笔。在将御笔赴外施行时,杨皇后一方面通过常规渠道将御笔下达于中书,但这一途径可能为韩侂胄所控制,她担心御笔被韩所扣,故又通过杨次山将御笔秘密送达中书。很显然,当时的杨皇后利用杨次山,已成功地在内廷与外朝之间建立起一条不为韩侂胄所控制且较为通畅的联络渠道,这条渠道在后来杨皇后联合外朝势力推翻韩侂胄之事中将再度发挥重要作用。这里还值得注意的是,无论是杨皇后所采取的哪一条渠道,最终目的地都是中书。然而,一般认为,当时的中书已为韩侂胄所掌控,②如此杨皇后又如何确保御笔到达中书后就一定能够被执行呢?原来,此时的宰相谢深甫在立后之事上是倾向于杨皇后的。谢深甫的支持应当起到了至关重要的作用,以致于杨皇后对其恩德铭感于心。后来理宗即位须选立皇后,《宋史》载:"初,(谢)深甫为相,有援立杨太后功,太后德之。理宗即位,议择中宫,太后命选谢氏诸女。"③这里的太后就是杨皇后,她坚持让理宗选择立谢氏之

---

① 《朝野遗记·宁宗立后》,第 276—277 页。

② 《四朝闻见录》戊集记载有臣僚指陈韩侂胄:"外则专制东西二府之权,内则窥伺宫禁之严。"(第 176 页)《宋史》卷四七四《韩侂胄传》称:"侂胄用事十四年,威行宫省,权震宇内。"(第 13777 页)

③ 《宋史》卷二四三《理宗谢皇后传》,第 8658 页。

女为后即是为报谢深甫当年的援立之情。

嘉泰二年(1202)十二月,宁宗下诏"立贵妃杨氏为皇后",或许是为了安抚韩侂胄,同日亦"加韩侂胄太师"。① 杨皇后入宫本就是王德谦求取的结果,她与宁宗身边的这批宦官关系当颇为密切,而韩侂胄对王德谦、霍汝翼等宁宗亲信宦官的一再打压,势必会恶化双方的关系,杨皇后的成功应该就有这批宦官的支持在内,而这种成功又会使其在宫廷中的势力获得进一步增长。随着吴皇后、韩皇后的去世,韩侂胄的外戚身份已经名存实亡。外戚身份对于韩侂胄的专权尤为重要,他将如何维系自己的地位呢?《白獭髓》中记载有一则轶事,称:

> 宁宗恭淑后上仙,而曹氏为婕妤,平原(笔者按:指韩侂胄)特以为亲属,偶值真里富国进驯象至。平原语(王)公瑾曰:"不闻有真里富国。"公瑾曰:"如今有假杨国忠。"平原虽憾之,而无罪加焉。②

曹氏进封为婕妤在嘉泰三年三月,③真里富国献驯象,一在嘉泰元年,一在开禧元年。④ 这里所指的应该是开禧元年之事。王公瑾为当时的宫廷伶人。韩侂胄在韩皇后去世后,又与杨皇后冒认杨次山为亲类似,与曹婕妤结为亲属,故王公瑾讥讽他为"假杨国忠"。韩侂胄本为名实相副之真外戚,然至于此时却变作了"假杨国忠",实也是为维系其在内廷影响而迫不得已之举,只是这样做法的效果恐怕是无法与韩皇后在世时同日而语的。

伴随着韩皇后去世杨皇后继立,韩侂胄还遭遇了另一项严重挫折,就是由他亲选入宫的宗子赵与愿转入了杨皇后手中。嘉定元年(1208)十一月,已立为太子的赵与愿在给宁宗的奏疏中叙述了杨皇后对自己的养育之

① 《宋史》卷三八《宁宗本纪》,第733页。
② 张仲文:《白獭髓》,丛书集成初编本,北京:中华书局,1985年,第8页。
③ 《宋会要辑稿》后妃四之二八,第一册,第279页。
④ 《宋史》卷三八《宁宗本纪》,第31页、第739页。

恩,称:

> 若夫鞠育微臣,恩勤曲尽,奉承严训,教载必亲,以至日督课程,不移晷刻,每令覆讲,必完指挥,不唯字画诗章悉加面命,且以前言往行俾知矜式。①

杨皇后既"颇涉书史,知古今",又"任权术""性复机警",②自然不会不知道赵与愿的重要价值。况且她自幼在吴皇后宫中长大,对吴皇后鞠养孝宗于宫中的历史自当了然于心。因此,她在韩皇后去世后接续抚养赵与愿格外悉心,也就不难理解了。就在杨氏册立为后的一个月,嘉泰二年闰十二月,已改名为赵曮的赵与愿由福州观察使迁威武军节度使,封卫国公。③ 至开禧元年五月,宁宗又下诏令"以卫国公曮为皇子,进封荣王"。④ 由于宁宗尚无子嗣,⑤若然此后依旧不能诞下皇储,按宋代惯例,皇子即为当然之继承人。对于立皇子这样的朝中大事,韩侂胄的态度如何呢？开禧北伐时,韩侂胄的一位馆客曾用"危如累卵"一词形容韩侂胄在朝中的处境,其中的一条理由即是"皇子之立,非出于平章,则皇子怨矣"。⑥ 看来,皇子之立亦是杨皇后努力争取的结果,而非出自韩侂胄本意。这可视作杨皇后对付韩侂胄取得的又一次胜利。

　　虽然皇子赵曮其时年岁尚幼,对于韩侂胄不致构成直接威胁,但他与杨皇后的结合却为韩侂胄的政治前途蒙上了一层阴影。韩侂胄无论作为近习还是外戚,其得以专权的基础都在于宁宗的信任,对于这种类型的君臣关系,侯旭东称:"臣下与皇帝建立信—任型君臣关系,除了取决于时君外,君主死后,能否善终,受制于与储君和大臣关系的状态,同样深嵌于关系网络

---

① 《宋会要辑稿》后妃二之二八、二九,第一册,第 247 页。
② 《宋史》卷二四三《恭圣仁烈杨皇后传》,第 8656 页。
③ 《宋史》卷三八《宁宗本纪》,第 733 页。
④ 《宋史》卷三八《宁宗本纪》,第 738 页。
⑤ 据《宋史》卷二三三《宗室世系表》(第 7738 页)载:"宁宗九子:长不及名,次兖惠王埈,次邠温王坦,次郢英王增,次华穆王垌,次顺怀王圻,次申懿王墌,次肃靖王𡏢,次邳美王坻,皆早亡。"对于宁宗诸子具体的生平状况,可参见张金岭《宋理宗研究》,第 5 页。
⑥ 《鹤林玉露》乙编卷二《韩平原客》,第 139—140 页。

中。只有小心翼翼、注意维持多方关系者方可保得全身而终,现实中真正做到的寥寥无几。双方中一方身亡,关系即结束,若皇帝先故去,为臣者几乎都以悲剧收场。"①对于皇帝的宠臣来说,能够将这种宠幸延续到继位之君本已不易,而韩侂胄恰恰又在选立皇子的问题上行差踏错,尽管其时宁宗方三十多岁,春秋正盛,然从长远来看,韩侂胄政治前途上的隐患却已隐约可见。可以说,至庆元末嘉泰初,伴随着韩皇后去世所带来的宫廷局势的变化,给韩侂胄的专权带来了相当大的危机。

第五节　平章军国事与北伐

　　如果说庆元年间来自后妃、宦官、外戚等势力的威胁对于韩侂胄构成的严峻挑战还隐在暗处的话,那么庆元六年(1201)发生的一系列人事与天变,却使得韩侂胄的擅权遭到了公开质疑与批评。庆元六年六月初四,宁宗生母太上皇后李氏去世。仅仅两个月后,八月初八,太上皇帝光宗去世。八月十九日,宁宗出生刚半年的皇子赵坦夭折。十一月初七,宁宗韩皇后去世。至十二月初一,出生仅半个月的皇子赵增又告夭折。② 短短半年的时间内,宁宗的父母、妻子和子嗣接二连三地故去,这似乎意味着皇帝与当政者存在着某种失德,难免会给人一种国运不昌之感,这对宁宗和韩侂胄的威望无疑会构成很大挑战。更为雪上加霜的是,这一年南宋还接连出现了灾异。先是上半年许多地区遭受严重旱灾,"四月,旱……镇江府、常州大旱,水竭,淮郡自春无雨,首种不入,及京、襄皆旱"。③ 至下半年,又连续出现了两次日中黑子的天变,"八月乙未(十二日),日中有黑子如枣大,至庚子(十七日)始消。十二月乙酉(初三日),又生,至乙巳(二十三日)始消"。④ 尤其是第

---

① 《宠:信—任型君臣关系与西汉历史的展开》,第113—114页。
② 《宋史》卷三七《宁宗本纪》,第727—728页。
③ 《宋史》卷六六《五行志》,第1445页。
④ 《宋史》卷五二《天文志》,第1088页。

二次黑子,持续长达二十天。在朝野士人看来,这种天变必然对应着朝政的缺失。既然韩侂胄为当时朝政的实际主导者,攻击的矛头也很自然地集中在他身上。面对旱灾,时任知赣州兴国县的庄夏应诏上书,称:"君者阳也,臣者君之阴也。今威福下移,此阴胜也。积阴之极,阳气散乱而不收,其弊为火灾,为旱蝗。愿陛下体阳刚之德,使后宫戚里、内省黄门,思不出位,此抑阴助阳之术也。"①在他看来,旱灾的出现是阴盛阳衰所致,而对应的即是朝中存在大臣擅权,以致君弱臣强。这里虽未明言强臣为谁,但从他要求宁宗防范"后宫戚里"来看,自是指韩侂胄无疑。对于日中黑子的天变,《晋书·天文志》载:"永宁元年九月甲申,日中有黑子。京房《易占》:'黑者阴也,臣不掩君恶,令下见,百姓恶君,则有此变。'又曰:'臣有蔽主明者。'"②根据天人感应之说,这同样会指向大臣专权。在宋代,确实有借日中出现黑子来抨击权臣的先例。徽宗朝的郭天信"见蔡京乱国,每托天文以撼之,且云:'日中有黑子。'帝甚惧,言之不已,京由是黜"③。因此,日中黑子的出现依旧会让舆论批评的矛头指向韩侂胄。马端临在《文献通考》中记载此次黑子事件时,就称:"时侂胄用事,群奸附和,蔽主明。"④

可以看到,至庆元六年,韩侂胄的专权实际上已面临着很大危机。随着韩皇后的去世,不仅来自后妃、宦官等内廷势力的威胁日趋严重,接二连三的大丧与天变,更让朝野舆论对韩侂胄主政的合理性产生质疑。面对此种局势,韩侂胄须要做出一些改变。他首先采取的就是放弃已行用六年的庆元年号。庆元六年十二月二十一日,宁宗下诏改明年为嘉泰元年。⑤李心传记载此事称:"庆元尽六年,而上皇及太后继崩,中宫去世,二皇子不育,朝廷嫌之,因改明年为嘉泰云。"⑥李廷忠《改元嘉泰贺表》的注文亦称:"宋宁

① 《宋史》卷三九五《庄夏传》,第12052页。
② 房玄龄等:《晋书》卷一二《天文志》,北京:中华书局,1974年,第342页。
③ 《宋史》卷四六二《郭天信传》,第13525页。
④ 马端临:《文献通考》卷二八四《象纬考》,北京:中华书局,1986年,第2256页。
⑤ 《宋史》卷三七《宁宗本纪》,第728页。
⑥ 《朝野杂记》甲集卷三《年号》,第92页。

宗庆元六年冬,日中有黑子,诏改明年为嘉泰元年。"①是可见改元与庆元六年的一连串丧事以及黑子等灾异之间的密切关联。改元诏书中称:"月穷星回,旋启亨嘉之会。岁正事序,诞迎交泰之期。"②宁宗和韩侂胄显然希望借助年号的变更,来给朝野造成一种除旧布新的印象。但对于韩侂胄来说,希图仅仅依靠这种变更年号的把戏来摆脱危机,显然是远远不够的。张端义在《贵耳集》中记载:"本朝年号,或者皆曰有谶纬于其间……'嘉泰'曰'士大夫皆小人,有力者喜。'"③将对"嘉泰"年号的这种解释说成谶纬固未必然,但这种解释的出现表明对年号的变更难以从根本上扭转舆论导向。为摆脱困境,韩侂胄还需要做出更为切实的"努力",其中的核心就在于完成从外戚向宰相的身份转变,从而成功地将其外戚性质的擅权转变为更具合法性的宰相当政。

论者已注意到韩侂胄在庆元元年以后,虽然官阶不断提升,并于庆元五年封平原郡王,嘉泰二年又进阶为太师,可谓位极人臣,但直至开禧元年出任平章军国事之前,他未曾担任过任何实际差遣。④ 那么韩侂胄在出任平章之前,是如何掌控朝政以至于专权的呢? 魏了翁在端平初上奏理宗的《应诏封事》中称:

> 庆元初,侂胄尝欲自为枢密,或告以事权不专,反不若辞名居实,则无不统。⑤

在庆元初年,韩侂胄曾想要为自己掌控朝政寻求一个合理的"名分",即出任枢密院长官,但在当时三省、枢密院二府分掌行政、军政的体制下,出任枢密

---

① 李廷忠撰:《橘山四六》卷一四《改元嘉泰贺表》,《宋集珍本丛刊》,北京:线装书局,2004年,第 64 册。
② 《宋会要辑稿》礼五四之一八,第二册,第 1581 页。
③ 张端义:《贵耳集》卷中,《全宋笔记》第六编第十册,郑州:大象出版社,2013 年,第 309 页。
④ 韩冠群:《从宣押入内到独班奏事:南宋韩侂胄的专权之路》,《北京社会科学》2016 年第 4期,第 13 页。
⑤ 《鹤山全集》卷一八《应诏封事》。

院长官只能掌管军政,而无法实现总揽朝政的目的,因此韩氏左右以"事权不专"加以反对,并劝韩侂胄"辞名居实",如此方能事无不统。实际上,就是让韩侂胄凭借外戚的身份出入宫廷,利用宁宗的信任来间接地实现对朝政的控制。虞云国推断,韩侂胄"也许认为这种局面比他亲任宰相专断朝政,要进退自如得多,既能避免外戚干政的非议,又丝毫不妨碍他大权在握。"①但这只是一种最理想的状态,这种"辞名居实"的做法需要一个基本的前提,就是必须得到皇帝的完全信任,不能有其他个人或势力再得到皇帝的宠信与重用。从前面的分析中可知,韩侂胄实际上做不到这一点。就以御笔来说,通常认为韩侂胄得以专权的一个至关重要的手段就是操纵御笔。② 诚然,操纵御笔在韩侂胄专权的成立上确实曾起到过重要作用,但是这其中却隐藏着危险,徽宗朝的蔡京就是前车之鉴。《宋史·蔡京传》载:

> 至(蔡)京则又患言者议己,故作御笔密进,而丐徽宗亲书以降,谓之御笔手诏,违者以违制坐之。事无巨细,皆托而行,至有不类帝札者,群下皆莫敢言。由是贵戚、近臣争相请求,至使中人杨球代书,号曰"书杨",京复病之而亦不能止矣。③

蔡京起初为方便自己攫取权力怂恿徽宗行用御笔手诏,这显然对其确立在朝中的地位起到了重要作用。可是这种做法却带来了一个为蔡京所始料不及的后果,就是他固然可以凭借徽宗的信任操纵御笔,然而其他为徽宗所青睐的大臣、显贵同样可以如此,最终反而给自家带来了危害。韩侂胄对此恐怕是深有同感的,庆元年间吴琚为缓和对道学的攻击调停党争,就是通过高宗吴皇后获得了宁宗御笔,杨皇后也是通过赚取宁宗的御笔才得立为皇

---

① 《宋光宗宋宁宗》,第179页。

② 韩冠群:《从宣押入内到独班奏事:南宋韩侂胄的专权之路》,《北京社会科学》2016年第4期,第17页。

③ 《宋史》卷四七二《蔡京传》,第13726页。

后。这些自然都不得不引起韩侂胄的警惕。对于韩侂胄来说,自庆元初以来就不断受到来自宦官、外戚等势力的挑战,韩皇后的去世又让他的外戚身份名存实亡,再加上接连的天变更让其饱受舆论抨击。因此,随着宫廷格局的变化,他不能再按照先前那般藏身幕后,通过操纵皇权的方式来继续掌控权力,而是需要从幕后走向前台,获得一个名正言顺的身份来合法主政。

由于当时三省、枢密院分立,韩侂胄无论是出任宰相还是枢密使,都会重现先前所说的"事权不专"的情况,他若要走向前台,继续总揽朝政,就必须出任更高级别的官职。据宋代先例,可行的途径主要有两条:一是以宰相兼任枢密使,一如后来的史弥远;二则是出任位居宰相之上的平章军国事。就在韩皇后去世仅半年,嘉泰元年(1201)五月乙亥,"监太平惠民局夏允中请用文彦博故事,以韩侂胄平章军国重事。韩侂胄上疏请致仕,不许。免允中官"。① 面对夏允中的奏请,韩侂胄上疏请求致仕,《宋史·韩侂胄传》称其"缪为辞谢,乞致其仕"。② 韩侂胄的请求致仕毫无疑问并非出于真心,但为何会出现这一幕呢?而且最终夏允中的奏请确实未获允准,本人也遭到贬谪。魏了翁给出了答案,他称:"监惠民药局夏允中迎合风指,引王旦、吕夷简、文彦博故事,建平章军国事之策,执政哗然不平,此议中辍。"③一方面可见夏允中的奏请出自迎合韩侂胄风旨。另一方面,夏允中的奏请遭到了来自中枢执政的激烈抵制,在这种情况下,韩侂胄迫不得已才请求致仕。嘉泰元年五月前后,宰相为谢深甫,执政则有何澹、陈自强。④ 陈自强为韩侂胄心腹,⑤当不会予以反对。谢深甫、何澹的态度如何呢?似乎没有直接的史料予以查证。然谢、何二人皆为余英时所说之官僚集团的核心成员,官僚集团在当时具有相当大的政治主体性,他们与韩侂胄虽在打击赵汝愚及道学集团时站在同一立场,但却绝非"可以由韩侂胄

① 《宋史》卷三八《宁宗本纪》,第730页。
② 《宋史》卷四七四《韩侂胄传》,第13774页。
③ 《鹤山全集》卷一八《应诏封事》。
④ 《宋史》卷二一三《宰辅表》,第5592页。
⑤ 《宋史》卷三九四《陈自强传》,第12034页。

任意摆布的'鹰犬'"。① 魏了翁口中的"执政",应该就是指谢深甫与何澹二人。嘉泰元年,谢深甫曾"累乞疏避位",宁宗对他说:"卿能为朕守法度,惜名器,不可以言去。"②所谓"惜名器",应当就是指反对韩侂胄出任平章军国一事,而且谢深甫的态度十分坚决,不惜以去就相争,故有"累乞疏避位"之举。或许在他们看来,韩侂胄可以成为共同执掌朝政的合作者,却绝不甘心沦为韩侂胄直接管辖下的附属者。至于此时,对于韩侂胄而言,曾经作为自己最重要支持者的官僚集团,已开始逐渐走向其对立面,成为自己总揽朝政的主要障碍。

　　谢深甫等人的阻挠,令韩侂胄第一次从幕后走向前台的努力化为泡影,若想顺利出任平章军国事以总揽朝政,尚须另寻他途,最终为韩侂胄所选择的途径,就是北伐。魏了翁指出:

　　　　韩侂胄既盗威柄,出入禁中,自恭淑皇后上仙,虑其不能以久,则又为开边之说以自固。③

这里已点明了韩皇后去世对韩侂胄专权所造成的影响,北伐亦渊源于此。但韩侂胄又如何通过北伐来达到巩固权势的目的呢? 对于此点,论者多引宋人"立盖世功名以自固"之说,④即认为他是希望通过北伐,建立不世功勋,而后借此以巩固在朝中的地位。然而兵凶战危,成败殊难预料,正如华岳所说:"战则胜负之事均矣。"⑤孝宗皇帝以乾道、淳熙全盛之势,尚不敢轻易对金用兵,韩侂胄又凭什么认定自己一定能击败金人收复中原呢? 一旦战败,岂不是自毁前程?

---

① 《朱熹的历史世界——宋代士大夫政治文化的研究》,第 666—681 页。
② 《宋史》卷三九四《谢深甫传》,第 12041 页。
③ 《鹤山全集》卷一八《应诏封事》。
④ 《朝野杂记》乙集卷一八《丙寅淮汉蜀口用兵事目》,第 825 页;《宋史》卷四七四《韩侂胄传》,第 13774 页。
⑤ 华岳:《翠微北征录》卷一〇《戒饬将帅之道四·将帅好战》,《宋集珍本丛刊》,北京:线装书局,2004 年,第 78 册,第 284 页。

嘉定元年,真德秀在《馆职策》中称:

> 近习之亲昵,固人主所当戒,而小人之窥伺,尤人主所当忧。盖近
> 习之与小人,实相唇齿,以济其私者也……枭狐歈凶,更倡迭和,知其欲
> 去异己,则教以攻伪学之名,知其欲盗兵权,则教以举大义之说。①

所谓"大义"即向金复仇之义,也就是北伐。真德秀将北伐与韩侂胄"欲盗
兵权"联系了起来,当时韩侂胄所图谋者不仅仅是兵权,而是总揽文武之大
全,不过兵权确为其中至关重要的一部分。表面上看,真德秀所言与"立盖
世功名以自固"之说相差无几,实则不然,后者看重的是北伐结果,只有北伐
成功方能达到"自固"之目的,而真氏所言注重的乃是北伐的发动过程,结果
尚在其次。只要宁宗皇帝及朝廷上下认可北伐之举,朝中就要有人出来主
持此事,在当时此人非韩侂胄莫属。如此,韩侂胄就可以名正言顺的获得兵
权,进而总揽朝政。所谓"举大义"以"盗兵权"的奥妙就在此处。《朝野杂
记》记载,嘉泰四年正月,

> 辛殿撰弃疾除绍兴府,过阙入见,言夷狄必乱必亡,愿付之元老大
> 臣,务为仓猝可以应变之计。侂胄大喜。②

此为南宋历史上一段有名公案,围绕辛弃疾与韩侂胄及开禧北伐间的关
系,历来存在诸多争议。③ 邝家驹已经较为确切地证明,辛弃疾在这里其
实并没有建议韩侂胄立即发动北伐之意,而所说的"元老大臣"也未必是
指韩侂胄。④ 但邝先生未能解释,若然如此,韩侂胄又为何"大喜"呢? 辛

---

① 《西山文集》卷三二《馆职策》。
② 《朝野杂记》乙集卷一八《丙寅淮汉蜀口用兵事目》,第 825 页。
③ 吴雪涛:《略论辛弃疾的一桩公案——兼及韩侂胄与开禧北伐》,《河北师范大学学报》,
1982 年第 1 期,第 32—40 页;邓广铭:《辛弃疾传》,《邓广铭全集》第二卷,石家庄:河北教育出版社,
2005 年,第 540—543 页;邝家驹:《试论关于韩侂胄的若干评价》,第 146—161 页。
④ 邝家驹:《试论关于韩侂胄的若干评价》,第 152—154 页。

弃疾的言论究竟有何可"喜"之处？既往的研究过于拘泥于辛弃疾"言夷狄必乱必亡"的内容，而忽视了"愿付之元老大臣"一句，这两句话必须联系起来作一个整体看待。在辛弃疾看来，金朝虽然不是说马上就要灭亡，但为了应付这一天的到来，宋朝必须做好充分准备，而要准备此事就必须任命一位"元老大臣"来主持。这与韩侂胄正在谋划的"举大义"以"盗兵权"的行动，可谓是不谋而合。这一切通过辛弃疾这样一位极富时望的抗战派领袖向宁宗道出，无疑会为韩侂胄提供最为有力的支持。辛弃疾可能是言者无心，但客观上却帮了韩侂胄一个大忙，是以韩侂胄才会"大喜"。就在辛弃疾上言后，"郑挺、邓友龙等又附和其言"。[①] 郑、邓二人皆为韩氏党羽，[②]此事显为韩侂胄在背后推动，以便让辛弃疾的言论进一步发酵，产生更大影响。

其实，这一通过北伐以"盗兵权"的计谋并非韩侂胄身边"小人"所独创，秦桧就曾有此图谋。朱熹曾对学生引述过一段胡宁与秦桧的对话，称：

> 胡和仲尝劝秦云："相公当国日久，中外小康，宜请老以顺盈虚消息之理。"秦曰："此事不然，我当时做这事，尚拖泥带水，不曾了得。"问："何事未了？"曰："是未取得他中原。"曰："若取中原，必须用兵，相公是主和议者。"曰："我从来固不主用兵。然虏自衰乱，不待用兵，自可取。"后来杨安止亦有札子劝秦相去位，秦相大率如对和仲者。

针对此段对话，朱熹评说道：

> 不晓他要取中原之意。后来见陈国寿璹说，秦老初欲以此事付国

---

① 《宋史》卷四七四《韩侂胄传》，第 13774 页。

② 《宋会要辑稿》职官七三之三九（第五册，第 4036 页）载："（开禧三年十一月）十九日，文州刺史郑挺更追两官，改送南雄州安置。先是臣僚言挺奸邪朋狃佋，与侂胄实为狎友，追三官，送柳州居住。既而臣僚又论挺引惹边事，震动一方。故有是命。"又《宋会要辑稿》职官七四之二二（第五册，第 4061 页）载："（开禧三年十一月）臣僚复论（邓）友龙首开边衅，几致误国，再追五官，南雄州安置。既而又论侂胄盗权用兵之罪，始于友龙，止从降窜，于理未当，遂除名，改循州安置。"

寿,拟除它庐帅。陈云:"荷朝廷任使,帅长沙广西皆内地。若边帅,当择才。某于军旅事素不习,恐败事。"其议遂已。窃意秦老只是要兵柄入手,此事做未成。若兵柄在手,后来必大段作怪。①

秦桧其时已为宰相,执掌政柄,但若要进一步巩固其地位,就必须将兵权收入掌中。他已看出,若要掌握兵权,就必须举起恢复中原的大旗。但他本为主和宰相,又如何能宣扬用兵呢?面对胡宁的质疑,他说:"我从来固不主用兵。然虏自衰乱,不待用兵,自可取。"实际上就是通过渲染金人衰乱之形势,以营造出北伐的氛围,从而名正言顺地获得兵权。只是秦桧最终未能做成此事,没曾想数十年后却为韩侂胄所继承。

就在韩侂胄谋求平章军国事失败之后三个月,嘉泰元年八月二日,任命殿前都指挥使吴曦为兴州都统制,"规陕之意自此起矣"。② 韩侂胄已开始着手布局北伐,但是其一直以来所倚靠的以中枢、台谏为主的官僚势力,正如余英时所说,乃以维护现存秩序为政治取向,力求维持一种安静无事的政局,③对北伐并无兴趣。庆元元年(1195)十二月,赵汝愚责授宁远军节度副使,永州安置,在责授制词中,称赵汝愚,"谋动干戈而未已,人孰无疑……内欲擅移军帅,而结腹心之死党。外将生事戎夷,而开边境之衅端"。④ 是知当时韩侂胄和官僚势力为赵汝愚所定罪名中,即有一条是称其意图北伐。官僚势力对于北伐之态度,于此可见一斑。何况,他们更不愿意看到韩侂胄借北伐而凌驾于自身之上。所以,至嘉泰初,韩侂胄与官僚势力相互利用、相互支撑的关系已难以继续下去。韩侂胄必须为自己寻求新的支持者,经过了庆元年间官僚势力的长期执政,以及对赵汝愚和道学势力的打压,要想重新举起恢复大旗,舆论风气的转换还需要一个较长的营造过程。

① 《朱子语类》卷一三一《中兴至今日人物上》,第3156页。
② 《朝野杂记》乙集卷一八《丙寅淮汉蜀口用兵事目》,第825页。
③ 《朱熹的历史世界——宋代士大夫政治文化的研究》,第631页。
④ 《宋宰辅编年录校补》卷二〇,第1303页。

　　韩侂胄所采取的一个重大举措,就是松弛对道学的党禁。杜文玉认为,韩侂胄松弛党禁,一是为了防止他日报复之祸,二则是筹划北伐需要内部的和睦安宁,以便全力对外。① 余英时则认为,"'禁伪学'的原动力来自官僚集团,侂胄不过是在赵汝愚未死之前与他们同恶相济而已。"赵汝愚死后,对韩侂胄专权的威胁已解除,而韩侂胄的势力依附于皇权之上,必须以皇权的最高利益为依归,加上韩侂胄本人与道学并无深仇积怨,故而他最终松弛了党禁。② 将韩侂胄的权势完全视作依附于皇权的结果,是不准确的。正如前文所说,韩侂胄的身份介于内廷与外朝之间,他的反对者来自内外两个方面;同样,他要想成功专权,也离不开内外两个方面的支持。宁宗的信任、韩皇后的支持固然重要,但官僚势力也是韩侂胄专权赖以维系的重要支柱。在官僚势力走向自己对立面,成为其走向前台的障碍之前,韩侂胄即便对道学没有恶感,即便与官僚势力业已存在一些分歧,也不大可能无视他们的反对而贸然松弛党禁。另一方面,韩侂胄正在谋划为北伐造势,而道学中人向来以宣扬复仇大义,追求恢复中原著称。韩侂胄要想为自己的恢复赋予合法性,同时也为在自己与官僚势力分裂后寻找到新的支持者,松弛党禁实为最佳之选择。嘉泰二年(1202)二月,朝廷正式弛"学禁"。韩侂胄的这次弛禁对于党禁中遭到压制的士人,产生了很大影响,时人曾指出其中不少士人:

　　　　或愤于久郁,乐于乍伸,辄动其弹冠经世之念,则其思犹未熟也。复雠,天下之大义也。张忠献抵死切齿而不得伸,阜陵二十八年长太息而不得遂者,一旦举而行之,谁曰不可? 抑开禧之事开边也,非复仇也,图不轨也;非为社稷也,而羽之而翼之,可不可也?③

党禁松弛后,确实有许多道学中人,为恢复的旗号所吸引,成为韩侂胄北伐

----

① 杜文玉:《庆元党禁述论》,《渭南师专学报(社会科学版)》1992 年第 4 期,第 36 页。
② 《朱熹的历史世界——宋代士大夫政治文化的研究》,第 680—681 页。
③ 《续编两朝纲目备要》卷七"嘉泰二年二月"条,第 125 页。

的支持者。

与此同时,韩侂胄也开始着手军事和舆论上的准备。军事上,嘉泰三年七月,"命殿前司造战舰"。八月,"增置襄阳骑军"。十月,又"命两淮诸州以仲冬教阅民兵万弩手"。① 舆论上,嘉泰三年冬,"知安丰军厉仲方言淮北流民有愿过淮者。帅臣以闻"。② 对于此事,叶适在为厉仲方所撰的墓志中有较为详细的记载:

> 嘉泰中,边事将动,谍妄言:"虏衰有证,宜即取。"君在安丰,尝奏"淮北饥民扣关求救接",初无意也,柄臣遽从夜半下其议。议者因共指君为开隙生事,语闻四方,虽其故友朋及为士者亦交尤之。虏既卒叛盟,而君竟坐贬死。③

所谓"柄臣"即指韩侂胄。由于韩侂胄早已有意为北伐造势,只是苦于找不到借口,厉仲方的上奏恰好符合了他此时的需要。虽然在厉仲方可能为无意之举,但却被韩侂胄有意加以利用,作为论证其北伐合理性的重要依据,从"夜半下其议"的举动可以看出韩侂胄的激动喜悦之情。其实,除厉仲方的上奏内容符合了韩侂胄的需要外,还有一个重要的原因当来自于厉仲方本人的特殊身份,他既从学于叶适,又为陈亮之婿。④ 叶、陈皆为颇负盛名的主张恢复之领袖,奏疏出自厉仲方这样一位同叶、陈两人皆有密切关系的官员口中,无疑具有非同寻常的说服力。韩侂胄对于厉仲方的利用,与其对辛弃疾的做法可以说是如出一辙。

南宋的这些行为,很快就引起了金朝注意。《金史·章宗本纪》载,泰和三年(南宋嘉泰三年,1203)十月壬戌,

---

① 《宋史》卷三八《宁宗本纪》,第734页。
② 《朝野杂记》乙集卷一八《丙寅淮汉蜀口用兵事目》,第825页。
③ 《水心文集》卷二二《厉领卫墓志铭》,《叶适集》,第422页。
④ 《宋元学案》卷五五《水心学案下》,第1817—1818页。

奉御完颜阿鲁带以使宋还，言宋权臣韩侂胄市马厉兵，将谋北侵。上怒，以为生事，笞之五十，出为彰德府判官。①

泰和三年九月，金遣刑部尚书完颜承晖等为贺宋生日使，②完颜阿鲁带当即是此批使节中的一员。是知当时韩侂胄的谋划已显露出端倪，不过，此时的金章宗还不愿意与宋开战，以"生事"为由惩处了完颜阿鲁带，但这并不意味着章宗对南宋的举动毫无警惕。《宋史·宁宗本纪》载：

> （嘉泰三年冬，）金国多难，惧朝廷乘其隙，沿边聚粮增戍，且禁襄阳榷场。边衅之开，盖自此始。③

李心传《朝野杂记》亦载：

> 嘉泰三年冬，虏中盗起，增戍积粮，又禁襄阳榷场，盖惧朝廷乘其隙也。④

可知至嘉泰三年冬季，金朝开始在边境增加军队，聚集粮草，同时，又单方面关闭了襄阳榷场。李心传等人将金朝的行为解释为是"惧朝廷乘其隙"，这或许是实情，但在当时，韩侂胄未必会接受此说，他更可能将之解释为是金朝意图南侵的挑衅性行为。《朝野杂记》中紧接上文道：

> 朝廷闻其事，即起张肖翁（岩）参政帅淮东，程东老（松）枢密帅淮西。盖以肖翁扬州人，东老池州人，欲使护乡井也。又起丘宗卿（崈）侍郎守四明，以防海道。起辛幼安（弃疾）大卿帅浙东。时武帅郑挺在襄

---

① 《金史》卷一一《章宗本纪》，第261页。
② 同上。
③ 《宋史》卷三八《宁宗本纪》，第735页。
④ 《朝野杂记》乙集卷九《嘉泰开边事始》，第651页。

阳,边衅开,惧不能任,力求去,乃召还行在。既又转一官,知婺州。于是文臣无肯行者,遂以李奕为荆、鄂副都统制兼知襄阳。奕与其兄弟爽言世将家皆为戎帅。时东老父丧未免,力辞,改命广帅薛象先(叔似)侍郎,而象先不行,留提举佑神观,遂命宇文挺臣(绍节)侍郎代之。辟置参机,皆非常制。又徙幼安以次对守京口,起赵德老(彦逾)资政守四明,出许深甫(及之)知院守金陵。深甫不欲行,乃命宗卿以直学士院代典留钥。其开边盖自此始。①

针对金朝的举动,韩侂胄很快抓住机会,立即任命张岩、程松两位执政出帅淮东、淮西,所用的名义是"护乡井",即防备金人入侵,但很显然其最终目的乃在于北伐而非防御,所谓"辟置参机,皆非常制"已道出此点。同时,又用丘崈镇守明州,以防备海路,辛弃疾帅浙东。辛弃疾就是在这种情况下入朝,引出了上面所说的一段公案。然而,韩侂胄的做法似乎未能得到朝廷官员的支持,故"文臣无肯行者"。对于所任命的几位帅臣,程松以父丧"力辞",薛叔似也加以拒绝,许及之也"不欲行"。这让韩侂胄的用兵之议第一次受阻。《宋史·丘崈传》载,丘崈,

> 进敷文阁学士,改知建康府。将行,侂胄曰:"此事姑为迟之。"崈因赞曰:"翻然而改,诚社稷生灵之幸,惟无摇于异议,则善矣。"②

从上面《朝野杂记》的记载可知,韩侂胄本来命知枢密院事许及之出守金陵,但许及之予以了拒绝,故又命丘崈出知建康府以代之,时在嘉泰四年四月。③ 临行前,韩侂胄对他说"此事姑为迟之",表明韩侂胄已同意将北伐推迟进行。

---

①《朝野杂记》乙集卷九《嘉泰开边事始》,第651—652页。
②《宋史》卷三九八《丘崈传》,第12111页。
③ 马光祖修,周应合纂:《景定建康志》卷一,《宋元方志丛刊》,北京:中华书局,1990年,第二册,第1339页。

第一次用兵图谋的失败，让韩侂胄感受到来自朝中官员的阻力，他需要做更多准备来让朝野上下接受北伐。嘉泰四年四月，"立韩世忠庙于镇江府"。五月，又"追封岳飞为鄂王"。① 同时，利用出使金朝的使节来为北伐张目。魏了翁曾言道：

> （韩侂胄）自恭淑皇后上仙，虑其不能以久，则又为开边之说以自固，连年遣使，率以同己者为之，皆谓金鞑相持，遗黎内附，若乘机进取，可以尽复故疆。②

为了能推动北伐，韩侂胄在每年的遣金使节选择上有意任用亲信，他们归来后，多按照韩的意愿，向朝廷回报称金朝遭受蒙古的攻击，中原百姓皆愿内附，建议朝廷应乘机收复中原。这样的做法，在嘉泰四年以后表现得尤为明显。《四朝闻见录》载：

> 韩侂胄亟欲兴师北伐，先因生辰使张嗣古（原注：时为左史）假尚书入敌中，因伺虚实。张即韩之甥也。使事告旋，引见未毕，韩已使人候之。引见毕，不容张归，即邀至第，亟问张以敌事。张曰："以某计之，敌未可伐。幸太师勿轻信人言。"韩默然，风国信所奏嗣古诣金廷几乎坠笏，免所居官。韩败，张未尝以语人也。③

《鹤林玉露》载：

> 嘉泰中，邓友龙使金，有赂驿吏夜半求见者，具言虏为鞑之所困，饥馑连年，民不聊生，王师若来，势如拉朽。友龙大喜，厚赂遣之。归告韩

---

① 《宋史》卷三八《宁宗本纪》，第 735—736 页。
② 《鹤山全集》卷一八《应诏封事》。
③ 《四朝闻见录》乙集《开禧兵端》，第 87 页。

侂胄,且上倡兵之书,北伐之议遂决。①

张嗣古出使在嘉泰四年六月,②邓友龙出使在嘉泰四年九月,③两人所面对的金朝显然正处于相同的状况,然而两人返回之后对于北伐的态度截然不同。张嗣古为韩侂胄外甥,理当更得信任,但最终韩侂胄却相信了邓有龙,反过来对张嗣古进行了惩治。从情理上看,韩侂胄的作为有些令人匪夷所思。北伐之事且不说事关社稷存亡,也联系着韩侂胄个人安危,而他对金朝衰亡的言论偏听偏信,相反者则大加排斥,甚至惩处进言者,这种做法无异于掩耳盗铃,实在有悖常理。不仅对于张嗣古如此,当时许多反对北伐者皆遭惩处。④ 有学者就说,韩侂胄“这样听不进逆耳之言,岂有不错误估计形势之理。”⑤

其实,韩侂胄未必真的完全相信所谓“王师若来,势如拉朽”之类的言论,但在当时,他所急切需要的是让北伐的动议得到宁宗及朝野上下的认可,从而顺利攫取对朝政的合法主导权。赴金使节因亲身见证了金朝的现实状况,对北伐之事最有发言权,借助于他们之口,能够更容易让朝廷接受北伐的合理性。魏了翁所说韩侂胄每每以“同己者”为使,原因就在于此。韩侂胄不是要借使者之口来欺骗自己,而是要以此来说动宁宗与朝野上下。

至开禧元年,韩侂胄又利用科考来提升恢复声浪。五月,宁宗亲试举人,

> 赐礼部奏名进士毛自知等四百三十有三人及第、出身有差。自知对策,首论宜乘机以定中原,因擢为伦魁。⑥

---

① 《鹤林玉露》甲编卷之四《邓友龙使房》,第62—63页。
② 《宋史》卷三八《宁宗本纪》,第736页。
③ 同上。
④ 《朝野杂记》乙集卷一八《丙寅淮汉蜀口用兵事目》,第825—826页。
⑤ 张邦炜:《韩侂胄平议》,《四川师范大学学报(社会科学版)》1991年第1期,第56页。
⑥ 《续编两朝纲目备要》卷八“开禧元年五月己巳”条,第149页。

史称："开禧改元,进士毛自知廷对,言当乘机以定中原,侂胄大悦。"①此事当为韩侂胄一手策划。《宋会要辑稿》载:"(嘉定元年)三月四日,宝谟阁待制、知潭州毛宪落职放罢。以臣僚言宪与苏师旦厚,其子廷试,经营策题,既得为编排文字,遂优批分数,获膺首选。"②毛宪即为毛自知之父,韩侂胄曾用为台谏,毛自知本人也称苏师旦为"恩父"。③ 故毛自知廷对的内容以及其伦魁,皆为韩侂胄、苏师旦等人所精心设计。此事的意义在于,宁宗钦点主张恢复的毛自知为状元,具有极大的象征性,意味着宁宗对北伐的认可。很快,韩侂胄就兴起了第二次用兵之意。《金史·完颜匡传》载:

> (泰和五年三月,)遂平县获宋人王俊,唐州获宋谍者李忏,俊襄阳军卒,忏建康人。俊言宋人于江州、鄂、岳屯大兵,贮甲仗,修战舰,期以五月入寇。忏言侂胄谓大国西北用兵连年,公私困竭,可以得志,命修建康宫,劝宋主都建康节制诸道。④

泰和五年即宋开禧元年,此处为金所俘获的南宋谍者说南宋"期以五月入寇",看来当时韩侂胄已决定于当年的五月对金用兵。开禧元年四月,华岳上疏称:

> 自旬月以来,都城士民彷徨相顾,若将丧其室家,诸军老小隐哭含悲,若将驱之水火,阛阓藉藉,欲语复喋,骇于传闻,莫晓所谓。臣徐考其所自,则侍卫之兵日夜潜发,枢机之递星火交驰,戎作之役倍于平时,邮传之程兼于畴昔,乃知陛下将有事于北征,而为军若民皆如是之皇皇也。⑤

---

① 《宋史》卷四七四《韩侂胄传》,第 13774 页。
② 《宋会要辑稿》职官七四之二八,第五册,第 4064 页。
③ 《鹤山全集》卷八五《倪公墓志铭》。
④ 《金史》卷九八《完颜匡传》,第 2167 页。
⑤ 华岳:《翠微南征录》卷首《上宁宗皇帝谏北伐书》,《宋集珍本丛刊》,第 78 册,第 191 页。

当时屯驻行在的三衙军队相继开赴前线,各种军情文书往来不断,在临安已明显能感受到战争即将来临的气氛,这可从侧面印证谍者的话当是有根据的。华岳因此上书,随即遭到贬谪,送建宁府编管。① 南宋的举动引起了金朝的强烈反应。泰和五年四月,金章宗"命枢密院移文宋人,依誓约撤新兵、毋纵入境"。五月,"以平章政事仆散揆为河南宣抚使,籍诸道兵以备宋"。② 仆散揆至汴后,"搜练将士,军声大振"。③ 与此同时,金又遣使赴宋,"以边民侵掠及增戍来责渝盟"。④ 六月,金章宗"召诸大臣问备宋之策"。⑤ 金朝的行动为韩侂胄提供了第二次用兵的时机。《宋史·丘崈传》载:

> 侂胄闻金人置平章,宣抚河南,奏以崈为签枢,宣抚江淮以应之。崈手书力论:"金人未必有意败盟,中国当示大体,宜申警军实,使吾常有胜势。若衅自彼作,我有辞矣。"宣抚议遂寝。侂胄移书欲除崈内职,宣谕两淮。崈报曰:"使名虽异,其为示敌人以嫌疑之迹则同,且伪平章宣抚既寝,尤不宜轻举。"侂胄滋不悦。⑥

与嘉泰三年冬一样,韩侂胄再次将金朝命仆散揆以平章政事宣抚河南的行为,解释成是金朝意图攻宋的体现,于是准备任命丘崈为签书枢密院事宣抚江淮以作回应。这种挑衅性的举措势必会导致宋金紧张局势的进一步升级,故遭到了丘崈的极力反对,他认为当时金朝并无意"败盟",朝廷不当轻举妄动。其时反对韩侂胄出兵的还有陈谦,在叶适所撰行状中,称:

> 开禧元年,襄阳前帅李奕、后帅皇甫斌,密受韩侂胄意,谋先事扰虏,纵亡命劫界外……侂胄不知其情,将遂出师,公谓侂胄:"复仇大义,

---

① 《宋史》卷三八《宁宗本纪》,第 737 页。
② 《金史》卷一二《章宗本纪》,第 271 页。
③ 《金史》卷九三《仆散揆传》,第 2068 页。
④ 《宋史》卷三八《宁宗本纪》,第 738 页。
⑤ 《金史》卷一二《章宗本纪》,第 271 页。
⑥ 《宋史》卷三九八《丘崈传》,第 12111 页。

伐国重事也。丰储实边,教而后战,古人成算既不讲;添大军,给纲马,射铁帘,盖寨屋,今日常文又不用;乃倚群盗剽夺行之,岂得以败亡为戏乎?"既屡论斌、奕罪,力陈四不宜动,且求罢。侂胄患之,弥年不决。①

陈谦为陈傅良从弟,时任京西转运判官,属道学中人,《宋元学案》称其为"淳熙遗老",②颇有时望。他对恢复抱有热情,故在党禁松弛后获得擢用。但他对恢复的态度较为审慎,反对贸然出兵。应该正是在丘崈、陈谦等人的反对下,韩侂胄在用兵问题上举棋不定,开禧元年的北伐之议再度终止。为缓和紧张局势,开禧元年六月,南宋遣李壁为贺金主生辰使。《宋史·李壁传》载:

> 壁受命使金,行次扬州,忠义人朱裕挟宋师袭涟水,金人愤甚,壁乞枭裕首境上,诏从其请。壁至燕,与金人言,披露肝胆,金人之疑顿释。③

李壁出使在一定程度上打消了金人疑虑,至八月,金朝撤销了河南宣抚司。《金史·章宗本纪》载:

> (泰和五年)八月辛卯,诏罢宣抚司。时宋殿帅敦倪、濠州守将田俊迈诱虹县民苏贵等为间,河南将臣亦屡纵谍,往往利俊迈之赂,反为游说。皆言宋之增戍,本虞他盗,及闻行台之建,益畏慑不敢去备。且兵皆白丁,自裹粮糒,穷蹙饥疫,死者十二三,由是中外信之。宣抚司以宋三省、枢密院及盱眙军牒来上,又皆镌点边臣为辞。宣抚使揆因请罢司,从之。揆又奏罢临洮、德顺、秦、巩新置弓箭手。④

---

① 《水心文集》卷二五《朝请大夫提举江州太平兴国宫陈公墓志铭》,《叶适集》,第503页。
② 《宋元学案》卷五三《止斋学案》,第1720页。
③ 《宋史》卷三九八《李壁传》,第12107页。
④ 《金史》卷一二《章宗本纪》,第271—272页。

可知南宋在遣使以外,还通过三省、枢密院移文金朝,向金朝做出保证。金章宗随即下诏罢宣抚司,并撤退了沿边新招之弓箭手。宋金关系得到了暂时缓和。北伐之议虽中辍,但金人的强烈反应一度造成了两国间的局势紧张,而这恰好为韩侂胄谋求平章军国事提供了良好契机。《朝野杂记》载:

> (开禧元年)六月二十六日壬子,宰执陈自强等四人援国朝故事,乞命侂胄兼领平章事。台谏邓友龙等继亦有请。七月四日己未,自强等再奏。五日庚申,侂胄除平章军国事。①

这样,关于韩侂胄出任平章军国事的建议,在搁置四年后再次被提了出来。《宋史·陈自强传》称:"方侂胄欲为平章,犹畏众议,自强首率同列援典故入奏。"②是知出任平章完全出自韩侂胄本身之期盼,只是鉴于嘉泰元年的失败教训,对朝野上下的反应尚心存疑虑。但经过四年准备,此时的朝局已与嘉泰初不可同日而语,不仅该建议直接由陈自强、张岩、刘德秀、钱象祖等全部四位宰执提出,而且邓友龙等台谏亦相继奏请。很快,韩侂胄就顺利出任了平章军国事。此平章军国事之衔,虽为仿照吕公著、文彦博等"国朝故事"而来,但其"比申公省'同'字,则其体尤尊,比潞公省'重'字,则其所与者广",③韩侂胄已成为完全凌驾与二府之上的秉政者,等北伐开始后,"又命一日一朝,尚书省印亦纳于其第,宰相仅比参知政事,不复知印矣"。④ 而在出任平章的同月,韩侂胄又兼任了国用使之职,掌握了财政大权。⑤ 此时的韩侂胄已集行政、军政和财政大权于一身。借助于筹划及进行北伐,韩侂胄顺利地从幕后走向了前台,成为名副其实的主宰朝政者,其专权的性质也由此发生了转变,由原先的外戚擅权成功转变为宰相专政。后来的史弥远以宰相兼枢密使的形式专断朝政,与韩侂胄以平章军国事秉政,虽在具体的

---

① 《朝野杂记》乙集卷一八《丙寅淮汉蜀口用兵事目》,第 826 页。
② 《宋史》卷三九四《陈自强传》,第 12034 页。
③ 《续编两朝纲目备要》卷八"开禧元年七月庚申"条,第 151 页。
④ 《续编两朝纲目备要》卷八"开禧元年七月庚申"条,第 150 页。
⑤ 《宋史》卷三八《宁宗本纪》,第 738 页。

运作形式上存在差异，但本质上说并无二致。

韩侂胄以恢复相号召，让他最终成功出任了平章军国事，名正言顺地执掌朝政大权。但在此过程中，他的周围业已聚集起一批热衷于恢复之士作为自己的支持者，这些人不会乐意看到北伐被断然放弃，而且金朝在面对南宋的侵扰时所表现出来的妥协退让，也会让韩侂胄较为强烈地感受到金朝已今非昔比。更为重要的是，仅仅出任平章一职，尚不能完全巩固其在朝中的地位，在看到金朝的软弱后，他还是对通过北伐建立功勋心存期望。真德秀在为李璧所撰行状中说，李璧使金归来后，"虏疑顿释，召其臣之宣抚河南者还，而罢签刷兵马。当是时，边患几息，然侂胄意锐甚，邓友龙辈日从谀不休，公深忧之"。① 这样，又经过了半年多时间的准备，至开禧二年四月，韩侂胄正式发动了北伐。

结　　论

韩侂胄以外戚而执掌权柄，这种身份使得他处于一种介乎内廷与外朝之间的尴尬位置上，他需要同时应对来自内、外两个方面的挑战。在外朝士大夫看来，韩侂胄属于皇帝的亲信私人，这令他不仅为道学中人所批评，即便是支持他的外朝官员也不愿意让他完全凌驾于自身之上。然而，相对于身处内廷、与皇帝关系更为亲近的后妃、宦官势力，韩侂胄则处于相对靠外的位置。这些后妃、宦官往往会利用接近宁宗的机会插手朝政，从而对韩侂胄专权构成直接威胁。随着韩皇后的去世，韩侂胄在宫中的势力大为削弱，继起的杨皇后则与宁宗身边的宦官相结合，逐渐与韩侂胄处于对立状态。正是外戚专权模式所存在的这种难以克服的困难，迫使韩侂胄不得不从幕后转向前台，以为自己的专权寻求制度上的合法性保障。然而，他第一次追求出任平章军国事的努力因中枢大臣的反对化为泡影。为此，韩侂胄开始

---

① 《西山文集》卷四一《故资政殿学士李公神道碑》。

与官僚势力分道扬镳,他接受调停势力的主张,逐步放松党禁,以寻求新的支持者。同时,又揭起北伐大旗。通过持续不断地舆论造势,以及对金朝的挑衅,成功营造出一种紧张局势,最终帮助他于开禧元年顺利获得了平章军国的头衔,集行政、军政、财政大权于一身,完成了由外戚擅权向宰相当政的转变。但仅仅依靠这一职位尚不能完全稳固其地位,且在对金挑衅试探的过程中,金朝所表现出来的妥协退让也让韩侂胄认为有机可乘,再加之邓友龙等主战官员的鼓动,北伐终于得以发动。

　　一直以来,对于韩侂胄的权势,论者经常引用《宋史·韩侂胄传》的记载,称:"侂胄用事十四年,威行宫省,权震寰内。"①似乎他的权力自始至终就完全笼罩了整个外朝与内廷,若果真能如此,则真可谓坚如磐石。但这种说法却很可能是出自韩侂胄被诛后的弹劾者之口,如参与诛韩政变的王居安就称:"侂胄箝制中外,罔使陛下闻知,宦官宫妾,皆其私人,莫肯为陛下言者⋯⋯侂胄数年之间,位极三公,列爵为王,外则专制东西二府之权,内则窥伺宫禁之严,奸心逆节,具有显状。"②这种出自敌对者之口的弹劾之词与事实明显不相符合。实际上,韩侂胄专权本身所存在的难以克服的困难,令其始终处于一种不稳定状态。韩侂胄当权的十四年,先是沸沸扬扬的党禁,紧接着又是轰轰烈烈的北伐,相较于后来史弥远当政时期平静到近乎沉闷的嘉定政局,可以说是热闹异常,精彩纷呈。这种热闹、精彩的背后,所凸显出的恰恰就是韩侂胄权力与地位的不稳定。那么,这场惊天动地的北伐又将会对韩侂胄及其专权带来怎样的影响呢?

---

① 《宋史》卷四七四《韩侂胄传》,第13777页。
② 《宋史》卷四〇五《王居安传》,第12251页。

第五章 韩侂胄之死新释

南宋宁宗开禧二年(1206),已出任平章军国事的韩侂胄为收复中原失地,主持发动了对金的军事进攻,史称"开禧北伐"。开禧三年十一月,杨皇后与史弥远等人联合发动政变,杀韩侂胄于玉津园,而后对金妥协,签订"嘉定和议",宋金重新恢复和平之局。开禧、嘉定之际的政治变动构成了南宋历史由前期向后期的转变,①历来受到研究者关注。对于韩侂胄最终被杀的缘由,论者从不同角度出发提出各种不同解释,但几乎所有研究都认为韩侂胄之死与开禧北伐存在着密切关联。他们认为,韩侂胄贸然举兵北伐,对金朝实力估计不足,加之所用非人,措置失当,结果招致大败。北伐遭挫后,韩侂胄虽曾一度求和,但金人却提出以其首级作为议和条件,致使韩侂胄恼羞成怒,意欲再度用兵。这引起了南宋朝廷内部史弥远等主和派势力(亦有称"投降派")的反对,他们与杨皇后一起推翻韩侂胄,并将之函首金朝,最终实现了对金议和。②

---

① 张其凡:《试论宋代政治史的分期》,邓广铭、王云海等主编:《宋史研究论文集》,开封:河南大学出版社,1993 年,第 362 页;胡昭曦:《略论晚宋史的分期》,《四川大学学报(哲学社会科学版)》1995 年第 1 期,第 103 页。

② 华山:《南宋和金朝中叶的政情和开禧北伐之役》,《史学月刊》1957 年第 5 期,第 7—14 页;陆成侯:《论韩侂胄》,《史学月刊》1958 年第 7 期,第 14—19、26 页;《中国历史大辞典·宋史》"开禧北伐"条、"韩侂胄"条,上海:上海辞书出版社,1983 年,第 31、454 页;张邦炜:《韩侂胄平议》,《四川师范大学学报(社会科学版)》1991 年第 1 期,第 54—60 页;张其凡:《宋代史》第一章,澳门:澳亚周刊出版有限公司,2004 年,第 140 页;何忠礼:《宋代政治史》,杭州:浙江大学出版社,2007 年,第 462 页;廖健凯:《权相秉国——史弥远掌政下之南宋政局》,台湾师范大学历史学系硕士学位论文,2013 年,第 33、44 页;戴仁柱著,刘广丰、惠冬译:《丞相世家——南宋四明史氏家族研究》第四章《春华秋盛》,第 107 页。

实际上,这种论断基本上是承袭了宋元人的说法。宋元时期史籍中,涉及韩侂胄事迹的主要有李心传《朝野杂记》乙集、叶绍翁《四朝闻见录》、周密《齐东野语》、《续编两朝纲目备要》以及《宋史》等,但这些史料关于韩侂胄的记载本身就存在不少问题。韩侂胄之后紧接着就是史弥远当权的二十余年,由于两人的敌对立场,史弥远主持对与韩侂胄及其当政时期相关的记载进行了有意识的修改。另外,韩侂胄因制造"庆元党禁",招致理学中人对他多持否定态度。① 两方面因素的结合就势必会对韩侂胄的实际形象造成很大程度扭曲。李心传和叶绍翁皆属理学中人,而且李心传于理宗宝庆年间(1225—1227)方应召入朝,②《朝野杂记》乙集则完成于嘉定九年(1216)。③ 他关于开禧、嘉定之际的史事并非得自亲身见闻,故难免受到主流的官方言论影响。周密就曾指出李心传在记载韩侂胄史事上的不实之处,并称:"李心传蜀人,去天万里,轻信记载,疏舛固宜。"④《宋史》则是主要根据宋代国史修成,且在对人物评价上颇受盛行之理学的熏染。生活在宋元之际的周密,其所撰《诛韩本末》一直被视作研究韩侂胄的重要史料,该文中交代了史料来源,称:"当(嘉)泰、(开)禧间,大父为棘卿,外大父为兵侍,直禁林,皆得之耳目所接,俱有家乘、日录可信。用直书之,以告后之秉史笔者。"⑤周密的"外大父"是章良能,此人确系亲身经历了开禧、嘉定之际的政治变动。然其为史弥远亲信,⑥周密根据他的记载来叙述的韩侂胄事迹,恐怕也难说不存偏见。

单纯根据南宋方面的史料很难不陷入宋人的偏见中,其实关于开禧、嘉定之际的宋金和战问题,不仅为南宋人所关注,作为敌对方的金朝同样非常重视,《金史》中就保存有不少相关内容,在既往学者的研究中,不乏加以利

---

① 贾连港:《"韩侂胄事迹"的形成及流转》,《史学史研究》2014 年第 3 期,第 33 页。

② 黄震撰,张伟、何忠礼点校:《戊辰修史稿·宝章阁待制李心传》,《黄震全集》,杭州:浙江大学出版社,2013 年,第 10 册,第 3341 页。

③ 《朝野杂记》乙集自序,第 481 页。

④ 《齐东野语》卷三《诛韩本末》,第 51 页。

⑤ 《齐东野语》卷三《诛韩本末》,第 51—52 页。

⑥ 章良能于嘉定初出任御史中丞,帮助史弥远劾罢了主要政敌参知政事卫泾,随后被擢为执政。参见《四朝闻见录》甲集《卫魁廷尉》,北京:中华书局,1989 年,第 9 页。

用者。然而,论者往往过分受到南宋史料所存成见影响,多是将金方记载作为补充,用来进一步证实宋人的既有论断,而对其中存在的明显矛盾之处视而不见。当然,并不是说《金史》的记载就一定比宋人的说法更可靠,金人同样具有自身立场。这就要求充分利用宋、金双方的记载,在对两方面史料进行仔细比对分析的基础上,尽可能地重建当时宋金围绕和议问题展开交涉的全过程,然后在这种整体脉络中去认识金人关于和谈的条件究竟是什么。是否如现有研究所认为的必欲得韩侂胄首级而后快。韩侂胄又是否真有再度用兵之意。在回答了这些问题后,进而探究史弥远等人所发动政变的原因与实质究竟何在,以及后世所熟知的韩侂胄形象是如何确立起来的。

第一节　北伐受挫后韩侂胄的政策转向

开禧二年(1206)五月七日,南宋正式下诏伐金,但北伐的大规模军事行动在此前就已展开。据《宋史·宁宗本纪》记载:

> (开禧二年四月)乙亥,以郭倪兼山东、京东路招抚使,鄂州都统赵淳兼京西北路招抚使,皇甫斌兼京西北路招抚副使。丁丑……镇江都统制陈孝庆复泗州,江州统制许进复新息县。戊寅,光州忠义人孙成复襃信县。五月辛巳朔,陈孝庆复虹县。①

韩侂胄正是在这一系列胜利的鼓舞下,才最终决心说动宁宗降诏北伐。从这里可以看到,在发动北伐时,韩侂胄采取了十分"谨慎"的办法,即先对金不宣而战。在筹划北伐的过程时,韩侂胄曾让边境将领对金采取一系列小规模的挑衅性行动,以试探金朝反应。《金史》称:"宋主相韩侂胄。侂胄尝

---

① 《宋史》卷三八《宁宗本纪》,第 740 页。

再为国使,颇知朝廷虚实。及为相,与苏师旦倡议复仇,身执其咎,缮器械,增屯戍,初未敢公言征伐,乃使边将小小寇钞以尝试朝廷。"①此番正式下诏北伐前,南宋依旧采取了这种办法,只是规模上已不可同日而语。此举的好处在于:一方面可以收到突然袭击之效,另一方面也可以为自己留下回旋的余地。若然出师不利,韩侂胄完全可以同先前一样,将宋军的进攻说成是盗贼滋扰,迫不得已还可将之归咎为边境将帅的自作主张,从而为重新恢复宋金和平之局留下空间。

不过,对于韩侂胄来说,实际情况似乎十分乐观,宋军在北伐之初取得了不少胜利,成功夺取了泗州等战略要地。个中原因当主要在于金朝缺乏对南宋用兵的准备。开禧元年六月李壁的出使,一定程度上打消了金方对南宋北伐的顾虑,金朝于同年八月撤销了为备宋而设置的河南宣抚司。②如此一来,在南部边境金军只留有常规的防守军队,面对蓄谋已久的宋军难免措手不及。《金史·章宗本纪》载:"上以宋兵方炽,东北新调之兵未集,河南之众不足支,命河北、大名、北京、天山之兵万五千屯真定、河间、清、献等以为应。"③显然当时金朝在河南的军队数量并不多,急需从东北等地抽调部队南下增援。韩侂胄似乎未能意识到这一点,故而大大低估了金朝的实力,毅然于五月正式发动北伐。

但就在降诏北伐的同时,前线战败的奏报纷至沓来。降诏前一天,"江州都统王大节引兵攻蔡州,不克,军大溃"。④ 随后,"(五月)癸巳……皇甫斌引兵攻唐州,败绩。兴元都统秦世辅出师至城固县,军大乱。甲午……以池州副都统郭倬、主管马军行司公事李汝翼会兵攻宿州,败绩……癸卯,郭倬等还至蕲县,金人追而围之,倬执马军司统制田俊迈以与金人,乃得免"。⑤ 是知,自江淮至于川陕的各个战场,宋军的攻势都遭到了严重挫折。前线兵败令韩侂胄大为恐慌。叶绍翁称:"韩侂胄用兵既

① 《金史》卷九八《完颜匡传》,北京:中华书局,1975 年,第 2167 页。
② 《宋史》卷三九八《李壁传》,第 12107 页,《金史》卷一二《章宗本纪》,第 271—272 页。
③ 《金史》卷一二《章宗本纪》,第 275 页。
④ 《宋史》卷三八《宁宗本纪》,第 740 页。
⑤ 《宋史》卷三八《宁宗本纪》,第 741 页。

败,为之须鬓俱白。"①为应对危局,韩侂胄迅速对其政策做出了调整。

首先,他立即终止了北伐攻势,主动放弃已被宋军收复的泗州等重镇,命令军队退回宋境转向防守。在江淮战场,开禧二年(1206)六月二十一日,朝廷降诏江淮宣抚司,询问可否坚守泗州之事,②时任江淮宣抚使的丘崈在回奏中称:"泗州孤立,淮北所屯精兵几二万,万一金人南出清河口及犯天长等城,则首尾中断,堕敌计矣。莫若弃之,还军盱眙。"③朝廷接受了丘崈的建议,决定放弃泗州,退守两淮。而荆襄地区,在皇甫斌进攻唐州大败后,宋军同样退回了境内,固守襄阳等地。开禧三年,黄榦在一封给京湖宣抚使宇文绍节的信中说道:"自去夏唐州一败之后,不复敢言进取,虏已知吾军之弱矣。"④赵淳在皇甫斌战败后接手荆襄防务,《襄阳守城录》称:"时皇甫副使斌已出师攻唐邓失利,公方收集溃卒,申饬边备,以严守御。"⑤表明在皇甫斌失败后,赵淳所做的就是尽心守住重镇襄阳。此后直至十一月金军发动南征攻入宋境的情况下,宋金方再次接战。华岳称:"今日之事,中外之臣初皆以为进取矣。自郭倪不得涟、泗,李汝翼、田俊迈、郭倬不得符离,李爽不得二蔡,皇甫不得唐、邓,而后进取之说始不入于庙堂大臣之耳。"⑥说的就是这种情况。可以看到,韩侂胄所推动的北伐,对金攻势持续时间不过三个月,为时甚短,且在甫一受挫之后便即转向退守。

其次,对前线战败之将帅,以及对朝廷上积极参与策动北伐之人进行惩处。同时,召还那些曾因反对北伐而遭贬谪的官员。《宋史·丘崈传》载:

---

①　《四朝闻见录》戊集《伶优戏语》,第190—191页。

②　《宋会要辑稿》兵九之二四,第6917页。

③　《宋史》卷三九八《丘崈传》,第12112页。

④　黄榦:《勉斋先生黄文肃公文集》卷一六《与宇文宣抚言荆襄事体》,《宋集珍本丛刊》,第67册,第702页。

⑤　赵万年:《襄阳守城录》,《全宋笔记》第六编第九册,郑州:大象出版社,2013年,第189—190页。

⑥　华岳:《翠微北征录》卷三《治安药石·军国大计·和议》,《宋集珍本丛刊》,第78册,第263页。

> 时宋师克泗州,进图宿、寿,既而师溃,侂胄遣人来议招收溃卒,且求自解之计。密谓:"宜明苏师旦、周筠等偾师之奸,正李汝翼、郭倬等丧师之罪。"①

开禧二年六月,韩侂胄以丘崈取代邓友龙出任两淮宣抚使。② 丘崈本就对北伐持反对立场,而邓友龙则为当时朝中主张北伐最力的官员之一。韩侂胄在北伐受挫后用丘崈取代邓友龙,已经预示着政策的转变。韩侂胄特地遣人咨询丘崈以"求自解之计",实际上就是如何推卸自己在北伐上的责任。丘崈提供的建议是让韩侂胄对苏师旦、周筠等鼓动北伐之人,以及李汝翼、郭倬等战败将领进行严厉惩处。其中苏师旦、周筠皆为韩侂胄心腹。丘崈并非是韩侂胄所咨询的唯一一人。《宋史·李壁传》载:

> 侂胄既丧师,始觉为苏师旦所误,一夕招壁饮,酒酣,及师旦事,壁微摘其过,觇侂胄意向,乃极言:"师旦怙势招权,使明公负谤,非窜谪此人,不足以谢天下。"师旦坐贬官。壁又言:"郭倬、李汝翼偾军误国之罪,宜诛之以谢淮民。"拜参知政事。③

李壁与韩侂胄关系密切,他在北伐之事上不似丘崈那般持坚决反对之态度,立场有些依违不定,北伐之诏书即为其所草,④但内心又对北伐持保留意见。这里说韩侂胄"始觉为苏师旦所误"云云,自属掩饰之词,当是韩侂胄为求摆脱战争罪责,而有意抛出苏师旦来做替罪羊。李壁对此心知肚明,故而借机攻击苏师旦等人。他所提出的具体建议与丘崈可谓如出一辙。

在这种情况下,韩侂胄对与策动北伐相关的官员展开了一系列清算。

---

① 《宋史》卷三九八《丘崈传》,第 12112 页。
② 《宋史》卷三八《宁宗本纪》,第 741 页。
③ 《宋史》卷三九八《李壁传》,第 12107—12108 页。
④ 《宋史》卷三九八《李壁传》,第 12107 页。

自开禧二年（1206）六月至七月，王大节、邓友龙、郭倬、李汝翼、皇甫斌、李爽、苏师旦等参与北伐者，皆遭贬谪。① 雷孝友后来在弹劾韩侂胄的奏疏中就径直指出："师旦之窜，非专于伸国宪，亦侂胄籍之以自文尔。"②

此外，韩侂胄又开始逐渐召回先前因反对北伐而遭贬谪的官员。如娄机因反对北伐于开禧二年五月"褫职罢祠"，"已而延敌致寇，涂炭数郡，奸党失措，始媿公之言。八月，再畀祠禄。明年二月，复职"。③ 王居安在奏疏中针对这种情况言道："向者小胜，则赏用兵者，而沮兵者获谴。近者小却，则往往咎言兵者，而谏用兵者录用。"④

可以看出，韩侂胄所推动的北伐带有很明显的投机性质。他先是对金不宣而战，既能收奇袭之效，又可为议和留下余地。在看到一连串胜利后，错估金朝实力，决然北伐。然而，随着战败的奏报接踵而至，他又迅速放弃北伐，命令宋军放弃业已收复的泗州等战略要地，全线退回境内，专意于防守。与此同时，又开始大肆清算朝中主张北伐的官员和前线战败之将领，并召还一些先前因反对北伐而遭贬谪之士。这一系列作为的背后，韩侂胄的主要目的显然在于极力推卸北伐的责任，给人造成自己亦是为奸人所误的印象。这既是为了应对南宋内部的批评，也是为了应对金朝可能的问罪之举。在后来的对金谈判中，韩侂胄就曾在给金军统帅完颜宗浩的书信中称："兵端之开，虽本朝失于轻信，然痛罪奸臣之蔽欺，亦不为不早。自去岁五月，编窜邓友龙，六月又诛苏师旦等。是时大国尚未尝一出兵也，本朝即捐已得之泗州，诸军屯于境外者尽令彻戍而南。悔艾之诚，于兹可见。"⑤虽是谈判中的游说之辞，但结合北伐初期韩侂胄的所作所为，亦未尝不可视作是他的真实想法。可以认为，北伐受挫后韩侂胄已经做好了重新与金议和的准备，只是此时说战说和的主动权已不掌握

① 《宋史》卷三八《宁宗本纪》，第741页。
② 《四朝闻见录》戊集《臣僚雷孝友上言》，第170页。
③ 《楼钥集》卷一〇三《资政殿大学士致仕赠特进娄公神道碑》第1785—1786页。
④ 谢铎：《赤城论谏录》卷三《论用兵当以感励人心激昂士气为先》（王侍郎（居安）），四库全书存目丛书本，济南：齐鲁书社，史部69，第653—654页。
⑤ 《金史》卷九三《宗浩传》，第2075页。

在南宋手中。

第二节　金章宗的应宋之策

就在南宋下诏伐金的同月,金章宗也"以征南诏中外"。① 这场战争虽由南宋方面挑起,但当时的金朝君臣如何来看待此次战争呢? 他们对于战争的预期是什么? 这对于理解后来宋金和谈中金朝的一系列行为具有重要意义。

泰和六年(南宋开禧二年,1206)四月,金章宗任命平章政事仆散揆"领行省于汴",并"许以便宜从事"。② 仆散揆成为金朝在河南地区负责对宋事务的最高长官。仆散揆上任后,于同年十月指挥金军分九路大举南下,攻占了淮南地区的一系列战略要地。在这种情势下,金章宗遣使告谕仆散揆,对战争的未来走势进行了分析。在历数了金军在自川陕至淮南等各个战场上的胜利后,他说道:

> 赵扩闻之,料已破胆,失其神守。度彼之计,乞和为上。昔尝画三事付卿,以今事势计之,径渡长江,亦其时矣。淮南既为我有,际江为界,理所宜然。如使赵扩奉表称臣,岁增贡币,缚送贼魁,还所俘掠,一如所谕,亦可罢兵。卿宜广为渡江之势,使彼有必死之忧,从其所请而纵之,仅得余息偷生,岂敢复萌他虑。卿于此时,经营江北,劳徕安集,除其虐政横赋,以良吏抚字疲民,以精兵分守要害,虽未系赵扩之颈,而朕前所画三事,上功已成矣。前入见时,已尝议定,今复谆谆者,欲决卿成功尔。机会难遇,卿其勉之。③

---

① 《金史》卷一二《章宗本纪》,第 275 页。
② 同上。
③ 《金史》卷九三《仆散揆传》,第 2069—2070 页。

章宗对仆散揆称"曾画三事付卿",表明章宗君臣曾对战争的走向做过认真探讨,并根据对战事进展情况的不同预期做出过三套方案。此时,金军在各个战场上所取得的重大进展令章宗颇为满意,以至于他认为"径渡长江,亦其时矣"。不过,章宗对于渡过长江荡平南宋并未报太高期望,他在谕旨中同仆散揆着重讨论的,乃是如何争取在对金最有利的情况下与南宋议和。他估计金军给南宋的打击足以迫使宋宁宗遣使乞和。当时金军攻占淮南指日可待,故章宗认为割让淮南是理所当然的议和条件之一。此外,如果宋宁宗还能够接受"奉表称臣""岁增贡币""缚送贼魁""还所俘掠"等四个条件,亦可同意罢兵。在这里,金朝第一次完整地提出了与宋和谈的全部五个条件,后来的议和主要就是围绕着这五个话题展开。可以看出,金章宗从战争的一开始就做好了与宋议和的打算,只是期望通过战争能够在更有利的条件下达成和议。

正因为金朝所奉行的是和战并行策略,所以就在下诏南征的第二个月,章宗诏令彰德府"宋韩侂胄祖琦坟毋得损坏,仍禁樵採",①以为之后的和谈留下余地。而就在金军于淮南进展顺利的同时,作为主帅的仆散揆又率先向南宋派遣了议和使者,宋金开始了关于议和的初步接触。《金史·完颜匡传》载:

> 初,仆散揆初至汴,既定河南诸盗,乃购得韩侂胄族人元靓,使行间于宋。元靓渡淮,宋督视江淮兵马事丘崈奏之宋主。是时,宋主、侂胄见兵屡败以为忧,欲乞盟无以为请,得崈奏,即命遣人护元靓北归,因请议和。崈使其属刘祐送元靓申和议于揆,揆曰:"称臣割地,献首祸之臣,然后可。"宋主因密谕丘崈,使归罪边将以请焉。②

《宋史·丘崈传》亦载有此事,称:

---

① 《金史》卷一二《章宗本纪》,第 276 页。
② 《金史》卷九八《完颜匡传》,第 2169 页。

（丘崈）进端明殿学士、侍读，寻拜签书枢密院，督视江淮军马。有自北来者韩元靖，自谓琦五世孙，崈诘所以来之故，元靖言："两国交兵，北朝皆谓出韩太师意，今相州宗族坟墓皆不可保，故来依太师尔。"崈使毕其说，始露讲解意。崈遣人护送北归，俾扣其实。其回也，得金行省幅纸，崈以闻于朝，遂遣王文采持书币以行。文采还，金帅答书辞顺。①

"韩元靖"即"韩元靓"，相关记载中多作"元靓"，当以后者为是。至于丘崈所遣回使，丘崈本传作"王文采"，《朝野杂记》作"王文"，②当为一人，只是记载有所讹误。丘崈出任签书枢密院事、督视江淮军马在开禧二年十一月。③ 刘祐出使金朝在泰和六年（南宋开禧二年，1206）十一月壬辰，可知韩元靓之来当在丘崈就任督视江淮军马前后不久。

金朝虽有意约和，却不愿意承担主动求和之名，故韩元靓虽由仆散揆所遣，却是以个人身份前往参见丘崈，向宋方婉转地表达了金方愿意议和的态度，只是希望能够由宋方采取主动。韩元靓乃韩琦后人，与韩侂胄为同族，这显然是仆散揆认真考虑后做出的选择，意在利用他与韩侂胄的亲缘关系。这也表明金朝并没有将韩侂胄排除在谈判对象之外，相反，恰恰是在间接地寻求韩之认可。

其时南宋在金朝的反击下节节败退，正意图谋和，韩元靓的到来恰好给了南宋议和的契机，很快韩侂胄就同意让丘崈来负责议和之事。丘崈随即命刘祐赴金营与仆散揆面议，仆散揆提出了"称臣""割地""献首祸之臣"三项条件。至于第三项条件"献首祸之臣"，金方并未明确指出首祸之臣为谁，这给南宋提供了使用替罪羊以推卸责任的办法。宁宗"因崈谕丘崈，使归罪边将以请焉"。《宋史·韩侂胄传》也称宁宗："谕丘崈募人持书币赴敌营，谓用兵乃苏师旦、邓友龙、皇甫斌所为，非朝廷意。"但当丘崈遣使将朝廷的意见转达金朝时，

---

① 《宋史》卷三九八《丘崈传》，第 12112 页。
② 《朝野杂记》乙集卷一八《丙寅淮汉蜀口用兵事目》，第 829 页。
③ 《宋史》卷三八《宁宗本纪》，第 742 页。

金方的态度却转趋强硬,"金人答书辞甚倨,且多所要索,谓侂胄无意用兵,师旦等安得专"。① 这里已直接将战争的罪魁祸首确定为韩侂胄。于是,丘崈再次遣使致书金军统帅,"许以刷还淮北元流移人及今年岁币",金人又"有许意"。② 开禧二年十二月,朝廷再度令丘崈遣使金朝,"督府遣从政郎、招抚司干办公事陈璧假工部员外郎,与国信所掌仪葛宗裔充小使,持第三书以往"。"会六合交兵,郭僎丧败,而第三书适亦犯虏之庙讳,虏遂以用兵诘责小使,却其书而还。"③这次遣使由于南宋正在进攻为金人所占据之城池,导致金人怀疑南宋和议的诚意,故以失败告终。但据《宋史·丘崈传》载,陈璧出使归来后曾说:"金人诘使介,既欲和矣,何为出兵真州以袭我?然仍露和意也。"④

从上面南宋对金数次遣使的情况来看,金朝虽然主动挑起了和谈,但在接下来的谈判中却显得漫不经心,时而态度强硬,时而又给南宋以和谈之希望。这当与其时正在进行的战争密切相关。金朝从一开始所制定的就是和战兼行策略,或和或战端视战争形势发展而定。开禧二年末,正是金军在进攻上势如破竹之时。就在丘崈遣刘佑使金后不久,金军"复进军围和州,敌以骑万五千驻六合,(仆散)揆侦知之,即以右翼掩击,斩首八千级,进屯于瓦梁河,以控真、扬诸路之冲。乃整列军骑,毕张旗帜,沿江上下,皆金兵焉。于是江表震恐。宋真州兵数万保河桥,复遣统军纥石烈子仁往攻之……斩首二万余级,生擒其帅刘侹、常思敬、萧从德、莫子容,皆宋骁将也。遂下真州"。⑤ 真州为南宋长江沿线重镇,金军攻陷真州,业已兵临长江,至此整个淮南地区已大部沦陷。而与此同时,又发生了吴曦之乱,导致南宋在川陕的不少要地落入金军手中。在这种情势下,金人自然对和谈不会有太多热情。丘崈的屡屡遣使反而给金军主帅仆散揆以欲施缓兵之计的印象,"宋复遣陈璧来告和,揆以乞辞未诚,徒欲缓师,却之"。⑥

① 《宋史》卷四七四《韩侂胄传》,第13776页。
② 《朝野杂记》乙集卷一八《丙寅淮汉蜀口用兵事目》,第829页。
③ 同上。
④ 《宋史》卷三九八《丘崈传》,第12112页。
⑤ 《金史》卷九三《仆散揆传》,第2070页。
⑥ 同上。

当时的战场优势在金朝一边,故金人对议和并不积极,但对于南宋来说却正相反,朝廷急切希望能够达成和议。作为南宋在江淮地区的最高统帅,丘崈在屡次遣使无效的情况下,向朝廷提出了新的议和建议。《朝野杂记》载:

> 初,小使既却还,宗卿复乞朝廷移书房帐,以续前议。又谓房指太师平章为元谋,若移书,乞暂免系衔。侂胄大怒,故宗卿遽罢。①

《续编两朝纲目备要》、②《宋史·丘崈传》、③《宋史·韩侂胄传》④等史籍记载与此相同。宗卿即丘崈。可知丘崈的建议有二:一、由于先前的议和主要是以江淮督府的名义进行,丘崈大概觉得不能显示宋方求和的诚意,要求朝廷直接致书金军统帅;二、由于金人指责韩侂胄为北伐主谋,丘崈认为在朝廷移书中,韩氏不宜署名系衔。这等于是将和谈不成的责任完全推在了韩侂胄身上,致使韩侂胄勃然大怒。丘崈随即遭到罢免,宋金和谈的第一阶段宣告结束。

第三节 方信孺的三度使金

金军对淮南地区的占领并未持久,由于宋军将领毕再遇等人的奋战,加之气候原因,开禧二年(1206)年底,金军就开始从淮南地区撤离,仅濠州尚为金所据。⑤ 不久,金军统帅仆散揆因病去世。泰和七年(南宋开禧三年,1207)正月,金章宗任命左丞相完颜宗浩代替仆散揆设行省于开封。南宋方面,随着丘崈被解职,开禧三年正月,知枢密院事张岩奉命督

---

① 《朝野杂记》乙集卷一八《丙寅淮汉蜀口用兵事目》,第 830 页。
② 《续编两朝纲目备要》卷一〇"开禧三年正月丁丑"条,第 175 页。
③ 《宋史》卷三九八《丘崈传》,第 12112 页。
④ 《宋史》卷四七四《韩侂胄传》,第 13776 页。
⑤ 《金史》卷九三《仆散揆传》,第 2070 页;《宋史》卷三八《宁宗本纪》,第 743 页。

视江淮军马。① 正如论者所言,至开禧三年初,南宋在对金战争中的情势开始有所好转,宋金逐渐进入相持阶段。②

金军在开禧二年末一度势如破竹,但最终却不得不退出淮南,凸显出其军事力量的衰弱,这也让金人开始认真对待与宋的议和。开禧三年正月,韩侂胄命萧山丞方信孺借朝奉郎、枢密院检详文字,充知枢密院参谋官,持江淮督帅张岩的书信前赴开封,与金谈判。可知,韩侂胄没有接纳丘崈由朝廷直接移书金朝统帅进行和谈的建议,而是依旧以江淮督府的名义与金军统帅展开对等谈判。方信孺于二月丁巳抵金,③这次和谈的情形,刘克庄在为方氏所撰之行状中有较为详细地记载:

> 公驰至濠,虏帅纥石烈子仁在焉,止客于狱,露刃环守,绝其薪水⋯⋯虏画五事要我,公曰:"返俘归币可也,缚送首谋,于古无例,称藩割地,臣子不忍言。"⋯⋯论辨甚久,子仁不能难,遂至汴,见虏左丞相、都元帅完颜崇浩⋯⋯崇浩使二省差庞赵者来,持五事如初,且以无故兴师咎我⋯⋯虏曰:"缚送事既无例,姑置是。称藩割地,莫有故事否?"公曰:"惟靖康尝割三镇,绍兴以东朝之故,暂时屈已,今日顾可引用耶?此事不独小臣不敢言,行府亦不敢奏。"⋯⋯公请面见丞相决大事,崇浩者坐幄中,陈兵见公,使人传谕云:"五事不从,旌旗南指、楼船东下矣。"公欲稍前白事,崇浩曰:"事止此,无可议者。"遽授报书,期公再来决和战。④

完颜崇浩即金帅完颜宗浩,所谓"五事"即前文中所提及金章宗为金宋和谈所画之割让淮南、奉表称臣、岁增贡币、缚送贼魁、还所俘掠等五个条件。从

---

① 《宋史》卷三八《宁宗本纪》,第 743 页。
② 何忠礼:《宋代政治史》,杭州:浙江大学出版社,2007 年,第 461—462 页。
③ 《金史》卷一二《章宗本纪》,第 280 页。
④ 刘克庄著,王蓉贵,向以鲜校点,刁忠民审订:《后村先生大全集》卷一六六《宝谟寺丞诗境方公行状》,第 7 册,第 4241—4242 页。

方信孺的话中可知,南宋基本答应了归还俘掠和归还岁币两个条件,但对缚送首谋的要求以无先例而加以拒绝,称臣、割地两项则以"臣子不忍言"而予以否定。对于方信孺的回答,负责接待的金方官员庞赵称:"缚送事既无例,姑置是,称藩割地,莫有故事否?"金人对于缚送首谋之事似乎并不特别认真,故而可以"姑置"不问,而对称藩、割地则不予退让,显示出金人在和谈上的务实态度。不过当时的金朝中央已经出现了对于议和的不同声音。据赵秉文为张行简所撰墓志载:

> 其后张岩书来,以朝廷所须五事,但欲量增岁币,归泗洲俘略。朝议以面奉圣旨,必以割地称臣,使得赎罪为辞。公又言:"有司之事可拟议,至于圣训理难中止。大定初,盖度伪宋必能遵稟,故令帅府开示圣训报谕,今既圣度包荒,窃恐宋人以要约重难,急于求请,不若使其易从,然后示之圣训,重以生灵之故,曲从来请,庶几兵革早息。"①

张行简时任金礼部尚书。这里说张岩的书信中只同意了"量增岁币"与"归泗州俘略"两项,与刘克庄行状中的记载完全吻合,是知行状所言不虚。面对张岩的来书,金朝君臣坚持要求南宋必须割地称臣。但张行简却有不同意见,他认为金朝提出要求之时应当考虑南宋方面能否接受,如果超过了一定的限度,和谈将难以为继。显然,在他看来,金方在割地称臣之事上可以做出让步。从这里可以看到,金朝上下在希望与南宋达成和议以结束战争这一点上是没有分歧的,所不同的仅在于具体的条件。或许因吴曦在四川向金的纳款称臣,使得金朝在军事上依旧对宋保持着一定优势,张行简的建议似乎未被接受,金方对于五个条件始终较为坚持。而从方信孺与金人的问答中可知,南宋方面的态度同样比较强硬,并没有因为急于求和做过分的

---

① 赵秉文:《闲闲老人滏水文集》卷一一《张文正公碑》,四部丛刊初编本,上海:上海书店,1989 年。

让步,表明张行简的判断是有一定道理的。宗浩对宋方的态度已十分了解,故而虽然接见了方信孺,却随即令其折返,同时又将自己致张岩的回信交给他,令其下次来时再论和战。

方信孺回到临安已是开禧三年(1207)四月,宁宗下诏宣劳,并予以迁转三秩,以奖赏其出使之功。同时,命令侍从、两省、台谏官员围绕方信孺所带回之结果进行讨论,以确定如何回复金人。经过"众议",南宋同意"还俘获、罪首谋、增币五万如绍兴",①也就是说对于金方开出的五个条件,南宋并未全盘接受,但较之方信孺第一次出使时,又做了一些让步,如同意"罪首谋"。不过这里仅仅是指由南宋方面自行对"首谋"用兵之人进行惩治,与金人所要求的"缚送元谋"还有一定距离,且当时韩侂胄尚在掌权,这里的"首谋"显然不是韩侂胄,而当是指苏师旦、邓友龙等人。另外,南宋又表示愿意增加岁币,重新回到"绍兴和议"时所定之标准,即每年输金银、绢各二十五万两、匹。

带着这些新开出的条件,开禧三年四月己未,②方信孺第二次出使,于五月丙申抵达开封。《金史》载:"宋知枢密院事张岩复遣方信孺以书至都元帅府,增岁币乞和。"③可与行状相印证。对于此次宋金交涉的经过,行状称:

> 公再往,庞赵来迎,虏闻曦诛气颇索,然犹执初词。公曰:"在本朝诸臣已谓增币为卑屈,况名分地界哉?"……庞赵见公慷慨忠烈,始微露其情曰:"称藩不从,当以叔为伯;地亦不必割,岁币外别致犒军钱可也。"公揣虏技止此,力执不许,密与庞赵约定数事,如遣使草誓之类。庞赵取公手记为信,崇浩面授公书。④

---

① 《后村先生大全集》卷一六六《宝谟寺丞诗境方公行状》,第7册,第4242页。
② 《宋史》卷三八《宁宗本纪》,第744页。
③ 《金史》卷一二《章宗本纪》,第281页。
④ 《后村先生大全集》卷一六六《宝谟寺丞诗境方公行状》,第7册,第4242—4243页。

就在方信孺第二次出使前不久的开禧三年二月末,南宋已成功平定了吴曦之乱,稳住了四川局势,并相继收复了阶、西和、成、凤等关外四州之地。南宋在对金战争中的地位进一步好转,从而为方信孺此番出使提供了有力支持。行状中称方信孺在面对金人时慷慨激昂,在气势上完全压倒了金方官员,或有虚饰成分。金军虽然受到一些挫折,但较之南宋并不遑多让,金人不大可能完全被方信孺牵着鼻子走。金人针对先前的条件也做了一些让步,同意南宋不割地,不称臣,但需要改叔侄之国为伯侄之国,同时要求在岁币之外,另给犒军钱。然而,方信孺于开禧三年六月第三次出使时,曾携带有张岩给宗浩的回书,直接针对第二次遣使时金方所提要求做出了回应。该书较为完整地保存在《金史·宗浩传》中,其中透露出来的金方要求似乎与行状所言存在不小差距。书中有云"江外之地,恃为屏蔽,傥如来谕,何以为国?"是知金人提出了割让淮南的要求;称"至于首事人邓友龙等误国之罪,固无所逃,若使执缚以送,是本朝不得自致其罚于臣下。"知金人坚持缚送祸首之要求,不过这里的祸首为邓友龙等,而非韩侂胄;又称:"所有岁币,前书已增大定所减之数……若又重取于民,岂基元元无穷之困,窃计大朝亦必有所不忍也。"是金朝提出了进一步增加岁币的要求。此外,信中还提到了归投人等问题。① 据此,金朝方面在方信孺第二次出使时,所提出的要求至少涉及了割地、缚送首谋、增加岁币、归还俘掠等五项条件中的四项。

对于回书与行状间的这种矛盾该如何看待呢? 笔者认为,这当不是简单的一真一假的问题,两种记载当都是正确的,只不过是行诸文字的公开要求,与借助于使者传达的真实要求之间的区别。在公开的要求中,金方基本上是在不断重申所谓的五项条件,这一方面是为了维护金朝颜面,另一方面也可为后来的讨价还价预留出空间,但同时在私下又对使者间接地透露出己方可以接受的"底线",以促进和议之达成。行状中称方信孺"密与庞赵约定数事,如遣使草誓之类,庞赵取公手记为信。"庞赵为金方负责与方信孺直接谈判的官员,他与方信孺所"约定"之事,显然不可能是他个人意见,而

---

① 《金史》卷九三《宗浩传》,第 2075—2076 页。

是出于宗浩乃至金朝朝廷的授意。这里提到"遣使草誓"之事,后来方信孺第三次出使时确实携带了南宋朝廷授予的誓书,南宋也同时派遣了通谢、告哀、贺金主生辰等三使,表明这里方信孺与庞赵的约定是确实存在的,而且相信这就是金方的意见,否则他绝不敢胡乱传达讯息。可以说,在这次出使中,宋金双方在主要的议题上已基本达成了一致,所以当方信孺回到临安后,再次获得了"转三秩"的嘉奖。

另外,在这次谈判中,金方还提出了一项条件,为行状所未载。《朝野杂记》载:

> 张肖翁之督视江淮军马也,遣萧山丞方信孺往河南行省求和,北帅仆散揆许纳南使,且礼遣之。信孺既行,揆复使人谕之曰:"已奏朝廷,更得安宣抚与西元帅一书,乃善。"侂胄以书遗安观文谕旨,安公难之。久之,乃作书如所云,且饷以药物、缣币。西帅启缄却馈,而令凤翔府路都统使完颜昱作书以来,大略言当听命于行省而已。①

张肖翁即张岩。方信孺出使金朝时,仆散揆业已去世,当时的金军统帅为完颜宗浩。李心传没有明确指出这件事究竟发生在方信孺第几次遣使时,但南宋任命安丙为四川宣抚副使在开禧三年三月庚子(二十五日),②是在吴曦叛乱被平定之后,故应当是第二次出使时。当时吴曦之乱的平定给金人造成了沉重打击,而安丙随即又积极展开了收复失地的行动,给金人造成了严重威胁。《金史·章宗本纪》载,就在方信孺抵达开封的当月,"四川安抚使安丙遣西和州安抚使李孝义率步骑三万攻秦州,围皂角堡。术虎高琪以兵赴之,七战而解其围。"③据《宋史·安丙传》载,其时"金人揭示境上,得丙首者与银绢二万匹两,即授四川宣抚。"④在这种情况下,完颜宗浩希望通过

① 《朝野杂记》乙集卷一〇《虏帅言李季章等四人可信》,第 660 页。
② 《宋史》卷三八《宁宗本纪》,第 744 页。
③ 《金史》卷一二《章宗本纪》,第 281 页。
④ 《宋史》卷四〇二《安丙传》,第 12190 页。

方信孺让南宋朝廷约束安丙自在情理之中。韩侂胄接受了金方的要求,最终安丙致书金军在陕西地区主帅,并赠送礼物,以示善意。

正是因为方信孺第二次出使的成果,让韩侂胄以为和议基本上已可达成,开禧三年六月命方信孺第三次出使,"用王抃例,差充通谢国信所参议官,奉国书誓草及许通谢百万缗至汴。"①所谓"用王抃例",乃是指孝宗隆兴二年(1164)闰十一月,南宋命王抃以奉使金国通问国信所参议官的名义出使金朝,随即宋金双方签订"隆兴和议"。援用此例,表明在韩侂胄看来,此番遣使的主要任务已不再是商谈和议的具体内容,而是完成和议的收尾工作,所以他让方信孺连同国书誓草以及一百万缗通谢钱一并带去。这里的"通谢钱"即是金方所要求之犒军钱。与此同时,南宋又任命林拱辰为金国通谢使,遣富珪使金告哀,刘弥正贺金主生辰,②准备在方信孺与金达成和议之后,立即赴金。然而,和谈之事却突生变故,行状称:

> (方信孺抵达开封后,)虏尽变前说,易二省差领客,庞赵不复来矣。崇浩怒曰:"所画事未从,何遽以誓书使名来?"……公归馆,二省差来曰:"此事非犒军钱可了。"别出画定事目。公曰:"正缘岁币不可再增,故以通谢钱代之。今得此复求彼,某有头壁俱碎而已。"二人曰:"庞赵误公。"公曰:"丞相误庞赵。"……议不决。会蜀兵取散关,虏益疑讲和非庙堂意,且屡诘权臣无书。公犹冀事成,移私觌书帖若权臣遗崇浩者。③

宗浩指责方信孺,称"所画事未从,何遽以誓书使名来?"似乎言之成理,从张岩给宗浩的回书中,可知南宋方面确实没有完全遵照金方的要求。然而,南宋既然没有满足金方的要求,又何以让方信孺用王抃之例,以通问国信所参议官的名义入金,同时又派遣了通谢等三批正式使节?这完全是对和议成

---

① 《后村先生大全集》卷一六六《宝谟寺丞诗境方公行状》,第 7 册,第 4243 页。
② 《宋史》卷三八《宁宗本纪》,第 745 页。
③ 《后村先生大全集》卷一六六《宝谟寺丞诗境方公行状》,第 7 册,第 4243 页。

竹在胸的姿态。南宋何以有此自信呢？更值得注意的是，据《续编两朝纲目备要》记载，当南宋派遣出通谢等三使后，"虏已遣迓使来，已过泗州矣。"①表明遣使之事确实是得到了金方的认可。所以宗浩的责问仅仅是一套冠冕堂皇的说辞。前文提到金方关于和谈的真实要求并没有完全写在给南宋的正式报书中，而是通过己方负责谈判的官员，也就是庞赵，与方信孺私下约定。现在宗浩却引用正式的报书来驳斥方信孺，显然只是谈判过程中所使用之技巧。不过金人又不能完全否认先前的约定，于是便将所有的责任推在了庞赵身上，以至有"庞赵误公"的说辞。这当然是不能令人信服的，方信孺"丞相误庞赵"之语已直接予以点破。因此，南宋没有完全答应金方的要求并不是和谈出现波折的主要原因。

那么，真实的原因究竟何在呢？从行状中来看，虽然有金方对和谈内容不满意的一面，即金方认为南宋应该进一步增加岁币数量，但更主要的乃在于金人开始从根本上怀疑南宋讲和的主观动机。引起金人怀疑的因素有两条：第一，就在宋金和谈的同时，四川地区的宋军却攻取了大散关。前面提到方信孺第二次出使时，宗浩曾要求南宋方面对安丙加以约束，阻止其在川陕地区的军事行动，但安丙显然没有遵守约定。据《宋史·安丙传》载："时方议和，丙独戒饬将士，恫疑虚喝，以攻为守，威声甚著。"②看来，金方的说法是有根据的。第二，方信孺三次出使，虽然出于韩侂胄授意，但在名义上却皆为时任江淮主帅的张岩所派遣，这在《金史·章宗本纪》中有明确记载。此番出使，方信孺又仿照王抃例称通谢国信所参议官，但王抃当年出使却是持有时任宰相陈康伯的书信的，③而金方却并未见到能够代表韩侂胄本人之信函。从《金史·宗浩传》中可知方信孺此番所携带的亦仅是张岩的书信。这两条叠加在一起，不得不令金人怀疑，方信孺前来讲和，根本就不是韩侂胄的意思，而仅仅是江淮主帅张岩所指使。因此，才会有行状中所称金方"屡诘权臣无书"的情况出现。

---

① 《续编两朝纲目备要》卷一〇"开禧三年六月癸亥"条，第 183 页。
② 《宋史》卷四〇二《安丙传》，第 12190 页。
③ 《宋史》卷三三《孝宗本纪》，第 629 页。

面对这种突发状况,方信孺为求得议和成功,自作主张,"移私觌书帖若权臣遗崇浩者",私自伪造了一封韩侂胄给宗浩的书信。他的这一做法大概被宗浩看出了破绽,结果弄巧成拙。《金史·宗浩传》载:

> 初,信孺之来,自以和议遂成,辄自称通谢使所参议官。大定中,宋人乞和,以王抃为通问使所参议官,信孺援以为例。宗浩怒其轻妄,囚之以闻。朝廷亦以其为行人而不能孚两国之情,将留之,遣使问宗浩。宗浩曰:"今信孺事既未集,自知还必得罪,拘之适使他日有以藉口。不若数其恍易,而释遣之使归,自穷无辞以白其国人,则扩、侂胄必择谨厚者来矣。"①

根据南宋方面的史料,方信孺确实是韩侂胄所遣,但宗浩传中认为他是"自称通谢使所参议官",说明宗浩始终未能相信方信孺代表韩侂胄的身份。因此"怒其轻妄"而囚禁了他,并将此事奏禀金国朝廷。有意思的是,当朝廷准备拘禁方信孺时,宗浩却明确表示反对,他认为只要放回方信孺,宁宗与韩侂胄还会派遣其他人来。显然,宗浩与南宋一样也在期待着和议的达成。而且,结合行状与宗浩传两方面的材料来看,金人当时不仅没有拒绝以韩侂胄为谈判对象,恰好相反,是在积极寻求与韩侂胄的直接对话。所谓金人将韩侂胄定性为北伐首谋,必欲铲除而后与宋议和的说法,是站不住脚的。

开禧三年(1207)九月,方信孺回到临安,并带回了宗浩给张岩的回书。回书中提出了金方关于和议的条件,称:

> 如能依应称臣,即许以江、淮之间取中为界。如欲世为子国,即当尽割淮南,直以大江为界。陕西边面并以大军已占为定据。元谋奸臣必使缚送,缘彼恳欲自致其罚,可令函首以献。外岁币虽添五万两疋,止是复皇统旧额而已,安得为增?可令更添五万两疋,以表悔谢之实……今即江表一隅之地。与昔不同,特加矜悯,止令量输银一千万两

---

① 《金史》卷九三《宗浩传》,第2076—2077页。

以充犒军之用。方信孺言语反复不足取信,如李大性、朱致知、李璧、吴琚辈似乎忠实,可遣诣军前禀议。①

金方开出了最新条件,他们在称臣与割地问题上做了折衷,认为南宋若向金称臣,双方便以淮水为界,即不再要求割让淮南,若不称臣而仅改叔侄之国为父子之国,则需要割让淮南,以长江为界。在陕西地区,则以当下为金所占据的地区为界。关于缚送元谋之事,金人也做了妥协,可以接受南宋关于自行处罚的要求,因此前张岩在书信中谎称南宋已于开禧三年六月诛杀了苏师旦,②故金人这里提出了函首送金的条件。关于岁币,则需要在绍兴和议的基础上再增加银、绢各五万两、匹。岁币之外,还需另外给金犒军银一千万两。另外,金人已经对方信孺失去了信任,提出要求李大性、朱致知、李璧、吴琚等人作为新的使者。

对于这封回书,值得注意以下两点,1、金人在和谈中所秉持之五项条件,其实只是构成了和谈的基本框架,至于其中的每一项皆会不断做出调整,甚至以牺牲其中某些部分来换取其他条件的达成;2、即便是这次所开出的最新要求,也仅仅是金方关于谈判内容的新建议,而非最后通牒,其中的每一项依旧可以有商谈的余地,这就是他要求南宋继续遣使的原因之一。

此番出使的失败,加上金人对之已失去信任,方信孺回到临安后不久就遭到了处分。行状称:

> 公还,自劾待罪。朝廷谓公失事体,夺三秩,临江军居住。③

方信孺所自劾之罪当即是其私自伪造韩侂胄给宗浩书信之事,于是朝廷以"失事体"为由对其进行了贬责。《宋会要辑稿》亦载:"方信孺特追三

① 《金史》卷九三《宗浩传》,第 2078—2079 页。
② 《金史》卷九三《宗浩传》,第 2075 页。
③ 《后村先生大全集》卷一六六《宝谟寺丞诗境方公行状》,第 7 册,第 4243 页。

官,送临江军居住,以信孺辄将带去与虏有差私觌物,擅作大臣送遗,轻率有失事体。"①只不过行状大概出于避讳,没有记载金人对方信孺失去信任一事。方信孺之遭谪降本没有什么疑问,然而,李心传、周密等人却给出了另外一种解释。《朝野杂记》乙集载:

> 时方信孺自濠州归,言虏欲责正隆以前礼略,且以侵疆为界。又索犒军银数千万,又欲缚送首议用兵贼臣。信孺至都堂,不敢遽白。侂胄欲穷其说,乃微及之。侂胄大怒,复有用兵意……九日壬午,信孺坐以私觌物作大臣送遗,有失事体,夺三官,临江军居住。②

这里李心传将金人所说的"首议用兵"的"贼臣"直接理解为了韩侂胄,并认为正是这一要求让韩侂胄无法接受,引其"大怒",重新兴起了用兵之意,进而暗示责降方信孺与此有关。在《齐东野语》中,周密更为直接地记述到:

> (开禧三年)八月,信孺回白事,言金人欲割两淮,增岁币、犒军金帛,索回陷没及归正人,又有不敢言者。侂胄再三问之,乃曰:"欲太师首级。"侂胄大怒,坐信孺以私觌物,擅作大臣馈虏人,降三官,临江军居住。③

这与李心传的记载基本一致,只是更加详细和生动。这两则记载影响甚大,《续编两朝纲目备要》《宋史·韩侂胄传》《宋史·方信孺传》④等皆承袭了这一说法,后世学者也基本上不假思索地接受了这些材料的真实性,并在此基础上展开论证。可是,从前面的分析中,尤其是根据《金史·宗浩传》中所收录的宗浩致张岩的信函,已经可以断定,金方虽然说到了首谋之事,但所指的乃是苏师旦、邓友龙等人,完全与韩侂胄无关,金方根本就没有提出要

---

① 《宋会要辑稿》职官七四之二六,第 4063 页。
② 《朝野杂记》乙集卷一八《丙寅淮汉蜀口用兵事目》,第 832—833 页。
③ 《齐东野语》卷三《诛韩本末》,第 47 页。
④ 《续编两朝纲目备要》卷一○"开禧三年九月丁丑"条,第 183—184 页;《宋史》卷四七四《韩侂胄传》,第 13776 页;《宋史》卷三九五《方信孺传》,第 12061 页。

韩侂胄首级作为议和条件。因此,这两则材料的真实性是值得怀疑的。

李心传的《朝野杂记》乙集撰成于嘉定九年,而周密的《齐东野语》虽然完成于宋末,但他自称《诛韩本末》之内容主要来自于其外祖父章良能的记录,而章良能逝世于嘉定七年(1214)。① 周密与李心传的说法,都可以认为是形成于嘉定前期,也就是在韩侂胄被杀后不久。章良能既为史弥远党羽,则这一说法当为嘉定初史弥远等参与诛韩政变的一方所持有。当时史弥远执掌朝政,并对国史、实录等官方史料进行修改,这一说法必定因此成为其时官方对韩侂胄事件的标准解读而流行于世,李心传则轻信了这一记载,将之收录入《朝野杂记》中。方信孺逝世在嘉定十五年,刘克庄为其所撰行状必在此后,如果李心传、周密等人所言之事为真,恰好可以为方信孺的遭贬谪提供掩饰,在以隐恶扬善为特点的行状中似乎不大可能丝毫不予以涉及。合理的解释就是刘克庄并不相信这一说法,刘氏在行状自称:"克庄少小亲公,晚受公荐,公退居,克庄亦奉祠,日相从于荒原断涧之滨。"② 刘克庄与方信孺为同乡,皆为福建莆田人,两人过往甚密,交情颇深,刘克庄对于方信孺事迹的记载必有相当根据,因而可以从侧面否定李心传、周密等人记载的真实性。

既然李心传、周密等人关于金朝要求用韩侂胄首级来换取和谈的记载是不可信的,那么韩侂胄的再度用兵就失去了最为直接的动因,因而需要重新予以审视。当然在宋代的史料中指责韩侂胄有再度用兵之意的证据尚有不少,这些将在下一节中予以分析。

第四节 韩侂胄"再度用兵"之说的形成

方信孺回到临安并遭贬谪后,在南宋方面的史料中一般认为和谈至此

---

① 《宋史》卷三九《宁宗本纪》,第760页。
② 《后村先生大全集》卷一六六《宝谟寺丞诗境方公行状》,第7册,第4248页。

实际上便结束了,韩侂胄已开始谋划再度用兵。《朝野杂记》载:

> （开禧三年）九月四日丁丑,诏以和议未可就,令诸大帅申警边备。时方信孺自濠州归……侂胄大怒,复有用兵意。六日己卯,辛幼安除枢密都承旨,疾速赴行在。会幼安疾卒,乃已。八日辛巳,诏督视张知院（笔者按:即张岩）日下前来奏事,以久无功也……十八日辛卯,新除殿前副都指挥使赵淳为江淮制置使。二十一日甲午,张知院罢……十月十七日己未,诏谕军民,以和议未成,房多要索之故。诏词略曰:"第惟敌人,阴诱曦贼,计其纳叛之日,乃在交锋之前,是则造端岂专在我?"又曰:"事虽过举,盖犹系于纲常。理贵反求,况已形于悔艾。凡我和战,视敌从违。"自用兵以来,蜀口、淮、汉之民死于兵火者,不可胜数,公私之力,为之大屈,而侂胄归罪房人,加兵之意未已。国人忧之,遂有去凶之议焉。①

《宋史·韩侂胄传》亦称:

> 侂胄大怒,和议遂辍。起辛弃疾为枢密都承旨。会弃疾死,乃以殿前副都指挥使赵淳为江淮制置使,复锐意用兵。②

据此,当时韩侂胄不仅决意用兵,而且还采取了一系列新举措,主要包括:1.命令沿边各统帅"申警边备";2.召辛弃疾为枢密都承旨,辛氏为当时主张恢复之代表人物,韩侂胄此时起用他,看来自然是为了对金用兵;3.以久任无功,罢免了签书枢密院事、督视江淮军马的张岩,并任命殿前副都指挥使赵淳为江淮制置使;4.宁宗于开禧三年（1207）十月十七日下诏,将和议未能达成的责任推在金朝方面。这些在李心传等人看来,

---

① 《朝野杂记》乙集卷一八《丙寅淮汉蜀口用兵事目》,第832—833页。
② 《宋史》卷四七四《韩侂胄传》,第13776页。

都是韩侂胄意欲再度用兵的证据。近代学者论及此事,基本上也持类似观点。①

然而,《金史》中关于韩侂胄之反应的记载却截然不同。《金史·完颜匡传》载:

> 及宗浩代(仆散)揆,方信孺至,宗浩以方信孺轻佻不可信,移书宋人,果欲请和当遣朱致知、吴琯、李大性、李璧来。侂胄得报大喜过望,乃召张岩于建康,罢为福建观察使,归罪苏师旦,贬之岭南。是时,李璧已为参政,不可遣。朱致知、吴琯已死,李大性知福州,道远不能遽至。乃遣左司郎中王柟来。②

前文提到方信孺第三次遣使归来时,所携带的宗浩的书信中,确实有令南宋再派遣朱致和、吴琚、李大性、李璧等人前来议和的内容,可以与此处的记载相印证。与南宋方面记载韩侂胄在听到方信孺带回来的议和条件后"大怒"不同,反而认为韩侂胄得报"大喜过望"。两种反应可谓是天差地别。同时,又称韩侂胄在得报大喜后,"召张岩于建康,罢为福建观察使,贬之岭南。"言下之意是,在金人看来,罢黜张岩,贬窜苏师旦,都是南宋向金示好的举动。宋人将张岩的被罢视作韩侂胄继续用兵的反映,金人却将之归结为韩侂胄求和的信号。一种行为,竟然存在着两种如此矛盾地解读。

对于韩侂胄来说,这一举动当然不可能同时具备这两种意图,究竟哪一种意图才是真实的呢?笔者倾向于金方的看法。张岩于开禧三年正月接替丘崈出任督视江淮军马,直至九月被罢免,这半年多时间里,宋金双方除了在川陕地区互有攻防外,在江淮地区基本上没有发生大规模的军事冲突,宋金双方都没有进一步攻城掠地的企图,方信孺频繁往还于双方协商和议,即为明证。李心传等称张岩因久任无功而遭罢免,并无切实根据。其实,韩侂

---

① 如虞云国:《宋光宗宋宁宗》,第240—241页;何忠礼、徐吉军:《南宋史稿》,第261—262页;廖健凯:《权相秉国——史弥远掌政下之南宋政局》,第32—33页。

② 《金史》卷九八《完颜匡传》,第2169页。

胄罢免张岩,主要还不在于张岩本人有何过错,而在于他所任之官职。张岩是以签书枢密院事的身份出任督视江淮军马,这一职务有着重要的象征意义,即展现出南宋在军事上的一种强硬姿态。开禧北伐之前,韩侂胄曾有意任命丘崈签书枢密院事、宣抚江淮,之后又试图除授其"内职,宣谕两淮"。对此,丘崈皆予以了拒绝,给出的理由是:"使名虽异,其为示敌人以嫌疑之迹则同。"①可知,以执政宣抚江淮会引起金人的疑虑,而督视江淮军马的级别更高于宣抚使,自然会更令金人感到不快。可以断定,韩侂胄罢免张岩确实应当被视为对金示好之举,而非用兵之意。

此时,江淮制置使的人选同样发生了变动。就在朝廷召回张岩的同时,韩侂胄又任命殿前副都指挥使赵淳出任江淮制置使。宋方的史料同样将这一任命视作用兵的标志,实际上也是大谬不然。赵淳所接替的不是别人,正是叶适。② 叶适于开禧三年二月开始由沿江制置使兼任江淮制置使。③ 叶适与辛弃疾皆为当时主张恢复之领袖,学者多关注到了韩侂胄起用辛弃疾的一面,却忽视了叶适被罢免的事实。叶适何以会在此时被取代呢?主要原因就在于叶适此时的作为与朝廷的议和政策不相符合。叶适虽然在北伐之前曾上书朝廷加以反对,但在金兵大举南下后,他却临危受命,接受了沿江制置使的任命。在任上他面对金朝南侵,没有被动防守,而是积极对金采取军事行动,并取得了一系列胜利。《宋史》称其:"募市井悍少并帐下愿行者,得二百人,使采石将徐纬统以往。夜过半,遇金人,蔽茅苇中射之,应弦而倒。矢尽,挥刀以前,金人皆错愕不进……复命石跂、定山之人劫敌营,得其俘馘以归……又遣石斌贤渡宣化,夏侯成等分道而往,所向皆捷。金自滁州遁去。"④就任江淮制置使后,他又在江淮"措置屯田",并奏请朝廷招揽淮民建立堡坞,⑤这种堡坞乃是一种进可攻退可守的军事体系。叶适的这一连串作为,显然与韩侂胄正在谋划地对金议和是不协调的。《宋元学案·水

---

① 《宋史》卷三九八《丘崈传》,第 12111 页。
② 《续编两朝纲目备要》卷一〇"开禧三年九月丁亥"条,第 184 页。
③ 《宋史》卷三八《宁宗本纪》,第 743—744 页。
④ 《宋史》卷四三四《叶适传》,第 12893 页。
⑤ 《宋史》卷四三四《叶适传》,第 12893—12894 页。

心学案上》》称:"时中朝方急于求和,先生以为不必,但请力修堡坞以自固,乃徐为进取之渐。"①这一对叶适意图的判断是有道理的。随着张岩的离职,作为江淮制置使的叶适自然成为整个江淮地区的最高统帅,他本人的声望以及此时的举动,皆与韩侂胄的主张不合,他被撤换也就在情理之中了。因此,赵淳之就任江淮制置使与用兵毫无关系。针对韩侂胄召还张岩以及任命赵淳两事,就在韩侂胄被杀后不久的开禧三年(1207)十一月,蔡幼学在奏状中指责韩侂胄,"比及防秋,乃复罢去督府,止以武帅节制沿江,要其设心,岂复为国计哉?"②在他看来,韩侂胄此举动无异于自撤边备,给金人以可乘之机,而非严肃的防秋之举,与再度用兵更是风马牛不相及。

至于韩侂胄九月下令沿边诸帅"申警边备",以及十月十七日所下之诏书,似乎可以坐实其再度用兵的意图了,实际上也不能。就"申警边备"而言,其直接目的乃在于防秋。担心金军会如同上一年一样,乘着秋高马肥之际再度兴兵南下。早在该年五月,蔡幼学就上言:"防秋之期,近在数月,假令敌遂退听,则反覆之诈正须过防,万一尚有邀求,则守御之方尤当预备。"③差不多同时,黄榦也向时任京湖宣抚使的宇文绍节言道:"况戎狄之情诡诈难测,万一秋高马肥,乘吾之虚以擣荆襄,非兵力之盛,其何以御之?使吾兵备既饬,虏人见吾之强,则亦将望风而莫敢来,纵使之来,吾有以待之,亦不至于仓皇无策矣。"④两人的观点大致相同,即在和议尚未达成的情况下,南宋须做两手准备,一边继续和谈,一边则坚持备战。韩侂胄的做法应该就是这种思想的反映。这完全是一种防御的举措,与继续用兵并无直接关系。嘉定四年(1211)十月,以主和著称的宰相史弥远,就同样因金国有难,命令沿边各地"谨边备"。⑤ 而在《朝野杂记》所引诏书中,韩侂胄极力为自己的用兵之举辩护,并将和议不能达成的责任推脱在金人身上,貌似确有用兵之意。其实,李心传仅引用了诏书的部分词句。该诏书较为完整地保

① 《宋元学案》卷五四《水心学案上》,第 1743 页。
② 《育德堂奏议》卷二《应诏言事状》。
③ 《育德堂奏议》卷二《开禧转对奏状》。
④ 《勉斋集》卷一六《与宇文宣抚言荆襄事体》,第 67 册,第 703 页。
⑤ 《宋史》卷三九《宁宗本纪》,第 757 页。

存在《宋会要辑稿》中。如果我们将这道诏书与隆兴二年（1164）十一月孝宗所下诏书做一比较，可以很容易发现两者在行文语气上的相似之处。隆兴二年末，正是宋金和议紧张进行之际，此前的十月，孝宗已派遣魏杞出使金朝，但遭到了金人阻挠，紧接着孝宗采取了一系列军事部署，并降下诏书告谕沿边将士。在诏书中，孝宗同样先是叙述了自己俯就和议的种种努力，然后对金人的种种反复无厌之要求提出了指责，最后称："傥或不谐前好，至于交兵，天实临之，非朕得已。况我将校六师，受国家爵禄之久，忠义所激，自应奋勇捐躯，为国雪耻。"①就在同一月，宋金和议达成。隆兴年间的主和派领袖钱端礼也曾上奏孝宗："遣使、发兵当并行，使以尽其礼，兵以防其变。"②是知在议和的同时进行军事部署，乃是为防万一之变，与放弃或破坏和议无关。在命方信孺第三次出使金朝时，韩侂胄令其引用王抃例称通谢国信所参议官，王抃即是隆兴二年孝宗派遣赴金议和的使者，表明韩侂胄对隆兴和议的过程相当清楚。因此，他有意模仿孝宗之做法，也就不必意外了。也即是说，降诏之举的目的亦在于应对可能出现的宋金冲突。当时，虽然韩侂胄有意与金议和，但和议是否能成功无法得到保证，在这种情况下，令沿边加强戒备，下达诏书以鼓舞士气，都是可以理解的举措。或许在韩侂胄看来，通过这种军事上、政治上的两手准备，反倒更容易促成和议尽快达成。因此，无论是"申警边备"还是十月十七日的诏书，其实都与再度用兵没有直接关系。华岳针对当时朝廷在和战问题上的立场，称："自魏友谅不守神马坡，陈孝庆不守南巢，林管不守复沙，郭僎不守胥浦桥，夏兴祖、商荣不守喻口、淮口，而退守之说始不惬于庙堂大臣之心。至进战退守之策两皆不得，而庙堂一意于和议也。"③神马坡等地的战败就是指开禧二年十月以后，随着金军南征所发生的一系列战役。是知，这些战役的失败，已经彻底打消了韩侂胄等人或进取、或坚守的意图，而专心致力于议和。

可以确定，韩侂胄不存在再度用兵之意，宋人的记载中，几乎所有关于

---

① 《宋史全文》卷二四上"隆兴二年十一月丙戌"条，第 2001—2002 页。
② 《宋史》卷三八五《钱端礼传》，第 11830 页。
③ 《翠微北征录》卷三《治安药石·军国大计·和议》，第 78 册，第 263 页。

韩侂胄意图再度用兵的记载,都存在着不同程度的曲解。那么当时韩侂胄所主要从事的是什么呢? 实际上依旧是对金议和。开禧三年(1207)九月二十八日,也就是在张岩、叶适被罢免,并由赵淳接任江淮制置使之后,韩侂胄任命监登闻鼓院王柟假右司郎中,持书赴开封,①继续方信孺未能完成的和议。不过,与方信孺不同的是,王柟此次是直接代表韩侂胄的身份赴金,而不再假借其他名义,故《金史·交聘表下》径直记载:"宋韩侂胄遣王柟以书诣元帅府。"②

此时,金军的主帅再次易人。泰和七年(南宋开禧三年,1207)九月,完颜宗浩因病去世,金章宗任命平章政事完颜匡接替宗浩,设行省于汴,王柟此番出使所面对的正是完颜匡。那么韩侂胄针对宗浩的上一次来书中所提出的和谈条件,做出了怎样的回应呢? 韩侂胄究竟答应了金朝哪些条件呢? 这些在南宋史料中,几乎找不到任何踪迹,却在《金史》中得到了保留。《金史·章宗本纪》载:

> (泰和七年十一月)丙子,宋韩侂胄遣左司郎中王柟以书来乞和,请称伯,复增岁币、犒军钱,诛苏师旦函首以献。③

《金史·完颜匡传》载:

> (宋)遣左司郎中王柟来,至濠州,匡使人责以称臣等数事,柟以宋主、侂胄情实为请,依靖康二年正月请和故事,世为伯侄国,增岁币为三十万两、匹、犒军钱三百万贯,苏师旦等俟和议定当函首以献。柟至汴,以侂胄书上元帅府,匡复诘之,柟恳请曰:"此事实出朝旨,非行人所专。"匡察其不妄,乃具奏。④

---

① 《宋史》卷三九五《王柟传》,第 12062 页。
② 《金史》卷六二《交聘表下》,第 1479 页。
③ 《金史》卷一二《章宗本纪》,第 282 页。
④ 《金史》卷九八《完颜匡传》,第 2169 页。

结合宗浩书中的内容,可知韩侂胄针对宗浩的要求一一做了回应。他没有接受宗浩有关南宋对金称臣或称父子之国的条件,而是依照靖康求和的先例,改为伯侄之国;关于岁币,在方信孺第二次出使时,南宋已同意增加五万匹、两,即回到绍兴和议的标准,此番在宗浩的要求下,进一步增加了银、绢各五万两、匹,变为每年输金三十万匹、两;至于犒军钱,宗浩的要求是一千万两白银,韩侂胄则同意付金钱三百万贯;对于战争的首谋者,则同意在和议达成后,将苏师旦等函首以献。这里没有涉及割让淮南等领土的问题,鉴于当时金军早已大部撤出淮南,韩侂胄应该并未答应宗浩的这一要求。可以令人惊讶地发现,韩侂胄所提之议和条件,与通常所熟知的"嘉定和议"内容几乎完全相同,①唯一的区别大概就是缺少了韩侂胄自己的首级。

有鉴于上次方信孺私自伪造韩侂胄书信的教训,完颜匡此番显得极为慎重,对王柟反复诘问,在确定了其果为韩侂胄所遣之后,才将和谈的内容上奏给金章宗。对于韩侂胄提出的条件,金章宗的反应如何呢? 在完颜匡上奏之后,章宗随即:"诏匡移书宋人,当函侂胄首赎淮南地,改犒军钱为银三百万两。于是,宋吏部侍郎史弥远定计杀韩侂胄,弥远知国政,和好自此成矣。"②据此,金章宗显然对于韩侂胄的和谈条件非常不满,坚持要求将韩侂胄的首级作为议和不可或缺之条件,同时又要将三百万贯犒军钱提高至三百万两白银。而在金朝的这一新要求下,史弥远等人为求得和议之达成,发动政变推翻了韩侂胄,用他的首级换来了"嘉定和议"的签订。这条记载完全可以用来印证南宋史籍以及今人论著中有关韩侂胄被杀缘由的解释。然而,这条记载却是很成问题的。《金史·章宗本纪》载:

　　(泰和七年十一月)壬辰,宋参知政事钱象祖以诛韩侂胄移书行省。

---

① 宋代的史籍中,皆没有完整收录"嘉定和议"内容者,学术界关于"嘉定和议"内容的记载多是从各种零散记载中综合而来。

② 《金史》卷九八《完颜匡传》,第2169页。

又，

> （十一月戊戌）诏完颜匡檄宋，函侂胄首以赎淮南故地。①

王柟抵金的时间为十一月丙子（四日），就在前一日，史弥远等人杀韩侂胄于玉津园。钱象祖向金朝汴京行省通报诛韩之事在十一月壬辰（二十日），《续编两朝纲目备要》也有钱象祖等"以审殛侂胄事牒报对境"的记载。② 金章宗下诏令完颜匡向南宋要求以韩侂胄的首级来换取淮南故地，则是在十一月戊戌（二十六日）。从金朝汴京行省获悉韩侂胄被杀，至金章宗下诏，之间有六天的时间，完颜匡完全有时间将信息上奏章宗，③更何况对于韩侂胄被杀这样的重要情报，金朝也未必只有等到钱象祖的移文才能得知。可以确信，金章宗关于以韩侂胄首级作为和谈条件，是在得知韩侂胄被杀之后，方临时增加的。《金史·完颜匡传》中的记载，将事件发生的时间顺序和因

---

① 《金史》卷一二《章宗本纪》，第 282 页。

② 《续编两朝纲目备要》卷一〇"开禧三年十一月乙亥"条，第 185 页。钱象祖等人之所以如此积极地向金朝通报诛韩之事，乃是因为他们深知韩侂胄派遣王柟出使的目的就在于与金议和，且已成功在望，而韩侂胄在此时突然被诛，金朝就很可能疑心南宋此举意在破坏和议，这自然是钱象祖等人所不愿看到的。王柟抵达金营后，尚不知韩侂胄被诛之事，而金方已得到南宋通报，当时"有完颜天宠者，袖出文书，云：'王柟虽持韩侂胄书，乃朝廷有旨遣其来元帅府议和，宜详议以报。'"（《宋史》卷三九五《王柟传》）这里的文书当即是钱象祖等人为向金方通报诛韩之事而发，意在重新确认王柟作为南宋朝廷代表之身份，也即是向金方声名，和谈是朝廷的一贯立场，与当下的诛韩之事毫无干系，韩侂胄之死不会影响两国和谈的进程。这道文书的存在也就有力地证明了韩侂胄之被杀与北伐并无因果关系。

③ 战争爆发后，金朝曾对邮传系统进行过一番整顿，《金史》卷一二《章宗本纪》（第 276 页）载："（泰和六年六月）乙卯，初置急递铺，腰铃转递，日行三百里，非军期、河防不许起马。"《金史》卷九九《徒单镒传》（第 2188—2189 页）载，泰和六年，在徒单镒的奏请下，朝廷"始置提控急递铺官。自中都至真定、平阳置者，达于京兆。京兆至凤翔置者，达于临洮。自真定至彰德置者，达于南京。自南京分至归德置者，达于泗州、寿州，分至许州置者，达于邓州。自中都至沧州置者，达于益都府。自此邮达无复滞焉。"可见，战争期间，金朝自宋金边界的泗州、寿州等地至南京再至中都的邮传系统已非常迅速便捷。据张棣《金虏图经》载："燕至东京一千三百一十七里。"（徐梦莘：《三朝北盟会编》卷二四四，上海：上海古籍出版社，1987 年，第 1757 页）张棣为宋孝宗淳熙年间由金入宋者（陈振孙撰，徐小蛮、顾美华点校：《直斋书录解题》卷五，上海：上海古籍出版社，1987 年，第 141 页），下距开禧不过二十余年，他所记载的金朝开封与中都间的距离当与开禧年间相差无几。如此，以日行三百里计算，六天之内，河南行省完全有足够时间将韩侂胄被杀的消息奏报章宗。

果关系完全弄颠倒了。

综上可见,韩侂胄为和谈所提出的条件业已非常接近后来"嘉定和议"的内容。而后者中关于韩侂胄函首之事,乃是金章宗在得知南宋已杀韩侂胄之后所追加,在此前的谈判中金朝并没有刻意追究韩侂胄个人的责任。可以说在韩侂胄当政时期,宋金双方就和议的主要内容已经基本形成了共识。换句话说,如果没有诛韩之事的发生,宋金和议依旧会水到渠成。周密后来对史弥远等人在韩侂胄死后依旧命王楠为使表示不解,他说:"楠,侂胄所遣,今欲议和,当别遣使,亦不当复遣楠也。"①殊不知史弥远等人的对金议和完全是韩侂胄议和之延续,而且主要的和议内容业已为韩侂胄所完成,继续派遣王楠无疑是为了保证和谈的成功。可以说,韩侂胄之死不是在宋金和谈破裂,韩侂胄意图再兴兵之时,恰好相反,是在和谈即将达成之际。开禧三年诛韩政变的实质,很大程度上与传统观点认为的是主和派与主战派之间激烈斗争之结果相距甚远。《金史》的编纂者对此点看的甚为清楚。在《金史·宗浩传》后的赞语中,他们说:

> 侂胄狂谋误国,动非其时,取败宜也。揆、宗浩虽师出辄捷,而行成之使,不拒其来。仪币书辞,抑扬增损之际,有可藉口,即许其平矣。函首之事,宋人亦欲因是以自除其祸耳。②

在他们看来,此次宋金战争中,金人自始至终都没有拒绝南宋遣使求和的行动。金方提出的条件看似苛刻,但在具体的和谈过程中,对于其中的每一项都没有过度予以坚持。只要南宋适当满足金方条件,给金人提供一个台阶,金人就会适可而止,允许和议达成。对于将韩侂胄函首之事,则不过是宋人欲借此以"自除其祸"而已,与金方的要求并无直接关系。结合前面的分析,可以看出《金史》编撰史臣的认识是相当准确和深刻的。

---

① 《齐东野语》卷三《诛韩本末》,第 50 页。
② 《金史》卷九三《宗浩传》,第 2080 页。

第五节　诛韩政变的真相

既然韩侂胄被杀与通常所说的再度对金用兵没有关系,那么诛韩政变的发生原因究竟何在呢?

从开禧三年初开始,随着金军撤出淮南大部分地区,宋金双方除了在川陕地区不时发生军事冲突外,在淮南地区战事已基本宁息,双方都在认真商谈议和问题。通过方信孺的三次出使,经过反复讨价还价,双方在议和问题上可以说已基本达成了共识。至王楠出使时,由开禧北伐所一度造成的紧张局势业已得到了缓解。

何以局势的缓和反而激发了政变呢?而且是以公然杀害当朝执政大臣这样前所未有的激烈方式爆发出来呢?其实,反对韩侂胄的势力并不是在开禧北伐之后才出现的。早在庆元(1195—1201)初,随着杨皇后的入宫,她与韩侂胄就已逐渐产生矛盾。① 韩皇后去世后,围绕着册立皇后的问题,韩、杨矛盾进一步激化。嘉泰(1201—1204)初杨皇后与其兄杨次山等人就已开始联络朝中官员,暗中积蓄力量以谋划去韩。魏了翁在《师友雅言》中称:

> 始,史弥远与中宫杨后欲图侂胄,时乃(赵)汝谠、汝谈及后家宾客王梦龙,聚自古中宫谋去大臣事一秩,名《坤鉴》,纳之中宫。自是杨乃断意,主诛侂之事。汝谠先卒,终弥远之身,不放汝谈、梦龙等上,盖畏其复图之耳。②

《延祐四明志·史弥远传》亦载:

---

① 佚名:《朝野遗记·宁宗后杨氏》,《全宋笔记》第七编第二册,郑州:大象出版社,2016年,第274—275页。
② 《鹤山全集》卷一〇九《师友雅言》。

　　韩侂胄为平章军国事,师败江淮,蜀吴曦反,弥远与皇子荣国公密
议入启皇后,召夏震传诏,殛死之。初,余杭赵汝说、汝谈集历代皇后
事,号曰《坤鉴》进后禁中,后颇向之。会弥远议诛侂胄,后计遂决,而汝
谈兄弟终弥远世不得入朝。①

赵汝说、赵汝谈、王梦龙通过进呈《坤鉴》一书,坚定了杨皇后诛韩的决心,而
他们再加上史弥远,就构成了杨皇后谋划诛韩政变的核心参与者。那么杨
皇后与赵汝说等人的谋划起于何时呢?《齐东野语》载:

　　(嘉泰)二年(1202)十二月,拜侂胄为太师,立贵妃杨氏为皇后。
初,恭淑后既崩,椒房虚位,杨贵妃、曹美人皆有宠。侂胄畏杨权数,以
曹柔顺,劝上立之,上意向杨,侂胄不能夺也。太学生王梦龙,为后兄次
山客。监杂卖场赵汝说与梦龙为外兄弟,知其事。于是以侂胄之谋告
次山,次山以白后,后由是怨之,始有谋侂胄之意矣。②

周密认为是赵汝说等人在杨皇后已被册立为皇后之后,才将韩侂胄曾阻挠
宁宗立其为后之事告知杨皇后,从而引发了杨皇后的怨恨。其实,韩侂胄反
对宁宗立己为后之事,杨皇后早就心知肚明,且为此积极展开了与韩侂胄的
较量。周密的说法并不准确。赵汝谈等人与杨皇后联合谋划诛韩,至迟此
时已经开始。史弥远参与到诛韩之事中来应该在赵汝说等之后,史弥远自
"嘉泰四年(1204),提举浙西常平。开禧元年(1205),授司封郎官兼国史编
修、实录检讨,迁秘书少监,迁起居郎。二年,兼资善堂直讲。"③是知他到开
禧元年方被召还朝中,因出任资善堂直讲而成为皇子赵询的老师还要到开
禧二年,其与杨皇后的联合应当在开禧二年前后。魏了翁的说法亦不妥当。

---

　　① 袁桷:《延祐四明志》卷五《史弥远传》,宋元方志丛刊,北京:中华书局,1990 年,第六册,第
6206 页。
　　② 《齐东野语》卷三《诛韩本末》,第45—46 页。
　　③ 《宋史》卷四一四《史弥远传》,第12416 页。

最早协助杨皇后诛韩的当主要是赵汝说等人。

据周密记载，王梦龙为太学生，是杨皇后之兄杨次山的门客，而赵汝说时任监杂卖场之职，与王梦龙为表兄弟。不过，赵氏兄弟积极协助杨皇后反对韩侂胄，却也有其自身特别之原因。他们皆与赵汝愚关系密切，二人早年皆曾受到过赵汝愚的荐举之恩，①在政治上与赵汝愚立场相同。② 不仅如此，在学术上赵氏兄弟又与道学渊源深厚。赵汝谈为朱熹门人，③赵汝说则为叶适弟子。④ 基于这两方面的因素，赵氏兄弟在党禁期间皆遭贬谪。大概是在党禁松弛后，又获得了重新启用。赵氏兄弟在当时声誉卓著，叶适赞称："汝谈、汝说有异材，文藻蔚发，韩篇杜笔，高出于时，朝士咸仰重。"⑤其时，杨次山正在为杨皇后拉拢朝中士人以反对韩侂胄，赵氏兄弟既负声望，又素有反韩之心，显然是理想的笼络对象。通过王梦龙的牵线搭桥，双方自是一拍即合。此外，另一位叶适弟子王大受也参与到了诛韩的谋划中。《宋元学案》称："史弥远之诛韩也，水心门下士豫之者三人，其二为赵蹈中兄弟，其一即先生也。"⑥此"先生"即指王大受。赵汝谈乃是朱熹弟子，他大概也曾受教于叶适，故亦可视为水心门人。

不过，无论是赵氏兄弟还是王大受，皆官位不显，并非当时朝中举足轻重的人物，杨皇后若要扳倒韩侂胄，单纯依靠他们无疑是远远不够的。正是在这种情况下，史弥远成为杨皇后笼络的重要对象。史弥远为孝宗朝宰相史浩之子，对于他参与诛韩政变的原因，一般认为是由于他倾向于主和，对北伐深怀不满，同时又与韩侂胄个人存在矛盾。但实际上这些都仅属次要原因，更为重要的是开禧二年，他出任皇子赵询的老师，这将他放在了与其父当年相似的位置上。史浩就是凭借着与孝宗的师徒关系，在孝宗即位后

---

① 《水心文集》卷二四《夫人王氏墓志铭》，《叶适集》，第468页。
② 《宋史》卷四一三《赵汝谈传》，第12393—12394页；《宋史》卷四一三《赵汝说传》，第12397页。
③ 《宋元学案》卷六九《沧州诸儒学案上》，第2289—2290页。
④ 《宋元学案》卷五五《水心学案下》，第1814—1815页。
⑤ 《水心文集》卷二四《夫人王氏墓志铭》，《叶适集》，第468页。
⑥ 《宋元学案》卷五五《水心学案下》，第1816页。

获得迅速擢升,先后两度拜相,显赫一时。正是这种相似的处境,激励了史弥远将毅然将自己的政治命运与皇子及其背后的杨皇后联系在一起,冒险参与到诛韩之事中。① 史弥远的参与,为杨皇后联络朝中重臣提供了一条有效的渠道。

《宋史·恭圣仁烈杨皇后传》载:

> 参知政事钱象祖,尝谏用兵贬信州,弥远乃先告之。礼部尚书卫泾、著作郎王居安、前右司郎官张镃皆预其谋。②

《续编两朝纲目备要》载:

> 礼部侍郎史弥远时兼资善堂翊善,乃建去凶之策,其议甚秘,人无知者。久之得密旨,乃以告参政钱象祖、李壁。③

政变若要成功,得到中枢大臣的支持无疑是非常重要的。政变发生前夕,中枢的格局是,韩侂胄为平章军国事,陈自强为右丞相兼枢密使,李壁与钱象祖则为参知政事。其中,陈自强为韩侂胄心腹,自无争取可能。李壁与韩侂胄关系暧昧,也颇得韩之信任,但内心中对北伐有不同意见。钱象祖对北伐持较为明确的反对立场,并因此于开禧二年三月罢参知政事,"责其怀奸避事也。后二日又降两官,送信州居住。"④他是在开禧三年四月,也就是韩侂胄已在与金议和之际重又被召还朝中出任参政。⑤ 这当与前文中提到的北伐受挫后韩侂胄政策的调整有关。此外,还有礼部尚书卫泾,他是史弥远的直属上司,或者因此而为史弥远游说加入政变集团。卫泾对北伐亦持反对

---

① 见拙作《相门出相——试论史浩对史弥远之影响》,《宁波大学学报(人文科学版)》2016 年第 5 期,第 15—17 页。

② 《宋史》卷二四三《恭圣仁烈杨皇后传》,第 8657 页。

③ 《续编两朝纲目备要》卷一〇"开禧三年十一月乙亥"条,第 185 页。

④ 《续编两朝纲目备要》卷九"开禧二年三月乙巳"条,第 160 页。

⑤ 《宋史》卷三八《宁宗本纪》,第 745 页。

立场,曾于开禧二年"应诏论北伐非计"。① 此三人皆为朝中重臣,他们的参与为政变成功提供了有力保证。另外,政变的成功还需要得到军事力量的支持。当时的殿前司统帅为夏震,此人与李壁关系密切。《续编两朝纲目备要》载:"夏震者,本壁所荐,侂胄命摄殿岩。"②是知夏震是在李壁的荐举下方得以出任殿帅,他可能因此而加入到了政变行列中。

综上可见,早在嘉泰年间,随着杨皇后与韩侂胄矛盾的激化,杨皇后已经开始暗中蓄积力量以对付韩侂胄。赵汝说、赵汝谈等人因党禁而与韩侂胄产生矛盾的官员士人开始有意识地聚集在杨皇后周围,助其谋划去韩之事。开禧北伐的进行,又使得韩侂胄与朝中相当一批反对北伐者产生冲突。可以说,至政变前夕,在朝廷中已然形成了一股强有力的反韩势力。

韩侂胄对此应该是有所察觉的。一位门客就曾为他做出过分析,称:

> 椒殿之立,非出于平章,则椒殿怨矣。皇子之立,非出于平章,则皇子怨矣。贤人君子,自朱熹、彭龟年、赵汝愚而下,斥逐贬死,不可胜数,则士大夫怨矣。边衅既开,三军暴骨,孤儿寡妇之哭声相闻,则三军怨矣。并边之民死于杀掠,内地之民死于科需,则四海万姓皆怨矣。③

但当时北伐正遭遇挫折,外部局势紧张,这种情况下,即便韩侂胄知道朝中存在反对势力,恐怕也不敢轻易采取行动。不过,至政变发生前,外部的紧张局势已经基本消除,他可以集中精力来应付内部的反对派。

就在政变发生前不久,韩侂胄已觉察到了反对派势力正在图谋对付自己。《续编两朝纲目备要》载:

> 史丞相之请除侂胄也,惟一二执政、近臣知之。前数日,侂胄在都

---

① 陆心源:《宋史翼》卷一五《卫泾传》,北京:中华书局,1991年,第155页。
② 《续编两朝纲目备要》卷一〇"开禧三年十一月乙亥"条,第186页。
③ 《鹤林玉露》乙编卷二《韩平原客》,第139—140页。

堂,忽谓参政李壁曰:"闻永嘉人欲变此局面,相公知否?"李疑事泄,徐答之曰:"那有此?"侂胄默然。①

《齐东野语》亦载:

> 一日,侂胄在都堂,忽谓李参曰:"闻有人欲变局面,相公知否?"李疑事泄,面发赤,徐答曰:"恐无此事。"而王居安在馆中,与同舍大言曰:"数日之后,耳目当一新矣。"其不密如此。②

结合两书之上下文,可知作者引用这两则材料,似乎是想暗示韩侂胄对于史弥远、李壁等人的谋划并不知情,因而最终招致了杀身之祸。实则不然,韩侂胄既然有此一问,必定已是心中起疑,李壁的简单辩解恐怕不足以消除韩侂胄的戒备之心。其实,当时韩侂胄已经决定对这些反对派采取行动。《四朝闻见录》载:

> 先是,有告御批之谋于韩者,韩答以当以死报国。及告之者甚苦(原注:告者即周筠),侂胄始与(陈)自强谋。自强荐林行可为谏议大夫,欲于诛韩日上殿,一网尽扫象祖以下出国门,韩居中应之。③

同书的另外一处又载:

> 韩外有陈自强,内有周筠,启韩有图之者,韩犹以"一死报国"为辞。周苦谏,韩遂与自强谋,用林行可为谏议大夫,刘藻为察官,一网尽谋韩

---

① 《续编两朝纲目备要》卷一○"开禧三年十一月乙亥"条,第185—186页。韩侂胄口中的"永嘉人",当是指参与谋划去韩的赵汝谠、赵汝谈、王大受等人,三人皆为叶适弟子,属永嘉学派。
② 《齐东野语》卷三《诛韩本末》,第48页。
③ 《四朝闻见录》丙集《虎符》,第92页。

之人。仅隔日,未发而钱、李、史三公亦有所闻,命夏震速下手。(原注:事已载前集。)震归,遂命郑发刺韩。①

《续编两朝纲目备要》亦载:

> 是日(十一月三日),新除右谏议林行可方请对,宰执至漏舍,(陈)自强语同列曰:"大坡今日上殿。"②

韩侂胄与陈自强等人已经准备好将钱象祖等反对者一举清除出朝廷,并为此任命了林行可、刘藻等为台谏,看来韩侂胄准备按照常规方法,即利用掌握的台谏来清除政敌。庆元年间,韩侂胄就是用此法将朝中的道学之士一网打尽。③ 这似乎表明韩侂胄远远低估了反对派的力量与决心。韩侂胄选择的日期恰好就是十一月三日,也就是说,这一天实为韩与史弥远等人决战的日子,关系着两方的生死存亡。如果当日韩侂胄成功入朝,史弥远等人将面临彻底失败。随着对金和谈的顺利进展,北伐失败给韩侂胄所带来的政治危机已逐渐过去,他已有机会腾出手来清算朝中的反对势力。对于杨皇后、史弥远等人来说,扳倒韩侂胄的时机正在慢慢消失。某种程度上可以说,十一月三日成了他们扳倒韩侂胄的最后机会。

在这场对决中,韩侂胄之所以最终失败,落得个身首异处,主要原因当在于他没有预料到史弥远等人去除自己的决心。他没想到史弥远等人竟勾结禁军,以矫诏的方式,直接谋杀自己于上朝的路上。这在宋代的历史上是空前的。十一月二日夜间和三日早上,韩侂胄的亲信周筠曾两度发出警告,据《齐东野语》记载:

> 其夕,周筠闻其事,遂以覆帖告变。时侂胄已被酒,视之曰:"这汉

---

① 《四朝闻见录》戊集《满潮都是贼》,第189—190页。
② 《续编两朝纲目备要》卷一〇"开禧三年十一月乙亥"条,第185页。
③ 《四朝闻见录》戊集《考异》,第180页。

又来胡说。"于烛上焚之。初三日,将早朝,筠复白其事,侂胄叱之曰:
"谁敢? 谁敢?"遂升车而去。①

十一月三日当天韩侂胄上朝就是为了清除钱象祖等反对势力,周筠这里的
警告,自非提醒韩侂胄当时朝中存在反对派,而应该是他风闻了史弥远等人
将利用禁军发动政变的消息。但韩侂胄显然觉得此事太过匪夷所思,根本
就不予采信。正是这种盲目自信,最终断送了自家性命。

这场政变的主导者无疑是杨皇后,皇子赵询、杨次山、史弥远等人则是
居中联络,从而争取到了外朝大臣钱象祖、李壁,以及禁军统帅夏震等人的
共同参与,最终以政变的激烈方式结束了韩侂胄的专权。尽管史弥远、钱象
祖、卫泾等皆曾反对过北伐,但政变本身却不能视作是主和派与主战派的斗
争,政变前的韩侂胄早已决心与金朝议和,而且和议已基本敲定,即将达成,
故根本不必为此而冒险发动一场血腥政变,况且此时政变反倒有可能对宋
金和谈起到破坏性作用。既然此次政变的主导者为杨皇后,则她与韩侂胄
的矛盾性质将决定政变的实质。关于此次政变,叶绍翁在《四朝闻见录》
中称:

> 幸不败尔,败则慈明、景宪殆哉。时宁皇闻韩出玉津园,亟用笺批
> 殿司:"前往追回韩太师。"慈明持笺泣,且对上以"他要废我与儿子",
> 又以"杀两国百万生灵,若欲追回他,我请先死。"宁皇收泪而止,慈明遂
> □笺云。②

可知这场政变实关系着杨皇后与景献太子即当时的皇子赵询的生死存亡。
杨皇后为劝说宁宗同意诛韩提出了两条理由:第一,韩侂胄要废黜她与皇
子;第二,韩侂胄的北伐造成了生灵涂炭。后一条理由冠冕堂皇,自为形塑

---

① 《齐东野语》卷三《诛韩本末》,第48页。
② 《四朝闻见录》丙集《虎符》,第92页。

其政变合法性而设,当非真正原因。对于第一条理由,结合杨、韩两人先前的矛盾冲突,杨皇后声称韩侂胄意图废立,当是她的真实想法。可以说这次政变的实质主要就是杨皇后与韩侂胄围绕政治地位与权力而发生的政争。

但是对于这样一场前所未有的政变,杨皇后、史弥远等人必须给出一个合理的解释。当时对金和议尚未真正达成,理论上还处于北伐期间,最好的借口就莫过于指责韩侂胄擅开兵端,涂炭生灵,威胁江山社稷。这从《四朝闻见录》戊集中所收录的诸多处置韩侂胄的诏书以及当时臣僚的上言中即可看到,毋庸赘引。① 但自开禧三年初开始,方信孺、王柟等人的不断出使,又是人所共知的事实,史弥远等人对此不可能视而不见。为此,他们有意曲解金人来书中关于战争"首谋"的内容,将之附会为韩侂胄,并进而指责韩为和谈之最大障碍。在十一月三日政变当天,由杨皇后、史弥远等人所制造并公布的罢黜韩侂胄的圣旨中,便称:"韩侂胄久任国柄,粗罄勤劳,使南北生灵枉罹凶害,以致敌人专以首谋为言。不令退避,无以继好息民,可罢平章军国事,与宫观。"②同时,又将韩侂胄在开禧三年十月前后,为配合和谈所采取的一系列部署,如罢免张岩、任命赵淳为江淮制置使、下诏申警边备等措施,曲解为韩侂胄意图再度用兵之例证。对于这一点,可能在政变前杨皇后等人就已经有了计划。《宋史·恭圣仁烈杨皇后传》载:

> 会侂胄议用兵中原,俾皇子曮入奏:"侂胄再起兵端,将不利于社稷。"帝不答。后从傍赞之甚力,亦不答。恐事泄,俾(杨)次山择廷臣可任者,与共图之。③

看来"诬陷"韩侂胄意欲再度用兵,在政变前就出现了,杨皇后最初大概是希望借助于这种办法,来让宁宗罢黜韩侂胄,如此就不至发生后来的激烈政变

---

① 《四朝闻见录》戊集,第165—180页。
② 《四朝闻见录》戊集《开禧施行韩侂胄御批黄榜》,第165页。
③ 《宋史》卷二四三《恭圣仁烈杨皇后传》,第8656—8657页。

了。但宁宗并未被杨皇后牵着鼻子走,对于宁宗的两次"不答",论者曾提出过多种猜测,①其实皆未得要领,宁宗的"不答",原因很简单,就是他根本不相信杨皇后与皇子的话。② 无奈之下,杨皇后才选择了政变之途。在政变后,杨皇后又重新拾起原先的策略。经过这一系列"努力",最终将韩侂胄打扮成了不顾社稷安危,坚持主战的"奸臣"形象。可以设想,这些对韩侂胄形象的塑造不是在政变之后的短时间内就完成的,而应当经历了一个发展的过程。不过这个过程应该是比较迅速的,就在韩侂胄被杀后仅三个月,嘉定元年二月,朝廷就"诏史官改绍熙以来韩侂胄事迹。"③从李心传、周密等人的记载来看,到嘉定中期,后世所熟知的韩侂胄的形象当已基本定型。

结 论

南宋的北伐自开禧二年四月开始,先是宋军对金展开攻势,受挫之后韩侂胄迅速命令宋军撤回境内,专意防守。至十月,金朝又发动南征,攻入淮南等地,不过亦未能持久,在宋军的抵抗下不得不退出淮南大部分地区。宋金双方均未能在战场上达到预期目的。在此情况下,双方开始认真致力于议和。和谈过程中,金方虽然提出割地、称臣、缚送首谋、增加岁币、归还俘掠等五项条件,看似苛刻,但每一项都留有讨价还价的余地,尤其在惩治战争罪魁的问题上,金方并没有坚持将韩侂胄视作首谋,必欲杀之而后快,而是默认了南宋方面以苏师旦、邓友龙等为替罪羊的做法。因此,至开禧三年下半年,宋金双方基本上已经就和议内容达成了共识,紧张局势业已缓解,战争正式结束已然在望。

---

① 廖建凯:《权相秉国——史弥远掌政下之南宋政局》,第36页。
② 据《四朝闻见录》戊集载,"韩败,籍其家。……籍其奏章,至陛下二字,必提空唯谨。或以为韩意叵测者,非也。忠献之族,得以全者,惟侂胄无是尔。"(第196页)可知韩侂胄在对待宁宗时表现的非常忠诚,这就势必让宁宗很难相信杨皇后等人对韩的指控。故而在另一处,叶绍翁又指出:"韩诛死玉津园已三日,宁皇犹未悟其误国也。"(第180页)可见宁宗对韩侂胄的信任。
③ 《宋史》卷三九《宁宗本纪》,第749页。

然而,就在此时,南宋内部突然发生了推翻韩侂胄的政变。这场政变,并非如既往研究中所指出是由于主和派与主战派的斗争所致。既然和议已经基本达成,战争结束在即,此时发生政变不仅不会推动和议的进行,反倒可能对和议造成破坏性影响。政变的实质乃是韩侂胄与杨皇后矛盾难以调和的结果。他们双方的冲突自庆元年间便已开始,而党禁、北伐的发生,又使韩侂胄为自己在朝中培养了一批反对者,这些人有意识地聚集在杨皇后周围,伺机铲除韩侂胄。随着和谈逐渐完成,北伐给韩侂胄造成的政治危机渐渐过去,他已有机会腾出手来对付反对势力。也就是说,外部局势的缓和使得朝廷内部的冲突重新显露出来,从而激化了双方的矛盾。杨皇后等人利用北伐结束前的最后时机,冒险发动一场前所未有的激烈政变,以血腥的方式终结了韩侂胄的专权。

为了给这场罕见的政变寻找到合法性,杨皇后、史弥远等人不仅对韩侂胄的许多行为进行了有意识地曲解,甚至无中生有捏造了一些事实,让世人误以为当时金人真的以韩侂胄的首级作为谈判之先决条件,从而迫使韩侂胄无奈之下,不顾社稷安危,执意再度用兵。而自己一方则是为保全宋室江山,拯救生灵,不得已采取政变的激烈方式,为国家诛除元凶,保证了和议的达成。如此,就将一场围绕权力而进行的角逐,成功塑造成了主和与主战的交锋,韩侂胄主战派的形象也由此得以确立。

长期以来,对于韩侂胄的评价就是一个颇有争议的话题,争议的核心就集中在北伐问题上。无论是肯定者还是否定者,对于韩侂胄北伐的事实本身似乎都没有异议,所不同的仅仅是对韩侂胄北伐动机的认识。肯定者认为是出于恢复大义,否定者则认为只是为贪权固位之私利。① 通过本章的分析,可知这些评论所据之史实基础,本身就是韩侂胄死后,在其政敌史弥远等人的主导下被重新书写和重构的。从整个北伐的过程来看,韩侂胄先是通过突然袭击的方式发动北伐,甫一受挫之后又立即选择退缩,并大肆惩

---

① 郦家驹:《试论关于韩侂胄评价的若干问题》,《中国史研究》1981 年第 2 期,第 152—155 页;冯永林:《关于韩侂胄评价的几点看法》,《内蒙古大学学报(哲学社会科学版)》1983 年第 1 期,第 95—97 页;魏光峰:《一代冤魂——韩侂胄》,《殷都学刊》1991 年第 1 期,第 107 页。

治参与主战的官员将帅,以推卸自身责任。同时,开始积极着手谋求议和,他求和的意愿丝毫不亚于向来被视作"主和派"或"投降派"的史弥远。后来由史弥远等与金人所达成的"嘉定和议",几乎全部条款都是在韩侂胄手上议定的,唯一的区别就是少了颗韩自己的头颅。甚至深为当时和后世所诟病的"函首"一事,也是由韩侂胄答应金人的,只是那时他选择函送的是苏师旦等人的首级。韩侂胄与其说是主战派,倒不如说是一个投机者,是作为敌手的杨皇后、史弥远等人,一手赋予了韩侂胄"主战派"的"荣誉"。

第六章 "共治"理想的破灭与史弥远上台

自开禧三年(1207)十一月韩侂胄被杀至嘉定元年(1208)十二月左丞相钱象祖罢政,史弥远以右丞相兼枢密使之职总揽朝政,确立起专权地位。在此一年多的时间里,朝廷政局发生了一系列变动。一方面与韩侂胄有牵连的官员被大肆清算,另一方面参与推翻韩侂胄的政变集团内部发生分化,钱象祖、卫泾等人与史弥远之间产生了新一轮的政治冲突。既往的研究中,通常将韩侂胄与史弥远两人的专断朝政视为同一性质的专权,故而将史弥远取代韩侂胄看作只不过是一个权臣代替了另一个权臣。至于在韩侂胄被杀后,史弥远与钱象祖等人之间的冲突,也认为不过是政变集团内部围绕权力分配而产生的分裂。① 这在某种程度上是受到部分南宋人言论影响的结果,如理宗朝的吴泳就称嘉定之初,"敝事滋多,勿能改侂胄之局面,憸人互进,未免寻开禧之辙迹"。② 魏了翁则称:"方改元更始之初,海内拭目以观太平,岂谓一韩方毙,又生一韩。"③显然南宋时人一般就将史弥远视作是另一个韩侂胄,两者没有太多的区别。

但近年来,小林晃提出了另外一种颇具新意的观点,他将韩侂胄与史弥远的专权分别视作是近习专权和宰相专权的典型,认为两种专权在形

---

① 虞云国:《宋光宗宋宁宗》,第298—307页。
② 吴泳:《鹤林集》卷一七《论元祐建中嘉定及今日更化疏》,《宋集珍本丛刊》,第74册,第439页。
③ 《鹤山全集》卷一九《被召除礼部尚书内引奏事第一札》。

态上完全不同。他对韩侂胄死后南宋朝廷上的各种政治批评进行了分析,认为这些批评都倾向于对韩侂胄以侧近武臣即近习身份专权加以否定,并对朝中可能再度出现侧近武臣专权表示担忧,而这种否定的背后则是对自孝宗朝沿袭而来的皇帝"独裁"政治模式的反对。在反对近习这一层面上,史弥远与钱象祖等人的立场是一致的。为此,当时的朝中士大夫纷纷要求强化中枢权力,抑制近习干政,这种官场舆论在一定程度上为史弥远以宰相身份专断朝政奠定了基础。① 如此一来,史弥远对韩侂胄的取代就不单纯是一个权臣取代另一个权臣,而意味着自孝宗朝以来形成的皇帝"独断"政治的落幕,而代之以宰相专权。该观点提出后产生了相当大的影响,得到了不少人的赞同。② 确实,这一观点有相当大的学术价值,它有助于引导我们注意到韩侂胄与史弥远两种政权在成立过程、运行方式等方面存在的差别,引导我们在开禧末、嘉定初的政治变动中发现新的意义。

然而,将韩侂胄视作是与史弥远别无任何不同之权臣,固然有其不足,将韩侂胄定性为近习专权的典型,而认为其与史弥远存在着根本上的差异,却似乎也是从一个极端走向了另一个极端。首先,韩侂胄的专权本身并不是静止不变的,他在晚年积极致力于寻求平章军国事之职,就意味着他是在有意识地改变自己以外戚、近习身份干政的尴尬处境,以完成向宰相专权的转化。其次,韩侂胄的身份本身就是多重的,他既是外戚,又为近习,亦是宰相,韩侂胄被诛后的朝野政治舆论中,不同的官员士人就将矛头分别指向了这些不同的身份。诚然,韩侂胄死后,真德秀等人便将韩侂胄作为近习加以批判,但与此同时也可以看到其他情形。史尧辅在嘉定元年的对策中,就对宁宗言道:"陛下谓去一权幸,足以为更化邪? 霍山之去未几,而汉之权移于内侍矣;梁冀之诛未几,而汉之政出于丑邪矣!"差不多同时的御史中丞雷孝

---

① 小林晃:《南宋宁宗时期史弥远政权的成立及其意义》,邓小南等主编:《宋史研究论文集(2012)》,第130—140页。

② 徐美超:《史弥远的政治世界:南宋晚期的政治生态与权力形态的嬗变(1208—1259)》,复旦大学硕士学位论文,2014年,第23—29页;林啸:《史弥远与南宋中后期政局》,杭州师范大学硕士学位论文,2015年,第33页。

友在弹劾韩侂胄时也提到:"尝观汉诛梁冀,而张纲条其无君之心十五事,以韩侂胄而视冀所为,其罪恶盖有加焉。"①无论是霍山还是梁冀,都是汉代著名的专权外戚,史尧辅与雷孝友相继用他们来比拟韩侂胄,显然是将韩侂胄政权的性质视作外戚专权。黄度在嘉定元年向宁宗开陈"本朝专任宰辅得失之效",其中有云:"神宗之用王安石,徽宗之用蔡京,亦专任也。安石迂僻自用,故误神宗;京奸谀蠹国,卒致金人之祸。高宗之任秦桧,专矣,而险毒害正,天下多故……陛下前日用韩侂胄,亦专矣,而败坏天下,至于不可支持。"②这里黄度将韩侂胄与王安石、蔡京、秦桧相提并论,明显是将韩侂胄视作是与他们并无根本区别的宰执大臣。可知,当时将韩侂胄视作近习者有之,视作外戚者有之,视作宰执大臣者亦有之,表明在当时士大夫的眼中韩侂胄的身份是多重的,并不能用单纯的宰相或近习加以定位。对于其专权的性质问题,也不是一个宰相专权或近习专权所能涵盖。小林晃的观点在批判旧有观点时有其合理性,但他执着于韩侂胄的近习身份也难免过于拘泥和狭隘。

其实,对于开禧、嘉定之际的士大夫们来说,韩侂胄的专权业已结束,对他的各种批判,其最终指向都并非是韩侂胄本身,而是当下的政治现实和未来的政局走向。针对韩侂胄不同身份所进行的批判,不仅反映出当时士大夫对韩侂胄专权在认识上的差异,更重要的是反映出他们对于蕴含在当下政治中的危险的警觉。若说针对韩侂胄近习身份的攻击,乃是为了避免出现另一个专权的近习,那么针对他外戚和宰臣身份的攻击,则同样也意味着对可能出现的外戚专权和宰执专权的防范。我们固然应重视开禧、嘉定之际朝野舆论对韩侂胄的各种批判,但更为重要的是必须先弄清此一时期南宋朝野的士大夫们究竟所追求的是什么? 只有弄清这一点才能真正理解那些对韩侂胄批判背后的含义,也才能进而真正理解当时的政局走向以及史弥远得以上台的原因。

---

① 《宋会要辑稿》刑法六之四八,第 6717 页。
② 《絜斋集》卷一三《黄公行状》。

第一节 对君臣"共治"理想政治模式的追求

张其凡曾指出,宋代的政治结构,一言以蔽之,即"皇帝与士大夫共治天下",他认为这是理解与认识宋代政治体系的关键。他将这一"共治"的政治模式描述为,由皇帝掌握最高立法权及最终裁决权,宰相掌握最高行政权,台谏则掌握监察之权,三者既互相限制,又互相依赖,从而构成了稳固的中央政府架构。① 该文将分析的重点放在北宋,并举出仁宗朝为此种"共治"政治的典型,对于南宋的政治状况则未涉及。实际上,南宋政治与北宋存在着很大差异,最为突出的莫过于权臣频出,秦桧、韩侂胄、史弥远和贾似道的专权便占去了南宋一半的时间,其他时候也多处在孝宗、理宗这样较为强势君主的独断之下。可以说,君臣"共治"的政治模式在南宋的大部分时期都未能真正实现。然而,作为一种理想,它却自始至终都萦绕在南宋士大夫的心中,一遇适当时机,对这种理想政治模式的追求就会呈现在他们的言论和行为中。

高宗朝前期战争不断,为提高行政运行的效率,皇帝往往背离正常的行政程序,绕开中书直接处理军政事务,除授相关官员。这引起了朝中部分官员的不满,绍兴九年三月,左谏议大夫曾统上言:

> 朝廷命令必由中书门下省,后付之尚书省,乃谓之敕。命之未下,则有给舍封驳,及其既出,则有台谏论列,其为过举鲜矣。②

在曾统看来,朝廷命令须由中书门下发出,经尚书省颁降于外,方为合法。在此过程中,还须经给事中、中书舍人的审核,以及台谏的论列,只有这样才

---

① 张其凡:《"皇帝与士大夫共治天下"试析——北宋政治架构探微》,《暨南学报》2001 年第6 期。

② 《宋会要辑稿》职官一之五〇,第 2354 页。

能有效保证命令的合理性。高宗绕开中书直接处理政务,无疑是对宰执权力的侵犯。

孝宗朝,陈亮在进呈的《中兴论》中称:

> 臣窃以为人主之职本在于辨邪正,专委任,明政之大体,总权之大纲;而屑屑焉一事之必亲,臣恐天下有以妄议陛下之好详也。自祖宗以来,军国大事,三省议定面奏,获旨差除,即以熟状进入,获可,始下中书造命,门下审读。有未当者,在中书则舍人封缴之,在门下则给事封驳之,始过尚书奉行。有未当者,侍从论思之,台谏劾举之。此所以立政之大体,总权之大纲。端拱于上而天下自治,用此道也。①

孝宗以独断专行而著称,对外朝宰相缺乏信任,故而事必躬亲。陈亮认为这一定程度上背离了祖宗法度,而所谓的祖宗法度,即是由皇帝总揽大纲,而由中书来处理具体的政务,给舍、台谏、侍从则发挥监督弹劾作用。

经过了宰相史弥远的二十多年专权后,绍定六年(1233),理宗亲政。亲政之初,监察御史洪咨夔上疏称:

> 臣历考往古治乱之原,权归人主,政出中书,天下未有不治。权不归人主,则廉级一夷,纲常且不立,奚政之问? 政不出中书,则腹心无寄,必转而他属,奚权之揽?②

"权归人主,政出中书",正是对"皇帝与士大夫共治天下"这一理想政治模式的最好概述。紧随其后,郑性之也在进对中作出了类似表述,称:"臣愿大权而在人主而政本归中书。盖权在人主,下无专政之嫌;政由中书,则上无自用之私。君臣之间,两尽其道。"③认为皇帝与中书分工合作,各司其职,

---

① 《陈亮集》(增订本)卷二《中兴论·论执要之道》,第27页。
② 《宋史》卷四〇六《洪咨夔传》,第12265页。
③ 《后村先生大全》卷一四七《毅斋郑观文(性之)神道碑》,第七册,第3779页。

既能抑制大臣专权的弊病,又能避免皇帝的独裁的缺陷,方是两全其美之道。

至度宗咸淳三年,此时距离南宋覆亡已然不远,监察御史刘黻为反对当时频繁出现的内降恩泽上疏称:

> 乃今前之恩数未竟,后之恩数已乘。宰执惧有所专而不敢奏,给舍、台谏惧有所忤而不敢言,更如此者数年,将何以为国?故政事由中书则治,不由中书则乱,天下事当与天下共之,非人主所可得私也。①

再次呼吁皇帝应该与宰执、给舍、台谏等外朝大臣共同治理朝政,而不应过分专断独行。

从上面可以看到,对于君臣"共治"理想政治模式的追求,可以说是贯穿着南宋一朝之始终。尽管屡遭挫折,但士大夫们对于实现这种理想的热情丝毫未减,他们将这一模式视作是能够解决南宋面临的各种问题的核心手段。

具体到本章所要论述的开禧、嘉定之际,在韩侂胄被杀后,南宋继秦桧之后出现的第二个权臣政治阶段结束,朝廷宣布厉行更化,对朝政进行革新。对外积极与金议和,签订嘉定和议,重建和平之局;对内则对韩侂胄展开了激烈的批判,大规模地清算韩侂胄党羽,并且对先前遭到韩侂胄打压的官员士人进行平反,起复任用。这种局面再度燃起了不少士大夫对于理想政治模式的热情与希望。

韩侂胄被诛后不久,湖州知州王炎上书参知政事钱象祖和卫泾,称:

> 夫权一则治,散则殆,不可忽也。是故行天下之正道,维持此权而使得其平者,宰执之责也,持天下之正论,审谛此权而不容其偏者,给舍台谏之责也。宰执行其道,给舍举其职,台谏行其言,主柄一于上,国论

---

① 《宋史》卷四〇五《刘黻传》,第12248页。

定于朝,众庶之志定于下,然后天下之私邪不得入于其间。①

这里的"权一"是指最高权力当掌握在皇帝手中,而不能被其他人窃取。而要保证这一点,同时又抑制皇帝滥用手中的权力而给朝政带来的危害,就需要充分发挥宰执、台谏、给舍的作用。这里王炎所描绘的正是一种"共治"模式。

不知是否是受到了王炎的一些影响,其后钱象祖在奏札中对宁宗进言道:

> 国家萃几务于中书,而总之以二三大臣,此其任甚重,其责甚专……故臣愿陛下,自今以始,凡举一事,凡用一人,若大若小,若内若外,必与臣等公议而公行之,凡特旨内降,一切不出。或犹有蹈常袭故者,容臣执奏,一切不行。庶几国是不摇,幸门不启。或臣等议有未尽,行有未当,给舍得以缴驳,台谏得以纠正,必无偏党,上累圣知。②

这道奏札由刘宰代笔,但显然体现了已成为宰相的钱象祖的意见,他告诫宁宗应该避免用御笔之类的方式直接插手朝政,而要充分信任倚重中书大臣。嘉定元年四月,蔡幼学在奏札中也说道:"夫权当出于君上,而非臣下之所得专;政当行于庙堂,而非左右之所得与。此法守之至严,人人而能知之也。"③这无疑是前引洪咨夔所说"权归人主,政出中书"的另一种表述。

王炎、钱象祖、蔡幼学等人的言论可以说是如出一辙,表明了在韩侂胄死后以钱象祖为代表的朝中相当一批士大夫的共同意愿,在下文讨论钱象祖等人与史弥远的冲突时,将可以更为清楚地看出这一点。然而,这种"共

---

① 王炎:《重刻双溪文集》卷一一《上执政书(钱参政、卫参政)》,《宋集珍本丛刊》,第63册,第168页。

② 刘宰:《漫塘文集》卷一三《代钱丞相奏札》,《宋集珍本丛刊》,第72册,第242页。

③ 蔡幼学:《育德堂奏议》卷三《嘉定元年请对札子一(四月初四日)》。

治"的理想政治模式并未能实现,韩侂胄死后的政局演变最终导向了史弥远的上台,他以宰相身份专断朝政,开启了另一个漫长的权臣政治阶段。究竟是什么因素导致了这种局面的出现呢?

第二节　现实政治的挑战

以宰相钱象祖为代表的不少士大夫在韩侂胄死后,积极致力于确立一套君臣"共治"的理想政治模式,这一模式可以简要概括为"权归人主,政出中书",其优点在于"权在人主,下无专政之嫌;政由中书,则上无自用之私"。① 从相反的角度来说,便是若权不归人主,就意味着大权旁落,这会导致专断朝政的权臣出现,这种权臣既可以是如同韩侂胄这般皇帝身边的近习,亦可以是如秦桧那种为皇帝所信任的外朝宰执大臣。若政不由中书,也就意味着皇帝专断独裁,这固然可以避免外朝大臣的专权,但却可能导致政出多门,正如魏了翁所说:"权不移于大臣,固宗社之幸,万一移于宫掖,移于阉寺,移于嬖幸,移于姻戚,则当时是也,反不若权在大臣之犹出于一也。"② 可以看到,对于"共治"政治模式的追求,就必须同时面对来自两个方面的挑战,即皇帝的独裁和大臣的专权。小林晃仅仅将目光聚焦在当时对皇帝独裁的批判上,显然是有所偏颇的。为此,有必要对当时士大夫的各种政治批评作更为细致和深入的分析。

首先来看湖州知州王炎给参知政事钱象祖和卫泾的上书,他先是对韩侂胄进行了严厉批判,称:"前日持国任事之臣,专辄自用,擅作威福,内而昵比群小,交通货赂,以渎乱朝纲,外则引用憸人,轻动干戈,以涂毒生灵。"③但这并不是他上书的本意所在,正如他稍后给当时朝中另一位大臣赵彦逾

---

① 《后村先生大全集》卷一四七《毅斋郑观文神道碑》,第七册,第3779页。
② 《鹤山全集》卷一八《应诏封事》。
③ 《重刻双溪文集》卷一一《上执政书(钱参政、卫参政)》,第63册,第167页。

的信中所说:"前日权臣擅命,自干天讨,今既殒灭,可勿论矣。"①引发他上书两位参政的直接动因,乃是对当时朝中出现的近习干政苗头的忧虑,他说道:

> 识者所忧有二三事焉,非炎所当言也。请姑举其端,夫城狐不熏,社鼠不灌,虽以汉宣帝之察,唐元(玄)宗之断,而左右近习或得以窃弄威柄,此其一也。周公制礼,奇服怪民,不得入宫,况女冠辈,执左道,假鬼神,以惑众者乎? 此其二也。②

王炎注意到了当时朝中显露出有近习窃弄威柄和女冠出入宫廷的现象。有鉴于先前韩侂胄以近习而弄权的教训,王炎对此非常敏感。但他在这里并没有确切指出弄权的近习为谁,出入宫廷的女冠又是何人? 这一方面可能是出于避忌,不愿直接得罪这些近习;另一方面则表明这在当时的朝野上下是尽人皆知,稍加点出,钱象祖等人自会明白,故不必明言。那么能否确定这些干政的近习和女冠的身份呢? 先来说女冠。《齐东野语》载:

> 王妙坚者,本兴国军九宫山道妪也。居常以符水咒枣等术行乞村落,碌碌无他异。既而至杭,多游西湖两山中。一日,至西陵桥茶肆少憩,适其邻有陈生隶职御酒库。其妻适见之,因扣以妇人头膜可疏者,还可襐解否? 妪曰:"此特细事。"命市真麻油半斤,烧竹沥投之,且为持咒,俾之沐发。盖是时恭圣杨后方诛韩,心有所疑,而发膜不解,意有物出示(祟?),以此遍求襐治之术。会陈妻以油进,用之良验,意颇神之,遂召妙坚入宫,赐予甚厚,日被亲幸。且为创道宇,赐名明真,俾主之,累封真人。同时有黄冠易如刚者,嗜酒夸诞,薄知其

---

① 《重刻双溪文集》卷一一《上赵大资书》,第63册,第168页。
② 《重刻双溪文集》卷一一《上执政书(钱参政、卫参政)》,第63册,第168页。

事,欲以奇动。于是以黄绢方丈帛书大符以进。后大喜,赐予亦渥,
后住太乙东宫。①

韩侂胄被杀乃主要是出于杨皇后的谋划,其原因则纯粹出于个人权力之争
夺。杨皇后借助于阴谋手段清除掉韩侂胄,既不光明正大,也非名正言顺。
或许因此导致杨皇后心中不安,以至于将头发的粘结当做是某种鬼祟作怪。
王妙坚、易如刚之流便在这种情况下被召引入宫,其中王妙坚既称“道姬”,
自属女冠,从杨皇后特地为她创建道观的举动来看,她在当时应当颇得亲
信。可以确定,王炎口中的女冠应即是王妙坚等人。这样再来看王炎的上
书,其表面上虽将批判的对象集中在女冠上,间接地却是将矛头指向了背后
的杨皇后。

对于王炎口中干政之近习为谁,没有材料直接告诉我们答案,但却有一
些线索可寻。嘉定二年五月,发生了军官罗日愿预谋兵变之事。罗日愿联
合禁军官兵,准备趁朝廷百官出城迎接起复还朝的宰相史弥远之际发动兵
变,“尽杀宰执、侍从、台谏诸人”,同时派兵突入内廷,“杀内侍王俞、张延庆
四人”。② 宰执、侍从、台谏为外朝官员之核心,故而为保证兵变成功,需要
加以诛除。但罗日愿等人同时也计划诛杀王俞、张延庆等四位内侍,表明在
他们看来,同宰执等为外朝官员领袖一样,此四人乃是内廷宦官之首领。其
中“(王)俞,大阉;(张)延庆,内侍也”。③ 是知在四人中当又以王俞的地位
为最高。王俞其人,在前面的章节中已经指出他乃是杨皇后的心腹,并因此
而曾遭到韩侂胄刻意压制。可以断定,在韩侂胄被诛后,王俞因为与杨皇后
的关系,在内廷中的地位得到了迅速擢升。王炎所批评的左右近习,很可能
主要就是指王俞,而其背后牵涉到的依旧是杨皇后。

如果说王炎对近习的指责还显得有些含沙射影的话,随后蔡幼学、真德
秀等人的批评则已开始围绕着具体的事实展开。嘉定元年四月,中书舍人

---

① 《齐东野语》卷一〇《明真王真人》,第 187—188 页。
② 《续编两朝纲目备要》卷一一“嘉定二年五月戊戌”条,第 205—206 页。
③ 《续编两朝纲目备要》卷一一“嘉定二年五月戊戌”条,第 206 页。

蔡幼学上疏宁宗表达对朝政的看法。一如王炎,他首先也是对韩侂胄的专权进行了一番抨击,在奏疏最后方道出了自己的真实用意,称:

> 臣以疏愚待罪西掖,每恩赏迁转,考诸旧章而不合者,不敢不以缴奏,陛下必欣然开纳。迩者内侍四人放令逐便,命由中出,琐闼封驳至再,而陛下特为寝已行之命,臣有以窥仰圣意未尝不汲汲于守法也。然而改之于出令之后,不若杜之于未行之先。①

原来是其时宁宗动用御笔处理了一件有关四位宦官内侍之事,虽然御笔最终因外朝官员的抵制而未得施行,但已牵动了蔡幼学的敏感神经,故而上疏规劝宁宗应谨守朝廷法度。

差不多一个月后,真德秀在召试馆职的对策中再次提及此事。他在对策中指出宁宗需要注意三个方面的问题,分别是戒近习,畏小人,拯民命。关于戒近习,他说道:

> 夫谓之近习,固人主之所亲而易亵者也,情亲而势易亵,则巧佞易入,干请易行……今公道昭融,固亡此患,独尝窃怪迩者一二除授,或烦宸笔,虽以大臣执奏而竟寝,然左右请谒之私,盖不能无挠成宪者矣,其渐诚不可长也。阉寺之臣,得罪君父,屏之远方,终身勿齿,夫奚庸恤?而一旦放还之命忽繇中出,甚至却东省之奏,而必欲书行,则是屈纪纲而庇奸幸,尤非所望于更化之日也。②

这里所说的宁宗御笔放还宦官之事,与蔡幼学所言显为一事。是知此事当时在朝廷上下引起了不小的震动。真德秀认为这件事的发生无疑是因为围绕在宁宗左右的近习从中撺掇的结果。这件事的来龙去脉究竟为何呢?魏

---

① 《育德堂奏议》卷三《嘉定元年请对札子一》。
② 《西山文集》卷三二《馆职策》。

了翁在所撰倪思墓志铭中有所记载：

> （嘉定元年）三月,给事中许奕使虏,公暂摄其事。内侍李枢、符澄、
> 李益、徐考叔久窜得归,公执不行。盖是时,斥宦寺之党韩者,甘昪再图
> 知省,而惧不获,使其子宗茂首以四璫尝外庭,闻公之风而寝。①

蔡幼学口中所说的"内侍四人",看来就是指李枢、符澄等四位宦官,而所谓
"琐闼封驳至再"的"琐闼"即是权摄给事中的倪思。韩侂胄死后,朝廷不仅
在外朝士大夫中间进行了清算韩党的行动,在内廷中同样对那些依附于韩
侂胄的宦官内侍进行整肃,不少宦官因此被贬谪。这种对内廷的整肃,为那
些在韩侂胄时期遭到打压的宦官提供了还朝的契机。从墓志的记载中可
知,李枢等四人要求还朝,其背后的支持者乃是甘昪,是甘昪为观察朝廷动
向而采取的一种策略性措施,最终为自己的回朝铺平道路。在前面的章节
讨论韩侂胄与宦官的关系时,曾涉及甘昪,他本为孝宗身边之宦官,在宁宗
庆元年间颇得重用,官至入内内侍省都知,因干预朝政而与韩侂胄产生矛
盾,于庆元六年被罢黜,送永州居住。墓志说他"再图知省",就是指他希望
能够重新回任入内内侍省都知。从宁宗用御笔召回李枢等四人来看,甘昪
的策略确实在内廷中得到了积极响应,若无倪思等外朝官员的坚决抵制,李
枢等回朝后,甘昪应该紧接着就会获得重新启用。当时在内廷中呼应甘昪
之人应该就是王俞及站在其背后的杨皇后。

　庆元年间,杨皇后因深得宁宗宠信而与韩侂胄的矛盾日益尖锐,由此导
致了内廷中的宦官势力也发生了分化,一部分依附于韩侂胄,另一部分则成
为杨皇后的支持者。支持杨皇后的宦官主要来自高宗吴皇后宫中以及宁宗
身边的亲信。杨皇后自幼在高宗吴皇后宫中长大,与吴后宫中宦官的关系
本就十分密切,从王去为、王俞父子对她的保全中即可看出。而杨皇后能够
来到宁宗身边为妃,则得益于宁宗最为亲信的宦官王德谦的争取。甘昪既

---

① 《鹤山全集》卷八五《倪公墓志铭》。

为宁宗亲信,同时又与吴皇后宫中的宦官关系密切。甘昪之兄甘昇虽为孝宗所信用之宦官,却是由高宗推荐给孝宗,①且深得吴皇后的信任。② 因此,甘昪与吴后宫中之人应该也有密切联系。有鉴于此,他在政治上应该更倾向于杨皇后而非韩侂胄。他在庆元年间被废黜,主要原因当即在此。也是这一点,让他很笃定地认为韩侂胄的被杀正是其再图进用的良好机遇。只是他没有想到外朝官员的激烈抵制,令其功败垂成。

从上面对王炎、蔡幼学、真德秀等人言论的分析中可以看到,他们对韩侂胄的批判,对近习干政的指责,其矛头最终都间接指向了杨皇后,表明在韩侂胄死后,朝廷所面临的迫在眉睫的威胁,既不是宁宗的趋向独裁,也不是近习的弄权专政,而恰恰是杨皇后的预政。当时的宁宗对朝政早已失去了兴趣,曹彦约在嘉定初即对宁宗称:"自庆元改元之后,当宁恭默,大臣奏事不闻有所折衷,小臣奏事不闻有所训饬,士大夫绝念,谓陛下无意于政矣。"③而杨皇后"性复机警""任权术",④本就非安于深宫之人,她自庆元初来到宁宗身边起,便逐渐与韩侂胄产生矛盾,经过一番苦心经营,最终通过政变的激烈手段将韩侂胄清除。因此,她在韩侂胄之后通过操纵御笔干预朝政乃是顺理成章之事。如此就可以理解傅伯成为何会在召对时,将修撰《后范》当作是与宋金和战问题、权臣问题等相提并论的重要主题。在嘉定改元不久的召对中,傅伯成向宁宗进呈了三论,首先论及和战之事,随后两论分别关涉权臣和修《后范》问题,他称:

> 二论:"权臣之初,畏人议己,意所欲为,天下虽知其非,而举朝莫不以为是。及其久也,是非颠倒而不自知,竟以此败。臣愿陛下与二

① 《宋史》卷四九九《甘昪传》,第 13673 页。
② 《宋史》卷四〇〇《王信传》(第 12142 页)载:"宦者甘昇既逐远之矣,属高宗崩,用治丧事,人莫敢言。昇俄提举德寿宫,信亟执奏,举朝皆悚。翰林学士洪迈适入,上语之曰:'王给事论甘昇事甚当。朕特白太上皇后,圣训以为:'今一宫之事异于向时,非我老人所能任,小黄门空多,类不习事,独昇可任责,分吾忧。渠今已归,居室尚不能有,岂敢蹈故态。'以是驳疏不欲行。卿见王给事,可道此意。'信闻之乃止。"吴皇后对甘昇的信任于此可见一斑。
③ 《曹彦约集》卷五《应求言诏书上封事》,第 135 页。
④ 《宋史》卷二四三《恭圣仁烈杨皇后传》,第 8656 页。

三大臣,以前事为师,以至公为心,则是非明而利害审矣。"三论:"本朝治效之盛夐绝前古,非独帝道之隆,亦有内助焉。惟是彤史既废,罕有纪述,乞命儒学之臣于本传之外,博采文书所载先后懿美,以为《后范》。"①

针对权臣问题,傅伯成希望宁宗能够吸取教训,做到"以至公为心",与外朝的"二三大臣"共议国政,表明他亦是当时众多追求"共治"这一理想政治模式的士大夫之一。因此,他积极要求朝廷撰修《后范》,显然是有意利用先朝皇后的嘉言懿行来限制杨皇后对朝政干预的一种委婉举措,以充分保证"共治"理想的实现。此后不久,傅伯成再次"乞催修《后范》",显露出他对此事的关切。真德秀在《跋傅侍郎奏议后》一文中称赞傅伯成:"观其欲修《后范》以正化本,斥阉尹以遏奸萌,合异同以销朋党,辞气和平,直而不激,蔼然有献简之风。"②傅伯成要求修撰《后范》的建议在真德秀看来乃是端正朝廷治化本源的重要手段,而所谓治化本源则当即是确立君臣"共治"的政治模式。

杨皇后身处深宫,若要顺利干预朝政,单纯依靠身边的宦官自然是不够的,他还需要在外朝大臣中寻找到可以依托之人。参与诛韩政变之人虽然众多,但其核心不过是杨皇后、杨次山、史弥远等数人,正是后两者在外朝的积极活动方使得杨皇后能够集聚起足够的力量一举打垮韩侂胄。因此,在开禧、嘉定之际,杨皇后若要干政,杨次山、史弥远二人无疑是她最有可能依靠之人。杨次山为杨皇后之兄,属外戚,又为武臣,其身份与韩侂胄过于相似,可能正是这种身份上的敏感性,使得杨次山参与诛韩后,刻意避让权势,以免给人以干政之嫌。杨次山之子杨石,在理宗时朝廷曾有意除授其为太师,但他力辞不授,他对其弟杨谷称:"吾家非有元勋盛德,徒以恭圣故致贵显,曩吾父不居是官,吾兄弟今偃然受之,是将自速颠覆耳。"③显然,杨次山

① 《后村先生大全集》卷一六七《龙学竹隐傅公行状》。
② 《西山文集》卷三四《跋傅侍郎奏议后》。
③ 《宋史》卷四六五《杨石传》,第13595页。

也曾坚决推拒朝廷授予的太师之衔。直至嘉定十二年杨次山去世后,朝廷方追赠其为太师。① 联系到韩侂胄曾经以太师的身份把持朝政,可以想见杨次山这是在刻意避免给人以韩侂胄再出的印象。真德秀就称赞他:"老成静重,公论素所推予,身为外属,而避远权势,不居京师,治家教子,风声凛然,诚近世戚畹之所未有。"②《宋史》也说:"次山能避权势,不预国事,时论贤之。"③但纵然如此,真德秀等人还是对他存有防范之心。刘克庄在为真德秀所撰之行状中载:

> 除起居舍人。戚畹封王爵,公适当制,庙堂谕意,令及去凶之事。公不从,而以"建储为中宫功,故均庆后族",且有"亶为异渥,夐掩前闻"之语。既告廷,复草奏曰:"汉世贤戚无出樊宏、阴兴右者,宏之言曰:'富贵盈溢,未有能终。'兴亦曰:'富贵有极,人当知止。'二人之言,外族所当监也。"许侍郎奕时兼琐闼,遂援"夐掩前闻"一语,以为词臣之笔如此,是本朝前此所无也。许公竟以此去。戚畹以公名重,屡对客愿一识面,公正色拒之。④

所谓"戚畹封王爵"是指嘉定初杨次山封永阳郡王事。⑤"去凶之事"则是指推翻韩侂胄。可知朝廷在加封杨次山时,本有意宣扬他在诛韩政变中的功绩,但遭到了起居舍人真德秀和给事中许奕抵制,他们只同意用"均庆后族"这样的普通名目来草拟制词。真德秀为此还专门上奏,引用汉代以贤良著称的外戚樊宏、阴兴之典故来告诫外戚应知适可而止的道理,这明显是意在抑制作为外戚的杨次山。真德秀大概联想到了当年韩侂胄就是凭借在绍熙内禅中立下的定策之功,奠定了长期专权的基础,殷鉴不远,他不愿看到杨次山再次利用诛韩的功绩而干预朝政。

---

① 《宋史》卷四六五《杨次山传》,第 13596 页。
② 《西山文集》卷一九《奏札子》。
③ 《宋史》卷四六五《杨次山传》,第 13596 页。
④ 《后村先生大全集》卷一六八《西山真文忠公行状》,第七册,第 4267—4268 页。
⑤ 《宋史》卷四六五《杨次山传》,第 13596 页。

由此可见，杨次山虽与杨皇后份属兄妹，关系密切，但他并不是杨皇后能够在外朝所依托之人。杨石曾对其弟言道："恭圣抑远族属，意虑深远，言犹在耳，何可遽忘?"①恭圣即是杨皇后，她曾有意地抑制疏远杨氏亲属，避免让他们过多地获得权势。杨次山能够主动"避远权势"，应该也是杨皇后意志的体现。相较于杨次山，史弥远无疑是更为理想的人选，他为进士出身，且为宰相史浩之子，家世显赫，又是景献太子之师傅，在诛韩政变中已成为杨皇后的亲信。选择支持他来主导朝政，对于杨皇后来说无疑是合乎情理的。这也就导致了史弥远在当时遭到钱象祖等外朝大臣的激烈抵制。刘克庄在傅伯成行状中就载：

> 公之未为谏官也，尝言："方史公谋韩，若事不遂，其家先破，韩诛而史代之，势也。诸公要相叶和，共济国事，若立党相挤，必有胜负，非国之福。"又劝钱丞相象祖："安危大事，当以死争，小小差除，何必乖异。"②

从这里可以看到，一方面傅伯成已经认识到了史弥远在韩侂胄死后代之而起具有必然性；另一方面则可见当时钱象祖等人对史弥远的抵制非常激烈。嘉定元年十月，钱象祖升任左丞相，史弥远则拜右相，但十一月，史弥远因母丧去位。其后围绕史弥远的夺情起复问题，朝中又掀起了一番争论，不少官员希望借此将史弥远排挤出朝廷。《宋史·王介传》载：

> 侂胄诛，朝廷更化，介召还……除国子祭酒。会以不雨，诏百官指陈阙失，时宰相史弥远以母丧起复，介手疏历论时政……又言："汉法天地降灾，策免丞相，乞令弥远终丧，择公正无私者置左右，王、吕、蔡、秦之覆辙，可以为戒。"③

---

① 《宋史》卷四六五《杨石传》，第 13597 页。
② 《后村先生大全集》卷一六七《龙学竹隐傅公行状》，第七册，第 4275 页。
③ 《宋史》卷四〇〇《王介传》，第 12154 页。

在王介看来,史弥远并非"公正无私"之人,若任其继续担任宰相,势必会成为与蔡京、秦桧类似之权相、奸臣。远在四川的宣抚使安丙也致书史弥远劝其继续丁忧,《宋史·安丙传》载:

> 右丞相史弥远起复,丙移书曰:"昔仁宗起复富郑公、文潞公,孝宗起复蒋丞相,皆力辞,名教所系,人言可畏,望阁下速辞成命,以息议者之口。"论者韪之。①

安丙身在四川,与史弥远此前并无矛盾,他也千里迢迢致书史弥远反对其起复,显然不是出于个人矛盾,而应视作是安丙洞悉了朝廷上的动向后加以附和的结果。

虞云国在论及开禧、嘉定之际的政治斗争时,曾指出史弥远之所以能够在政争中获胜,主要得益于他紧紧抓住了两个人,一是杨皇后,一是景献太子。② 杨皇后与景献太子本为一体,故而更简单地说,史弥远得以上台,关键就在于获得了杨皇后的支持。这种支持的获得,从根本上说乃是双方相互合作的结果,史弥远固然需要杨皇后的支持来巩固其在外朝的地位,但与此同时,杨皇后也需要史弥远来作为其在外朝的代理人。

如果对韩侂胄死后的朝野舆论稍加注意,会注意到一个特别的现象,就是当时的朝中官员非常担心内廷近习与外朝大臣勾结。王炎在给赵彦逾的书信中称:

> 夫权者,人君所独执,固非大臣之所可擅,尤非人所可窃而弄也。霍氏之灭,汉宣尝收此权执之矣,其窃而弄之者,汉宣不能尽察,大臣微附贵要是也。太平之诛,唐明皇尝收此权执之矣,其窃而弄之者,明皇不能尽禁,朝士交通近习是也。③

① 《宋史》卷四〇二《安丙传》,第12191页。
② 《宋光宗宋宁宗》,第304页。
③ 《重刻双溪文集》卷一一《上赵大资书》,第63册,第169页。

真德秀在《馆职策》中,指出宁宗不仅当"戒近习",还应"畏小人",他说道:

> 近习之亲昵,固人主所当戒,而小人之窥伺,尤人主所当忧。盖近
> 习之与小人,实相唇齿,以济其私者也。方柄臣得志之始,权任尚轻,机
> 械尚浅,未至荡然亡所制也,惟夫外庭小人,志在附丽,于是煽其欲炽之
> 焰,导其方决之流,而柄臣之　,始滔天燎原而不可遏。①

在前文中已分析指出,无论是王炎还是真德秀的言论,虽直接的批评对象在
近习干政,但其最终矛头无不间接地指向杨皇后,因此这些言论表面上看来
似乎都是在对韩侂胄专权的教训进行总结,但其实质内涵乃是在指责杨皇
后与史弥远等外朝大臣相互联合以把持朝政。换句话说,深处内廷的杨皇
后与身在外朝的史弥远的联合,成为韩侂胄死后阻碍钱象祖等士大夫追求
君臣"共治"理想的最主要因素。

第三节　太子参决与史弥远上台

端平(1234—1236)初,吴泳在进呈理宗的奏疏中回顾了嘉定更化失败
的经过,称:

> 虽远相是时未至以贿闻,而牢笼宫府,参用邪私,意已不能掩……
> 卫泾、钱象祖去而君子之势孤,倪思黜而小人之脉盛。逮至三凶、四木
> 之谣,一二年以后,国论遂变矣。②

"远相"即史弥远。吴泳认为史弥远得以专权的主要手段为"牢笼宫府"和

---

① 《西山文集》卷三二《馆职策》。
② 《鹤林集》卷一七《论元祐建中嘉定及今日更化疏》,《宋集珍本丛刊》,第 74 册,第 439 页。

"参用邪私",后者当是指他在朝廷的核心部门安插亲信私人。至于前者中所说之"宫"是指禁宫,表明史弥远在当时获得了来自内廷的助力,结合前文的分析可知就是指杨皇后的支持。而站在史弥远对立面,极力阻止史弥远专权的便是以钱象祖、卫泾、倪思为代表的"君子"势力。前两者为宰执大臣,倪思则为兵部尚书兼侍读,①三人关系密切。卫泾在嘉定初声望颇高,钱象祖称"卫清叔一世人望"。后来史弥远将卫泾赶出朝廷时,也因卫泾有"宿望"而"不敢贬置"。② 钱象祖也与史弥远针锋相对,以致于傅伯成曾劝他"安危大事,以死争之;差除小者,何必乖异?"③至于倪思,在韩侂胄死后获召回朝,他与卫泾、钱象祖的政治立场接近,卫泾由礼部尚书迁任御史中丞时,曾推荐倪思以自代。④ 其时,史弥远拟除两从官,身为宰相的钱象祖却不知情,导致钱象祖"数请去"。⑤ 倪思为此上书弹劾史弥远。⑥ 那么,当时钱象祖、卫泾、倪思等人采取了怎样的具体措施来阻止史弥远专权呢?

钱象祖等人所采取的措施主要有两条:一是乞请宁宗赋予皇太子参决政事的权力,由皇太子与宰执大臣组成资善堂会议,共同处理朝廷庶务;二是令宰执大臣共同兼任东宫官属。这两条措施都得到了宁宗的允准,嘉定元年闰四月,宁宗下诏命皇太子:"自今再遇视事,可令皇太子侍立,宰执赴资善堂会议。"次日,又任命"右丞相兼枢密使钱象祖兼太子少傅,参知政事卫泾、雷孝友、签书枢密院事林大中并兼太子宾客"。⑦ 名义上这些诏命的颁布出自宁宗独断,但其背后应是钱象祖等人积极争取的结果。

前文中曾多次提及王炎在韩侂胄死后不久鉴于近习、女冠干政而给钱象祖、卫泾所写的书信,在信中他针对近习干政所提出了自己的解决办法,他称:

---

① 《宋史》卷三九八《倪思传》,第 12115 页。

② 《四朝闻见录》甲集《卫魁廷尉》,第 9 页。

③ 《宋史》卷四一五《傅伯成传》,第 12443 页。

④ 卫泾:《后乐集》卷一一《除御史中丞举倪思充自代状》,文渊阁四库全书本,台北:商务印书馆,1983 年,第 1169 册,第 620 页下。

⑤ 《鹤山全集》卷八五《倪公墓志铭》。

⑥ 《宋史》卷三九八《倪思传》,第 12116 页。

⑦ 《宋史全文》卷三○,第 2072 页。

　　天禧中,皇太子师傅,宰臣为之,宾客,执政为之,詹事以下,从臣为之。因议事于资善堂,小事则议定而行,大事则禀命,盖与至道异矣。旧章具在,今日可举而行之否乎? 酌今日之所宜,按旧章之已然,理正而事顺,可以行之不疑。①

王炎劝说钱象祖等人仿照真宗天禧成例,令宰执并兼东宫官,与太子组成资善堂会议,共同处理朝廷庶务。随后在给赵彦逾的信中,他再次重申了这一主张。②

　　倪思则在还朝后的第一次进对中,就乞请宁宗"用淳熙例,令太子开议事堂,闲习机政"。③ 所谓"淳熙例"即是指孝宗曾令时为皇太子的光宗参决机务,并赴议事堂与宰执议事的先例。④

　　在《缴进御笔札子》中,卫泾叙述了其时宁宗与宰执大臣商讨令太子参决一事的情形,称:

　　　　臣等密上奏事间,恭奉玉音:"皇太子参决事,朕有此意甚久。昨日赵彦逾经筵求去,奏及此。此事断自朕意,不欲因人言批出,卿等可商量教稳当,欲待批出。"臣等仰见陛下圣明独断,为宗社大计,不縶臣下奏请,不胜庆抃。臣象祖奏:"陛下欲得皇太子习知朝廷政事,此宗社大计,非臣下所敢奏陈,出自英断,尤见陛下圣明。"臣弥远奏:"此事当出自陛下宸断。臣泾奏:陛下适所宣谕,诚出独断。"⑤

可知,赵彦逾此前也曾利用在经筵的机会请求宁宗令太子参决朝政。这里宁宗自称此事"断自朕意",但既然之前王炎、倪思、赵彦逾等人皆有类似言论,宁宗之言也只可视作是在形式上由其主动提出,而非被动接受大臣建

---

① 《重刻双溪文集》卷一一《上执政书(钱参政、卫参政)》,第63册,第168页。
② 《重刻双溪文集》卷一一《上赵大资书》,第63册,第169页。
③ 《宋史》卷三九八《倪思传》,第12115页。
④ 《朝野杂记》甲集卷一《光宗诞圣》,第28—29页。
⑤ 卫泾:《后乐集》卷一二《缴进御笔札子》。

议。倪思在当时与钱象祖、卫泾属同一阵线,王炎又曾分别向钱象祖、卫泾、赵彦逾进言,因此,太子参决也应代表了他们的共同要求。

小林晃对钱象祖等人要求太子参决、设置资善堂会议等事进行了分析,他认为其主要目的就在于打压侧近武臣,防止朝中再度出现韩侂胄那般的近习专权。他指出,赋予皇太子参决政事的权力,可以使相当程度的决策权从宁宗转移到太子手中,而太子无法独自处理政务,需要与宰执大臣协商,如此便强化了宰执大臣的决策权力。通过设立资善堂会议,宰执恢复了政治上的主导权,孝宗朝以来的皇帝"独断"政治落幕,最终促成了史弥远的上台。① 这一观点有其合理性的一面,决策权从宁宗手中的转移,自然可以有效抑制左右近习的干政。宰执参与资善堂会议,也确实可以起到强化中书权力的作用。但需要注意的是,杨皇后对于朝政的干预主要就是借助于对宁宗的影响,因此宁宗手中决策权的外移,同样会起到抑制杨皇后插手朝政的作用。另外,史弥远在此事上的立场究竟如何呢? 既然小林晃认为史弥远成为了设置资善堂会议的最终受益者,那么史弥远必然也是这一主张的积极支持者。他根据前引卫泾《缴进御笔札子》中记载的史弥远的言论,认为其与钱象祖等人是完全采取同一立场的。为了更进一步坐实其论断,他还刻意强调史弥远与赵彦逾的关系,认为两人为同乡,故而赵彦逾的奏请本就与史弥远有关。② 事实是否如此呢? 这可以从积极支持太子参决的倪思的言论中得到解答。《宋史·倪思传》载:

> 侂胄殛,复召,首对,乞用淳熙例,令太子开议事堂,闲习机政……
> 除权兵部尚书兼侍读。求对,言:"大权方归,所当防微,一有干预端倪,
> 必且仍蹈覆辙。厥今有更化之名,无更化之实。今侂胄既诛,而国人之
> 言犹有未靖者,盖以枢臣犹兼宫宾,不时宣召,宰执当同班同对,枢臣亦

---

① 小林晃:《南宋宁宗时期史弥远政权的成立及其意义》,邓小南等主编:《宋史研究论文集 (2012)》,第133—136页。
② 小林晃:《南宋宁宗时期史弥远政权的成立及其意义》,邓小南等主编:《宋史研究论文集 (2012)》,第134—135页。

当远权,以息外议。"枢臣,谓史弥远也……徙礼部尚书。弥远拟除两从官,参政钱象祖不与闻。思言:"奏拟除目,宰执当同进,比专听侂胄,权有所偏,覆辙可鉴。"既而史弥远上章自辨,思求去,上留之。思乞对,言:"前日论枢臣独班,恐蹈往辙,宗社堪再坏耶?宜亲擢台谏,以革权臣之弊,并任宰辅,以鉴专擅之失。"弥远怀恚,思请去益力,以宝谟阁直学士知镇江府,移福州。①

小林晃认为倪思口中的"权臣"就是指如同韩侂胄之类的侧近武臣,故而才将倪思建议太子参决的目的定性为是对侧近武臣掌权的防范。但从上引材料中可以明显看到,倪思自还朝至离开朝廷,基本上都是在与史弥远作斗争,而且屡屡将史弥远与韩侂胄相提并论。表明倪思口中的"权臣"并不能狭隘地理解为侧近武臣,而只应该在一般性的意义上理解为专权之大臣。这种权臣固然可以是所谓侧近武臣,但也可以是外朝大臣。在当时倪思的心目中,这个很可能在韩侂胄之后出现的"权臣",就是史弥远。

倪思道出了当时史弥远在身份上的两个优势,即"以枢臣犹兼宫宾",从而获得了"不时宣召"的机会。所谓"枢臣"是指当时史弥远正担任着知枢密院事之职,独自掌管枢密院,史弥远很可能因此获得了独班奏事的便利。另外,史弥远自开禧二年开始担任资善堂直讲,开禧三年任翊善,开禧三年十一月太子立后,兼太子詹事,十二月二十四日,升任同知枢密院事的同时,又改兼太子宾客。② 可知史弥远是嘉定四年闰四月宁宗令宰执并兼东宫官之前,唯一一位始终担任太子师傅的执政。借助于这个为其他宰执所不具有的独特身份,史弥远获得了与太子频繁往来的机会,他可以通过太子与内朝相联系,进而凌驾于其他宰执之上。在倪思看来,这些情形都与当年的韩侂胄专权存在类似之处,故而担心照此以往,朝廷大权会再度落入史弥远一人之手。

① 《宋史》卷三九八《倪思传》,第12115—12116页。
② 《宋史》卷四一四《史弥远传》,第12415—12417页。

针对这种情况,倪思提出的解决办法是认为,宁宗"宜亲擢台谏,以革权臣之弊;并任宰辅,以鉴专擅之失"。即一方面由宁宗亲自擢用台谏,如此就可避免台谏官成为大臣党羽。另一方面则要求宁宗并任宰辅,就是说他应该信任倚重的并不是某一位宰执,而应是整个中书,如此就可以有效避免权臣的出现。这两条对策所反映出的正是倪思对"共治"政治模式的追求。所谓"共治",不仅仅是皇帝与士大夫的"共治",还包括士大夫群体内部的"共治"。具体到中书,则意味着宰相与执政的协同,决不容许某一位宰执完全凌驾于其他宰执之上把持权柄。倪思对太子参决,设置资善堂会议的支持,其思想与这两条举措是基本一致的。

在《缴进御笔札子》中,钱象祖等人向宁宗陈述了令太子与宰执共同处理朝政的好处,他们认为:

> 臣象祖等惟朝殿奏事得侍清光,退后凡有事件,多是缴入,非时无缘可得通达内外之意,所以向来韩侂胄因此得以窃弄威福,稔成奸恶,几危国家。今得皇太子会议,臣等奏事既退,或陛下有所宣谕,或臣等有敷陈未尽之意,皇太子于侍膳问安之际,皆可以从容奏禀,内外不至扞格不通,且更不容外间别有人出入禁闼,干预朝政,岂非宗社大幸。①

钱象祖等人认为韩侂胄之所以能够把持朝政,主要原因就在于他有独自觐见宁宗的机会,而一般的宰执大臣只能在固定时间觐见,这就给韩侂胄借助对宁宗的影响窃弄权柄创造了条件。据上面倪思的言论,史弥远当时已然获得了与韩侂胄类似的便利,因此这里所说的"更不容外间别有人出入禁闼",并不是泛指皇帝身边的近习,而主要就是指史弥远。朝政庶务既改由资善堂会议处理,就使得史弥远一定程度上失去了独自觐见宁宗的机会。原本宰执大臣中只有史弥远一人兼任太子宾客,现如今所有宰执大臣皆兼

---

① 《后乐集》卷一二《缴进御笔札子》。

任师傅、宾客,这样太子就从为史弥远私人所掌控转为由宰执大臣共同掌握。两方面结合,就会对史弥远专权形成有力限制。小林晃认为设置资善堂会议会强化中书权力是正确的,但其所强化的是作为整体的宰执的权力,所实现的是一种集体领导,而对个别执政的权力却是一种限制。因此,史弥远之认可太子参决,接受资善堂会议,可能并不十分情愿。只是宁宗既然已表明态度,钱象祖、卫泾又积极附和,史弥远自不便再公开反对,卫泾在《缴进御笔札子》中所记载的史弥远之言论并不能代表他的真实想法。而仅根据赵彦逾与史弥远的同乡关系便认定两人在政治上同一立场,也似过于草率。上引材料中提到倪思曾向宁宗进言不可令史弥远独班奏事,宁宗听后称:“前日赵彦逾亦如卿说。”①看来,赵彦逾也针对史弥远独班奏事的问题向宁宗表达了反对意见。可知,赵、史两人应该并不能视作同党,赵彦逾关于太子参决的意见不能用来证明史弥远的态度。

太子参决政事和设置资善堂会议令朝廷的决策权力外移,这在限制宁宗独断的同时,也可以限制杨皇后通过宁宗对朝政的干预。太子获得了参决朝政之权,表面上看地位上升,但他必须与宰执大臣共同处理政务,这就使得他会在一定程度上落入宰执大臣的控制之下。更重要的是,这一制度上的变革在一定程度上会限制史弥远与内廷的联系,阻止其借助于内廷和太子的力量而独揽权柄。这三点应该就是钱象祖等人当时积极要求太子参决的最主要目的所在。

然而,太子参决政事这一制度本身并不能保证宰执对太子的绝对控制,它只是为钱象祖、卫泾等人争取太子提供了机会,诚如小林晃所说,钱象祖等人希望太子能够充当宰执全体的代言人,②但这一点能否实现还须看太子本人的态度。钱、卫等人恰恰在此方面低估了史弥远的影响。经过诛韩之役,杨皇后、史弥远与太子实已结成了牢固的政治同盟,这种基于师生之谊与现实利益的双重关系不是与太子无甚渊源的钱象祖、卫泾等人所能够

---

① 《鹤山全集》卷八五《倪公墓志铭》。
② 小林晃:《南宋宁宗时期史弥远政权的成立及其意义》,邓小南等主编:《宋史研究论文集(2012)》,第135页。

轻易动摇的。太子很快就将卫泾等人意欲罢黜史弥远的密谋告知了自己的这位老师。① 两个月后,嘉定元年六月乙亥,卫泾遭罢免。同月甲申,另一执政林大中去世。中枢政局发生变动,六月辛卯,史弥远兼参知政事。八月辛巳,礼部尚书娄机同知枢密院事,吏部尚书楼钥签书枢密院事。② 十月丙子,钱象祖出任左丞相,史弥远任右丞相,雷孝友知枢密院事仍兼参知政事,娄机则升任参知政事,楼钥为同知枢密院事。③

娄机与太子渊源颇深,嘉泰元年太子入资善堂读书之初,娄机就获选为学官,兼资善堂小学教授,前后达四年之久,后因除监察御史而离任,据说当时"太子恋恋几不忍舍,(娄)机亦为之感涕"。④ 韩侂胄死后,嘉定元年正月,娄机入朝,兼任太子詹事,八月出任同知枢密院事后,又兼任太子宾客。⑤ 或许正是由于太子的关系,娄机在政治上与史弥远处于同一阵线。倪思墓志铭中载:"史弥远在枢庭,将以兄弥宁为春坊,公持不可,娄机代公为给事,卒予之。"⑥倪思为阻止史弥远专权,希望限制他与太子的密切关系,对史弥远任命自己的兄长史弥宁为东宫属官坚决反对,然而此一任命却为继任给事中的娄机所赞同,凸显出娄机与史弥远的关系。至于楼钥,他与史弥远皆为明州鄞县人,且与包括史浩在内的史氏家族成员多有往来。⑦楼钥与娄机关系也非常好,娄机死后,神道碑即为楼钥所撰。在神道碑中,楼钥叙述了两人在嘉定初年的交往情况,称"既老复来,公亦赐环而归。会当集议,倾盖于政事堂,一见如平生。同入两地,协心无间"。⑧ 表明两人在政治上没有明显冲突。雷孝友在史弥远掌权期间担任执政长达八年之久,一般认为他也属史氏一党。⑨ 这样,至迟到嘉定元年十月,除了钱象祖还占

① 《四朝闻见录》甲集《卫魁廷尉》,第 9 页。
② 《宋史》卷三九《宁宗本纪》,第 750—751 页。
③ 《宋史》卷三九《宁宗本纪》,第 751 页。
④ 《宋史》卷四一〇《娄机传》,第 12336 页。
⑤ 《楼钥集》卷一〇三《资政殿大学士致仕赠特进娄公神道碑》,第 1786 页。
⑥ 《鹤山全集》卷八五《倪公墓志铭》。
⑦ 庞桧存:《楼钥研究》,河北大学历史学硕士学位论文,2012 年,第 88—89 页。
⑧ 《楼钥集》卷一〇三《资政殿大学士致仕赠特进娄公神道碑》,第 1793 页。
⑨ 《宋光宗宋宁宗》,第 277 页。

据左丞相的位置外,其他执政在政治立场上皆倾向于史弥远,故钱象祖所能发挥的作用就相当有限了,他之"累章求退"应该就在此时。① 尽管史弥远已于嘉定元年十一月"以母忧去位",但十二月一日,钱象祖依旧罢相,除观文殿大学士、判福州。② 此后,史弥远因丁母忧离任,朝廷上曾有人企图借机排挤史弥远,但由于中书已为史弥远掌控,而且获得了太子的支持,史弥远离任不久,"太子请赐第行在,令就第持服,以便咨访"。③ 站在太子背后的则是杨皇后,太子关于起复史弥远的请求,也应反映了杨皇后的意愿。因此,反对史弥远的势力已难成气候,嘉定二年五月,史弥远起复,重新回到相位,④开启了他漫长的执政生涯。

论者通常将史弥远的执政视作是典型的宰相专权,这并无大错,但是也不能过分高估史弥远个人对权力的掌控,他之所以能够长期稳定地执政权柄,还得益于另外两个支柱,即杨皇后和景献太子。可以说,至少在史弥远当政的嘉定年间,朝廷的核心政治结构,乃是由杨皇后、景献太子和史弥远三人所共同组成,杨皇后主持于内,史弥远把持于外,景献太子则构成了两人之间有效的联系渠道。三人的这种关系可以从两件小事中凸显出来。《宋史·王介传》载:

> (王介)迁宗正少卿兼权中书舍人,缴驳不避权贵。张允济以阁职为州铃,介谓此小事而用权臣例,破祖宗制,不可不封还词头。丞相语介曰:"此中宫意。"介曰:"宰相而逢宫禁意向,给舍而奉宰相风旨,朝廷纪纲扫地矣。"居数日,除起居舍人。介奏:"宰相以私请不行,而托威福于宫禁,权且下移,谁敢以忠告陛下者。"⑤

这里的宰相就是史弥远,他之所以同意张允济的升迁,完全是因为此为中宫

① 《宋会要辑稿》职官七八之六二,第 4206 页。
② 《宋史》卷三九《宁宗本纪》,第 751 页。
③ 《宋史》卷四一四《史弥远传》,第 12415—12417 页。
④ 《宋史》卷三九《宁宗本纪》,第 752 页。
⑤ 《宋史》卷四〇〇《王介传》,第 12154—12155 页。

杨皇后的旨意。王介在批评中称这一举动是"宰相而逢宫禁意向"。在随后的奏疏中,王介又向宁宗指责史弥远"以私请不行,而托威福于宫禁"。这两条言论,前者是杨皇后借助于史弥远来除授自己属意之人,后者则是史弥远借助于杨皇后来实现自己的私人目的。杨皇后与史弥远相互联合的关系在这里表露无遗。

杨皇后本为高宗吴皇后宫中之"则剧孩儿",后被吴后赐予宁宗,最终成为母仪天下的皇后,她对吴后的恩情感念至深,以至于对吴氏一族始终另眼相看。《四朝闻见录》载:

> 慈明所以报宪圣者,既无不至,阁子内揭帖图则吴氏之宗枝也,居则指姓名以问左右曰:"这个有差遣也未?"每遣景献谕时相,凡除授必先吴氏而后其家。①

"慈明"即杨皇后,她为报吴后恩情,对吴氏一族关怀备至,时常为吴氏子弟安排差遣职务,而她处理此事的方式乃是"每遣景献谕时相","时相"即是史弥远。这一方面表明,前面王介所批评的杨皇后通过史弥远除授张允济之事,绝不是孤立的,杨皇后应该是时常做类似之事。另一方面,则可以看到,在杨皇后与史弥远之间起沟通联络作用的正是景献太子。

前面章节的分析中已经知道,韩侂胄的专权始终处于不稳定状态,主要原因就在于他无法获得来自于内廷的完全支持。他虽然能够得到宁宗的信任,但围绕在宁宗身边的宦官内侍却与他矛盾重重。韩皇后去世后,杨皇后在宫中地位的上升,更使得韩侂胄对内廷的控制愈发削弱。为此,他有意转变身份,由原先凭借外戚身份的专权,逐步向宰相专权转变,以寻求制度上的依托。但他的出身决定了这种转变是困难的,他需要冒险北伐来建立功勋,以巩固自己的地位。不过,最终还是在杨皇后与外朝大臣的联合中被打垮,落得个身首异处的下场。史弥远却成功地解决了韩侂胄所不能解决的

---

① 《四朝闻见录》丙集《慈明》,第110页。

两个难题:他进士出身,家世显赫,以宰相之尊专断朝政,较之韩侂胄无疑更为名正言顺。另外,他得到了杨皇后、景献太子的鼎力支持,不会受到来自宁宗身边宦官、近习等势力的掣肘。史弥远的专权能够稳如磐石且长期延续,与来自皇后、太子的支持是分不开的。

结　　论

从韩侂胄死后的朝野舆论中可以看到,以宰相钱象祖为代表的相当一批士大夫希望朝廷能够确立起一套君臣"共治"的理想政治模式,他们正是围绕着这一最终目标展开了对韩侂胄的批判。然而,当时的政治现实却是,经过了诛韩政变,杨皇后、景献太子、史弥远三人业已形成了一股意图把持朝政的有力政治势力,他们成为钱象祖等人实现君臣"共治"的最主要障碍。为此,钱象祖等人一方面借着对韩侂胄的批判,或直接或间接地将批评的矛头指向杨皇后与史弥远。另一方面则说服宁宗赋予太子参决政事的权力,设置资善堂会议,同时令宰执大臣共同兼任东宫官,希望通过这些举措来强化中枢权力,维系宰执大臣对朝政的集体领导。但景献太子对史弥远的青睐最终令他们功亏一篑。卫泾、钱象祖、倪思等人先后被罢黜,朝政大权逐渐落入史弥远手中。在杨皇后与景献太子的支持与配合下,史弥远的专权得以成立。史弥远的专权更为准确地说,并不是单纯的宰相专政,而是由杨皇后、景献太子、史弥远三人的联合专权,其中由杨皇后主持于内,史弥远把持于外,景献太子则负担起了沟通内外的重任。正是三人相互配合形成的稳定架构,保证了史弥远专权的长期稳固和延续。若将韩侂胄与史弥远的专权进行比较,与其将两者视作完全不同形态之政权,倒不如认为后者是在克服了韩侂胄所始终不能克服的困难的基础上建立的更为完善的专权。

结 论

自绍熙五年(1194)七月宁宗即位,至开禧三年(1207)韩侂胄被杀,这十四年的时间构成了宁宗朝的前期。在此期间,韩侂胄因得宁宗信赖而成为朝政的主导者,故而这一阶段也被视作韩侂胄专权时期。这十四年虽然并不算长,却经历了一系列颇为复杂的政治演变,从名为禅让实为政变的绍熙内禅,到持续七年的庆元党禁,再到轰轰烈烈地开禧北伐,最终以另外一场政变终结了韩侂胄的专权,也为宁宗朝前期政治画上了句号。每一次政局变动的背后都涉及了不同政治势力间的互动,有皇权与外朝士大夫之间的矛盾,有道学与反道学之间的冲突,有韩侂胄与杨皇后之间的斗争,甚至包括南宋与金朝之间的纠葛。本书对这些矛盾冲突进行了仔细的分析梳理,进而对宁宗朝前期的政治演变作出了新的解释。具体的观点在论文的各个章节已作了总结,不拟重复,下面只就宁宗朝前期政治所呈现出来的总体特征提出几点观察,以结束全文。

一

北宋覆灭后,北方大片领土为新建立的金国所据,一方面给南宋带来了较之北宋更为严峻的外部威胁;另一方面也给南宋君臣留下了收复河山的历史任务。因此,对金是和是战,在南宋成为一个经久不歇的话题。蔡戡在奏疏中称:"国之大事,和与战而已",[①]正是这一状况的写照。现代的研究者也

---

① 蔡戡:《定斋集》卷二《论和战疏》,文渊阁四库全书本,台北:商务印书馆,1983年,第1157册,第585页。

多持有与蔡戡类似的看法。如张邦炜称："北宋统治集团总是围绕着如何变法图强而争执乃至打斗不休……南宋统治集团总是围绕着和、战、守而展开争论乃至厮杀。"①张其凡、李华瑞在对南宋政治史进行分期时，也都是以宋与金、蒙古的关系演变为标准。② 诚然，和战确实对南宋的政治发展产生了很深刻的影响，但这是不是就意味着一部南宋史就是一部对外和战的历史呢？是不是意味着围绕和战产生的冲突构成了南宋政治演变的主要推动力呢？寺地遵曾对中日学者将南宋政治史刻画成一部民族兴亡史的做法提出过批评，认为应当转换视角，从南宋权力内部的矛盾发展过程来重新建构南宋的政治史。③ 结合本书对宁宗朝前期政治的研究，可以看到和战问题虽然也时常出现在士大夫的言论中，但当时的政治演变并未完全围绕和战问题展开，朝廷上不存在以主和、主战为界限的阵营。贯穿于宁宗前期十四年政治发展的主要矛盾冲突，先是围绕在宁宗周围的一批政治势力与赵汝愚为代表的革新势力间的对抗，随着杨皇后入宫后地位的节节攀升，特别是其被册立为皇后之后，主要的矛盾则演变为分别以杨皇后、韩侂胄两人为中心的政治势力间的对立。开禧北伐的发动，不是出于士大夫自南宋建立以来对于恢复的理想追求，而是韩侂胄为巩固自身权位而迫不得已的举动。杨皇后、史弥远等人联合发动政变以推翻韩侂胄，亦是韩、杨矛盾难以调和的结果，更多的属于权力之争，与主和、主战基本无涉。很显然，南宋内部的政治冲突构成了这一阶段政治演变的主要动力，北伐仅仅是内部政治的外在延伸，其开始与结束，都与内部政局的变化息息相关。因此，在分析南宋政治时，重视对外和战对内政的影响的同时，也需要对其时政治演变的内在逻辑给以充分关注。

二

党争无疑是宁宗朝前期政治中最为突出的现象之一，庆元党禁即是这

① 张邦炜：《战时状态与南宋社会述略》，《西北师大学报（社会科学版）》2014年第1期。
② 张其凡：《试论宋代政治史的分期》，邓广铭、王云海等主编：《宋史研究论文集》，开封：河南大学出版社，1993年，第354—370页；李华瑞：《关于宋代政治史的分期问题》，《甘肃社会科学》1994年第2期。
③ 寺地遵：《南宋初期政治史研究》序章，第14页。

一党争的直接后果,但是宋代史书中呈现出来的党禁形象与事实存在着很大差距。党争并没有呈现出一种争锋相对,必欲将对方置之死地而后快的状况。韩侂胄主导下的朝廷对于这些反对派的惩处实际上并不十分严重,无论从遭受惩处官员士人的数量上,还是惩处的严厉程度上,都不能与元祐党禁相提并论。韩侂胄的主要目的仅仅只是将这些反对者排斥在政治中枢之外。当这些反对派离开朝廷后,一般而言,生活还是相对比较自由的,他们依旧可以聚徒讲学,相互间也可以较为正常地进行书信往来。即便是朱熹死后其门人弟子所组织举行的规模甚大的会葬活动,亦未受到朝廷过多的干涉与限制。这些都表明,党禁的严厉程度不应被过分高估。当然,党禁对于具体每个人的冲击会有所不同。① 而与此同时,反对派中相当一部分士人则有意收敛锋芒,韬光养晦,极力避免对当权者形成刺激。双方这种自我克制行为的出现与元祐党争的前车之鉴密不可分。南宋士人在对元祐党争这一惨痛历史教训的不断反思中,开始较多地接受调和性思想,避免过分强调“君子”“小人”之辨而导致的政治上严重对立,转而倾向兼容并蓄。对于韩侂胄等党争的胜利者来说,要不为已甚,以避免日后政治反覆带来的“报复之祸”;对于道学之士等反对派来说,则需要韬光养晦,避免授人以进一步打击之口实。除了直接参与党争的双方之外,其时的朝廷上还存在着一股被忽视了的调停势力。这一势力在党禁之初便已出现,并随着党禁的进行而不断发展,最终通过对韩侂胄的影响而有力促成了党禁的松弛。这些调停者主张当政者不应以党派用人,而应将具有不同政治立场者兼收并蓄于朝中,以缓和冲突,共同致力于朝政。

　　庆元年间看似激烈的党争背后,实则隐含着一股缓和党争的调和性政治思想。这股思潮的存在,一定程度上保证了其时的党争没有如北宋后期

---

　　① 黄宽重先生通过对孙应时及其他道学追随者的研究,指出“不同层级的士人官员面对政治冲击的承受力与应变力”是不同的,“硕儒宰执”因为“多拥有难以撼动的学术地位或家世背景,让执政阵营顾虑下手段过激反引发巨大反弹”,从而“受政治斗争的冲击较为和缓”。而那些中低层士人官员因为“缺乏丰裕的社会资源应付罢官的政治风险”,因此“所受冲击显得更为强烈”。(黄宽重:《孙应时的学宦生涯:道学追随者对南宋中期政局变动的因应》,第239—240页。)这种将党禁对官员士人所造成的冲击深入到不同类型、不同阶层中去具体分析,值得注意。

的新旧之争那般,朝着极端化的方向发展。至于这种思潮产生及其对于南宋整治的影响当是一个值得继续探求的问题。

三

力主调停的势力以及调和性思想的存在,都是宁宗朝前期政治演变过程中的重要内容,但在现存宋代史书的主流叙事中,却几乎隐没不见,是知这一时期的历史书写与历史真相存在着突出的相互背离现象。造成这种背离的原因:一是由于在韩侂胄之后主政的史弥远等人,对官方记录进行了修改;二则是由于韩侂胄发动党禁,令道学士人对其心存恶感,故而扭曲了对这一时期的记载。① 但这种观点容易给人造成一种印象,似乎所有关于韩侂胄的记载都是撰写者刻意篡改扭曲后的结果。这显然是不全面的。确实,如推翻韩侂胄的政变,本为权力之争,却被转换成了主和与主战的较量,无疑是有意识重新书写的产物。但诸如李心传所记载的学党名单被一步步误解为由朝廷正式颁布的所谓"伪学逆党籍",则似乎是一个无意造成的结果。不过,这又不能简单地理解为是纯粹误解所致,其背后尚有着更为深刻的因素,即必须注意到南宋士人在看待党争时所具有的固定认知模式。

宋代党争最为激烈的莫过于北宋晚期的新旧党争,对于南宋士人来说,这种无休止的党争,是造成北宋覆灭的重要原因。如被称为庆元六君子的杨宏中等人在奏疏中就称:"元祐以后,邪正交攻,卒成靖康之变。"②他们在认识这次党争时,并不仅仅将之理解为新党与旧党的斗争,而是将其定性为"君子"与"小人"的对抗。尽管随着北宋的覆灭,新、旧之争逐渐消解,但这种用"君子""小人"来理解党争的认知模式却被延续了下来。面对庆元党禁,当时以及后来的士大夫同样是用"君子""小人"的框架来加以理解,《庆元党禁》中所开列的学党名单与攻伪学名单即是典型例证。在这种二元模式中,无疑是没有调停势力存身之所的。这种认知模式奠定之后,后来的历

---

① 贾连港:《"韩侂胄事迹"的形成及流转》,《史学史研究》2014 年第 3 期。
② 《庆元党禁》,第 12 页。

史撰写者,很容易就会分别沿着"君子""小人"两条路径对历史进行层累叠加,使得"君子"越来越被美化,而"小人"则越来越被丑化。正如《论语》中所说:"纣之不善,不如是之甚也。是以君子恶居下流,天下之恶皆归焉。"①庆元党禁就其严厉程度而言,与北宋后期的新旧党争不可同日而语,但由于南宋士人在记录此事时,采用了同样的认知模式,且不断地将两者进行类比,就逐渐给人造成一种历史重演的印象,所谓"伪学逆党籍"便是在这种状况下一步步演变为不可动摇的"历史事实"。这种特定的认知模式在无形之中形塑了宋代史籍中对相关史事的记载,甚至今天的许多研究也始终未能摆脱这种成见的束缚,对这种史实与书写的背离,当成为南宋史研究中需要予以充分重视的问题之一。

---

① 杨伯峻译注:《论语译注·子张篇第十九》,第203页。

参 考 文 献

一、古籍

蔡幼学:《育德堂奏议》,北京:中华书局,1987 年。

曹彦约撰,尹波、余星初点校:《曹彦约集》,成都:四川大学出版社,2015 年。《昌谷集》,文渊阁四库全书本,台北:商务印书馆,1983 年,第 1167 册。

陈傅良撰,周梦江点校:《陈傅良先生文集》,杭州:浙江大学出版社,1999 年。

陈亮撰,邓广铭点校:《陈亮集》(增订本),北京:中华书局,1987 年。

崔铣:《士翼》,文渊阁四库全书,台北:商务印书馆,1983 年,第 714 册。

丁传靖:《宋人轶事汇编》,北京:中华书局,1981 年。

杜范:《杜清献公集》,《宋集珍本丛刊》,北京:线装书局,2004 年,第 78 册。

房玄龄等:《晋书》,北京:中华书局,1974 年。

傅增湘:《宋代蜀文辑存》,北京:北京图书馆出版社,2005 年。

华岳:《翠微北征录》,《宋集珍本丛刊》,北京:线装书局,2004 年,第 78 册。

华岳:《翠微南征录》,《宋集珍本丛刊》,北京:线装书局,2004 年,第 78 册。

黄榦:《勉斋先生黄文肃公文集》,《宋集珍本丛刊》,北京:线装书局,

2004 年。

黄淮、杨士奇等:《历代名臣奏议》,台北:台湾学生书局,1985 年。

黄以周辑注,顾吉辰点校:《续资治通鉴长编拾补》,北京:中华书局,
2004 年。

黄震撰,张伟、何忠礼点校:《黄震全集》,杭州:浙江大学出版社,
2013 年。

黄宗羲著,全祖望补修,陈金生、梁运华点校:《宋元学案》,北京:中华书
局,1982 年。

计大受:《史林测义》,续修四库全书,上海:上海古籍出版社,1996 年,
第 451 册。

黎靖德编,王星贤点校:《朱子语类》,北京:中华书局,1986 年。

李清馥撰,徐公喜、管正平、周明华点校:《闽中理学渊源考》,南京:凤凰
出版社,2011 年。

李廷忠:《橘山四六》,《宋集珍本丛刊》,北京:线装书局,2004 年,第
67 册。

李心传撰,朱军点校:《道命录》,上海:上海古籍出版社,2016 年。

李心传撰,徐规点校:《建炎以来朝野杂记》,北京:中华书局,2000 年。

刘克庄撰,王蓉贵、向以鲜校点,刁忠民审订:《后村先生大全集》,成都:
四川大学出版社,2008 年。

刘时举撰,王瑞来点校:《续宋中兴编年资治通鉴》,北京:中华书局,
2014 年。

刘宰:《漫塘文集》,《宋集珍本丛刊》,北京:线装书局,2004 年,第
72 册。

楼钥著,顾大朋点校:《楼钥集》,杭州:浙江古籍出版社,2010 年。

陆心源:《宋史翼》,北京:中华书局,1991 年。

罗大经著,王瑞来点校:《鹤林玉露》,北京:中华书局,1983 年。

马端临:《文献通考》,北京:中华书局,1986 年。

马光祖修,周应合纂:《景定建康志》,宋元方志丛刊,北京:中华书局,

1990 年,第二册。

彭龟年:《止堂集》,文渊阁四库全书本,台北:商务印书馆,1983 年,第 1155 册。

钱大昕撰,吕友仁点校:《潜研堂集》,上海:上海古籍出版社,1989 年。

樵川樵叟:《庆元党禁》,丛书集成初编本,北京:中华书局,1985 年。

脱脱等:《金史》,北京:中华书局,1975 年。

脱脱等:《宋史》,北京:中华书局,1977 年。

汪应辰:《文定集》,上海:学林出版社,2009 年。

王崇炳:《金华徵献略》,四库全书存目丛书,济南:齐鲁书社,1996 年,史部第 119 册。

王夫之:《读四书大全说》,北京:中华书局,1975 年。

王夫之撰,舒士彦点校:《宋论》,北京:中华书局,1964 年。

王懋竑:《宋朱子年谱》,《新编中国名人年谱集成》第七十辑,台北:商务印书馆,1982 年。

王炎:《重刻双溪文集》,《宋集珍本丛刊》,北京:线装书局,2004 年,第 63 册。

王应麟撰,翁元圻等注,栾保群、田青松、吕宗力校点:《困学纪闻》,上海:上海古籍出版社,2008 年。

卫泾:《后乐集》,文渊阁四库全书,台北:商务印书馆,1983 年,第 1169 册。

魏了翁:《重校鹤山先生大全集》,四部丛刊初编本,上海:上海书店,1989 年。

吴泳:《鹤林集》,《宋集珍本丛刊》,北京:线装书局,2004 年,第 74 册。

谢铎:《赤城论谏录》,四库全书存目丛书,济南:齐鲁书社,1995 年,史部第 69 册。

徐松:《宋会要辑稿》,北京:中华书局,1957 年。

徐自明撰,王瑞来校补:《宋宰辅编年录》,北京:中华书局,1986 年。

杨慎编,刘琳、王晓波点校:《全蜀艺文志》,北京:线装书局,2003 年。

杨万里撰,辛更儒笺校:《杨万里集笺校》,北京:中华书局,2007年。

叶绍翁撰,沈锡麟、冯惠民点校:《四朝闻见录》,北京:中华书局,1989年。

叶适撰,刘公纯、王孝鱼、李哲夫点校:《叶适集》,北京:中华书局,1961年。

佚名:《南宋馆阁续录》,武林掌故丛编本,台湾:京华书局,1967年。

佚名:《朝野遗记》,《全宋笔记》第七编第二册,郑州:大象出版社,2016年。

佚名:《京口耆旧传》,丛书集成初编本,北京:中华书局,1991年。

佚名撰,汝企和点校:《续编两朝纲目备要》,北京:中华书局,1995年。

佚名撰,汪圣铎点校:《宋史全文》,北京:中华书局,2016年。

永瑢等:《四库全书总目》,北京:中华书局,1965年。

俞文豹撰,张宗祥校订:《吹剑四录》,载《吹剑录全编》,上海:古典文学出版社,1958年。

袁桷:《延祐四明志》,宋元方志丛刊本,北京:中华书局,1990年,第六册。

袁说友:《东塘集》,文渊阁四库全书本,台北:商务印书馆,1983年,第1154册。

袁燮:《絜斋集》,丛书集成初编本,上海:商务印书馆,1935年。

张端义:《贵耳集》,《全宋笔记》第六编第十册,郑州:大象出版社,2013年。

张仲文:《白獭髓》,丛书集成初编本,北京:中华书局,1985年。

赵秉文:《闲闲老人滏水文集》,丛书集成初编本,北京:中华书局,1985年。

赵万年:《襄阳守城录》,《全宋笔记》第六编第九册,郑州,大象出版社,2013年。

真德秀:《西山先生真文忠公文集》,四部丛刊初编本,上海:上海书店,1989年。

郑元肃录,陈义和编,吴洪泽校点:《勉斋先生黄文肃公年谱》,《宋人年谱丛刊》第十一册,成都:四川大学出版社,2002 年。

　　郑岳辑:《莆阳文献列传》,续修四库全书,上海:上海古籍出版社,1996
年,第 548 册。

　　郑沄修,邵晋涵纂:《(乾隆)杭州府志》,续修四库全书,上海:上海古籍
出版社,1996 年,第 702 册。

　　周密撰,吴企明点校:《癸辛杂识》,北京:中华书局,1988 年。

　　周密撰,张茂鹏点校:《齐东野语》,北京:中华书局,1983 年。

　　朱熹撰,郭齐、尹波点校:《朱熹集》,成都:四川大学出版社,1996 年。

二、近人论著

Denis Twitchett and John K. Fairbank: *The Cambridge History of China*:
The Sung Dynasty and its precursor (*907—1279*), Cambridge University Press
(2009).

　　安倍直之:《南宋孝宗朝の皇帝側近官》,《集刊东洋学》88,2002 年。

　　包弼德撰,王昌伟译:《历史上的理学》(修订版),杭州:浙江大学出版
社,2012 年。

　　包伟民:《宋代制度史研究百年(1900—2000)》,北京:商务印书馆,
2004 年。

　　蔡涵墨:《历史的严妆——解读道学阴影下的南宋史学》,北京:中华书
局,2016 年。

　　陈登原:《韩平原评》,《金陵学报》,1934 年第 4 卷第 2 期。

　　陈赓平:《纠正七百多年来史家对于韩侂胄的错误批判并揭穿当时伪道
学派的罪行》,《兰州大学学报(人文科学)》1957 年第 1 期。

　　陈正庭:《贾似道与晚宋政局研究》,台湾"中兴大学"硕士学位论文,
2009 年。

　　程志华:《学术与政治:南宋庆元党禁之研究》,台湾清华大学历史研究
所硕士学位论文,1996 年。

　　仇鹿鸣:《陈寅恪范式及其挑战——以魏晋之际的政治史研究为中心》,

《中国中古史研究》(第二卷),北京:中华书局,2011 年。

戴仁柱,刘广丰、惠冬译:《丞相世家——南宋四明史氏家族研究》,北京:中华书局,2014 年。

邓广铭、程应镠等编:《中国历史大辞典·宋史卷》,上海:上海辞书出版社,1984 年。

邓广铭:《辛弃疾传》,载《邓广铭全集》第二卷,石家庄:河北教育出版社,2003 年。

邓小南:《走向"活"的制度史——以宋代官僚政治制度史研究为例的点滴思考》,《浙江学刊》2003 年第 3 期。

邓小南:《祖宗之法——北宋前期政治述略》(修订版),北京:生活·读书·新知三联书店,2014 年。

杜文玉:《庆元党禁述论》,《渭南师专学报(社会科学版)》1992 年第 4 期。

范立舟:《读田浩〈朱熹的思维四位世界〉》,《北京青年政治学院学报》2005 年第 2 期。

范立舟:《理学的产生及其历史命运》,西安:陕西人民出版社,2001 年。

范立舟:《理学在南宋宁宗朝的境遇》,《暨南学报(哲学社会科学版)》2002 年第 3 期。

方诚峰:《北宋晚期的政治体制与政治文化》,北京:北京大学出版社,2015 年。

方诚峰:《走出新旧:北宋哲宗朝政治史研究(1086—1100)》,北京大学博士学位论文,2009 年。

方燕:《南宋光宗朝过宫流言探析》,《四川师范大学学报(社会科学版)》2015 年第 6 期。

冯永林:《关于韩侂胄评价的几点看法》,《内蒙古大学学报(哲学社会科学版)》1983 年第 1 期。

高纪春:《道学与南宋中期政治——庆元党禁探源》,河北大学博士学位论文,2001 年。

宫崎市定,黄约瑟译:《东洋的近世》,《日本学者研究中国史论著选译》第一卷,北京:中华书局,1992 年。

关长龙:《两宋道学命运的历史考察》,上海:学林出版社,2001 年。

韩冠群:《从宣押入内到独班奏事:南宋韩侂胄的专权之路》,《北京社会科学》2016 年第 4 期。

何俊:《南宋儒学建构》,上海:上海人民出版社,2013 年。

何忠礼、徐吉军:《南宋史稿》,杭州:杭州大学出版社,1999 年。

何忠礼:《南宋政治史》,北京:人民出版社,2008 年。

何忠礼:《宋代政治史》,杭州:浙江大学出版社,2007 年。

何忠礼等:《南宋全史》(全八卷),上海:上海古籍出版社,2011—2015 年。

侯旭东:《宠:信—任型君臣关系与西汉历史的展开》,北京:北京师范大学出版社,2018 年。

胡昭曦:《略论晚宋史的分期》,《四川大学学报(哲学社会科学版)》1995 年第 1 期。

华山:《南宋和金朝中叶的政情和开禧北伐之役》,《史学月刊》1957 年第 5 期。

黄俊彦:《韩侂胄与南宋中期的政局变动》,台湾师范大学历史研究所硕士学位论文,1976 年。

黄宽重:《"嘉定现象"的研究议题与资料》,《中国史研究》2013 年第 2 期。

黄宽重:《从获得制度史迈向新的政治史:综论宋代政治史研究趋向》,《中国史研究》2009 年第 4 期。

黄宽重:《南宋史料与政治史研究——三重视角的分析》,《中国社会科学》2017 年第 8 期。

黄宽重:《师承与转益:以孙应时〈烛湖集〉中的陆门学友为中心》,《"中研院"史语所集刊》,第 85 本,2014 年 3 月。

黄宽重:《世变与应变:孙应时及其学友在庆元党禁前后的遭遇及应

对》,《国学研究》2016 年第 1 期。

黄宽重:《论学与议政:从书信看孙应时与其师长的时代关怀》,《北大史学》,2016 年。

黄宽重:《孙应时的学宦生涯:道学追随者对南宋中期政局变动的因应》,台北:台大出版中心,2018 年。

贾连港:《"韩侂胄事迹"的形成及流转》,《史学史研究》2014 年第 3 期。

贾玉英:《台谏与宋代权臣当政》,《河南大学学报(社会科学版)》1996 年第 3 期。

金柏东等编著:《温州名胜古迹》,北京:作家出版社,1998 年。

李超:《相门出相——试论史浩对史弥远之影响》,《宁波大学学报(人文科学版)》2016 年第 5 期。

李超:《周必大、赵汝愚与永嘉士人》,《温州大学学报(社会科学版)》2017 年第 5 期。

李传印:《韩侂胄与开禧北伐》,《安庆师范学院学报(社会科学版)》2000 年第 4 期。

李立功:《庆元党禁与开禧北伐》,《攀枝花大学学报》1998 年第 4 期。

郦家驹:《试论关于韩侂胄评价的若干问题》,《中国史研究》1981 年第 2 期。

梁太济:《〈两朝纲目备要〉史源浅探——李心传史学地位的侧面观察》,《文史》第 32 辑,北京:中华书局,1990 年 3 月。

廖建凯:《权相秉国——史弥远掌政下之南宋政局》,台湾师范大学硕士学位论文,2013 年。

林天蔚:《宋代权相形成之分析》,载《宋史研究集》第八辑,台北编译馆,1976 年。

林啸:《史弥远与南宋中后期政局》,杭州师范大学硕士学位论文,2015 年。

刘子健:《两宋史研究汇编》,台北:联经出版事业公司,1987 年。

刘子健撰,赵冬梅译:《中国转向内在——两宋之际的文化转向》,南京:江苏人民出版社,2012 年。

陆成侯:《论韩侂胄》,《史学月刊》1958 年第 7 期。

罗家祥:《试论两宋党争》,《华中师院学报》1984 年第 5 期。

罗志田:《民国史研究的"倒放电影"倾向》,《社会科学研究》1999 年第 4 期。

内藤湖南,黄约瑟译:《概括的唐宋时代观》,刘俊文主编《日本学者研究中国史论著选译》第一卷,北京:中华书局,1992 年。

庞桧存:《楼钥研究》,河北大学硕士学位论文,2012 年。

平田茂树,林松涛、朱刚等译:《宋代政治结构研究》,上海:上海古籍出版社,2010 年。

钱穆:《论宋代相权》,《中国文化研究汇刊》第二卷,1942 年。

屈超立:《从贾似道专权看南宋权相政治形成的原因》,四川大学古籍整理研究所、四川大学宋代文化研究资料中心编:《宋代文化研究》第四辑,成都:四川大学出版社,1994 年。

屈超立:《贾似道与南宋权相政治》,四川大学硕士学位论文,1985 年。

沈松勤:《南宋文人与党争》,北京:人民出版社,2005 年。

束景南:《朱子大传》,北京:商务印书馆,2003 年。

寺地遵撰,刘静贞、李今芸译:《南宋初期政治史研究》,上海:复旦大学出版社,2016 年。

孙正军:《通往史料批判研究之途》,《中国史研究动态》2016 年第 4 期。

孙正军:《魏晋南北朝史研究中的史料批判研究》,《文史哲》2016 年第 1 期。

藤本猛:《武臣の清要——南宋孝宗朝の政治状况と閤門舍人》,《东洋史研究》第 63 卷第 1 号,2004 年。

田浩:《朱熹的思维世界》(增订版),南京:江苏人民出版社,2009 年。

田志光、苗书梅:《南宋相权扩张的若干路径论略》,《北方论丛》2012 年第 3 期。

涂美云:《从"禁锢"到"一尊"——看朱学在宋、元时期的发展》,《东吴中文学报》2014 年第 27 期。

王汎森:《中国近代思想文化史研究的若干思考》,《新史学》2003 年第十四卷第四期。

王璞:《论"裙带"宰相韩侂胄》,《人物杂志》1948 年第 7 期。

王瑞来:《皇权再论》,《史学集刊》2010 年第 1 期。

王瑞来:《论宋代皇权》,《历史研究》1989 年第 1 期。

王瑞来:《论宋代相权》,《历史研究》1985 年第 2 期。

王瑞来:《走向象征化的皇权》,载朱瑞熙等主编《宋史研究论文集》,上海:上海人民出版社,2008 年。

王宇:《从庆元党禁到嘉定更化:朱子学解禁始末考述》,《国际社会科学杂志·中文版》2011 年第 4 期。

王忠雄:《庆元党禁与开禧北伐》,《中学历史教学参考》1996 年第 4 期。

魏光峰:《一代冤魂——韩侂胄》,《殷都学刊》1991 年第 1 期。

魏志江:《论宋代后妃》,《扬州师范学院学报(社会科学版)》1994 年第 1 期。

吴雪涛:《略论辛弃疾的一桩公案——兼及韩侂胄与开禧北伐》,《河北师范大学学报》1982 年第 1 期。

小林晃:《南宋宁宗时期史弥远政权的成立及其意义》,邓小南等主编:《宋史研究论文集(2012)》,郑州:河南大学出版社,2014 年。

小林晃:《南宋孝宗朝における太上皇帝と皇帝側近政治》,《东洋史研究》第 71 卷第 1 号,2012 年。

肖建新:《南宋绍熙内禅钩沉》,《安徽师范大学学报(人文社会科学版)》,2002 年第 6 期。

谢康伦著,何冠环译:《论伪学之禁》,海格尔编,陶晋生等译:《宋史论文选集》,台北编译馆,1995 年。

徐美超:《史弥远的政治世界:南宋晚期的政治生态与权力形态的嬗变(1208—1259)》,复旦大学硕士学位论文,2014 年。

许浩然:《周必大的历史世界——南宋高、孝、光、宁四朝士人关系之研究》,南京大学博士学位论文,2013年。

杨世利、尚平:《宋代中枢权力研究综述》,《中国史研究动态》1998年第1期。

杨宇勋:《从政治、异能与世人态度谈宋代精神异常者》,《成大宗教与文化学报》第7期。

余嘉锡:《四库提要辨证》,北京:中华书局,2007年。

余英时:《朱熹的历史世界——宋代士大夫政治文化的研究》,北京:生活·读书·新知三联书店,2013年。

虞云国:《宋代台谏系统的破坏与君权相权之关系》,《学术月刊》1995年第11期。

虞云国:《宋代台谏制度研究》(增订本),上海:上海书店,2009年。

虞云国:《宋光宗·宋宁宗》,长春:吉林文史出版社,1997年。

虞云国:《南宋行暮:宋光宗宋宁宗时代》,上海:上海人民出版社,2018年。

虞云国:《王安石的"非常相权"与其后的异变》,《商丘师范学院学报》2014年第4期。

张春晓:《贾似道及其文学交游研究》,武汉:崇文书局,2017年。

张邦炜:《韩侂胄平议》,《四川师范大学学报(社会科学版)》1991年第1期。

张邦炜:《论宋代的皇权和相权》,《四川师范大学学报(社会科学版)》1994年第2期。

张邦炜:《战时状态与南宋社会述略》,《西北师大学报(社会科学版)》2014年第1期。

张其凡:《"皇帝与士大夫共治天下"试析——北宋政治架构探微》,《暨南学报(哲学社会科学)》2001年第6期。

张其凡:《试论宋代政治史的分期》,邓广铭、王云海等主编:《宋史研究论文集》,开封:河南大学出版社,1993年。

张其凡:《宋代史》,澳门:澳亚周刊出版有限公司,2004 年。

张维玲:《从南宋中期反近习政争看道学型士大夫对"恢复"态度的转变(1163—1207)》,台湾大学文学院历史学系硕士论文,2009 年。

赵冬梅:《试论宋代的阁门官员》,《中国史研究》2004 年第 4 期。

赵永春:《金宋关系史》,北京:人民出版社,2005 年。

郑丞良:《百年论定——试论黄榦〈朱子行状〉的书写与朱熹历史形象的刑塑》,《汉学研究》第 30 卷第 2 期,2012 年。

周佳:《北宋中央日常政务运行研究》,北京:中华书局,2015 年。

周梦江:《为韩侂胄辨诬》,《江淮论坛》1981 年第 2 期。

周梦江:《叶适年谱》(二),《温州师范学院学报(哲学社会科学版)》1994 年第 4 期。

周梦江:《叶适年谱》(三),《温州师范学院学报(哲学社会科学版)》1994 年第 5 期。

诸葛忆兵:《宋代宰辅制度研究》,北京:中国社会科学出版社,2000 年。

后　记

　　这本小书是在我的博士论文基础上修订而成的,于个人而言,也可算是我十一年漫长大学生涯结出的一个小小果实。

　　对于历史的兴趣由来已久,然而从一个历史的业余爱好者转变为一个历史研究者,其中的艰难却是踏上这条路之前所未曾想到的。好在一路走来并非独自而行,许多师友亲朋的提携与帮助,让我在这条道路上一直坚持到了今天。

　　投身于宋史领域的学习始于2010年,这一年我进入四川大学历史文化学院,选择宋史作为自己的专业方向。在这里的三年,先后师从王化雨与韦兵两位老师,在两位老师的悉心指导下,从阅读最基本的宋代文献开始,一点一滴地积累,虽然当时学习起来并不轻松,但现在想来着实获益匪浅。川大的粟品孝老师也在学习上给了我诸多指导,也正是他与韦兵老师的引荐,让我有机会拜入曹家齐老师门下继续学习深造。

　　2013年,我进入中山大学历史系,师从曹家齐老师开始博士阶段的学习。这是一段紧张而愉快的学习历程,这本小书正是在这里慢慢形成的。可以说,该书从开始写作直至今天出版,无不浸透着老师的心血。书稿的最初只不过是一个简单粗糙的想法,至于最终能否支撑起一篇博士论文的架构,自己心中实无把握,正是在老师的鼓励与引导下方能渐渐深入拓展。在此期间,曹老师不厌其烦地为我批改着一篇篇拙劣的论文,从问题的设定到章节的安排、论证的思路,乃至行文用语、标点符号,都留下了老师悉心指点的痕迹。正是在此基础上才形成了一篇小小的博士论文，也进而才有了这本小书。只是个人资质平庸，学识有限，对于书稿中老师指出的许多疏漏之处，尚未能真正领会并加以修正，深感惭愧。在毕业求职以及工作之后，老师也给予了我许多的关怀。

我还要感谢易素梅老师，在她开设的学术史课堂上，我们接触到了当下研究的新理论与新方法。对于我这样思维比较陈旧狭隘的学生来说，大大开拓了视野，受益良多。在本书的写作过程中，易老师也给了我许多有益的指导。

中大的第一个学期，我还有幸跟随暨南大学的张其凡教授进行了史源学课程的学习，张老师富有热情的谈吐以及在治学上一丝不苟的态度，给我留下了很深的印象。只可惜天不假年，如今已是阴阳两隔。对于他的教诲之情，自当铭记于心。

我还要特别感谢杭州社科院南宋史研究中心的何忠礼先生和台湾长庚大学的黄宽重先生，对于两位先生，此前都只是在学术会议上匆匆见过，并不相熟，但本书的写作却十分幸运地得到了两位先生的殷切关怀与指导，他们都曾耐心地审阅过我的博士论文，提出了许多细致深入颇有价值的建议，并给予我不少鼓励。两位先生对于后生晚辈的热心提携，令人在感激之余心生钦敬。

中大的四年，我还有幸得到了胡劲茵、辜梦子、石声伟、黄敏捷、郑文豪、王晓萌、横山博俊、杨智文、陈安迪、王超、邓楠等一批师兄弟、师姐妹的许多帮助，他们曾在平日的学习与生活中，给我提供了许多有益的建议与指引。郭广辉、郭硕、黄文保是我在中大相处最多的几位师兄，他们皆是对学术抱有深深热情之人，所谓近朱者赤，他们的存在也在无形中鞭策激励着我，让我不致过于放松懈怠。

还要感谢我的父亲和母亲，他们都是普普通通的农村人，我能感受到他们供我读书的艰辛，但他们从来没有为此有过丝毫抱怨，反倒不断地劝我不要为家里的事担心。他们的理解与支持，是支撑我安心读书、走完十一年大学生涯的最有力保障。

　　最后,本书得以付梓,还要感谢杭州社科院南宋史研究中心的尹晓宁老师,以及上海古籍出版社的王珺编辑,感谢他们在本书出版过程中所付出的辛勤劳动。

李　超

2019 年 10 月

图书在版编目(CIP)数据

南宋宁宗朝前期政治研究/李超著.—上海:上
海古籍出版社,2023.5
(南宋及南宋都城临安研究系列丛书·博士文库)
ISBN 978-7-5732-0677-0

Ⅰ.①南… Ⅱ.①李… Ⅲ.①政治制度史-研究-中
国-南宋 Ⅳ.①D691.21

中国国家版本馆 CIP 数据核字(2023)第 057466 号

南宋及南宋都城临安研究系列丛书·博士文库

南宋宁宗朝前期政治研究 李 超 著

责任编辑 陈丽娟
出版发行 上海古籍出版社
地址:上海市闵行区号景路 159 弄 1—5 号 A 座 5F 邮编:201101
(1) 网址:www.guji.com.cn
(2) E-mail:guji1@guji.com.cn
(3) 易文网网址:www.ewen.co
印 刷 上海惠敦印务科技有限公司
开 本 787×1092 毫米 1/16
印 张 21.25
字 数 302 千
版 印 次 2023 年 5 月第 1 版 2023 年 5 月第 1 次印刷
书 号 ISBN 978-7-5732-0677-0/K·3361
定 价 108.00 元